淺田恵真著

『般舟三昧行道往生讃』（般舟讃）講読

永田文昌堂

はじめに

この度、再び安居の本講師を拝命し、『般舟三昧行道往生讃』（般舟讃）を講ずることになったことを大変有り難く思う。

『本讃』は具名を「依観経等明般舟三昧行道往生讃」という。この首題が示すように、「観経等の諸経典によって、般舟三昧を明かし行道する往生讃」であって、浄土を願生し、阿弥陀仏や浄土の徳を讃嘆し、往生を願う別時の行法がここに説かれている。問題としたい点は「観経等」という「等」にある。この「等」は「向外等」であって、どのような経典がこの「等」に含まれるかである。内容を精査すれば、ここには『阿弥陀経』を主として『大無量寿経』も加味されていると思われる。ところがそれ以上に『般舟三昧経』が大きなウエイトを占めていることが解る。表題の「般舟三昧」とは『般舟三昧経』に説かれる用語からの依用である。そうすればここで疑問が生じる。浄土三部経を所依として浄土を願生するのは納得出来るが、ここになぜ『般舟三昧経』を加えて願生浄土を修するのか。しかも「般舟三昧楽」という用語が『本讃』内に頻発するが、これと『観経』とが如何に関連するのか、筆者にとって大変な疑問であった。

なぜならば、この『般舟三昧経』は天台教学に取り入れられ、『摩訶止観』の「四種三昧」中、「常行三昧」として整理され、今日なお日本の比叡山においてこれが実修されているからである。

『摩訶止観』には

二常行三昧者、先方法、次勧修。方法者、身開遮、口説黙、意止観。此法、出『般舟三昧経』翻為仏立。仏立三義。一仏威力。二三昧力。三行者本功徳力。能於定中見十方現在仏、在其前立。如明眼人清夜観星、見十方仏亦如是多。故名仏立三昧。

（大正四六・一二・上）

二に常行三昧とは、先に方法、次に勧修。方法とは、身に開遮、口に説黙、意に止観なり。此の法、『般舟三昧経』に出でて翻して仏立となす。仏立に三義あり。一に仏の威力。二に三昧力。三に行者の本功徳力なり。能く定の中に於いて十方現在仏、其の前に在して立ちたまふ。明眼の人の清夜に星を観る如く、十方仏を見奉ること亦た是の如くに多し。故に名づけて仏立三昧となす。

とあって、「常行三昧」とは『般舟三昧経』に出る「仏立三昧」であるという。これを『経』に求めれば、『般舟三昧経』（一巻本）に

仏、告跋陀和、持是行法便得三昧、現在諸仏悉在前立。其有比丘・比丘尼・優婆塞・優婆夷、如法行、持戒完具、独一処止念西方阿弥陀仏。今現在。随所聞当念。去此千億万仏刹、其国名須摩提。一心念之一日一夜、若七日七夜。過七日已後見之。譬如人夢中所見。不知昼夜、亦不知内外。不用在冥中。有所蔽礙故不見。

（大正一三・八九九上）

仏、跋陀和に告げたまはく、この行法を持てばすなはち三昧を得て、現在の諸仏ことごとく前にましまして立ちたまふ。それ比丘・比丘尼・優婆塞・優婆夷ありて、如法に行じて、持戒完具し、独り一処にて西方の阿弥陀仏を止念せよ。いま現にまします。所聞に随ひてまさに念ずべし。ここを去ること千億万の仏刹なり、その国を須摩提と名づく。一心にこれを念ずること一日一夜、もしは七日七夜すべし。七日を過ぎをはりて後これを見たてまつらん。たとへば人の夢のうちに見るところのごとし。昼夜を知らず、また内外を知らず。冥きなかにあるを用いず。蔽礙するところあるがゆゑに見ず。

とある。ここを云ったものであろう。このように叡山の『般舟三昧経』の理解は「西方の阿弥陀仏を止念せよ」と述べながらも「己心の弥陀」を見る見仏体験を目的とした実修経典であって、見仏はあくまでも「自己の心中の阿弥陀如来」であるとされる。一方、『観経』や『阿弥陀経』に説かれる如来は「西方浄土の主尊としての弥陀」で「己心の弥陀」と区別して考えられる。よってここから「西方己心」の相違を論ずる問要論題までもが設定されている（古宇田亮宣師編『和訳天台宗論議二百題』）。この問要には

円頓行者は、万法唯心の旨に達するが故に、かの安養の境に託すと雖も、依正、同じく一心に居すと了す。故に、終日観仏、終日観心なり。なんぞ、単に西方の弥陀を念ずといわんや。故に観経のごとき、観仏をもって、題目とするに、疏に心観をもって宗となす。これ大乗の妙観を示すなり。（四三八頁）

と記されている。「かの安養の境に託すと雖」も「万法唯心の旨に達する」というのであるから「己心の弥陀」を観ずるということになる。しかも「これ大乗の妙観を示す」とまで論じている。このような天台教学上の理解でもって『般舟讃』を拝読したとき、その矛盾に疑問を懐かざるを得ない。

『本讃』を講読したいと念願した理由はここにある。善導大師はこの矛盾を如何に会通して『般

舟三昧経』を西方願生の浄土三経典と同様に見たのであろうか。これを究明することを目的として『本讃』を講読したい。

いささか先走るようであるが、『本讃』を読む心構えとして最初に結論を述べておこう。

『本讃』には、『般舟三昧経』の直接引用はない。しかし、その序分で善導大師は「般舟三昧楽とは、これなんの義ぞ」と自ら問いを発して、次の如くその意義を述べる。

答へていはく、梵語には般舟と名づく、ここには翻じて常行道と名づく。あるいは七日、九十日、身行じて無間なり、総じては三業無間に名づく。ゆゑに般舟と名づく。

また三昧といふは、またこれ西国の語、ここには翻じて名づけて定となす。前の三業無間によりて、心至りて感ずるところすなはち仏境現前す。まさしく境現ずる時すなはち身心内悦す。ゆゑに名づけて楽となす。また立定見諸仏と名づく、知るべし。

ここに善導大師の「般舟三昧」の解釈が伺える。

「般舟」とは梵語で、様々な意味があるが、その中から大師は「常行道」と解する。ただ、この用語そのものは『般舟三昧経』には見当たらない。四事品における「四事」の第三に

復有四事、疾得是三昧。一者、不得有世間思想、如弾指頃三月。二者、不得睡眠三月、如弾指頃。三者、経行不得休息三月。除其飯食・左・右。四者、為人説経、不得望人供養。

（大正一二・八九九下）

復た四事有りて、疾く是の三昧を得。一には、世間の思想有ること、指を弾ずる頃《あいだ》の如きも得ざること三月なり。二には、睡眠を三月、指を弾ずる頃の如きも得ざるなり。三には、経行して休息することを得ざること三月なり。其の飯食・左・右を除く。四には、人の為に経を説かんに、人の供養を望むことを得ざるなり。

「経行して休息することを得ざること三月なり。其の飯食・左・右を除く」を表現した意味と受け止められる。この「常行道」とは「身業」を語った用語であって『般舟讃』に「身、行じて無間なり」と表現されているのと相応する。しかし『般舟讃』はこれに口業と意業を合わせて「三業無間」と表現している。この「常行道」を「総じては三業無間に名づく」というこれである。ところが『般舟三昧経』には、身業を中心的に論じられているものの、はっきりとして三業が整理なされた論述が見られないので、経典の字面からすれば善導大師の云う「三業無間」を素直に頷くことが出来ない。ところが、天台大師の『摩訶止観』を見れば

九十日、身常行無休息、九十日、口常唱阿弥陀仏名無休息、九十日、心常念阿弥陀仏無休息。

（大正四六・一二中）

九十日、身は常に行じて休息無く、九十日、口は常に阿弥陀仏名を唱えて休息無く、九十日、

心は常に阿弥陀仏名を念じて休息無し

との有名な言葉がある。九十日休み無く身・口・意三業を阿弥陀如来一仏に専注するのが天台でいう「常行三昧」である。ここから考えれば善導大師の「三業無間」の意味がよく理解できる。この「身の開遮・口の説黙・意の止観」の三業の規定こそ、天台大師によって『般舟三昧経』を整理された発揮の行法であるといえよう。よって善導大師の「三業無間」は、天台大師を意識しての用語のように感じる。

さて続く「三昧」とは「定」の意であるので、その「定」に入れば「仏境が現前する」と善導大師は説く。ただし、その仏境が「己心」か「西方」かの論述はなされていない。しかしその時「身心に内悦を覚える」という、これも当然のことであろう。そこを大師は「楽」と呼んで、「般舟三昧楽」の語をもって『本讃』に処々これを付している。やはり仏境現前という見仏が大師にとって第一の目的なのである。従って別名を「立定見諸仏」(定にとどまって諸仏を見る)と名付けるというのである。

『本讃』にはこれ以上「般舟三昧」に関する論述はなされていない。よってここを読む限りに於いて、まだ「己心の弥陀」の概念が抜けきらない。

善導大師の著作は「五部九巻」といわれ、古来これらを『本疏』と『具疏』とに区分し、『観経四帖疏』を『本疏』、他の四部五巻を『具疏』と呼んでいる。この両疏は内容的には一具であって別々に解することが出来ないと見るのが、古来よりの受け止め方である。そうすれば「般舟三昧」の意味を『本疏』や他の『具疏』に求めねばならないことになる。

しかし肝心の『本疏』には「般舟三昧」の用語は一度も使われていない。しかし「三業無間」に相当する語が幾点か見当たる。まず「第七　華座観」である。「八に「七宝地上」より下「華想」に至るこのかたは、まさしく観の方便を教ふることを明かす」において

無問日夜、行住坐臥身口意業常与定合。　（原典版・七祖篇・四八三）

日夜を問ふことなく、行住坐臥に身口意業つねに定と合せよ。　（註釈版・七祖篇・四二七）

とある。「行住坐臥に身口意業つねに定と合せよ」と云うのであるから、これこそ「般舟三昧」を語った内容と認められるであろう。また「第八　像観」における問答中に

問曰、備修衆行、但能廻向皆得往生。何以仏光普照唯摂念仏者、有何意也。　（原典版・七祖篇・四九四）

問ひていはく、つぶさに衆行を修して、ただよく回向すればみな往生を得。なにをもつてか仏

光あまねく照らすにただ念仏のもののみを摂する、なんの意かあるや。

（註釈版・七祖篇・四三六）

との問いに対する答えに「三義」を挙げる、その第一義の「親縁」に

一明親縁。衆生、起行口常称仏、仏即聞之。身常礼敬仏、仏即見之。心常念仏、仏即知之。衆生憶念仏者、仏亦憶念衆生。彼此三業不相捨離。故名親縁也。

（原典版　七祖　同上）

一には親縁を明かす。衆生、行を起して口につねに仏を称すれば、仏すなはちこれを聞きたまふ。身につねに仏を礼敬すれば、仏すなはちこれを見たまふ。心につねに仏を念ずれば、仏すなはちこれを知りたまふ。衆生仏を憶念すれば、仏もまた衆生を憶念したまふ。彼此の三業あひ捨離せず。ゆゑに親縁と名づく。

（註釈版　七祖篇　同上）

とある。ここには衆生と仏とを「彼此」として、彼此の三業相応を説き、「あひ捨離せず」と述べる。これも「つねに」というのであるから「三業無間」の内容と見て良いであろう。

また「見仏」に関しては、「第八　像観」で「法界」を説く中「入衆生心想中」を釈して

言「入衆生心想中」者、乃由衆生起念願見諸仏、仏即以無礙智知、即能入彼想心中現。但諸行

者、若想念中、若夢定中見仏者、即成斯義也。

（原典版・七祖篇・四八八）

「入衆生心想中」といふは、すなはち衆生念を起して諸仏を見たてまつらんと願ずるによりて、仏すなはち無礙智をもつて知り、すなはちよくかの想心のうちに入りて現じたまふ。ただもろもろの行者、もしは想念のうち、もしは夢定のうちに仏を見たてまつるは、すなはちこの義を成ずるなり。

（註釈版・七祖篇・四三一）

と語る。阿弥陀仏の働きとして「衆生の心想の中に入りて現じたまいて、仏を見たてまつる」とする。ここでは衆生の心の働きではなく、仏の働きが強調されている。

あるいは、浄土の様子を都見するのは総て仏力によるとする例も見出される。

「第七　華座観」の「浄境を標す」（浄土の境界を観見する）において「仰ぎて聖力のはるかに加するを憑めば、所観、みな見しむることを致す」とある。仏力によってこそ所観の浄土が観見できるという。ただこれだけでは無い。続いてこの作法を論じるが、その表白文に、

「弟子某甲等生盲罪重、障隔処深。願仏慈悲摂受護念、指授開悟、所観之境、願得成就。今頓捨身命、仰属弥陀。見以不見、皆是仏恩力」。

（原典版・七祖篇・四八二）

「弟子某甲等生盲にして罪重く、障隔処深し。願はくは仏の慈悲をもつて摂受護念し、指授し開悟せしめて、所観の境、願はくは成就することを得しめたまへ。いまたちまちに身命を捨て、仰ぎて弥陀に属す。見と不見と、みなこれ仏恩の力なり」と。

（註釈版・七祖篇・四二六）

と白せよと指導する。ここの「所観の境＝浄土の様子」を観見出来るか出来ないかは総て阿弥陀如来の仏恩の力に依るという。この「見と不見と、みなこれ仏恩の力なり」と表白せよと指示することは、行者にとって、総てを阿弥陀如来に委ねよと教えている事になる。それがまた直前の「たちまちに身命を捨て、仰ぎて弥陀に属す」ということでもあろう。

このように『本疏』の「見仏」や「浄境都見」の様子を垣間見れば、「般舟三昧」でありながら、行者中心の行法ではなく、阿弥陀如来の仏恩力を主とした「三業無間」の行法であるといえる。しかも『観経』を主体とした行道であるから、明らかに「西方の弥陀」の見仏を求めた修法として善導大師は「般舟三昧」を説いたと受け止めて良いであろう。

しかし、そこで三昧中に現出する「見仏」も、行者の心を無想にした己心の仏を見る見仏では無く、阿弥陀如来のはからいの下での見仏であるから、天台の「常行三昧」とは全く異なる内容である。ここに至って初めて、今まで懐いていた問題が氷解した感がする。善導大師は『観経』観に限らず、『般舟三昧経』観までも古今楷定されたと受け止めるべきであろう。

先ほどから『般舟讃』は『摩訶止観』を意識した論述ではないかと述べてきたが、『摩訶止観』にはこの「仏恩力」がどこにも説かれていない。行者の心の無想が強調されているのみである。たとえば

偈云。心者不知心。有心不見心。心起想即痴無想即泥洹。諸仏従心得解脱。心者無垢名清浄。五道鮮潔不受色。有解此者成大道。是名仏印。無所貪無所著。無所求無所想。所有尽所欲尽。無所従生無所可滅。無所壊敗。道要道本。是印二乗不能壊。何況魔邪云云。

（大正四六・一二下―一三上）

がある。これを池田魯参師の『詳解　摩訶止観』の現代語訳では

偈に、「心は心を知らない。心はあっても心を見ることはできない。心で想念を起すのは愚痴であり、想念がないのが涅槃である。諸仏は心によって解脱を得る。心に垢がなければ清浄と名づけ、五道は清浄となって色を受けることはない。このように解する者は大道を成就する」「これを仏の印と名づける」という。貪るところがなく、著するところがなく、求めるところがなく、想うところがなく、あらゆることが尽き、あらゆる欲が尽き、生ずるものがなく、滅

するものがなく、壊れてなくなるものがない。これが仏道の肝要であり仏道の根本である。この印は二乗も壊すことができないものであり、まして悪魔などのいかんともしがたいものである。云々。

と訳されている。「想念がないのが涅槃である」という。同じ「般舟三昧経」からの依用であっても『般舟讃』との間にはかなりの解釈上の相違が見られる。

天台大師は五三八年から五九七年まで存命された方であり、善導大師（六一三―六八一）より七十五年ほど先輩に当たる。従って善導大師は天台大師の書物を十分知っておられたと見て良い。善導大師の「古今楷定」は一般に『観経』観の改定と解されているが、このような「般舟三昧」の理解の違いを考えた時、それまでの『般舟三昧経』観を善導大師は『観経』に基づいて新に改定されたと見ることが出来るのではないだろうか。要するに「般舟三昧」を、それまでの「己心の弥陀」観から、新たな善導大師独自の「西方の弥陀」観へと「楷定」された書であると見ることが出来るであろうとするのが筆者の思いである。

目　次

第二節　施化深広章（如来は深く広く教化を施す）……九七
第一項　深法施益段（方便の教法で、利益を施す）……九七
第二項　広行示化段（釈尊は多くの修行を成就して教化を示された）……一〇三
第三節　順教覓安章（如来の教えに随順して安穏を覓《もと》む）……一一〇
第一項　安身苦楽段（身の苦楽を安んず）……一一〇
第二項　随智入真段（浄土では仏智に随って真如門に入る）……一二二
第三項　因疑生苦段（仏の教化を疑う事によって苦を生ず）……一二八
第四項　慈勧西方段（六方如来の慈悲は西方を勧む）……一三二
第五項　比観快楽段（人天と比べて、浄土の快楽を観る）……一四六
第六項　助念報恩段（念仏の助業を修して、弥陀の恩を報ず）……一六三
第四節　回心向西章（心を回らせて西に向かう）……一六八
第一項　誓順仏教段（誓って仏の教えに順う）……一六八
第二項　不忤乗華段（華台に乗じて如来とたがわず）……一八一
第三項　随意歓喜段（浄土では、往生人の意に随って歓喜が生じる）……一八八
第四項　遊歴他方段（他方浄土を遊歴す）……一九三

【凡　例】

①本文の表記は、原則として常用漢字・現代かなづかいを用いた。ただし、伝統的に正字によって表記される仏教用語や人物名などの固有名詞の場合には、必ずしもそれに依らなかった。

【例】

竜樹→龍樹

証空→證空

②書名・経典名には『　』を付し、章編名や学術雑誌所収論文名などは「　」を付した。

③人物については初出で生没年代を（　）内に付している。また暦年は和漢暦で示し、（　）に西暦を付した。

【例】

善導（六一三—六八一）

咸亨三年（六七二）

④使用した文献にはほとんど略称を用いた。具名は次の通りである。

大正……………………『大正新脩大蔵経』
原典版………………『浄土真宗聖典（原典版）』
註釈版………………『浄土真宗聖典（註釈版）』
原典版・七祖篇……『浄土真宗聖典（原典版・七祖篇）』
註釈版・七祖篇……『浄土真宗聖典（註釈版・七祖篇）』
真聖全………………『真宗聖教全書』
真宗全………………『真宗全書』
浄全…………………『浄土宗全書』
西叢…………………『西山叢書』
自筆鈔………………證空著『般舟讃自筆鈔』
私記…………………良忠著『般舟讃私記』
講話…………………島地黙雷著『般舟讃講話』
聴記…………………行照著『般舟讃聴記』
本讃又は今讃………『般舟讃』
観経疏………………善導著『観無量寿経疏』

本典　……………………　親鸞撰『顕浄土真実教行証文類』

⑤引用箇所を示す場合は、前項の略称を用い、次のような表記で統一した。

【例】

大正一二・六一九中（『大正新脩大蔵経』、第一二巻、六一九頁、中段を意味する）

原典版・二八四（『浄土真宗聖典（原典版）』、二八四頁を意味する）

註釈版・二二七（『浄土真宗聖典（註釈版）』、二二七頁を意味する）

原典版・七祖篇・七三八（『浄土真宗聖典（原典版・七祖篇）』、七三八頁を意味する）

註釈版・七祖篇・六五六（『浄土真宗聖典（註釈版・七祖篇）』、六五六頁を意味する）

真聖全三・二九七（『真宗聖教全書』、第三巻、二九七頁を意味する）

真宗全一五・四二〇上（『真宗全書』、第一五巻、四二〇頁、上段を意味する）

浄全二・六一九上（『浄土宗全書』、第二巻、六一九頁、上段を意味する）

西叢一・一三一下（『西山叢書』、第一巻、一三一頁、下段を意味する）

⑥本文は、読者の便を考慮して、それぞれに段落を設けて科文を示した。ただ勝手に分段したのではなく、江戸中期の浄土真宗本願寺派の学僧、道粋師（一七一三―一七六四）の『般舟讃分科』に依った。ただ、その科文は漢文で意味が採りづらい点が多々あるので、（　）でその内容を示した。

⑦各段落については、【本文】【訓読】【語句説明】【解釈】【参考・問題点】の順で解説を行った。
⑧【本文】の底本として、『浄土真宗聖典全書』第一巻（三経七祖篇、本願寺出版社、二〇一三年）所収の『般舟讃』を用いた。底本の原文にしたがい、経典名には『　』を付している。「、」「。」「・」も同様の理由である。
⑨【訓読】は、主に『浄土真宗聖典全書』所収の『般舟讃』に付されたルビ、返り点、送り仮名にしたがった。ただ、どうしても意味が採れない時は、独自の訓みを用いて【語句説明】等にて明示した。
⑩【語句説明】は、必要と思った語句を中心に【訓読】中より抽出し、＊を付した。また解説はできる限り平易に心がけた。
なお、『浄土真宗聖典（註釈版・七祖篇）』（本願寺出版、一九九六年）所収の『般舟讃』の「脚注」「巻末註」「補註（要語解説）」を、採用させて頂いた箇所もあるが、内容上から若干手直しを加えた項目もあることを断っておきたい。
⑪【解釈】は、【訓読】に対しておこなった。解釈文は逐語訳に依らず、できる限り内容の把握が出来るように作成した。
⑫【参考・問題点】は、解釈する上で出てきた問題を付した。必ずしも総て解釈に反映出来なかっ

たが、これらの問題を参考にした上での解釈であると理解して頂きたい。

⑬行照師の『般舟讃聴記』は、今回、龍谷大学図書館の好意により、貴重書データーベースで閲覧出来る手配をとって頂いた。本書には丁数が振られていないので、データーベースの写真番号をもってその頁とした。ただ写真のナンバーは145070000から全五巻が統一的に振られているので、下三桁を以てこれを表示することにした。誰もが龍大のインターネットから本書を閲覧出来るので、この番号を基として検索して頂きたい。

⑭漢文の出拠に関しては、白文を引用した後に訓読文を表記した。少し煩わしく感じるが、どうしても漢文を参考にしなければならない場合がある。たとえば「すなわち」と訓読した場合、「即」「則」「乃」など多くの字が配されるので、やはり原文に当たらねばならない。その便を考えての処置である。なお、白文に関しては訓読文に合わせて句読点を付して読み易いように考慮した。

⑮良忠師『般舟三昧私記』や島地黙雷師『般舟讃講話』は漢字交じりのカタカナ表記で論述されているが、現代の学生にとって読みづらい文体となっている。そこで多くの場合漢字交じりのひらがなに変換して提示した。

⑯最後に付録として『般舟讃』の現代語訳を付した。これは主に本文中の【解釈】を抜き出し、現代語訳に通じるよう、一部分平易に書き改めたものである。また、ここでは、江戸後期の浄土真宗

本願寺派の学僧、柔遠師（一七四二―一七九八）の『般舟讃甄解』に分科されている科段でもって文章を区切った。本文中の道粋師の科段とかなり異にする分科法であるので参考になると思われる。よって、内容のみを急ぎ知りたい方は、この現代語訳から読んでもらえば良い。

⑰なお、本講読の対象者は安居に懸席する大衆であるのは言を待たないが、広くは、大学で仏教を学ぶ学部生を意識して記述した。

『般舟三昧行道往生讃』（般舟讃）講　読

総　説

（一）善導大師の略歴

善導大師は、隋の煬帝、大業九年（六一三）に生をうけ、唐の高宗、永隆二年（六八一）に六十九歳にて遷化した中国浄土教の大成者である。生まれは、泗州、（安徽省）と伝えられたり、あるいは臨淄《りんし》（山東省）とも言われる。『仏祖統紀』によると「貞観十五年（六四一）大師二十九歳の頃、西河に入って晩年の道綽禅師（五六二〜六四五）を訪ね、九品道場にて『観無量寿経』の講説を聞いたと記されている。善導大師も早くから「観無量寿経」に着目し、念仏の行をつんでいたが、道綽禅師の講説を聞くにおよんで、浄土信仰を確かなものにしたといえよう。大師三十三歳の時、貞観十九年（六四五）に道綽禅師が往生されているので、師の教化を受けたのは僅か四年程度である。師を亡くした大師は、その後、長安（陝西省）に出て、終南山に入られたようである。その頃の状況を『続高僧伝』に「既入京師広行此化。写弥陀経数万巻。士女奉者其数無量。時在光明寺説法」（既に京に入りて、師、広く此の化を行ぜり。弥陀経を写すこと数万巻。士女、奉ずる者は其の数、無量なり。時に光明寺に在りて説法す）（大正五〇・六八四上）と道宣律師は記している。これよりして大師は『阿弥陀経』の書写、並びに長安の光明寺における念仏の説法などを行いつつ、持戒持律の生活を送っていたようである。ここから大師を一般に終南大師と称したり、光明寺和尚などと呼称している。『阿弥陀経』の書写数万巻、あるいは浄土の変相を画くこと三百舗、また荒廃した寺塔を見てはこれを修復したとも伝えられる。

特筆すべきは六十歳の時、唐の高宗の勅願による洛陽竜門（河南省）の石室の一つ、大盧舎那像龕の造営に際しての検校僧としての活躍である。龕の広さは十二丈、高さは百四十尺というから壮大なものである。この検校僧となるには多くの国民の支持がなければ到底勤まるものではない。

近年の竜門石窟調査研究によると、これを証明する資料が新たに紹介されている。倉本尚徳氏の「善導の著作と竜門阿弥陀造像記『観経疏』十四行偈石刻の新発見」（『印仏』六三（二）、二〇一五年）がそれで、善導浄土教の信奉者が竜門石窟の大盧舎那像龕以外の阿弥陀造像や浄土造像に関与したことを直接的に示す銘文を紹介し、善導大師の『観経疏』の内容と造像記の内容の比較検討によって、それをほぼ確実視している。そして数種の銘文を検討し

Aの銘文は、善導浄土教の盛行が西暦六五〇～六〇年代の竜門石窟における阿弥陀像の多さの一因となっていることを直接示す事例であった。善導が竜門石窟の造像活動においてすでにかなりの影響力を発揮していたと考えられることも、盧舎那大仏の検校僧に選ばれた一因ではないだろうか。

と論じている。このように善導大師が検校僧になったことに関して森田真円勧学は、大師の念仏教化の手法が認められたものであろうと推測する。即ち和上の『勧念法門窺義』（二七頁）にはその念仏教化の手法は、絵画（変相図）や音楽（浄土教の勤行規定）や書（弥陀経写経）などの多岐にわたる芸術的センスや建築知識（伽藍の修復）に基づいたものであった。おそらくこの検校任命は、大師の芸術的才能や建築知識などがかかわれてのことであったに違いない。

と述べている。この芸術的要素、特に浄土教の勤行規定を多分に取り入れた著作が四部の具疏であり、その一つが『般舟讃』である。

（二）大師の著作

善導大師の著作は古来より「五部九巻」と言われる。そして従来、浄土の教義を明らかにする解義分と、実践・行儀作法を明らかにする行義分とに分けられ、『観無量寿仏経疏』四巻を解義分としてこれを『本疏』と呼び、他の四部を実践の行義分として『具疏』と称している。

『具疏』には『観念法門』一巻・『法事讃』二巻・『往生礼讃』一巻・『般舟讃』一巻の四部五巻があって、『本疏』に必具し、『本疏』と内容的に一具であるべき疏との意味からそのように称されたという。もちろんこの分類は良忠師に始まると見られており、この概念に執らわれない研究が求められるというが、未だにその研究方法は確立されていない。よって本書においても五部九巻一具の見方にて論を進めたいと思う。

問題はこれら五部の著作の撰述年代であり、またどのような順序で撰述されたかであるが、これには様々な見解が提示されており、未だに定説はない。撰述時期については長安在住時代を想定するのが一般的な見方であり、一応、三十歳過ぎから六十歳前後までと見られている。また撰述前後の問題についても『本疏』が先か、それとも『具疏』が先かの問題に始まり、五部様々な意見が出されている。近年の研究によると、無韻の詩体（偈）の『般舟讃』が初期の頃の撰述であろうという、新たな音韻学の上からの研究がなされていて興味深い。（齊藤隆信著『中国浄土教儀礼の研究―善導と法照の讃偈の律動を中心として―』、法蔵館、二〇一五年、一七〇頁）なお、これら撰述前後の問題については、今日までの研究を整理した論文に、上野成観氏の「善導著述前後の一考察」（『真宗研究会紀要』三三号、二〇〇一年）がある。

さて、五部九巻一具の観点から本論を進める以上、『般舟讃』を講読する上でも、総てに関して最初に概観しておく必要がある。よって『般舟讃』との関係を視野に置きながら五部九巻の概説を行いたい。

（1）『本疏』

『観無量寿経疏』または『観無量寿仏経疏』が具名であり、略して『観経疏』もしくは『観経四帖疏』と呼んでいる。これはその構成が『観経玄義分』・『観経序分義』・『観経正宗分定善義』・『観経正宗分散善義』の四巻（帖）から成立しているからの名称であり、単に『四帖疏』とも呼ばれる。これらは表題からも分かる通り、いずれも『観無量寿経』に対する註釈書で、善導教学の『観経』に対する根本的な立場が、体系的に、そして註釈的に詳述されている。

中でも特に注目しなければならないのは「古今楷定」であろう。「楷」とは「模楷」・「定軌」の意味で手本、基準などの事、「定」は「決定」の意である。よって『観経』の解釈の手本を定め、古今の聖道の諸師方の誤った解釈を正して仏の正意を論定するということである。

大師以前には『観経』に対する様々な解釈が為されていた。その筆頭が地論宗における浄影寺の慧遠師（五二三—五九二）の『観無量寿経義疏』二巻であろう。他に三論宗における嘉祥寺の吉蔵師（五四九—六二三）の『観無量寿経義疏』一巻などもある。大師はこれらの解釈は『観経』の真意を顕わしていないと主張し、これらの註釈をしりぞけて、今回新たに経の真意を開顕するとしたのが「古今楷定」である。

『散善義』の最後に「今この観経の要義を出して、古今を楷定せんと欲す」とあるのがそれで、大師までの『観経』についての誤った解釈を廃し、真意の開顕につとめたことを表明したのである。よってこの疏を「古今楷定之疏」あるいは単に「楷定之疏」とも呼んでいる。

しかし筆者はこれほどまで、強力に主張できる善導大師の心底には「三昧発得」の宗教体験があったからだと考える。そこを『本疏』の最後に感激を以て論述しているのが印象的に感じられる。全文は本書（七六〜七九頁）に引用しているので、いま「古今楷定」に続く文を掲げておきたい。

もし三世の諸仏・釈迦仏・阿弥陀仏等の大悲の願意に称《かな》はば、願はくは夢のうちにおいて、上の所願のごとき一切の境界の諸相を見ることを得しめたまへ。仏像の前において願を結しをはりて、日別に『阿弥陀経』を誦すること三遍、阿弥陀仏を念ずること三万遍、心を至して発願す。すなはち当夜において西方の空中に、上のごとき諸相の境界ことごとくみな顕現するを見る。

とある。大師は極楽の様相を目の当たりにしたのである。そこを

雑色《ぞうしき》の宝山百重千重なり。種々の光明、下、地を照らすに、地、金色のごとし。なかに諸仏・菩薩ましまして、あるいは坐し、あるいは立し、あるいは語し、あるいは默す。あるいは身手を動じ、あるいは住して動ぜざるものあり。すでにこの相を見て、合掌して立ちて観ず。

と記している。さぞ極楽を観見して感激したことであったろう。よって

やや久しくしてすなはち覚めぬ。覚めをはりて欣喜に勝へず。すなはち〔この観経の〕義門を条録す。

とその感慨を述べている。しかも最後には

この義すでに証を請ひて定めをはりぬ。一句一字加減すべからず。写さんと欲するものは、もつぱら経法のごとくすべし、知るべし。

とまで記して、『本疏』を「経典」と同じに扱うべしとまで言っている。ここに三昧発得に依る『本疏』の重要性を見る思いがする。

ところで、この大師が観見された浄土の様相そのものを論述したのが『般舟讃』であろう。『本讃』には浄土の様相そのものの描写が多い。それは『観経』『阿弥陀経』の経文に依っているのは当然であるが、それ以外の論述も在り、この跋文を読むことによって、善導大師の体験を通しての

浄土讃歎の書であると窺える。我々もそれを基本に据えて拝読したいと思う。

加えてもう一点、『本疏』と『般舟讃』との係わりを論じておきたい。それは「頓教・菩提（薩）蔵」の考え方であろう。『般舟讃』（本書八五頁）に

『観経』・『弥陀経』等の説は［願往生］
すなはちこれ頓教・菩提蔵なり［無量楽］
一日七日もつぱら仏を称すれば［願往生］
命断えて須臾に安楽に生ず［無量楽］
一たび弥陀涅槃国に入りぬれば［願往生］
すなはち不退を得て無生を証す［無量楽］

として、『観経』の教説を「頓教・菩提蔵」と認める。ここを『本疏』では

われら愚痴の身、曠劫よりこのかた流転して、いま釈迦仏の末法の遺跡たる弥陀の本誓願、極楽の要門に逢へり。定散等しく回向して、すみやかに無生の身を証せん。われ菩薩蔵・頓教、一乗海によりて、偈を説きて三宝に帰して、仏心と相応せん。十方恒沙の仏、六通をもつてわれを照知したまへ。

（註釈版・七祖篇・二九八）

と述べて、善導大師の主張の核心をこの言葉で論じようとしているのが分かる。もちろん「菩薩蔵」か「菩提蔵」かの違いがあるが、同内容を言っていることは想像に難くないし、親鸞聖人もこの両文を引用されていることを考えると、聖人もこの一文にこそ大師の思いが込められていると見られたのであろう。やはり『般舟讃』の思想的根拠を『本疏』に求めなければその内容を窺い知ることが出来ない証左である。

(2) 具疏

I 観念法門

一般に「観念法門」と略称されるが、表題には「観念阿弥陀仏相海三昧功徳法門　一巻」とあり、尾題には「観念阿弥陀仏相海三昧功徳法門経」として「経」の一字が付加されている。このような例は『般舟讃』でも指摘されている。

また本書には異なった内容の二部が、誤って合冊されたものとの見方もなされている。それは本文、中ほどに『依経明五種増上縁義　一巻』との題が挙げられており、そこには他の部分の内容とは若干異なった「五種増上縁」が論じられている。しかもその文の終りには「五種増上縁義、竟んぬ」とまで結びの語が記されているので、これは別の一著と見なされるという意見が出されている。

よって今日の『観念法門』一巻は、内容を異にする『五種増上縁義』一巻と、たまたま一緒に綴じられたと見る事が出来るという。もしそうだとすれば、善導大師の著作は総てで「六部十巻」となる。(望月信亨『支那浄土教理史』、法蔵館、一九四二年)

なお、本書を具疏と呼びながらも、実践の行義分的性格のみの内容ではない。どちらかと言えば『本疏』と同じように教義理論を中心とする書物である。よって古来から、「行門中の教門」と称せられている。これは『本疏』の教義理論に基づきながら、念仏と観仏の二つの三昧の具体的な実践を説いてはいるが、その教義理論を表す面の方が強いところから言われた呼び名である。

内容的には三段から構成される。第一段は三昧行相分で、第二段は五縁功徳分、第三段は結勧修行分である。この内、第二段が上述の他書と見なされる部分になるが、今は一応合わせて一著と見ておきたい。

この中、特に『般舟讃』と密接にかかわるところは『般舟三昧経』の引用である。しかも『般舟讃』にはない、長文な引用が見られるので、『般舟讃』では窺い知ることの出来ない大師の『般舟三昧経』観が察知出来る。この『般舟三昧経』は『般舟讃』の讃名の由来にかかるので、特に注意が必要である。本経典は阿弥陀仏の見仏を説くが、その見仏に関して、『観念法門』の「五種増上縁」中「見仏三昧増上縁」の段に

『般舟三昧経』（意）に説きてのたまふがごとし。「一には大誓願力をもつて念を加したまふがゆゑに見仏することを得。二には三昧定力をもつて念を加したまふがゆゑに見仏することを得。三には本功徳力をもつて念を加したまふがゆゑに見仏することを得」と。以下の見仏縁のなかも、この義に例同す。ゆゑに見仏三昧増上縁と名づく。

（註釈版・七祖篇・六二六）

の三つの力によって見仏が可能である事を強調する。善導大師におけるこの「三力」の解釈も傾注しなければならないが、阿弥陀仏を見仏した中において、阿弥陀仏が報《こた》えられる内容を「三昧行相分」に引用しているのが注目される。すなわち

仏のたまはく、〈四衆この間の国土において阿弥陀仏を念ぜよ。
もつぱら念ずるがゆゑにこれを見たてまつることを得。
すなはち問へ。《いかなる法を持ちてか　この国に生ずることを得る》と。
阿弥陀仏報《こた》へてのたまはく、
《来生せんと欲せば、まさにわが名を念ずべし。休息することあることなくは、
すなはち来生することを得ん》と。

（註釈版・七祖篇・六一一）

として「まさにわが名を念ずべし（当念我名）」の一巻本を引用する。この引文は『般舟讃』にはなされていない。「般舟三昧」を考える上での好資料と思われる。

II　法事讃

この書は上下二巻からなっている。上巻の首題は「転経行道願往生浄土法事讃　巻上」とあり、巻上の尾題には「西方浄土法事讃　巻上」とある。また下巻には首尾共に「安楽行道転経願生浄土法事讃　巻下」との題である。他の具疏と同じように幾種類の題号を有している。

題号にある「転経」とは、経典を転詠することで、阿弥陀経の経文に節をつけて読誦讃嘆することをいう。また「行道」とは仏の周囲を繞道することで、阿弥陀仏の周囲を三匝または七匝する行法が示されている。すなわち仏徳を讃える法事の讃文であるので「浄土を願生する為の行法として、行道しつつ『阿弥陀経』に節を付けて転詠し讃歎することによる、一日一夜の臨時行法の儀則」が本書であるといえよう。

構成は、前行法分、転経分、後行法分の三段から成っている

第一段の「前行法分」は上巻全体に渉っており、第二段転行分の準備で『阿弥陀経』読誦に先立つ行法である。その内容はさらに①請護会衆・②法事大綱　③略請三宝・④広請三宝・⑤前行道　⑥

前懺悔の六項に分かれて説かれている。全体に渉って「実践の行義分」としての性格が発揮されているが、その一例として②法事大綱に

もし召請せんと欲する人および和讃のものはことごとく立し、大衆は坐せしめて、一人をして先づ焼香・散華を須ゐ、周匝一遍せしめをはりて、しかして後法によりて声をなして召請していへ。

（註釈版・七祖篇・五〇九）

との作法が述べられ、続いて「讃偈」に入る。この讃偈唱和の形式が『般舟讃』と全く同じで、「般舟三昧楽」から始まり、一句づつ終わりに「願往生」（奇数句）と「無量楽」（偶数句）が交互に間の手として入る。要するに

般舟三昧楽〔願往生〕
大衆心を同じくして三界を厭へ〔無量楽〕
般舟三昧楽〔願往生〕
三塗永く絶えて願はくは名すらなからん〔無量楽〕
三界は火宅にして居止しがたし〔願往生〕

（註釈版・七祖篇・五〇九―五一〇）

である。『般舟讃』には上述の作法としての行儀の説示はないので、『般舟讃』も同じように実践されたのであろうことが想像できる貴重な関連性である。

続く第二段の転行分が本論の中心であって、『阿弥陀経』全文を十七段に分け、その経文を挟みながら、各段に讃文を付して、高坐の導師と下坐の大衆とが相い応じて転経し讃嘆する法式が説かれている。ただ儀式だけではなく、ここに善導大師の『阿弥陀経』観が示されているのには、注目しなければならない。

第三段の後行法分には①懺悔・②行道　③讃歎咒願・④七唱礼・⑤随意の順にてこの別時法会の読誦後の儀規が示されている。

III　往生礼讃

首題も尾題も共に『往生礼讃偈　一巻』としているが、巻頭に「勧一切衆生願生西方極楽世界阿弥陀仏国六時礼讃偈」とあってこれが具名となっている。すなわち「一切衆生を勧めて、西方極楽世界の阿弥陀仏国に生ぜんと願ぜしむ六時礼讃の偈」である。一般に『六時礼讃』、あるいは単に『礼讃』と略称されている。

内容は、前序、正明段、後述、の三段構成である。

第一の前序では、『観経』三心による安心を、そして天親菩薩の五念門による起行を、最後には恭敬修・無余修・無間修・長時修の四修をもって作業としている。特にこの後に『文殊般若経』（文殊師利所伝説摩訶般若波羅蜜経　巻下）の一行三昧が引用され「見仏」が論じられているのに注目したい。

また『文殊般若』（意）にのたまふがごとし。「一行三昧を明かさば、ただ独り空閑に処してもろもろの乱意を捨て、心を一仏に係けて相貌を観ぜず、もつぱら名字を称することを勧む。すなはち念のうちにおいて、かの阿弥陀仏および一切の仏等を見たてまつることを得」と。

（註釈版・七祖篇・六五七―六五八）

この「一行三昧」は天台教学に取り入れられて「常坐三昧」として整理され、「般舟三昧」は同じく「常行三昧」として確立されている。「四種三昧」の中の二種である。しかもこれらは共に「見仏」を目的とした修行方法であるので、「般舟三昧」との係わりにおいて注目しておきたい。

次いで衆生の専修雑修の得失が論じられ、称名念仏一行の専修を勧めている。

このように、前序は善導大師教学を理解する上において重要な内容を含んでいる。

第二の正明段が本讃の中心部分であり、ここに六時礼讃文が説かれている。

それは、第一に「日没讃」。これは『大経』によって十二光仏を礼賛する十九拝。第二には「初夜讃」。これは同じく『大経』の要文を採集しての礼讃で二十四拝。そして第三は「中夜讃」。今度は龍樹菩薩の『十二礼』による礼讃で十六拝。第四には「後夜讃」。天親菩薩の『浄土論』による礼讃で二十拝。第五には「晨朝讃」。彦琮の『願往生礼讃偈』による礼讃で、これも二十一拝。そして最後の第六に「日中讃」。善導大師の『願往生礼讃』の偈であるが、これの内容は『観経』の十六観による礼讃での二十拝である。

この中、第六の『観経』十六観による礼讃の二十拝の内容が『般舟讃』と大いに類同しているのが注目される。

第三の後序では「阿弥陀仏を称念し礼観して、現世になんの功徳利益かある」との問いを発し、『十往生経』・『観経』・『大経』・『小経』を引用して、それぞれの勝益を示している。そして「願はくはもろもろの行者、おのおのすべからく心を至して往くことを求むべし」、あるいは「いますでにこの増上の誓願の憑むべきあり。もろもろの仏子等、なんぞ意を励まし去《い》かざらんや」と総ての衆生に往生を勧めて文を閉じている。

Ⅳ　般舟讃

いよいよ本題の『般舟讃』である。この一巻も首題に「依観経等明般舟三昧行道往生讃」とあり、また尾題には「般舟三昧行道往生讃」とあって題名が異なっている。本講読本は尾題を採用してタイトルとした。『般舟讃』という略称は日本に入ってからの呼称のようであって、中国の典籍中には引用を含めて、この名称は見られない。

内容構成に関しては本文を参照して戴ければ良いので、ここでは文献上の問題に絞って論じておきたい。『本讃』の流伝と底本に関してはこれを講読する上からは欠かすことの出来ない問題である。

i 『本讃』の流伝と底本の問題

高瀬承厳師や藤原猶雪師、それに石田茂作博士や井上光貞博士等多くの研究者によって、善導大師五部九巻の日本への流伝研究が進展し、奈良時代、すでに正倉院文書の中に『観念法門』をのぞく善導大師の四部の著述の名が見えており、それが道昭法師（六二九―七〇〇）によって日本に将来されたことが指摘されて来た。これに間違いなしとするならば、道昭師は白雉四年（六五三）に入唐し、玄弉三蔵に教えを受け、帰国したのが斉明七年（六六一）五月であるから、善導大師（六一三―六八一）在命中に本書は、すでに我国に伝来していたことになる。ここから善導大師はこれら三部の著述を六六一年以前にすでに撰述していたことになり、『本疏』『具疏』撰述時期にも関連する問題に一石を投じることになっている。これらの諸事情に関しては中井真孝氏の「経疏目録類より見たる善導著述の流布状況」（藤堂恭俊編『善導大師研究』、山喜房仏書林、一九八〇年、三六七―三九二頁）に詳しく紹介されている。

ところで、奈良時代以降に本書の名前が再び現れるのは、平安時代、円行師（七九九―八五二）の将来目録である。承和六年（八三九）に帰朝した円行師の『霊厳寺和尚請来法門道具等目録』（『大日本仏教全書』第二・『仏教書籍目録』第二所収）によると、『依観経等明般舟三昧行道往生讃　一巻　善導法師撰』との記載が認められる。円行は山城霊厳寺に住した上、円仁（七九四～八六四）とも同時に入唐しているので比叡山にもこの書が移入せられた可能性が高い。しかし、叡山上に浄土教が興隆した頃には本書の存在が確認されていないようである。なぜならば叡山浄土教の念仏興行時代を築いた源信和尚（九四二―一〇一七）すら、その主著『往生要集』三巻（九八四―九八五年撰述）に本書の引用をしていないからである。『往生要集』の引用典籍は膨大で、直接・間接の両引文を合わせると実に九五二文にも及ぶという。（花山信勝博士『原本校注・漢和対照往生要集』小山書店、一九三七年）この書に引用されていないことは源信和尚の手中範囲に本書が存在していなかったと考えて良いであろう。そして特に注目すべきは法然聖人である。聖人も本書の存在を知りながら、それを見ておられなかったのである。それは法然聖人門下の静遍師編纂による『続選択文義要鈔』一巻（大正十二年刊の『仏教古典叢書』第四所収）には次のような一文が認められるからである。

粤有善導秘釈一巻、号曰依観経等明般舟三昧行道往生讃、此秘書者雖載霊巌円行和尚請来録内古今先徳名隔文、就中源公（法然）稽古博達、諸宗章疏浄土文籍、広渉三朝莫不縁通、未披閲者今此一巻、仍命同法遠訪宋朝、不得空帰、遺恨唱滅。今釈心円（静遍）、建保五歳、従或貴所不図伝之、（五頁）

粤《ここ》に善導の秘釈一巻あり。号して依観経等明般舟三昧行道往生讃という。此の秘書は霊巌円行和尚請来録内に古今の先徳の名を載せたりと雖も文を隔つ。就中、源公（法然）、稽古博達にして、諸宗の章疏、浄土文籍、広く三朝に渉たって縁通せずということなし。未だに披閲せざるは今、此の一巻なり。仍ち同法に命じて遠く宋朝を訪らふ。得ずして空しく帰り、恨を遺して滅を唱う。今、釈の心円（静遍）、建保五歳、或る貴所より図らずも之を伝う。

この文を拝読すれば、法然聖人は中国にまで法友をして探し求めさせた本書であるにもかかわらず、それを得ることが出来ず、「恨を遺して入滅せられた」というのであるから、さぞ残念なことであったろう。それほど探し求めて発見されなかった本書が、どうしたことか、禅林寺の心円（静遍）師によって建保五年（一二一七）に日本の貴所から発見されたのである。それはまさしく円行師ゆかりの将来本であったという。その貴所とは仁和寺の「宝（法）金剛院」の一切経蔵とされ、法然聖人示寂から五年を経た年であった。ところで親鸞聖人はどうかといえば、稲田に草庵を結ばれたのが建保二年（一二一四）であったので、丁度、関東教化中に当たる時期ということになる。今日まで聖人手沢本とされていた専修寺蔵刊本の「五部九巻」に疑義が提示されているので、本書を手にされたのが刊本か、それとも写本かはわからないが、『教行信証』にはこの書の引用が十数点も見られる。師法然聖人も閲覧されていない書を感激を以て拝されたことであろう。

これより先、幸西師門弟の明信師は、善導大師著作の他書、四部八巻をすでに開版していた。そこで新たに発見された本書の開版を志したが、流布本の内容に誤脱が多いので、御室仁和寺の根本書と校合するなどしたが不審が解けず、明信師は開版を待つことなく示寂したという。そこで明信師との遺約によって翌年の貞永元年（一二三二）、同門の入真師が本書を開版したとする刊記が大谷大学所蔵本に伝えられている。これらの事情に関しては高橋正隆先生の「善導大師遺文の書誌研究」（『善導大師研究』、三九三―四四〇頁）に詳しい。

ただ、この大谷大学所蔵刊本（鎌倉時代）が『浄土真宗聖典　七祖篇　原典版』の校異に甲本として挙げられている。よって巻尾にその刊記が全文載せられているので我々はそれにて内容を知ることができる。そうすれば、注意したい一文が見当たった。

流伝本多有不審。因茲流行当第六年（貞応壬午四月下旬）直為画写奉請根本。（即是円行将来正本。請出由縁記新写奥）於根本文不審由在。復無証本。不能校合。空積歳月無勘定。

（一五一〇頁）

流伝本に多く不審あり。因って茲に流行して第六年に当たる（貞応壬午四月下旬）直に画写せんが為に根本を請い奉る。（即ち是れ円行将来の正本なり。請出の由縁の記、新写の奥にあり）根本の文に於いて不審の由し在り。復た証本なし。校合すること能わず。空しく歳月を積むも勘定なし。

である。要するに、当時にとっての大発見であったから皆がこぞって伝写したのであろう。その流伝された『般舟讃』には不審な点が多かったという。そこで、発見されてから六年目に、明信師が仁和寺に所蔵されている円行師将来の正本と校合したというのである。ところがこの根本の書と称する『仁和寺本』にもなお不審な点が残ったという。たぶん意味が通じない箇所が多くあったのであろう。流布本は『仁和寺本』を祖本とする伝写であるので、他に証本もなく、校合することが出来ずに歳月は空しく流れて勘定の期が無かった……との意味であろう。そこで明信師は意を決して両三人の同志と語らい版印本を編集しようとしたと続いている。

このような開版の縁起を見ると、当初からかなり意味普通な箇所が多かったと推測できる。今回、本書を講読する上で諸資料を参考したが、「一本に曰く」とか「他本に云く」として、異なった

「伝写」が指摘されていた。解釈上、大いに迷った事はいなめない。また近年、新たに鎌倉時代の書写本の断簡が大阪河内の金剛寺から発見されている。（南宏信氏「金剛寺蔵鎌倉写『般舟讃』についてて」〈『印仏』五五（一）、二〇〇六年〉）僅か一丁の裏表であるが、他本の総てに「慊恨」とあるものの、ここには「悔恨」と書写されているという。そこで、現存する諸本とは異なる系統ではないかとみられるという報告が為されている。このような流伝上の問題を前提として本文を読み進めていかねばならないであろう。

ところで、今日、入真師が開版した初刷本は確認されていないが、上述の高橋先生の調査によると、後世に再三模刻されたようである。また刊記が無いものの伝世の事情の明らかな刊本も大きな意味を持つとされる。その一本が、辻善之助博士によって、親鸞聖人加点本と称された高田専修寺所蔵の『五部九巻』である（辻善之助博士著『親鸞聖人筆跡の研究』、金港堂、一九二〇年）。この『般舟讃』は新たに出版された『浄土真宗聖典全書一　三経七祖篇』に底本として収録されているので、本講読本は、これを使用した。

ii　高田本『般舟讃』

高田本『般舟讃』に関して、専修寺に閲覧を請うたが、目下修理中とのことで拝見することがかなわなかった。そこで、近年出版された新光晴師の「版本『般舟讃』（重文専修寺聖教　通番号第

10）について」（『教学院紀要』一九、真宗高田派教学院、二〇一一年）に詳細に報告されているので、今それによって高田本の概略をまとめたい。

専修寺には、鎌倉時代の版本と伝える『般舟讃』が二部現存するという。いずれも無刊記本であるので、それらを通番号「九」と「十」でもって区分している。聖人加点本と称されてきたのは『五部九巻』の中の『本讃』で、藍紙表紙本であるので、これを通番号「九」で「藍」と称している。また他本は後世に専修寺に施入された一本であるが、丁字引き表紙本であるので、通番号「十」で「丁」としている。これらはいずれも平成二十年三月に専修寺聖教八十二点として重要文化財に指定されたと云う。

ところで、新師は通番号「九の藍」と「十の丁」を詳細に対校し、二十三箇所もの相違点を列挙している。加えて、聖人の『教行信証』の十一箇所の引文と「九の藍」と「十の丁」との対校も行っている。そうすれば、五部九巻の外題が聖人筆跡と考えられていたにもかかわらず、通番号「九の藍」には『教行信証』の読み方が反映されていない事が解ったというのである。

よって新師は通番号「九の藍」に対して、これを親鸞聖人の加点本と認めるのに疑義を提示し「聖人の自筆本であるという認識でいいのだろうかという疑問が生じてくる」と主張している。今後の研究を待ちたいと思う。

表題と撰号

【題目・撰号】

依観経等明般舟三昧行道往生讃　一巻

比丘僧善導撰

【書き下し】

観経等に依って、＊般舟三昧を明かす＊行道の＊往生讃　一巻

＊比丘僧＊善導撰

【語句説明】

○般舟三昧……後に「般舟三昧」に関して本文中に解説されるので、第一章「起教勧修分」の中の第二節「標行目」、特に【参考・問題点】を参照されたい。（本書六〇～六九頁）

○行道……仏道を修めること。ここでは般舟三昧を修めること。

○往生讃……『本讃』は、一行ごとに「願往生」「無量楽」の語が付してあるから、阿弥陀仏の西方浄土に往生することを勧奨し讃歎するとの意味から往生讃という。

○比丘僧……出家得度して具足戒を受けた僧侶のこと。

○善導……六一三—六八一。臨淄《りんし》（山東省、あるいは泗州《ししゅう》ともいわれる）の人。善導大師、光明寺和尚、終南《しゅうなん》大師、宗家《しゅうけ》大師などと呼ばれる。若くして密州（山東省）の明勝法師（生没年不詳）のもとで出家し、『法華経』『維摩経』を読誦した。ある時、西方浄土の様相を描いた図像を見て、阿弥陀仏の浄土への往生を願う。具足戒を受けた後、妙開律師とともに経蔵を探り、そのなかから『観経』を得て十六観を修したという。唐の貞観年中（六二七—六四九）、玄中寺において道綽禅師（五六二—六四五）に謁し、方等懺法《せんぼう》を行ずるとともに、『観経』の講義を聴いた。道綽禅師のもとを離れた後、大師は終南山の悟真寺、長安の光明寺などに住し、多くの弟子を教化育成する。また、信者から布施された金銭で『阿弥陀経』を書写すること十万巻、「浄土変相図」を描くこと三百鋪に及び、咸亨三年（六七二）には、洛陽・竜門・奉先寺・大盧遮那仏造立において検校の職（監督）に任ぜられた。永隆二年（六八一）寂、年六十九であった。（鎌田茂雄編『中国仏教史辞典』、東京堂出版、一九八一年、二〇〇頁、鎌田茂雄著『中国仏教史』第六巻、東京大学出版会、一九九九年、七八一頁などを参照）

善導大師は、中国においては盧山の慧遠法師（三三四—四一六）とともに高い評価を受け、唐以降、五代・宋代には「弥陀の化身」とまで称讃される。しかしながら、このような評価は膨大な数に及ぶ『阿弥陀経』の書写や「浄土変相図」の作成など、彼の行状によるところが極めて大きい。というのも、唐代の智昇法師（生没年不詳）『集諸経礼懺儀』には『往生礼讃』の現存が確認されるものの（大正四七・四六六上—）、主著『観無量寿仏経疏』（『観経疏』）四巻は中国においては唐代現存の諸書にその名が見えず、宋代においては「玄義分」しか残っていなかったからである。この『観経疏』「玄義分」と『往生礼讃』に説かれる主要な思想は、順に観仏三昧・念仏三昧および諸行（身業礼拝・口業讃歎・意業観察・作願・回向など）にあるといっても過言ではない。したがって、善導大師は「善導後身」と言われた法照法師（生没年不詳）以降、法照法師らが始めた五会念仏の最重要人物としての評価がその中心であったと考えられ、称名や口称の念仏のみを宣揚した人物であると評するのはおそらく正しくない。これは、中国の側から善導大師を評価する見方として極めて重要なことである。（柴田泰「中国浄土教の系譜」〈『印度哲学仏教学』第一号、一九八六年〉を参照）

【解釈】

『観無量寿経』はじめ「浄土三部経」や『般舟三昧経』によって、「般舟三昧」を明かし、その修行道を以って西方極楽浄土往生を讃歎する。　一巻

比丘僧善導の撰述

【参考・問題点】

○『依観経等明般舟三昧行道往生讃』の訓みについて

僧叡師の『般舟讃懐愧録』によると、

次明者。顕示意義。古有三義。一云。明字、流至三昧。謂。如『般舟』説。秪是通途。今、依『観経』乃是別途。去通就別。以作此讃故。評曰。此説、精詳。可以適従。

二云。明字、流至行道。謂般舟行道。梵漢並挙故。評曰。若爾者、何間以三昧言。

一云。明字、流至讃字。可知。評曰。雖無相違、比于初義劣矣。


（真宗全一五・四二〇上）


次に明とは意義を顕示す。古より三義あり。一に云く。明の字、三昧より流至す。謂く。『般舟』に説くが如し。秪《た》だ是れ通途なり。今、『観経』に依るは乃ち是れ別途なり。通を去って別に就く。此の讃を作るを以っての故に。評して曰く。此の説、精詳なり。以って適従すべし。

二に云く。明の字、行道より流至す。謂く般舟行道なり。梵漢並べ挙ぐが故に。評して曰く。若し爾らば、何んが間に三昧の言を以ってするや。

一に云く。明の字、讃の字より流至す。知んぬべしと。評して曰く。相違無しと雖も、初義に比ぶれば劣なり。


要するに、どこから返って「明」の字を読むかが問題である。古来、三義あるという。

①般舟三昧を明かす行道の往生讃

②般舟三昧行道を明かす往生讃
③般舟三昧行道往生讃を明かす

である。①は『般舟三昧経』に説くが如しとし、これを通途の義とし、別途は『観経』で、通を去って別に就くという。要するに仏教通途では『般舟三昧経』の般舟だが、特に『観経』の内容から「般舟」を明かすために今讃を撰述したとの意味であろう。しかもこれを「精詳」と評している。②は般舟と行道とは梵語と漢語を並べることになるが、それならばどうして中に「三昧」が入るのかと疑問を呈している。③は内容的に相違はないが、①と比べれば劣るという。従って①の「般舟三昧を明かす行道の往生讃」が良いと判じている。今はこれに依りたい。

○「観経等に依って、般舟三昧を明かす行道の往生讃」

題名は、書物の始終の内容を総括的に示すものである。よって、注釈・解説書類にはかなりの紙数を費して題名の解説がなされている。

今、行照師（一七九四―一八六二）の『聴記』は巻第一の大半を使用して、八門から本書の解説をしているが、その中の第七に題名の解説がある。そこでは、本書には三種類の題名が見られるのを極略題・略題・具題との名称でこれを分別し（巻一・〇二五）、極略題とは『般舟讃』をいい、略題では『般舟三昧行道往生讃』と呼び、具題は『依観経等明般舟三昧行道往生讃』であるという。

他宗では善慧房證空上人（一一七七—一二四七）が初めて極略題を用いられたとしている。また、略題で充分にその意味が分かるにもかかわらず、具題には「依観経等明」の五字が付されたのかとの問いをおこし、三方面から本題を解釈している。

①一法相承の義を標す……一法とは「弥陀本願他力真実絶待の一法」であり、この一法を釈尊から相承された意義を票すという。

②浄土親近の行を示す……「般舟三昧」とは仏教通途の用語であるだけに、「観経等」の語がなければ浄土門別途親近の正行であることが分からないからという。

③三経真実の義を顕す……本讃は経典の真実を顕して、方便を会すのが目的と見る。一切経論中において、定散要門を広開するものはこの『観経』一経に限るものの、付属持名の実義に帰してみれば三経一致の観経であり、余経に「共等する」『観経』であるといえる。よって「等」の字が付加されているという。ここからして具題の「依観経」とは、三経一致の『観経』を指しており、三経真実義がここに顕れていると見ている。

一方、證空上人の『自筆鈔』には題号の「明」の字に対して以下のような注釈を加えている。

明、といは、明了の義、古今の行者般舟三昧の行を立てて往生の解を成ずと雖も、いまだ観経の観門、弘願に帰して凡夫報土に入ると云ふ事を明らめず。今証定の義に依りて是を明らめて、未来悪世の具縛の凡夫の往生を示すと云ふ名なり。

（『西叢』四・一上―下）

「明」とは「明了の義」としながら「いにしえより現在に至るまでの行者は、般舟三昧による修行を立て、阿弥陀仏の浄土へ往生する」という解釈をしているが、いまだ『観経』の観門と弘願の本理に帰って、凡夫が報土へ至るという、究極の理解を明確に出来ていない。そこで今、証定の義理によって、これを「明了」にして、末世に生きる煩悩に縛られた凡夫が往生する道を示す事にあるという。

そもそも、この「観門」「弘願」とは證空上人独自の特殊名目で「行門・観門・弘願」に収められる用語である。佐藤哲英和上「證空の浄土教」（『叡山浄土教の研究』、百華苑、一九七九年、五七一頁）によると

行門―聖道自力的なもの及び働き
観門―弘願より顕現し、弘願を開示するもの及び働き
弘願―弥陀及びその絶待他力の働き

と説明されている。前掲した『自筆鈔』には「観経の観門、弘願に帰して凡夫報土に入ると云ふ事を明らめず」とあるから、古今の行者はいまだ「行門」の段階にとどまって「般舟三昧」を解して

いると見ている。つまり、證空上人は「自力聖道門」的な「般舟三昧」に対してこれを否定し、末代の凡夫が摂取される阿弥陀仏による絶対的な救済を、本讃を通して伝えようとしていると解する事が出来よう。

○『般舟讃』の分科について

なお、『般舟讃』の分科も重要である。深浦正文師は東京真宗学会編『聖典講讃全集』一二・二(小山書店、一九三五年、一一頁)において「序説、正讃、結勧」と名づけるが、『註釈版・七祖篇』では「序分、正讃、後述《ごじゅつ》」(七一四頁)としている。これらは何に基づいての分科かは知れないが、良忠師(一一九九―一二八七)『私記』には「前序、正讃、後序」(浄全四・五四八上)、證空上人の『自筆鈔』には「序分、正宗分、流通分」(西叢四・二上)とある。

また、深浦師は序説にも「綱要、縁起、名義」(一一頁)の三科を立てるなど、分科の仕方によって解釈が異なり、その学説が見られるが、本書では江戸中期に出た真宗の学僧、道粋師(一七一三―一七六四)の『般舟讃分科』に従って分科した。

第一章　起教勧修分（釈迦如来、教を起こして修行を勧める）

第一節　叙勧意（浄土を勧める意を述べる）

第一項　略嘆獲信感戴悲化（信を獲れば慈悲の教化に感謝するを略嘆する）

【本文】

敬白一切往生知識等。大須慙愧。釈迦如来実是慈悲父母。種種方便発起我等無上信心。

【訓読】

敬ひて＊一切往生の知識等にまうす。大きにすべからく＊慙愧すべし。釈迦如来は実にこれ慈悲の父母なり。種種の＊方便をもてわれらが＊無上の信心を発起せしめたまふ。

【語句説明】

○一切往生の知識……往生を願うすべての同行たち。ここでの知識は同行、法友の意。

○慙愧……「ざんき」と読む。慚愧とも書く。自分の犯した行為や罪をかえりみて恥じること。

○方便……仏による真実に導くための巧みな手だて。

○無上の信心……この上もなくすばらしい信心の意。なお、島地黙雷師（一八三八―一九一一）の『講話』は「仏の無上智慧、無上功徳を領受するの信なること了了たり」（上・三八）といい、良忠師の『私記』は「総じて仏法を信じるなり」（浄全四・五四八下）といい、證空上人の『自筆鈔』巻第四は「今日仏法を信じて無上の心を発す身となれり。自ら発すにあらずと、功を仏に帰するなり」（西叢四・三上）と解する。

【解釈】

うやまって、往生を願う一切の志を同じくする者に申し上げたい。我々は大いに慙愧しなければならないであろう。釈迦如来は我ら凡夫に対して、慈悲をそそぐ父母のようである。如来は種々の巧みな手だてでもって、我らに無上の信心を発させて下さっている。

【参考・問題点】

○「敬ひて一切往生の知識等にまうす……」

この文は『信巻』『浄土文類聚鈔』『入出二門偈頌』『和讃』など親鸞聖人の著述や、『安心決定鈔』などに多く引用がある。

『顕浄土真実教行証文類』「信文類三　大信釈」

又云、「敬白一切往生知識等、大須慚愧。釈迦如来実是慈悲父母。種種方便、発起我等无上信心」。[已上]　　（原典版・二八四）

またいはく（般舟讃 七一五）、「敬ひて一切往生の知識等にまうさく、大きにすべからく慚愧すべし。釈迦如来はまことにこれ慈悲の父母なり。種々の方便をして、われらが無上の信心を発起せしめたまへり」と。[以上]　　（註釈版・二二七）

『浄土文類聚鈔』「結嘆」

又言、「敬白、一切往生知識等、大須慚愧。釈迦如来実是慈悲父母。種種方便、発起我等无上信心」。[已上]　明知、縁二尊大悲、獲一心仏因。　　（原典版・六二八）

またいはく（般舟讃 七一五）、「敬つてまうす、一切往生の知識等、大きにすべからく慚愧すべし。釈迦如来はまことにこれ慈悲の父母なり。種々の方便をもつて、われらが無上の信心を発起せしめたまふ」と。[以上]　あきらかに知んぬ、二尊の大悲によりて、一心の仏因を獲たり。　　（註釈版・四九六）

『入出二門偈頌』

釈迦・諸仏、是真実　慈悲父母。以種種善功方便、令発起我等无上真実信。

（原典版・六八八）

釈迦・諸仏、これ真実慈悲の父母なり。種々の善巧方便をもつて、われらが無上の真実信を発起せしめたまふ。

（註釈版・五五〇）

『高僧和讃』「善導大師」

釈迦・弥陀は慈悲の父母　種々に善巧方便し　われらが無上の信心を　発起せしめたまひけり

（註釈版・五九一）

『安心決定鈔』

かるがゆゑに『般舟讃』（七一五）には、「おほきにすべからく慙愧すべし。釈迦如来はまことにこれ慈悲の父母なり」といへり。「慙愧」の二字をば、天にはぢ人にはづとも釈し、自にははぢ他にはづとも釈せり。なにごとをおほきにはづべしといふぞといふに、弥陀は兆載永劫のあひだ無善の凡夫にかはりて願行をはげまし、釈尊は五百塵点劫のむかしより八千遍まで世に出でて、かかる不思議の誓願をわれらにしらせんとしたまふを、いままできかざることをはづべし

（註釈版・一三八四―一三八五）

『本讃』には釈迦一仏しか取り上げていないが、如上、親鸞聖人はこれを釈迦・弥陀二仏、あるいは釈迦と諸仏をあらわすものとして捉え、いわば釈迦・弥陀・諸仏を同体大悲の観点から受け止めておられる、と思われる。その理由を『講話』は、「今文単に釈迦の名のみを挙ぐと雖も、弥陀諸仏を伴うことは釈迦の勧めるところ偏に弥陀弘願の一法に終帰するが故に。下の讃文全く弥陀を偏勧するを以て知るべし」と述べる。

なお、『本讃』第三章「挙証勧報分」の第三節「結勧慚謝」（五四六頁）において、次のような文が見られる。

又使釈迦・諸仏同勧、専念弥陀想観極楽、尽此一身命断即生安楽国也。豈非長時大益。

また釈迦・諸仏同じく勧めて、もつぱら弥陀を念ぜしめ極楽を想観せしめて、この一身を尽して命断えてすなはち安楽国に生ぜしめたまふ。あに長時の大益にあらずや。

ここよりしても、島地師の言が首肯出来る。

第二項　汎讃説教勧誡二機（汎く釈尊の説教を讃じて勧めて＊二機を誡める）

※二機とは、「他の有縁の教行を軽毀し、自の有縁の要法を讃ずることを得ざる者」

第一　叙化物（まず如来による衆生教化を述べる）

【本文】

又説種種方便教門非一、但為我等倒見凡夫。若能依教修行者、則門門見仏得生浄土。

【訓読】

また種種の方便を説きて教門一にあらざることは、ただわれら＊倒見の凡夫のためなり。もしよく教によりて修行すれば、すなはち門門に仏を見て浄土に生ずることを得。

【語句説明】

○倒見……顚倒する見解の意味。一般に常・楽・我・浄の四顚倒をいう。要するに真理にそむいた誤った見解。

【解釈】

また、釈迦如来は種々の巧みな手だてを説かれるが、その教門は一つではない。このことは、我らのような迷い誤った見解をもつ凡夫それぞれのためである。もし、よくその如来の教えにしたがって修行したならば、如来がお説きになられるその一門一門に阿弥陀仏を見、そして極楽浄土に生ずることができるであろう。

【参考・問題点】

○「もしよく教によりて修行すれば、すなはち門門に仏を見て浄土に生ずることを得」

『私記』はここに問答を設け、見仏は聖浄二門に通じるかどうかを自問する。その答えに

二門異なりと雖も皆浄土に通ず。聖道門の意は断証を得て後身浄土に居す。此れ即ち自力自摂の浄土なり。浄土門の意は流転の凡夫、仏の願力に託して、まさに報土に生ず。此れ即ち他力他生の浄土なり。（浄全四・五四八下）

と述べる。よって自力他力、いずれの法門であっても浄土に往生することを述べた一文と解している。よって釈尊による全ての説法が浄土教に通じることを示した一段と見ていることがわかる。

第二　挙勧方（挙げて仏道を歩む方法を勧める）

【本文】

若見聞有人行善者、即以善助之。若見聞有人行教、讃之。若聞人説行、即依行順之。若聞人有

悟、即依悟喜之。何意然者、同以諸仏為師、以法為母生養、共同情親非外。

【訓読】

もし人ありて＊善を行ずるを見聞せば、すなはち善をもつてこれを助けよ。もし人ありて＊教を行ずるを見聞せば、これを讃めよ。もし人ありて＊行を説くを聞かば、すなはち行によりてこれに順へ。もし人ありて＊悟ることあるを聞かば、すなはち悟によりてこれを喜べ。なんの意ぞしかるとならば、同じく諸仏をもつて師となし、＊法をもつて母となして＊生養し、ともに同じく情《こころ》親しみて外《うと》きにあらざればなり。

【語句説明】

○善……善い行為。ここでは世間的な善を意味する。
○教……如来の教法
○行……教に従って修行すること
○悟る……その修行によって証悟すること
○法……仏法。仏の教法。

○生養……育て養うこと。

【解釈】

もし人が、善を修行するのを見聞きしたならば、その善でもってその修行を助けるべきである。もし人が、教えにしたがって修行するのを見聞きしたならば、それを讃歎すべきである。もし人が、自らの修行を説くのを聞いたならば、その説かれる修行に随順すべきである。もし人が、悟りに至ることがあると聞いたならば、その悟りでもって安楽の境地に至ることを喜ぶべきである。なぜならば行者達は同じくは諸仏を師とし、法を母として育て養われたならば、仏道を歩む気持が互いに親しみ溢れ、決して疎遠にはならないからである。

【参考・問題点】

○「なんの意ぞしかるとならば」

ここに本項の主眼があって『講話』(上・四四)は『心地観経』巻第三「報恩品」を引き、

法寶一味無変易、　前仏後仏説皆同。如雨一味普能霑、　草木滋栄大小別。衆生随根各得解、草木稟潤亦差殊。

(大正三・三〇四下)

法寶は一味にして変易無く、前仏も後仏も説きたまふところ皆同じ。雨の一味にして普く能く霑《うる》ほすも、草木の滋栄に大小の別あるが如し。衆生は根に随ひて各解を得、草木の潤ほひを禀くるも亦た差殊にす。

前項に釈迦如来とあって、ここに諸仏とあるのは、前仏後仏の関係を味わうべしと述べる。

第三　示誡規（仏国に生じる「誡め」や「規則」を示す）

（一）散文（先に長行にて傷歎す）

【本文】

不得軽毀他有縁之教行、讃自有縁之要法。即是自相破壊諸仏法眼。法眼既滅、菩提正道履足無由。浄土之門、何能得入。傷歎曰、

【訓読】

＊他の＊有縁の＊教行を＊軽毀《きょうき》し、＊自の有縁の要法を讃ずることを得ず。すなはちこれみづから諸仏の＊法眼をあひ破壊するなり。法眼すでに滅しなば、＊菩提の正道＊履足《りそく》するに由なし。浄土の門、なんぞよく入ることを得む。傷歎していはく、

【語句説明】

○他の有縁の教行を軽毀し……他人に縁のある教えや修行を軽視しそしる。
○有縁……因縁、あるいは関係がある、の意。
○教行……教理と実践。
○軽毀……軽んじてそしること。
○自の有縁の要法を讃ずることを得ざれ……自分に縁のある肝要な教えだけをほめたたえてはならない。
○法眼……諸仏が真実を見る智慧のまなこを具えていること。
○菩提の正道……悟りへの正しい道。
○履足……ふみ歩むこと。

【解釈】

だから他に縁のある教えや修行に対しては、軽んじたり罵ったりせず、また自らに縁のある要法のみを讃歎してはいけない。もしそのようなことをしたならば、自らによって諸仏に具わっている真実を見る正しい智慧の眼を破壊することになる。もし、その法眼を否定したならば、浄土への悟りに至る正しい道を歩む縁が無くなってしまう。そうなったならば、浄土への法門に入ることなど出来ようはずがない。よって、傷み歎いて次のように申しあげたい。

（二）偈頌（次に、詩文にて傷歎す）

【本文】

生盲信業走　随業堕深坑　縦此貪瞋火　自損損他人　長没無明海　遇木永無縁

【訓読】

＊生盲にして＊業に信《まか》せて走《ゆ》く　業に随へば＊深坑に堕す　この＊貪瞋の火をほしいままにすれば　自損し他人を損し　長く無明の海に没して　＊木に遇ふこと永く縁なし

（大正一一・二〇二中）

【語句説明】

○生盲……盲目の衆生にたとえる。

○業に信《まか》せて走《ゆ》く……信は「任せる」こと。悪業のままに任せて自然に地獄へと進んでいくこと。

○深坑……深いあなのこと。地獄にたとえられる。

○貪瞋の火……三毒のうちの貪欲と瞋恚を火に喩える。『大宝積経』巻第三十五には

何等熾然。所謂貪火・瞋火・痴火之所熾然。生・老・病・死・愁・歎・憂・苦・不安等法之所熾然。

何等をか熾然なる。所謂貪火・瞋火・痴火の熾然する所なり。生・老・病・死・愁・歎・憂・苦・不安等の法の熾然する所なり。

とある。

○木に遇ふ……盲亀浮木の喩えをうけていう。↓【参考・問題点】

【解釈】

衆生は盲目の如き存在であり、自ら煩悩のままに人生を歩んでいる。
そのような悪業のままに従っていたならば、地獄に堕ちる事になるであろう。
このように、貪欲や瞋恚の火を自己の思いのままに燃やし続けていたならば、
自らを傷つけるだけでなく、他者をも傷つけてしまうことになり、
いずれは、長く無明の海に沈んで、再び浮かび上がることなど出来ようはずがない。
大海に住む盲目の亀が、百年に一度、海上に頭を出したとしても、大海に浮かぶ木に出遇うことなど、出来ないようなものである。

【参考・問題点】

○「木に遇ふこと永く縁なし」

大海中に住む盲目の亀が、百年に一度、海上に頭を出し、そこに流れてきた板のあなに出遇うことが極めて困難であるように、仏法に遇うことも極めて難しい。（『雑阿含経』・『法華経』などに出る）

①『雑阿含経』巻第十五

海中有浮木止有一孔。漂流海浪、随風東西。盲亀、百年一出其頭、当得遇此孔不。阿難、白仏、「不能、世尊。所以者何、此盲亀、若至海東、浮木随風、或至海西。南北四維囲遶亦爾。不必相得」。仏、告阿難、「盲亀浮木、雖復差違、或復相得。愚痴凡夫、漂流五趣、暫復人身、甚難於彼。所以者何、彼諸衆生、不行其義、不行法、不行善、不行真実、展転殺害、強者陵弱、造無量悪故」。（大正二・一〇八下）

海中に浮木の止まれる有りて一孔有り。海浪に漂流して、風に随て東西す。盲亀、百年に一たび其の頭を出だすに、当に此の孔に遇ふことを得べきや不や。阿難、仏に白さく、「能はざるなり、世尊よ。所以は何ん、此の盲亀、若し海の東に至れば、浮木は風に随ひて、或いは海の西に至らん。南北四維を囲遶するも亦た爾なればなり。必ず相ひ得ざらん」と。仏、阿難に告げたまはく、「盲亀浮木は、復た差違すと雖も、或いは復た相ひ得ん。愚痴の凡夫、五趣に漂流せば、暫く人身に復すること、甚だ彼よりも難し。所以は何ん、彼の諸の衆生は、其の義を行ぜず、法を行ぜず、善を行ぜず、真実を行ぜず、展転して殺害し、強きは弱きを陵《しの》ぎて、無量の悪を造るが故なり」と。

②『妙法蓮華経』巻第七「妙荘厳王本事品」

又如一眼之亀値浮木孔。而我等、宿福深厚生値仏法。是故父母、当聴我等令得出家。所以者何、諸仏難値。時亦難遇。（大正九・六〇中―下）

また一眼の亀の浮木の孔に値へるが如し。而るに我等、宿福深厚にして仏法に生れ値《あ》へり。是の故に父母、当に我等を聴《ゆる》して出家することを得しめたまふべし。所以は何ん、諸仏には値ひたてまつり難し。時にも亦た遇ふこと難し。

『雑阿含経』には人身を得がたきを喩え、『法華経』では仏法に遭いがたきを喩えている。『本讃』はこの両義を承けていると解せよう。

第四　結勧誡（「誡め」を結ぶ）

【本文】

行者等必須於一切凡聖境上、常起讃順之心、莫生是非慊恨也。何故然者、為自防身口意業。恐不善業起、復是流転与前無異。若自他境上護得三業能令清浄者、即是生仏国之正因。

【訓読】

行者等かならずすべからく一切の＊凡聖の＊境の上において、つねに＊讃順の心を起して、＊是非＊慊恨《けんごん》を生ずることなかるべし。なんがゆゑぞしかるとならば、みづから＊身口意業を防がむがためなり。おそらくは不善の業起らば、またこれ流転すること前と異なることなからむ。もし自他の境の上に三業を護り得てよく清浄ならしむれば、すなはちこれ仏国に生ずる正因なり。

【語句説明】

○凡聖……六凡四聖の略。凡夫と聖者。
○境……対境、行者の周辺で見聞すること。具体的に上に掲げた本文（本書四一頁）の「もし人ありて善を行ずるを見聞せば……。もし人ありて教を行ずるを見聞せば……。もし人ありて行を説くを聞かば……。もし人ありて悟ることあるを聞かば……」の四種を指すと考えられる。
○讃順の心……讃嘆し信順する心。

○是非……よしあしを論じること。
○慊恨……「慊」は「あきる」「不満に思う」「うらむ」。「恨」は「うらむ」の意。
○身口意業……三業。

【解釈】
修行者たちよ、一切の凡夫や聖者の境界の上において、つねに讃歎・信順の心を発して、是非を論じたり、うらみを生じることがないようにしなければならない。なぜかといえば、自らの身・口・意の三業によって造られる悪業を防がねばならないからである。もし悪業を起こしたならば、迷いの世界にもう一度帰って生死流転する結果を招き、今までと変わることがないからである。よって自分や他人の境界の上に身・口・意三業を正しく護り、清浄にするという善業を修したならば、仏国に生じる正因となるであろう。

【参考・問題点】
○「もし自他の境の上に三業を護り得てよく清浄ならしむれば、すなはちこれ仏国に生ずる正因なり」

大塚霊雲師『般舟讃私講』によれば、

（私釈）ここで注意しなければならないことは、身口意三業を慎み、それによってもたらされる徳をもって往生の正因とし、また生因とすることは誤りである。三業を慎んで修するところの清浄の行もまた正因とはいわない。衆生往生の正因とは、第十八念仏往生の願であり、一切の衆生を救済するところのその大悲弘願に誓われた念仏をいう。

（三〇頁）

という。西山教学の意を解説してる。

○「是非慊恨」

いま「慊恨」を「うらむ」の意と単純に解したが、『講話』（上・四七―四八）には「是非嫌恨」を熟字して諸説をあげる。

その一説では、「是非」の「是」を自己に属し、「非」を他者に属して釈し、また「嫌」を自己に、「恨」を他者に配する見解である。要するに自らを讃め、他を誹る。また「嫌」は自己が他者を嫌うが、「恨」は他者より自己への見方であると見れば、これも相対する。従って「他人の好悪・長短・是非を説いて、人をして怨嫌の心を生ぜしめざれとす」と示している。

なお、金剛寺蔵鎌倉時代写本『般舟讃』断簡には「慊恨」を、「悔恨」と書写してあることが指摘されている。それならば「後悔して残念に思う」の意とも解せられる。（参考　南宏信「金剛寺蔵

鎌倉写『般舟讃』について」〈『印仏』五五（一）、二〇〇六年〉

第三項　重設問答正述讃由

（重ねて問答を設けて、正《まさ》しく『本讃』の由来を述べる）

【本文】

問曰、既道三業清浄、是生浄土正因者、云何作業得名清浄。答曰、一切不善之法、自他身口意総断不行、是名清浄。又自他身口意相応善即起上上随喜心。如諸仏・菩薩所作随喜、我亦如是随喜。以此善根廻生浄土。故名為正因也。又欲生浄土、必須自勧勧他広讃浄土依正二報荘厳事。亦須知入浄土之縁起、出娑婆之本末。諸有智者、応知。

【訓読】

問ひていはく、すでに三業清浄なる、これ浄土に生ずる正因なりと＊いはば、いかんが＊作業をして清浄と名づくことを得るや。答へていはく、一切の不善の法、＊自他の身口意にすべて断じて行ぜざる、これを清浄と名づく。また自他の身口意相応の善にはすなはち＊上上＊随喜の心を起す。もろもろの仏・菩薩の所作の随喜のごとく、われもまたかくのごとく随喜す。この善根をもつて＊廻して浄土に生ず。ゆゑに名づけて正因となす。また浄土に生ぜむと欲せば、かならずすべからくみづから勧め他を勧めて広く浄土の＊依正二報の＊荘厳の事を讃ずべし。またすべからく＊浄土に入る縁起、＊娑婆を出づる本末を知るべし。もろもろの有智のもの、知るべし。

【語句説明】

○いはば……「道」を「いふ」と訓じている。これは「導」の訓みである。

○作業……行業の修し方のこと。善導大師が示した安心・起行・作業の一。

○自他の身口意すべて断じて行ぜざる……自らの身・口・意の悪業を断ずるだけでなく、他者にも悪業をなさしめない意と解せる。

○随喜……他者の善事をよろこぶ心。『往生礼讃』に同様の文がある。

五者回向門。所謂専心、若自作善根、及一切三乗・五道、一一聖凡等所作善根深生随喜、如諸仏・菩薩所作随喜、我亦如是随喜、以此随喜善根及己所作善根、皆悉与衆生共之回向彼国。故名回向門。

（原典版・七祖篇・七三八）

五には回向門。いはゆる心をもつぱらにして、もしは自作の善根、および一切の三乗・五道、一々の聖凡等の所作の善根に深く随喜を生じ、諸仏・菩薩の所作の随喜のごとく、われもまたかくのごとく随喜して、この随喜の善根およびおのが所作の善根をもつて、みなことごとく衆生とともにしてかの国に回向す。ゆゑに回向門と名づく。

（註釈版・七祖篇・六五六）

○上上随喜の心……『講話』に「尋常の凡夫、二乗に超過するが故にこの歎あり、必ずしも九品を分かちて云うには非ず」（上・五〇）として「上上」の意味を検討し、上品上生の意味ではなく、ただ、すばらしいと解する。

○廻して……回向して。（往生の因として）ふりむけること。

○依正二報……依報と正報との二種の果報のこと。ここでは浄土の依正二報をいう。阿弥陀仏と菩薩衆（聖衆）が正報で、その国土が依報。

○荘厳……うるわしく身や国土を飾ること。身・口・意の三業をととのえて清浄にすること。天親の『浄土論』には、阿弥陀仏とその浄土のうるわしさについて二十九種荘厳が説かれる。

○浄土に入る縁起……浄土に往生する縁由、いわれ。

○娑婆を出づる本末……迷いの世界である娑婆を離れ出る次第や、始終をいう。

【解釈】

問う。身・口・意の三業が清浄であること、これが浄土に生じる正因であるならば、どのような行業を清浄と名づけることが出来るのであろうか。

答う。一切の悪法、すなわち自分自身の悪業や、他人に悪業を起こさせる自らの行為、これら全てを断じる事を清浄と名づけるのである。

また、自らの善業や、他人の身・口・意三業に相応する素晴らしい善事を慶ぶ心を起す事である。それは諸々の仏・菩薩たちが作される随喜のように、自分もまた同じように喜ぶのである。この善根功徳を以て往生の因としてふりむけ、浄土に生じるのである。このことから、清浄な三業の作業を正因と名づけるのである。

また、浄土に往生したいと願うのであれば、必ず自分にも勧め、他人をも勧めて、広く浄土の国土や衆生という依正二報の荘厳を讃嘆しなければならない。

また、浄土に往生する因縁や、迷いの世界の娑婆を離れる始終をも知るべきであろう。

多くの行者たちよ、分かったでしょうか。

【参考・問題点】

○三業清浄の善根

『講話』(上・四九―五〇)に「自他三業所修の善根、皆此れ三世諸仏浄業正因なり。故に回向発願すれば皆化土に生ず」として回向に二義を論ずる。①回向願求する時はこの浄土は化土となり、②回心転向する時はこの浄土は真土となる。今の当分は①である、と。そして「その跨節には定散倶回入宝国に同ふして、亦報土往生に転進するの意を含むとするも妨げなし」と述べている。

○「縁起」・「本末」

行照師の『聴記』(二・〇六一―〇六二) には多義を出す。第一義では「縁起とは仏の大悲を指す。本末とは此れ往還二種回向なり。その時は仏の別願大悲が往生するの縁起となる。その大悲より成じたまふ往還二種回向が往生の本末とする相なり」という。また第二義では「縁起を仏の光明名号因縁なり、本末とはその光明名号因縁によって衆生往生の信行因果の本末」「よって本末とは因果とも見られ、また信行ともみらるる」とある。これらをまとめて『講話』は、「機法生仏、往還因果の縁起本末を知るに非ずんば、捨此往彼の大事を成ずること能わず」(上・五三) と述べる。

○「みづから勧め他を勧めて」

『安楽集』巻下に

又『大樹緊陀羅王経』云、「菩薩行四種法常不離仏前。何等為四。一者自修善法、兼勧衆生、皆作往生見如来意。二者自勧勧他楽聞正法。三者自勧勧他発菩提心。四者一向専志行念仏三昧。具此四行、一切生処常在仏前不離諸仏。」(原典版・七祖篇・二八七―二八八)

また『大樹緊陀羅王経』(意) にのたまはく、「菩薩は四種の法を行じてつねに仏前を離れず。なんらをか四となす。一にはみづから善法を修し、兼ねて衆生を勧めて、みな往生して如来を見たてまつる意をなさしむ。二にはみづから勧め他を勧めて正法を聞くことを楽はしむ。三にはみづから勧め他を勧めて菩提心を発さしむ。四には一向に志をもつぱらにして念仏三昧を行ず。この四の行を具すれば、一切の生処つねに仏前にありて諸仏を離れず」と。

（註釈版・七祖篇・二五四―二五五）

○**縁起の段**

深浦正文師の『般舟讃』によれば、この一節は「縁起の段」と示している。「次に縁起とは、和尚本讃を作って、自ら勉め他を勧めて、広く浄土の荘厳、希有の仏事を讃歎せる因縁事由を述ぶる」（一三頁）とある。尤もであろう。

第二節　標行目（般舟三昧の行目を標す）

【本文】

又問曰、般舟三昧楽者、是何義也。答曰、梵語名般舟、此翻名常行道。或七日、九十日、身行無間、総名三業無間。故名般舟也。又言三昧者、亦是西国語、此翻名為定。由前三業無間、心至所感即仏境現前。正境現時即身心内悦。故名為楽。亦名立定見諸仏也、応知。

【訓読】

また問ひていはく、＊般舟三昧楽とは、これなんの義ぞ。答へていはく、＊梵語には般舟と名づく、ここには＊翻じて常行道と名づく。あるいは七日、九十日、身行じて＊無間なり、総じては三業無間に名づく。ゆゑに般舟と名づく。また三昧といふは、またこれ＊西国の語、ここには翻じて名づけて定となす。前の三業無間によりて、心至りて感ずるところすなはち＊仏境現前す。まさしく境現ずる時すなはち＊身心内悦す。ゆゑに名づけて楽となす。また＊立定見諸仏と名づく、知るべし。

【語句説明】

○般舟三昧楽……般舟三昧の楽しみ。
○梵語……サンスクリットのこと。インドの古典語。
○翻じて……翻訳して。
○無間……絶え間のないこと。
○西国の語……梵語（サンスクリット）のこと。中国よりして西の地方の語。
○仏境現前……仏の境界が行者の面前に現れる。

○身心内悦……身も心もよろこびにみたされる。

○立定見諸仏……この用語は他経論疏には見られない。そこで今「定にとどまって諸仏を見る」と読んで、定に入って諸仏を見ることと解釈した。ただ「立常見諸仏（立って常に諸仏を見る）」とする異本もあるが、この用語も他見できない。

【解釈】

また問う。「般舟三昧楽」にはどのような意味があるのでしょうか。

答う。梵語（サンスクリット）を音写して「般舟」と呼んでいる。中国では、これを「常行道」と意訳している。あるいは七日や九十日の間、絶え間なく歩み続ける行道をいうが、総体的には「三業無間」の意味である。これは身・口・意三業が絶え間ないとの意であって、ここを「般舟」と名づけているのである。

また、「三昧」と言うのは、またサンスクリット（西国の語）の音写語で、中国では「定」と意訳している。前に述べた、三業無間によって、ついに三昧境に達すれば、仏の境界が現前することを感得できる。まさしくその境界が現われる時、行者の身も心も悦びに満たされるので、これを「楽」とも名づけている。また、この般舟三昧は、定に入って諸仏を見ることより「立定見諸仏」（定にとどまって諸仏を見る）とも呼ばれる。分かりましたか。

【参考・問題点】

○『般舟三昧経』の漢訳

『般舟三昧経』には現在漢訳が四点伝えられている。

①後漢　支婁迦讖訳『仏説般舟三昧経』一巻（大正一三・八九七・下―）

②後漢　支婁迦讖訳『般舟三昧経』三巻（大正一三・九〇二下―）

『十方現在仏悉在前立定経』・『大般舟三昧経』・『十方現在前立定経』ともいう。

③訳者不明『抜陂菩薩経』一巻（大正一三・九二〇・上―）

未完。『颰陀菩薩経』・『抜陂安公古典経』ともいう。僧祐法師（四四五―五一八）は本経について、「『安公古典』、是『般舟三昧経』初異訳。（『安公古典』は、是れ『般舟三昧経』の初めの異訳なり。）」（大正一三・九二〇上）という。

④闍那崛多訳『大方等大集経賢護分』五巻（大正一三・八七二上―）

○般舟三昧

深浦正文師の『般舟讃』によれば、ここを「名義段」とする。「次に名義とは、本讃の根本立脚たる般舟三昧てふ語の意義を解釈する」（一三頁）とある。

以下「般舟三昧」の意味を考えてみたい。

「般舟三昧」とは、「般舟」は梵語の音訳の略。諸仏現前三昧・仏立三昧ともいう。七日あるいは九十日の一定期間、身・口・意の三業に正行を守って絶え間なく行道を修することにより得る精神統一の境地で、十方の諸仏をまのあたりに見ることができるという。

『仏説般舟三昧経』（一巻本）には、次のように説かれている。

仏、告跋陀和、持是行法便得三昧、現在諸仏悉在前立。其有比丘・比丘尼・優婆塞・優婆夷、如法行、持戒完具、独一処止念西方阿弥陀仏。今現在。随所聞当念。去此千億万仏刹、其国名須摩提。一心念之一日一夜、若七日七夜。過七日已後見之。譬如人夢中所見。不知昼夜、亦不知内外。不用在冥中有所蔽礙故不見。（大正一三・八九九上）

仏、跋陀和に告げたまはく、この行法を持てばすなはち三昧を得て、現在の諸仏ことごとく前にましまして立ちたまふ。それ比丘・比丘尼・優婆塞・優婆夷ありて、法のごとく行ぜんとせば、持戒まったく具し、独り一処に止まりて西方の阿弥陀仏を念ぜよ。いま現にまします。所聞に随ひてまさに念ずべし。ここを去ること千億万仏刹、その国を須摩提と名づく。一心にこれを念ずること一日一夜、もしは七日七夜すべし。七日を過ぎをはりて後これを見たてまつらん。たとへば人の夢のうちに見るところのごとし。昼夜を知らず、また内外を知らず。冥きなかにあるを用いず。蔽礙《へいげ》するところあるがゆゑに見ず。

この『般舟三昧経』と天台大師智顗禅師（五三八―五九七）説・章安潅頂法師（五六一―六三二）記の『摩訶止観』巻第二に説く内容が、ほぼ同じと理解できる。

二常行三昧者、先方法、次勧修。方法者、身開・遮、口説・黙、意止・観。此法出『般舟三昧経』。翻為仏立。仏立三義。一仏威力、二三昧力、三行者本功徳力。能於定中見十方現在仏在其前立、如明眼人清夜観星、見十方仏亦如是多。故名仏立三昧。（大正四六・一二上）

二に常行三昧とは、先に方法、次に勧修なり。方法とは、身の開・遮、口の説・黙、意の止・観なり。此の法は『般舟三昧経』に出づ。翻じて仏立と為す。仏立に三義あり。一には仏の威力、二には三昧の力、三には行者の本功徳力なり。能く定中に於いて十方の現在の仏が其の前に在《いま》して立ちたまふを見たてまつること、明眼の人の清夜に星を観るが如く、十方の仏を見たてまつることも亦た是の如く多し。故に仏立三昧と名づく。

このように「般舟三昧」の解説としては、如上の経説に従っているが、『本讃』における「般舟三昧」の意味は楷定せられ念仏を重視した解釈となっている。

そこを行照師の『聴記』（一・〇三〇―〇三一）では、般舟三昧をもって弥陀念仏と解している。その根拠を三義あげる。

①経説の終帰に就くが故に

『般舟三昧経』の説では総別があって、総じては、諸仏に通じて論じているが、別しては弥陀一仏に約している。ただ称名念仏に限るのではなく、当然ながら観仏に通じるのが『般舟三昧経』の内容である。ところが本讃のこころは、直に弥陀本願の念仏を取るという。

それは『般舟三昧経』の経説から得益に二種あることに注目する。一つは見仏の利益。二つは往生の利益。この中、見仏の利益は観仏に通じるが、往生の利益は念仏に限るという。なぜならば見仏した行者であっても必ずしも往生できるとは限らない。しかし往生人は必ず見仏の利益がある。従ってこの両者を満足できるのは「当念我名」の一言にある。

②菩薩の論判に依るが故に

龍樹菩薩の『大智度論』巻第二十九には

復次、菩薩常善修念仏三昧因縁故、所生常値諸仏。如『般舟三昧』中説、菩薩、入是三昧、即見阿弥陀仏。(即見生阿弥陀仏国。)便問、「其仏、何業因縁故得生彼国」。仏即答言、「善男子、以常修念仏三昧、憶念不廃故、得生我国」。

問曰、何者是念仏三昧、得生彼国。

答曰、念仏者、念仏三十二相・八十随形好金色身、身出光明、遍満十方、如融閻浮檀金、其色明浄。又如須弥山王在大海中、日光照時、其色、発明。行者是時、都無余色想、所謂、山地樹木等、但見虚空中諸仏身相、如真琉璃中、赤金外現。

（大正二五・二七六上、（　）内は大正蔵の対校本〈宋本・元本・明本・宮本〉による）

復た次に、菩薩は常に善く念仏三昧を修する因縁の故に、生る所に常に諸仏に値ひたてまつる。『般舟三昧』の中に説くが如きは、菩薩、是の三昧に入れば、即ち阿弥陀仏を見たてまつる。（即ち阿弥陀仏の国に生ずるを見る。）便ち問ふ、「其の仏、何の業因縁の故に彼の国に生ずることを得たるや」と。仏即ち答へて言はく、「善男子よ、常に念仏三昧を修し、憶念して廃せざるを以ての故に、我が国に生ずることを得たり」と。

問ふて曰はく、何者か是れ念仏三昧にして、彼の国に生ずることを得るや。

答へて曰はく、念仏とは、仏の三十二相・八十随形好の金色身を念ずるに、身より光明を出して、遍ねく十方に満つること、閻浮檀金を融《とか》せるが如く、其の色明浄なり。又た須弥山王の大海中に在りて、日光の照す時、其の色、明を発するが如し。行者は是の時、都て余の色想、所謂、山地樹木等無く、但だ虚空の中に諸仏の身相を見るに、真琉璃の中より、赤金の外に現ずるが如し。

③相承の指南あるが故に

『安楽集』がすでにこれを引用して弥陀他力念仏と解している。

そうすれば天台の『摩訶止観』に説く内容とは一線を画さねばならない。「この天台の所判、今家の相承の意とは同じからず。我が高祖の判によれば、この天台の取る処は即ち『正行定心念仏なり』」といい、「今讃の正意も即ち他力念仏にあれば、かの天台の取る処とは大きに差別がある処なり」と述べている。

『安楽集』がすでにこれを引用して弥陀他力念仏と解している、というその『安楽集』の引用は第五依『般舟経』云、「時有跋陀和菩薩、於此国土聞有阿弥陀仏、数数係念。因是念故見阿弥陀仏。既見仏已、即従啓問、〈当行何法、得生彼国。〉爾時阿弥陀仏、語是菩薩言、〈欲来生我国者、常念我名莫有休息。如是、得来生我国土。当念仏身三十二相悉皆具足、光明徹照端正無比。〉」　　　　（原典版・七祖篇・二八四）

第五に『般舟経』（意）にのたまはく、「時に跋陀和菩薩あり、この国土に阿弥陀仏ましますと聞きて、しばしば念を係く。この念によるがゆゑに阿弥陀仏を見たてまつる。すでに仏を見たてまつりをはりて、すなはち従ひて啓問すらく、〈まさにいかなる法を行じてか、かの国に生ずることを得べき〉と。その時阿弥陀仏、この菩薩に語りてのたまはく、〈わが国に来生せんと欲せば、つねにわが名を念じて休息あることなかれ。かくのごとくして、わが国土に来生することを得ん。まさに仏身の三十二相ことごとくみな具足して、光明徹照し端正無比なるを念

ずべし〉」と。　（註釈版・七祖篇・二五一）

これを『般舟三昧経』に求めると、総体的には三巻本によっているが、そこには「仏名」の用語はなく、一巻本のみにある。よって一巻本と三巻本とを合糅した引用の如くである。

『仏説般舟三昧経』（一巻本）「行品」

仏言、「菩薩於此間国土、念阿弥陀仏。専念故得見之。即問、持何法、得生此国。」阿弥陀仏報言、「欲来生者、当念我名。莫有休息、則得来生。」仏言、「専念故得往生。常念仏身有三十二相・八十種好、巨億光明徹照、端正無比、在菩薩僧中、説法。……

（大正一三・八九九上―中）

仏の言く、「菩薩は此の間の国土に於いて、阿弥陀仏を念ぜよ。専ら念ずるが故に之を見ることを得。即ち問へ、何なる法を持ちてか、此の国に生ずることを得るや」と。阿弥陀仏は報《こた》へて言く、「来生せんと欲せば、当に我が名を念ずべし。休息すること有ること莫ければ、則ち来生することを得」と。仏の言く、「専念するが故に往生を得。常に仏身に三十二相・八十種好有りて、巨億の光明徹照し、端正無比にして、菩薩僧のなかに在りて法を説くことを念ずべし。……

『般舟三昧経』（三巻本）巻上「行品」

如是颰陀和、菩薩於是間国土聞阿弥陀仏数数念。用是念故、見阿弥陀仏。見仏已、従問、「当持何等法生阿弥陀仏国。」爾時阿弥陀仏、語是菩薩言、「欲来生我国者、常念我数数、常当守念莫有休息。如是、得来生我国。」仏言、「是菩薩、用是念仏故、当得生阿弥陀仏国。常当念如是仏身有三十二相悉具足、光明徹照、端正無比在比丘僧中説経。……(大正一三・九〇五・中)

是の如く颰陀和よ、菩薩は是の間の国土に於いて阿弥陀仏を聞いて数数《しばしば》念ず。是の念を用ふるが故に、阿弥陀仏を見たてまつる。仏を見已て、従て問ひたてまつる、「当に何等の法を持して阿弥陀仏の国に生ずべきや」と。爾の時に阿弥陀仏、是の菩薩に語りて言はく、「我が国に来生せんことを欲せば、常に我を念ずること数数にして、常に当に念を守りて休息有ること莫かるべし。是の如くせば、我が国に来生することを得」と。仏の言はく、「是の菩薩、是の念仏を用ふるが故に、当に阿弥陀仏の国に生ずることを得べし。常に当に是の如く仏身に三十二相有りて悉く具足し、光明徹照し、端正無比にして比丘僧の中に在りて経を説くことを念ずべし。……

以上からして、行照師の「今讃の正意も即ち他力念仏にあれば、かの天台の取る処とは大きに差別がある処なり」という指摘には注目したい。

最後に『自筆鈔』巻第一(西叢四・九・上―下)には

大意は一念より一形に至るまで、ひとたび発心して命を終わるまで、只浄土を期として退転なきを常とするなり。般舟三昧の名、この一心を顕せるなり。身行無間といふは、身業の無間を挙げて心、口の無間を顕すなり。是即ち、三業相応の行なるが故なり。

として

沉んや今の行は、口称を本とし、専念を先として、身業の行は顕せり。真身観の念仏衆生摂取不捨の釈する親縁の義も三業に亘る。是即ち、三業暫くも捨離せず具足する故なり。

と述べる。そこで親縁の義と三業を善導大師に求めれば『観経疏』の「定善義」に、

一明親縁。衆生起行口常称仏、仏即聞之。身常礼敬仏、仏即見之。心常念仏、仏即知之。衆生憶念仏者、仏亦憶念衆生。彼此三業不相捨離。故名親縁也。（原典版・七祖篇・四九四）

一には親縁を明かす。衆生行を起して口につねに仏を称すれば、仏すなはちこれを聞きたまふ。身につねに仏を礼敬すれば、仏すなはちこれを見たまふ。心につねに仏を念ずれば、仏すなはちこれを知りたまふ。衆生仏を憶念すれば、仏もまた衆生を憶念したまふ。彼此の三業あひ捨離せず。ゆゑに親縁と名づく。（註釈版・七祖篇・四三六―四三七）

とある、これであろう。

このように證空上人は善導大師の文より「三業不離」をもって常行三昧を釈するが、口称を本と

し、命終わるまで浄土を期して退転することの無い事を般舟三昧の意味と解しているのには注目したい。

第二章　讃仏立信分（釈迦仏を讃歎して自らの信を立てる）

第一節　頓漸教興章（頓教と漸教を興す）

第一項　分化度生段（化身を分ちて衆生を済度する）

【本文】

般舟三昧楽［願往生］
三界六道苦難停［無量楽］
曠劫已来常没没［願往生］
到処唯聞生死声［無量楽］
釈迦如来真報土［願往生］
清浄荘厳無勝是［無量楽］

【訓読】

＊般舟三昧楽［願往生］
＊三界六道は苦にして＊停まりがたし［無量楽］
＊曠劫よりこのかた　つねに＊没没たり［願往生］
到るところただ生死の声のみを聞く［無量楽］
釈迦如来の真の報土は［願往生］
清浄荘厳の＊無勝これなり［無量楽］

為度娑婆分化入［願往生］　娑婆を度せむがために＊化を分ちて入り［願往生］
八相成仏度衆生［無量楽］　＊八相成仏して衆生を度したまふ［無量楽］

【語句説明】

○般舟三昧楽……般舟三昧の楽しみ。→【参考・問題点】

○三界六道……欲界・色界・無色界の三界と、地獄・餓鬼・畜生・修羅・人・天の六道のこと。

○停まりがたし……苦が止めがたいこと。證空上人、島地師の各師はこの解釈に立つ。ただし、良忠師の『私記』は、「停者住也。又停者止也。苦輪不絶故云難停。（停とは住なり。また停とは止なり。苦輪絶へざるが故に「停り難し」と云ふなり。）」（浄全四・五五〇上）と見る。勿論、島地師の『講話』も、「それぞれの道〈趣〉にとどまっていることがない〈＝輪廻する〉」（上・六四）と解釈する立場があることを紹介しており、大塚師も證空上人の訳を「……六道は、ともに苦界であって、けっして一定して停まっていることは難しい」（『般舟讃私講』四五頁）としている。また、善導大師の用例では、『法事讃』に「分身六道無停息。（身を六道に分ちて停息することなし。）」（巻下、原典版・七祖篇・六二一、註釈版・七祖篇・五四八）や「久住娑婆常没没。三悪・四趣尽皆停。（久しく娑婆に住してつねに没々たり。三悪・四趣ことごとくみな停まる。）」（巻上、原典版・七祖篇・五九二、註釈版・七祖篇・五二二）など、いずれも「各趣にとどまっていない」との意味で用いるのが多出する。

○曠劫……はかり知れないほどの昔。
○没没……深く沈んでいるさま。仏典中に「没没」の用例はきわめて少ないが、前に引用したとおり、善導大師は『法事讃』巻上でも用いており、善導大師特有の頌讃の表現として注目される。
○無勝……無勝荘厳国のこと。無勝土ともいう。西方三十二恒河沙の諸仏の国土の彼方にある釈迦仏の浄土。北本『涅槃経』巻第二十四「徳王菩薩品」に次のように説かれる。

西方去此娑婆世界、度三十二恒河沙等諸仏国土、彼有世界。名曰無勝。彼土、何故名曰無勝。其土所有厳麗之事、皆悉平等無有差別。猶如西方安楽世界、亦如東方満月世界。我於彼土出現於世。為化衆生故、於此界閻浮提中現転法輪。　（大正一二・五〇八下—五〇九上、南本は大正一二・七五二下）

西方に此の娑婆世界を去り、三十二恒河沙等の諸仏の国土を度《わた》りて、彼に世界有り。名づけて無勝と曰ふ。彼の土、何が故ぞ名づけて無勝と曰ふ。其の土の所有《あらゆる》厳麗の事、皆悉く平等にして差別有ること無し。猶ほ西方安楽世界の如く、また東方満月世界の如し。我彼の土に於いて世に出現す。衆生を化せんが為の故に、此の界閻浮提の中に於いて現じて法輪を転ず。

また、無勝土に関する善導大師の用例としては以下がある。

無勝荘厳釈迦仏［願往生］　受我微心入道場［無量楽］　（『法事讃』巻上〈原典版・七祖篇・五七九〉）
無勝荘厳の釈迦仏［願往生］　わが微心を受けて道場に入りたまへ［無量楽］　（註釈版・七祖篇・五一〇）

願往生、願往生。諸仏大悲心無二。方便化門等無殊。捨彼荘厳無勝土、八相示現出閻浮。或現真形而利物、或同雑類化凡愚。分身六道無停息。　（『法事讃』巻下〈原典版・七祖篇・六二一〉）

願はくは往生せん、願はくは往生せん。諸仏の大悲心無二なり。方便の化門等しくして殊なることなし。〔釈尊は〕かの荘厳無勝の土を捨てて、八相示現して閻浮に出でたまふ。あるいは真形を現じて物を利し、あるいは雑類に同じて凡愚を化す。身を六道に分ちて停息することなし。（註釈版・七祖篇・五四八）

○化を分ちて入り……化は釈迦仏の仏身（化身）のこと。『観経疏』「玄義分」に同様の意趣が説かれる。

故使大悲隠於西化、驚入火宅之門、灑甘露潤於群萠、輝智炬則朗重昏於永夜。三檀等備、四摂斉収、開示長劫之苦因、悟入永生之楽果。（原典版・七祖篇・三八八）

ゆゑに〔釈尊は〕大悲をもつて西化を隠し、驚きて火宅の門に入り、甘露を灑ぎて群萠を潤し、智炬を輝かせばすなはち重昏を永夜より朗らかならしむ。三檀等しく備はり、四摂をもつて斉しく収めて、長劫の苦因を開示し、永生の楽果に悟入せしむ。（註釈版・七祖篇・二九九）

○八相成仏……八相成道、八相示現、八相化儀ともいう。仏が衆生救済のためにこの世に現れ、その一生涯に示す八種の相を最も重要な成道を中心に整理したもの。八相の各項目については、託胎と出胎の間に住胎を入れ、降魔を削って八相とする説（『大乗起信論』）など種々のバリエーションが存在するが、最も一般的な区分は天台大師『（大本）四教義』（大正四六・七四五下）所出の①降兜率・②託胎・③出胎・④出家・⑤降魔・⑥成道・⑦初転法輪・⑧入涅槃である。なお、『大経』（原典版・四―、註釈版・四―）では①受胎・②出生・③処宮・④出家・⑤降魔・⑥成道・⑦転法輪・⑧入涅槃としており降兜率と処宮の二相が相違する。

【解釈】

般舟三昧楽［願往生］
三界・六道の迷いの世界は苦であり、たえず生死輪廻を繰り返し、一箇所に留まることは出来ない。［無量楽］
我々は、はかり知れないほどの昔から、この三界・六道に沈みに沈んでいる。［願往生］
我々の至る先々では、ただ生死輪廻の苦しみの声のみを聞いて来た。［無量楽］
釈迦如来の浄土は、［願往生］
清浄に荘厳された無勝の国土である。［無量楽］
釈迦如来は娑婆世界で苦しむ衆生を救うために教化の身をあらわし、［願往生］
人間の姿をとった八相を現わして、衆生を済度して下さった。［無量楽］

【参考・問題点】

○般舟三昧楽の「楽」について

『講話』によると、「楽は行者の能修にあり、これを常行道と翻ずる所以なり。中において三昧未だ成ぜざれば楽にあらず。三昧すでに発得すれば『見仏受楽』掌を指すが如し、これ楽の字を要する所以なり。題は因行の始めに約して、楽の字なしと言えども、今は発得成就に約して見土礼仏その楽しみ無究を述ぶ。下の正宗に楽の字を付する者、皆これより来たる」（上・五三）とあって「楽」の一字の意義を解説している。

一方、『自筆鈔』巻第一（西叢四・一〇下）では、「般舟三昧」の名を示すことで偈全体の大意を表し、「楽」とはその般舟三昧が「真実の楽の体」であることを示す、と解釈する。

○一句ごとに「願往生」・「無量楽」の語が配されることについて

これには種々の解釈がなされているが、島地師の以下の解釈がもっとも文脈上に適していると思われる。

是れ実に行道讃歎の行業に於て、無尽の法味を愛楽し、願生浄土の心中に於て、無量の楽あることを示す者なり。（『講話』上・六三）

また、深浦正文師は次のように述べる。

善導和尚はこの行道（般舟三昧）を自己の行法として専修し、遂に三昧発得して現前に仏を見奉り、よって往生の少しも謬りなきことを証知して、その勝法を人々に勧化したまふ。これまさしく『本讃』述作の趣旨たるわけである。されば、讃中一行ごとに「願往生」「無量楽」と記して、以て余人の往生を勧励してゐられるのである。（『般舟讃』・一〇頁）

ここで善導大師の三昧発得が『本讃』考究に重要な意義を持つと考えられるので、それに触れて

おきたい。『散善義』「後跋」には

敬白一切有縁知識等。余既是生死凡夫。智慧浅短。然仏教幽微、不敢輒生異解。遂即標心結願、請求霊験。方可造心。南無帰命尽虚空遍法界一切三宝、釈迦牟尼仏・阿弥陀仏・観音・勢至、彼土諸菩薩大海衆及一切荘厳相等。某、今欲出此『観経』要義、楷定古今。若称三世諸仏・釈迦仏・阿弥陀仏等大悲願意者、願於夢中、得見如上所願一切境界諸相。於仏像前結願已、日別誦『阿弥陀経』三遍、念阿弥陀仏三万遍、至心発願。即於当夜見西方空中、如上諸相境界悉皆顕現。雑色宝山百重千重。種種光明、下、照於地、地、如金色。中有諸仏・菩薩、或坐、或立、或語、或黙。或動身手、或住不動者。既見此相、合掌立観。量久乃覚。覚已不勝欣喜。於即条録義門。自此已後、毎夜夢中常有一僧、而来指授玄義科文。既了、更不復見。後時脱本竟已、復更至心要期七日、日別誦『阿弥陀経』十遍、念阿弥陀仏三万遍、初夜・後夜観想彼仏国土荘厳等相、誠心帰命一如上法。当夜即見、三具磑輪、道辺独転。忽有一人、乗白駱駝来前見勧。「師当努力決定往生。莫作退転。此界穢悪多苦。不労貪楽。」答言、「大蒙賢者好心視誨。某、畢命為期、不敢生於懈慢之心。」[云云] 第二夜見、阿弥陀仏身真金色、在七宝樹下、金蓮華上坐。十僧囲遶、亦各坐一宝樹下。仏樹上乃有天衣、挂繞。正面向西、合掌坐観。第三夜見、両幢杆極大高顕、幢懸五色。道路縦横、人観無礙。既得此相已、即便休止不至七日。上来所有霊相者、本心、為物不為己身。既蒙此相。不敢隠蔵、謹以申呈義後、被聞於末代。願使含霊聞之生信、有識覩者西帰。以此功徳迴施衆生。悉発菩提心、慈心相向、仏眼相看、菩提眷属作真善知識、同帰浄国、共成仏道。此義已請証定竟。一句一字不可加減。欲写者、一如経法、応知。

（原典版・七祖篇・五六九―五七二）

敬ひて一切有縁の知識等にまうす。余はすでにこれ生死の凡夫なり。智慧浅短なり。しかるに仏教幽微《ゆうみ》なれば、あへてたやすく異解を生ぜず。つひにすなはち心を標し願を結して、霊験を請求す。まさに心を造すべし。尽虚空遍法界の一切の三宝、釈迦牟尼仏・阿弥陀仏・観音・勢至、かの土のもろもろの菩薩大海衆および一切の荘厳相等に南無し帰命したてまつる。某、いまこの『観経』の要義を出して、古今を楷定《かいじょう》せんと欲す。もし三世の諸仏・釈迦仏・阿弥陀仏等の大悲の願意に称《かな》はば、願はくは夢のうちにおいて、上の所願のごとき一切の境界の諸相を見ることを得しめたまへ。仏像の前において願を結しをはりて、日別に『阿弥陀経』を誦すること三遍、阿弥陀仏を念ずること三万遍、心を至して発願す。すなはち当夜において西方の空中に、上のごとき諸相の境界ことごとくみな顕現するを見る。雑色《ぞうしき》の宝山百重千重なり。種々の光明、下、地を照らすに、地、金色のごとし。なかに諸仏・菩薩ましまして、あるいは坐し、あるいは立し、あるいは語し、あるいは黙す。あるいは身手を動じ、あるいは住して動ぜざるものあり。すでにこの相を見て、合掌して立ちて観ず。やや久しくしてすなはち覚めぬ。覚めをはりて欣喜に勝へず。すなはち〔この観経の〕義門を条録す。これより以後、毎夜の夢のうちにつねに一の僧ありて、来りて玄義の科文を指授す。すでに了りて、さらにまた見えず。後の時に脱本しをはりて、またさらに心を至して七日を要期して、日別に『阿弥陀経』を誦すること十遍、阿弥陀仏を念ずること三万遍、初夜・後夜にかの仏の国土の荘厳等の相を観想して、誠心《じょうしん》に帰命することもつぱら上の法のごとくす。当夜にすなはち見らく、三具の磑輪《がいりん》（三つの石臼）、道の辺に独り転ず。たちまちに一人ありて、白き駱駝に乗りて前に来りて見えて勧む。「師まさにつとめて決定して往生すべし、退転をなすことなかれ。この界は穢悪《えあく》にして苦多し。労《いたわ》しく貪楽《とんぎょう》せざれ」と。答へていはく、「大きに賢者の好心の視誨《じげ》（好意のこもった教え）を蒙れり。某、畢命を期となして、あへて懈慢の心を生ぜず」と。〔云々〕第二夜に見らく、阿弥陀仏の身は真金色にして、七宝樹の下、金蓮華の上にましまして坐したまへり。十僧囲繞して、またおのおの一の宝樹の下に坐せり。仏樹の上にすなはち天衣ありて、挂《かか》り繞れり。面を正しくし西に向かへて、合掌して坐して観ず。第三夜に見らく、両の幢杆《どうかん》（はたざお）きはめて大きに高く顕れて、幡懸りて五色なり。道路縦横にして、人観ること礙なし。すでにこの相を得をはりて、すなはち休止して七日に至らず。上来のあらゆる霊相は、本心、物のためにして己身のためにせず。すでにこの相を蒙れり。あへて隠蔵せず、つつしみてもつて義の後に申べ呈して、聞くことを末代に被らしむ。願はくは含霊のこれを聞くものをして信を生ぜしめ、有識の覩るものをして西に帰せしめん。この功徳をもつて衆生に回施す。ことごとく菩提心を発して、慈心をもつてあひ向かひ、仏眼をもつてあひ看、菩提まで眷属として真の善知識となりて、同じく浄国に帰し、ともに仏道を成ぜん。この義すでに証を請ひて定めをはりぬ。一句一字加減すべからず。写さんと欲するものは、もつぱら経法のごとくすべし、知るべし。

（註釈版・七祖篇・五〇二―五〇四）

と記されている。これがいわゆる善導大師の三昧発得である。この体験を基にして古今楷定が語られるのが、善導教学の特色と云わねばならない。よってここで、この「古今楷定」の内容について触れておきたい。

島地師は『本讃』の造意の目的を四方面から考察するが（『講話』上・六）、その第二に「古今を楷定せんが為の故に」を掲げ、「今讃は別して観経を頌讃するもの。『観経』は古今諸師、之を見誤る者頗る多し、依って今師特に初めより証を諸仏に請いて、之が疏を作って古今を楷定し、以て二尊の正意を開顕し玉えり、今又重ねて此讃を作り、以てその楷定の相を述し玉えり。」として『本讃』を『観経疏』に次いで「古今楷定の相」を述べた書であると定めている。そして古今楷定に関して「楷とは模楷也と註して定軌を以て、長短屈曲を改め正すをいう。定は決定にて、諸師の誤りを正して仏の正意を論定するを楷定と云う」とその内容を解説し、「然れば即ち、文々句々悉く楷定に非ずと云うことなしと雖も、今はその最も顕著なる者、十四番の義を挙げて之を示さん」として十四もの理由を述べている。それぞれにそれまでの解釈を改め、善導大師独自の新たなる理解がなされた要点であるが、今はその項目だけをここに列挙しておきたい。

①真実の機を顕わさんが為。②化前一代。③頓教一乗。④三門転進。⑤定散請開。⑥有異方便。⑦照見念仏。⑧是法界身。⑨真報仏土。⑩念仏往生。⑪逆謗摂取。得益分斉。⑫一経廃立。⑬現当二益。

○**「願往生」・「無量楽」**

また「願往生」・「無量楽」の語に詳細な語義解釈を加えているのが證空上人である。

①「願往生」……「往生」という語は「今の観門の異名」であり、同義（観門＝往生）である。これを「因」の立場からみれば「観門」となり、「果」の立場から論じれば「往生」となる。「願」はいまだ因の立場であることから、「願往生」という、とする（『自筆鈔』巻第一〈西叢四・一〇下〉）。

②「無量楽」……穢土が厭ましく苦であると思うのは、浄土の無為・無量の楽を得ようと思う

ことに依っている、とする（同・一一上）。

なお、近年には音韻の上から『般舟讃』の研究が進められており、この「般舟讃」だけが「無韻の偈」となっているという。それに代わって、奇数句には「願往生」が、そして偶数句には「無量楽」が繰り返し挿入されて、あたかも押韻の代役を果たしているという。いわゆる「一種の〝合いの手〟あるいは〝囃子詞〟に相違なく、押韻の効果は得られなくとも一定のテンポを生み出している」という報告がある。（齊藤隆信『中国浄土教儀礼の研究─善導と法照の讃偈の律動を中心として─』）。そこには、

この〝合いの手〟を仏教歌曲に取り入れたことは、まさしく善導による独創であり、『法事讃』ではこれを「和讃」（四七・四二四下）と呼んでいる。儀礼において効果的だったのであろうことは、これが後世の讃偈にも積極的に継承されていることから容易に想像しうる。

（一六九頁）

あるいは

しかしこの後の浄土教礼讃文は押韻する礼讃偈が主流となっていくことから、やはりこの無韻の『般舟讃』の偈が、後世にそのまま取りあげられることはなくなっていく。したがってやはりこの善導の『般舟讃』こそが中国浄土教儀礼史上、無韻の讃偈の終焉となったのである。そ

してまたこの『般舟讃』における無韻の偈に一定のリズムを与える効果としての「願往生」と「無量楽」の挿入句（合いの手・囃子詞・和声・和讃）は、その後の浄土教礼讃偈における同様な讃偈の濫觴ともなっていることは注目にあたいする。すなわち『般舟讃』は前時代の作風（無韻の詩体）の終焉であり、なおかつ後代へ新たな作風（挿入句）を提供しえたということである。こうしたことから善導その人の作品中において、中国浄土教の礼讃儀礼における歴史的・記念碑的な革新が行われていた事実を特記しなければならないのである。（一七〇頁）

と述べている。注目すべき学説である。以上の点から般舟讃撰述の時期の問題にも関説し、善導大師五部九巻の中でも最初期の成立との見解を示している。

この事実から以下の推測が可能となる。つまり善導の著作五部九巻の成立次第に定説はないけれど、少なくとも韻律配慮が施される『法事讃』や『往生礼讃偈』が成立する以前に『般舟讃』が撰述されたということである。この無韻の『般舟讃』の讃偈は『往生論』から継承されてきた前時代的な作風であり、実際の儀礼に不向きであったことは、おそらく善導自身も自覚しえたのではなかろうか。そこで後に『法事讃』や『往生礼讃偈』の讃偈が有韻に仕立てられていくと考えるのが自然である。（一六八頁）

第二項　総開五乗段（総じて人・天・声聞・縁覚・菩薩などの五乗を開悟す）

【本文】

或説人・天・二乗法［願往生］
或説菩薩涅槃因［無量楽］
或漸或頓明空有［願往生］
人法二障遣双除［無量楽］
根性利者皆蒙益［願往生］
鈍根無智難開悟［無量楽］

【訓読】

あるいは人・天・二乗の法を説き［願往生］
あるいは菩薩涅槃の因を説き［無量楽］
＊あるいは漸　あるいは頓＊空有を明かして［願往生］
＊人法二障ならべて除かしめたまふ［無量楽］
根性　利なるものはみな益を蒙る［願往生］
鈍根無智は開悟しがたし［無量楽］

【語句説明】

○あるいは漸あるいは頓……ここでは一般的な相対教として説く「頓教と漸教」との意味。しかしこれに関して行照師の『聴記』（二・〇二二）は、聖道門の頓・漸二教を解説した後に、「浄土教中でも噸《とん》に出離解脱の法をば此を頓教という……今はその聖道中にある歴劫修行の漸教の法に対して、往生浄土法はこれ頓教の中では此れ漸にはあらず、即ちこれ頓教なり」として「往生浄土の一門、必ず此れ頓悟頓証の法なることを示し、今浄土教中、頓悟解脱の法あるからは、何ぞ聖道難行中の頓教法を求むべけんや」と結んでいる。

また、良忠師の『私記』（浄全五五〇上）は、①小乗の果より大乗に入るを漸教とし、凡位よりただちに大乗に入るを頓教とする、②歴劫成仏を漸教、速疾頓成を頓教とする、の二説を示し、①を「諸師通許」の説とする。なお、後の箇所では万劫を説く『瓔珞経』を漸教とし、念仏によって須臾に安楽に生じることができるとする『観経』・『阿弥陀経』等の説を「頓教菩提蔵」としている。
○空有……空の立場と有の立場。
○人法二障……人・法二つの我見のさわり。人について実体的な自我があると執着するさわりと、すべての存在（法）について固定的な実体があると執着するさわり。

【解釈】
ある時は、人乗・天乗、あるいは声聞乗・縁覚乗などの法を説き、［願往生］
また、ある時は菩薩乗による涅槃の因を説き、［無量楽］
また、ある時は、漸次と頓速、空や有の二種の教えを明らかにして、［願往生］
凡夫が持っている人障と法障との両障害を除くように仕向けて下さった。［無量楽］
これによって利根の者はすべて利益を得たのである。［願往生］
ところが、鈍根無智の者は悟ることが出来なかった。［無量楽］

第三項　別示二教段（別して漸頓二教を示す）

【本文】

『瓔珞経』中説漸教［願往生］
万劫修功証不退［無量楽］
『観経』・『弥陀経』等説［願往生］
即是頓教菩提蔵［無量楽］
一日七日専称仏［願往生］
命断須臾生安楽［無量楽］
一入弥陀涅槃国［願往生］
即得不退証無生［無量楽］

【訓読】

＊『瓔珞経』のなかには漸教を説く［願往生］
万劫の修功 不退を証す［無量楽］
『観経』・『弥陀経』等の説は［願往生］
すなはちこれ頓教＊菩提蔵なり［無量楽］
＊一日七日もつぱら仏を称すれば［願往生］
命断えて＊須臾に安楽に生ず［無量楽］
一たび弥陀涅槃国に入りぬれば［願往生］
すなはち不退を得て無生を証す［無量楽］

【語句説明】

○『瓔珞経』……姚秦の竺仏念（三七六―三七八）訳とされる中国撰述経典。二巻。菩薩の本業すなわち菩薩行の本筋を説いたもの。その菩薩行は十信・十住・十行・十廻向・十地・等覚・妙覚の五十二段階である。

○菩提蔵……仏の悟り（菩提）に至らせる教え。『原典版・七祖篇』によると龍谷大学所蔵元禄七年刊本（義山本）の一本のみに「菩薩蔵」とある。これならば「総ての衆生は菩提に至る菩薩達であり、その菩薩達の為の教え」と訳すことが出来る。→【参考・問題点】

○一日七日専称仏……『阿弥陀経』に次のように説かれる。

舎利弗、若有善男子・善女人、聞説阿弥陀仏、執持名号、若一日、若二日、若三日、若四日、若五日、若六日、若七日、一心不乱、其人、臨命終時、阿弥陀仏、与諸聖衆現在其前。是人終時、心不顛倒、即得往生阿弥陀仏極楽国土。（原典版・一五四）

舎利弗、もし善男子・善女人ありて、阿弥陀仏を説くを聞きて、名号を執持すること、もしは一日、もしは二日、もしは三日、もしは四日、もしは五日、もしは六日、もしは七日、一心にして乱れざれば、その人、命終の時に臨みて、阿弥陀仏、もろもろの聖衆と現じてその前にましまさん。この人終らん時、心顛倒せずして、すなはち阿弥陀仏の極楽国土に往生することを得。（註釈版・一二四）

○須臾……昼夜の三十分の一。百二十刹那を怛刹那とし、三十怛刹那を一須臾とする。そこから転じてきわめて短い時刻のこと。

【解釈】

『菩薩瓔珞本業経』には漸教が説かれており、［願往生］

長い時間をかけた修行で得た功徳によって、不退転位に至る者がいるという。［無量楽］

一方、『観無量寿経』や『阿弥陀経』等の説くところは、〔願往生〕
直ちに悟る事の出来る頓教の教えであり、まさに菩提の蔵である。〔無量楽〕
一日あるいは七日間、もっぱら阿弥陀仏の名を称えれば、〔願往生〕
命が終わったその瞬間に安楽国に生じる事が出来る。〔無量楽〕
ひとたび阿弥陀仏の涅槃の国土に入ることができれば、〔願往生〕
不退転の境地を得て、無生法忍を証得することできる。〔無量楽〕

【参考・問題点】

○親鸞聖人の引用「頓教菩提蔵」

『本典』行巻「一乗海釈」に引用がある。

光明師云、「我依菩薩蔵　頓教一乗海。」又云、「『瓔珞経』中説漸教。万劫修功証不退。『観経』・『弥陀経』等説、即是頓教、菩提蔵。」〔已上〕　（原典版・二四八）

光明師（善導）のいはく（玄義分　二九八）、「われ菩薩蔵頓教と一乗海とによる」と。またいはく（般舟讃　七一八）、「『瓔珞経』のなかには漸教を説けり。万劫に功を修して不退を証す。『観経』・『弥陀経』等の説は、すなはちこれ頓教なり、菩提蔵なり」と。〔以上〕

（註釈版・一九八）

○「頓教菩提蔵」について

経典中に「菩提蔵」の用例は菩提流支三蔵（？―五〇八―五三五？）訳『仏説法集経』（大正一七・六四九下）や『大方広仏華厳経』（大正一〇・一四七上）など数点あるのみで、以下の善導大師『観経疏』の用例からも「菩薩蔵」との使用例が多い。また註釈版・七祖篇に「「菩薩蔵」とする異本もある」としているのは上述の「義山本」を指しているのであろう。

また、行照師はこの「頓教菩提蔵」の用語を大変に重要視する。「聖道一代の諸教をば此を方便と名づく。念仏一門のみが真実ゆえに、その念仏一門の説きたまえる経は頓教と名け菩提蔵と名け、独り真実と名づく」（『聴記』一・〇一六）と論じている。

○『観経疏』には「頓教・菩薩蔵」について二箇所に説示がある。

①帰三宝偈に

我等愚痴身　曠劫来流転　今逢釈迦仏　末法之遺跡　弥陀本誓願　極楽之要門　定散等廻向
速証無生身　我依菩薩蔵　頓教一乗海　説偈帰三宝　与仏心相応　十方恒沙仏　六通照知我
（原典版・七祖篇　三三六～三三七）

われら愚痴の身、曠劫よりこのかた流転して、いま釈迦仏の末法の遺跡たる　弥陀の本誓願、極楽の要門に逢へり。定散等しく回向して、すみやかに無生の身を証せん。われ菩薩蔵頓教、一乗海によりて、偈を説きて三宝に帰して、仏心と相応せん。十方恒沙の仏、六通をもつてわれを照知したまへ。（註釈版・七祖篇　二九八）

②「玄義分　第三門」に

言教之大小者。問。曰此経二蔵之中、何蔵摂。二教之中何教収。答曰。今此観経、菩薩蔵収、頓教摂。（原典版・七祖篇　三四四）

教の大小といふは、問ひていはく、この『経』は二蔵のなかにはいづれの蔵の摂なる。二教のなかにはいづれの教の収なる。答へていはく、いまこの『観経』は菩薩蔵の収なり。頓教の摂なり。（註釈版・七祖篇　三〇五）

第四項　自力漸修段（自力は漸々に修する教え）

【本文】	【訓読】
万劫修功実難続［願往生］	万劫の修功　実に続きがたし［願往生］
一時煩悩百千間［無量楽］	一時に煩悩百たび千たび間《まじ》はる［無量楽］
若待娑婆証法忍［願往生］	もし娑婆にして法忍を証することを待たば［願往生］

六道恒沙劫未期［無量楽］
貪瞋即是輪廻業［願往生］
煩悩豈是無生因［無量楽］
験此貪瞋火焼苦［願往生］
不如走入弥陀国［無量楽］

六道にして恒沙の劫にもいまだ期あらず［無量楽］
貪瞋はすなはちこれ輪廻の業なり［願往生］
煩悩あにこれ＊無生の因ならむや［無量楽］
この貪瞋火焼の苦を験《あきら》むるに［願往生］
走《ゆ》きて弥陀国に入るにしかず［無量楽］

【語句説明】

○無生……凡夫がとらわれているような生を否定する言葉。存在の真実のありさまは本来生滅変化を超えていること。涅槃の異名。また浄土の悟りをいう。（註釈版・七祖篇・一三八一・巻末註）

【解釈】

長い時間をかけた修行は、実に継続することが難しく［願往生］
煩悩が瞬時において百度や千度も雑わってしまう。［無量楽］
もし、この娑婆世界にて無生法忍を証得することを待つのであれば、［願往生］
数え切れないほどの間、六道に輪廻したとしても、その目的を達することは難しい。［無量楽］

貪欲と瞋恚の根本煩悩こそが、生死輪廻の業因である。［願往生］
その煩悩は、涅槃を得る因となることは出来ない。［無量楽］
このような貪欲と瞋恚による火に焼かれる苦しみを見極めたならば、［願往生］
急いで阿弥陀仏の国土に往生する以外に方法はないであろう。［無量楽］

【参考・問題点】
○親鸞聖人の引用「万劫、功を修せんこと……」
『本典』化巻本に引用がある。
又云、「万劫、修功実難続。一時煩悩百千間。若待娑婆証法忍、六道恒沙劫未期。門門不同名漸教。万劫苦行証無生。畢命為期専念仏。須臾命断、仏迎将。一食之時尚有間、如何万劫不貪瞋。貪瞋障受人天路。三悪・四趣内安身。」［抄要］　（原典版・四九二―四九三）
またいはく（般舟讃 七一九）、「万劫、功を修せんことまことに続きがたし。一時に煩悩百たび千たび間はる。もし娑婆にして法忍を証せんことを待たば、六道にして恒沙の劫にもいまだ期あらじ。門々不同なるを漸教と名づく。万劫苦行して無生を証す。畢命を期としてもつぱら念仏すべし。須臾に命断たゆれば、仏迎へ将てましします。一食の時なほ間あり、いかんが万劫

貪瞋せざらん。貪瞋は人天を受くる路を障ふ。三悪・四趣のうちに身を安んず」と。［抄要］

（註釈版・三九〇―三九一）

第五項　他力頓益段（他力による頓益を明かす）

【本文】

弥陀因地発心時［願往生］
頓捨王位求菩提［無量楽］
饒王仏所落鬚髪［願往生］
出家修道名法蔵［無量楽］
四十八願因茲発［願往生］
一一誓願為衆生［無量楽］
衆宝荘厳名極楽［願往生］
広大寛平無限量［無量楽］
我得菩提当心坐［願往生］
徹窮後際度衆生［無量楽］

【訓読】

弥陀＊因地にして＊発心の時［願往生］
たちまちに王位を捨てて菩提を求めたまふ［無量楽］
＊饒王仏の所にして鬚髪を落し［願往生］
出家修道するを＊法蔵と名く［無量楽］
四十八願これによりて発す［願往生］
一一の誓願は衆生のためなり［無量楽］
＊衆宝をもて荘厳して極楽と名く［願往生］
広大＊寛平にして限量なし［無量楽］
われ菩提を得ば＊心《しん》に当《かな》ひて坐し［願往生］
＊後際を徹窮して衆生を度せむ［無量楽］

身相光明照法界［願往生］
光所及処皆蒙益［無量楽］
一一光明相続照［願往生］
照覓念仏往生人［無量楽］
欲比十方諸仏国［願往生］
極楽安身実是精［無量楽］

身相の光明は法界を照す［願往生］
光の及ぶところの処みな益を蒙る［無量楽］
一一の光明は相続して照し［願往生］
念仏往生の人を照し＊覓《もと》む［無量楽］
十方諸仏の国に比せむと欲するに［願往生］
極楽は身を安ずるに実にこれ＊精なり［無量楽］

【語句説明】

○因地……仏の悟りを得るための修行の段階。因位ともいう。弥陀因地とは法蔵菩薩をさす。

○発心……菩提心をおこすこと。→菩提心……梵語の音訳。詳くは阿耨多羅三藐三菩提心をいい、無上正真道意・無上菩提心・無上道心などと漢訳する。仏果に至り、悟りの智慧を得ようとする心のこと。この心をおこすことを発菩提心といい、仏道の出発点とされる。曇鸞大師（四七六―五四二）は無上菩提心を規定して、願作仏心・度衆生心とされた。

なお、島地師の『講話』（上・七八―七九）によると、発心の時期に諸説あるとして、『往生論註』巻上の

亦言「性」者、是聖種性。序法蔵菩薩、於世自在王仏所、悟無生法忍。爾時位名聖種性。於是性中発四十八

大願修起此土。即曰安楽浄土。是彼因所得。果中説因。故名為性。　（原典版・七祖篇・六八―六九）
また「性」といふは、これ聖種性なり。序め法蔵菩薩、世自在王仏の所において、無生法忍を悟りたまへり。その時の位を聖種性と名づく。この性のなかにおいて四十八の大願を発してこの土を修起せり。すなはち安楽浄土といふ。これかの因の所得なり。果のなかに因を説く。ゆゑに名づけて性となす。
（註釈版・七祖篇・六一）
を出して、この「聖種性」の位次を『瓔珞経』および『法華玄義』巻第四・二の意をとって十地と見るものの、『大智度論』巻第五十は八地とし、『六要鈔』は初地とするという。
○饒王仏……法蔵菩薩の師仏。→世自在王仏……世自在王は、梵語（Lokeśvara-rāja）の漢訳。世間一切法に自在なることを得て、世間を利益するに自在を得た仏という意。法蔵菩薩の師である仏の名。世饒王仏・饒王仏ともいう。
○法蔵……法蔵菩薩。
○衆宝をもて荘厳して……『講話』（上・八〇）には、『浄土論』の「備諸珍宝性、具足妙荘厳。（もろもろの珍宝の性を備へて、妙荘厳を具足せり。）」（原典版・七祖篇・三三、註釈版・七祖篇・二九）を掲げている。證空上人の『自筆鈔』巻第二（西叢四・一九上―下）によると、「衆宝荘厳」は『浄土論』の三厳二十九種の荘厳十七種および『観経』所説の日想観から華座観までの七種の真仮の荘厳をさすとしている。
衆宝荘厳の言、略せりと雖も、普く一切功徳を兼ねたり。往生論には、十七種の依報の荘厳を立てたり。観経には、日想より華座に至るまで、七種の真、仮の荘厳なり。是皆、衆宝荘厳の言に収まれり。

○寛平……地がどこまでも平らかで高低起伏がないこと。
○心《しん》に当《かな》ひて坐し……浄土の中央に座り。ここでの心は中心、中央の意味。『講話』(上・八一)によると、当心坐とは心に多種あり、意識や堅実心や生仏不二の理性で第一義心などがあるが、今の心は中心ということ。天王寺の額の「当極楽土、東門中心」と同じ。ここでは浄土の中央にかなって坐すること。また、良忠師の『私記』の指南によると、「法事讃の記の如し」(浄全四・五五〇下)とあり、『法事讃』巻下には「願往生、願往生。弥陀化主当心坐。華台独迥最為精。百億摩尼、間雑宝。葉葉荘厳相自成。(願はくは往生せん、願はくは往生せん。弥陀の化主心に当りて坐す。華台独りはるかにもつとも精たり。百億の摩尼、雑宝を間へたり。葉々の荘厳相おのづからなる。)」(原典版・七祖篇・六三六、註釈版・七祖篇・五六一)として当心坐の語が認められる。
○後際を徹窮して……未来際を尽して。未来永劫に。
○覓む……「覓」はさがしもとめる意味。
○精……巧みですぐれていること。

【解釈】
かつて阿弥陀仏が因位にて、発心されたその時に、[願往生]
すみやかに王位を捨てて、悟りを求め、[無量楽]
世自在王仏のみもとで剃髪し、[願往生]

出家して修行なされたその姿を、法蔵菩薩とお呼びする。［無量楽］
四十八の誓願はここにおいて発された。［願往生］
一つ一つの誓願は衆生のために発起されたもので［無量楽］
その願成就の極楽は、あらゆる宝で荘厳され［願往生］
その荘厳浄土の世界は広大で限りなく［無量楽］
「われ悟りを得たならば、浄土の中央に坐し、［願往生］
末の世までを尽くして、衆生を救おう」と。［無量楽］
身より放つ光明は、あまねく世界を照らし出し、［願往生］
光のおよぶ隅々まで、みな利益を蒙る。［無量楽］
一つ一つの光明は絶え間なく照らし続け、［願往生］
念仏の往生人を探し求める。［無量楽］
十方諸仏の国と比べても、［願往生］
極楽こそは、その身を安らかにする勝れた御国であるといえよう。［無量楽］

第二節　施化深広章（如来は深く広く教化を施す）

第一項　深法施益段（方便の教法で、利益を施す）

【本文】

般舟三昧楽〔願往生〕
釈迦如来悲意深〔無量楽〕
本師釈迦修普行〔願往生〕
長時長劫度衆生〔無量楽〕
一切如来設方便〔願往生〕
亦同今日釈迦尊〔無量楽〕
随機説法皆蒙益〔願往生〕
各得悟解入真門〔無量楽〕
門門不同八万四〔願往生〕

【訓読】

般舟三昧楽〔願往生〕
釈迦如来は＊悲意深くましします〔無量楽〕
＊本師釈迦＊普行を修して〔願往生〕
＊長時長劫に衆生を度したまふ〔無量楽〕
一切如来方便を設けたまふこと〔願往生〕
また今日の釈迦尊に同じ〔無量楽〕
機に随ひて法を説くにみな益を蒙る〔願往生〕
おのおの悟解を得て＊真門に入る〔無量楽〕
門門不同にして＊八万四なるは〔願往生〕

為滅無明果業因［無量楽］　無明と＊果と＊業因とを滅せむがためなり［無量楽］
利剣即是弥陀号［願往生］　＊利剣はすなはちこれ弥陀の号《みな》なり［願往生］
一声称念罪皆除［無量楽］　一声称念すれば罪みな除こる［無量楽］

【語句説明】

○悲意……衆生をあわれむ大悲の心。
○本師……根本の師。
○普行……あらゆる善行。万行の異名。
○長時長劫……限りなく長い時間。三大阿僧祇劫。
○真門……真実の法門。仏の悟りに至る門。
○八万四……八万四千の略。仏の説かれた教法が多数であること。
○果……ここでは生死の苦果のこと。
○業因……ここでは生死の苦果をまねく原因となる行為のこと。
○利剣……するどいつるぎ。

【解釈】

般舟三昧楽〔願往生〕
釈迦如来は慈悲深きお方であられる。〔無量楽〕
この世の根本の師である釈尊は、あらゆる修行をなされて、〔願往生〕
限りなく永い間も、衆生を救っていて下さる。〔無量楽〕
一切の如来が方便を設けられる事は、〔願往生〕
我らが釈尊も同様である。〔無量楽〕
機根に随って説法されるからこそ、総ての人は利益を蒙ることが出来る。〔願往生〕
よって人々は真実の教えを領解して、真実の法門に入ることができる。〔無量楽〕
このように入り口は様々に異なって、八万四千もの法門があるのは〔願往生〕
人それぞれの無明と苦果との業因を断ちきるためである。〔無量楽〕
その煩悩を断ち切る利剣こそが、南無阿弥陀仏の名号である。〔願往生〕
一声称えれば、皆罪が除かれるから。〔無量楽〕

【参考・問題点】

○親鸞聖人の引用「一切の如来」

『本典』化巻本の「真門釈」に引用がある。二文の連引である中の第一文に当たる。

又云、「一切如来設方便、亦同今日釈迦尊。随機説法皆蒙益。各得悟解入真門。［乃至］仏教多門八万四。正為衆生機不同。欲覓安身、常住処、先求要行入真門。」（原典版・五一）

またいはく（般舟讃七二一）、「一切如来方便を設けたまふこと、また今日の釈迦尊に同じ。機に随ひて法を説くにみな益を蒙る。おのおの悟解を得て真門に入れと。［乃至］仏教多門にして八万四なり。まさしく衆生の機不同なるがためなり。安身、常住の処を覓めんと欲はば、まづ要行を求めて真門に入れ」と。（註釈版・四〇四―四〇五）

○親鸞聖人の引用「門門不同にして八万四なり」

『本典』行巻の「六字釈」に三文が連引されるが、その中の第一文目。

又云、「門門不同八万四。為滅無明果業因利剣、即是弥陀号。一声称念罪皆除。微塵故業随智滅。不覚［覚字教音］転入真如門。得免娑婆長劫難、特蒙知識釈迦恩。種種思量巧方便、選得弥陀弘誓門。」［已上抄要］（原典版・二一〇―二一一）

またいはく（般舟讃七二一）、「門々不同にして八万四なり。無明と果と業因とを滅せんための利剣は、すなはちこれ弥陀の号なり。一声称念するに罪みな除こると。微塵の故業と随智と滅す。覚へざるに真如の門に転入す。

娑婆長劫の難を免るることを得ることは、ことに知識釈迦の恩を蒙れり。種々の思量巧方便をもつて、選びて弥陀弘誓の門を得しめたまへり」と。［以上抄要］（註釈版・一六九―一七〇）

三文があたかも一文のように感じるが、聖人ははっきりと一字を空白にして記入されているので、三文各別であることが知れる。

○「利剣」について

『本讃』の「利剣はすなはちこれ弥陀の号なり」が出典とされる利剣名号なるものが、京都百万遍知恩寺に所蔵されている。当寺のパンフレットには以下の伝説が紹介されている。

後醍醐天皇の御代元弘元年（一三三一）八月、都で大地震が起こり、その上悪疫が流行して、多くの横死者が出たという。そこで勅命により知恩寺の第八世善阿空円上人が宮中に参内し、七日七夜を期して阿弥陀仏の御名を百万遍称えたという。その功力によって疫病は止み、帝は感激のあまり「百万遍」の勅号と弘法大師御作の大利剣名号軸及び五四〇顆《つぶ》の念珠を下賜されたとの事であった。それ以来、諸祈願の法会としてこの大利剣名号軸を掲げ、僧俗が輪になって念仏を唱えながら大念珠を繰る作法が「百万遍大念珠繰り」として全国各地に広がったという。特に京都の人々は大念珠繰りの寺「百万遍さん」として親しまれているとの事である。

（知恩寺に所蔵されている利剣名号）

（知恩寺の本堂内部・数珠繰り用の念珠）

（参考　八木宣諦「百万遍念仏利剣名号について」〈『武蔵大学人文学会雑誌』三二（一）、二〇〇〇年〉）

第二項　広行示化段（釈尊は多くの修行を成就して教化を示された）

【本文】

釈迦如来因地時　〔願往生〕
頓捨身財求妙法　〔無量楽〕
小劫・大劫・長時劫　〔願往生〕
随順仏語誓修行　〔無量楽〕
念念時中行六度　〔願往生〕
慈悲喜捨化衆生　〔無量楽〕
三業専修無間業　〔願往生〕
誓作菩提無上尊　〔無量楽〕
証得菩提無上果　〔願往生〕
分身百億度衆生　〔無量楽〕
一音演説随機悟　〔願往生〕
各各随悟到真元　〔無量楽〕

【訓読】

釈迦如来*因地の時　〔願往生〕
たちまちに*身財を捨てて*妙法を求め　〔無量楽〕
*小劫・大劫・長時劫　〔願往生〕
*仏語に随順して誓ひて修行す　〔無量楽〕
*念念時中に六度を行じ　〔願往生〕
*慈悲喜捨して衆生を化したまふ　〔無量楽〕
三業にもっぱら*無間業を修して　〔願往生〕
誓ひて*菩提無上の尊となりたまふ　〔無量楽〕
菩提無上の果を証得して　〔願往生〕
身を百億に分ちて衆生を度したまふ　〔無量楽〕
一音をもて演説したまふに　機に随ひて悟り　〔願往生〕
おのおの悟りに随ひて*真元に到る　〔無量楽〕

【語句説明】

○因地……仏の悟りを得るための修行の段階。因位ともいう。

○身財……「身命と財産」の意。過去世において釈迦菩薩は身命を捨てて修行された。そこをいうのであろう。『法事讃』巻上に「身財を惜しまず」とか「身財を顧みず」との使用例があるのと同意。

菩薩聖衆、身雖別、慈悲・智慧等無殊。不惜身財求妙法、難行苦行未曾休。誓到菩提登彼岸、放大慈光度有流有流。（原典版・七祖篇・五九五）

菩薩聖衆、身別なりといへども、慈悲・智慧等しくして殊なることなし。身財を惜しまずして妙法を求め、難行苦行していまだかつて休まず。誓ひて菩提に到り彼岸に登りて、大慈光を放ちて有流を度したまふ。（註釈版・七祖篇・五二五）

あるいは「心、法を求め、身財を顧みず」（大正四七・四二五下）という。

『賢愚経』言、「一一諸仏従初発意終至菩提、専心求法、不顧身財、悲智双行、曾無退念。」（原典版・七祖篇・五八五）

『賢愚経』（意）にのたまはく、「一々の諸仏初発意より終り菩提に至るまで、専心に法を求めて、身財を顧みず、悲智双行して、かつて退念なし」と。（註釈版・七祖篇・五一六）

○妙法……『講話』では「通じて正因縁の法を指す」（上・八八）とあるが、ここでは単に「妙なる仏法」と解した。

○小劫・大劫・長時劫……劫は極めて長い時間の単位をいう。

○仏語……『講話』では「先仏の所説を云う」（上・八八）とあるので、釈迦以前に現れた仏たちの真実語を意味するものと考えられる。また、直前には釈迦が悟りを開く期間を「小劫・大劫・長時劫」と述べているから、歴史上にすがたを現した釈迦だけでなく、それ以前の過去世にも活動する釈迦が想定されている。本生譚などがそれであろう。また釈迦が成道したのは今世ではなく、はるか昔の過去世に成道していたこと（五百塵点劫、久遠実成の仏）を明かす『法華経』「如来寿量品」の所説なども参考になるかと思う。『法華経』では、釈迦に未来には必ず成仏すると予言（授記）した仏を燃灯仏（然灯仏、錠光如来、定光仏、然光仏とも）と呼ぶこと、釈迦は成仏してから現在に至るまで娑婆世界以外にも百千万億那由多阿僧祇の国において衆生を導利していたことなどが説かれる。（大正九・四二中―下）このように、釈迦を今世のみの仏として限定しない経典の文言があることには注意を払う必要があろう。

○念念……ここは、「ひと思い、ひと思いに」と解した。

○慈悲喜捨……四無量心のこと。四つの広大な利他の心。①慈無量心。衆生に楽を与えること。②悲無量心。衆生の苦を除くこと。③喜無量心。他者の楽を見て喜ぶこと。④捨無量心。他者に対して愛憎親怨の心がなく平等に利すること。

○無間業……絶え間のない行業。

○菩提無上の尊……この上ない悟りを開かれた尊者。仏のこと。

○真元……真実の本源。真如のこと。

【解釈】

釈迦如来が因位の時、［願往生］

すぐさま身命と財産を捨てて、仏法を求め、［無量楽］

小劫・大劫・長時劫という、とてつも長い時間に、［願往生］

諸仏の言葉にしたがって誓願を立てて修行に励まれた。［無量楽］

その様は、ひと思いひと思いの中に、六波羅蜜を修し、［願往生］

慈・悲・喜・捨の広大な心をおこして、衆生を教化されたのである。［無量楽］

釈迦菩薩は自らの身・口・意三業において、絶え間なく善業を修し、［願往生］

ついに誓願を成就して、この上も無い最高の悟りを得られた尊者となられた。［無量楽］

無上菩提の仏果を得た釈迦如来は、［願往生］

その身を百億に分けて、あらゆる衆生を済度されている。［無量楽］

如来は総ての衆生に対して同時に説法されるが、衆生はそれぞれの素質に応じて聞き分け、［願往生］

それぞれが悟りに応じて、ついには真如に到達する。［無量楽］

【参考・問題点】

○「小劫・大劫・長時劫」

善導大師の『法事讃』巻上には『般舟讃』とほぼ同じ文脈で「大劫・小劫・僧祇劫」との使用例がある。

釈迦如来初発願、頓捨塵労修苦行、念念精勤無有退。不限日月及歳年。大劫・小劫・僧祇劫、過踰大地等微塵。不惜身財求妙法、……（原典版・七祖篇・六〇三）

釈迦如来初め願を発せしより、たちまちに塵労を捨てて苦行を修し、念々に精勤して退くことあることなし。日月および歳年を限らず、大劫・小劫・僧祇劫、大地等の微塵に過踰せり。身財を惜しまずして妙法を求め、……（註釈版・七祖篇・五三二）

また證空上人の『自筆鈔』巻第二によれば、「小乗に付きて小、大の劫を分別するなり。長時劫、といいは、大乗に談ずる所」（西叢四・二三上）とあって、小乗では小劫・大劫を、大乗では長時劫を使用するという。

島地師の『講話』では小劫・大劫を「安楽集上［卅四］、智論を引て示すが如し」（上・八八）とし、長時劫を「三大阿僧祇劫」と見る。

経論の異説は種々あるが、ここは「小劫・大劫・長時劫」をまとめて「極めて長い時間」と解した。

○「誓ひて」について

ここには「仏語に随順して誓ひて修行す」と「誓ひて菩提無上の尊となりたまふ」の二つの「誓ひて」に関する句が存在する。これについて良忠師は『私記』のなかで因果でもって説明している。

　誓作等とは、問ふ、この二句に如何なる別あるや。答ふ、上の句は因の中に成仏を誓願す、下の句は果を成ず。因果別となるなり。　（浄全四・五五一上）

前者の「仏語に随順して誓ひて修行す」を因位の誓願、後者の「誓ひて菩提無上の尊となりたまふ」を果位の誓願成就を意味するものと捉えている。

○「一音をもて演説したまふに機に随ひて悟り」

一座の法会で、聴衆が何万人いたとしても、仏は全員に対して同時に、そして一音で説教される。ところがそれを聞いている衆生の素質能力がバラバラであるにもかかわらず、機根に応じてそれぞれが悟ることが出来るという、仏の不可思議な教化の能力をいう。『維摩経』「仏国品」等に出る。

　仏以一音演説法、衆生随類各得解。　（大正一四・五三八上）

　仏は一音を以て法を演説したまふに、衆生類に随て各〻解することを得。

また、『法事讃』巻下にも『般舟讃』と同様の文がみられる。

願往生、願往生。如来教法元無二。正為衆生機不同、一音演説、随縁悟。

（原典版・七祖篇・六二三）

願はくは往生せん、願はくは往生せん。如来の教法は元無二なり。まさしく衆生の機不同なるがために、一音をもつて演説したまふに、縁に随ひて悟る。

（註釈版・七祖篇・五四九）

○**「身を百億に分ちて」**

『講話』（上・八八―八九）も指摘するが、釈迦が「百億」の分身仏となることについては『梵網経』の経文が参考になるであろう。

我今盧舎那　方坐蓮花台　周匝千花上　復現千釈迦　一花百億国　一国一釈迦　各坐菩提樹　一時成仏道

（大正二四・一〇〇三下―一〇〇四上）

我れ今盧舎那　方に蓮花台に坐し　周匝せる千花の上に　復た千の釈迦を現ず　一花に百億の国あり　一国に一釈迦ありて　各の菩提樹に坐し　一時に仏道を成ず

○**「真元」**

『講話』（上・八九―九〇）によると「生死の妄末に反したる、三乗所証の涅槃なり」とあって「小乗の証果」と解している。しかもこれを「与奪」で釈す。「与えて云えば覚月。奪って云えば諸教の益は弘願に達するの階梯にて、真元は弘願真実をいう」とする。これを「例せば観門成就の益は念仏三昧を得しむにありと云うが如し」と結んでいる。

一方、『自筆鈔』巻第二は「真は真実、元は本元。是即ち真実の本元というなり」(西叢四・二五上)とある。今はこの説を用いた。

第三節　順教覓安章（如来の教えに随順して安穏を覓《もと》む）

第一項　安身苦楽段（身の苦楽を安んず）

【本文】

般舟三昧楽［願往生］
随順釈迦如来教［無量楽］
仏教多門八万四［願往生］
正為衆生機不同［無量楽］
欲覓安身常住処［願往生］

【訓読】

般舟三昧楽［願往生］
釈迦如来の教に随順すべし［無量楽］
仏教多門にして＊八万四なるは［願往生］
まさしく衆生の機不同なるがためなり［無量楽］
身を安ずる＊常住の処を＊覓めむと欲せば［願往生］

先求要行入真門〔無量楽〕
門門不同名漸教〔願往生〕
万劫苦行証無生〔無量楽〕
畢命為期専念仏〔願往生〕
須臾命断仏迎将〔無量楽〕
一食之時尚有間〔願往生〕
如何万劫不貪瞋〔無量楽〕
貪瞋障受人天路〔願往生〕
三悪・四趣内安身〔無量楽〕
欲到弥陀安養国〔願往生〕
念仏・戒行必須廻〔無量楽〕
戒行専精諸仏讃〔願往生〕
臨終華座自来迎〔無量楽〕
一念之間入仏会〔願往生〕
三界・六道永除名〔無量楽〕

先づ*要行を求めて*真門に入れ〔無量楽〕
門門不同なるを漸教と名く〔願往生〕
*万劫苦行して*無生を証す〔無量楽〕
*畢命を期となして　もっぱら念仏すれば〔願往生〕
*須臾に命断えて仏迎へ将《ゐ》たまふ〔無量楽〕
*一食の時なほ間《まじ》はることあり〔願往生〕
いかんが万劫に*貪瞋せざらむ〔無量楽〕
貪瞋は*人天を受くる路を障へて〔願往生〕
*三悪・四趣のうちに身を安《お》く〔無量楽〕
弥陀安養国に到らむと欲せば〔願往生〕
念仏・*戒行かならずすべからく*廻すべし〔無量楽〕
戒行*専精なれば諸仏讃めたまひ〔願往生〕
臨終に*華座おのづから来迎す〔無量楽〕
一念のあひだに*仏会に入りて〔願往生〕
三界・六道永く名を除く〔無量楽〕

三明六通皆自在［願往生］
畢命不退証無為［無量楽］
四種威儀常見仏［願往生］
手執香華常供養［無量楽］

＊三明六通みな自在なり［願往生］
＊畢命すれば不退にして無為を証す［無量楽］
＊四種の威儀につねに仏を見たてまつる［願往生］
手に＊香華を執りてつねに供養したてまつる［無量楽］

【語句説明】

○八万四……八万四千の略。多数の意。
○常住の処……生滅変化を離れた涅槃の悟りの世界。
○覓めむ……「覓」はさがしもとめるの意。
○要行……ここでは一応、肝要な行業と解しておく↓【参考・問題点】
○真門……ここでは一応、真実の法門と解しておく。↓【参考・問題点】
○万劫……一万劫の略。非常に長い時間のこと。
○無生……『講話』には「常住処とは、下には無生と云、共に涅槃を指す、変易を離るゝの謂なり」（上・九一）とある。よってここでは「涅槃」と解した。
○畢命を期となして……命がおわる時を限りとして。
○須臾……極めて短い時間の単位。たちまちの間、わずかの間のこと。

○一食の時なほ間はることあり……一度の食事をする僅かの間にも煩悩がまじるという意。
○一食……『私記』（浄全四・五五一下）によれば有本に「一念」とあるという。『講話』（上・九三―九四）も一念で解釈している。
○貪瞋……三毒のうちの貪欲と瞋恚。
○人天を受くる路……五戒をたもって人間に生まれ、十善を行って天上界に生まれると説く。これが仏教に入らせるための方便とみて、人天乗とも云う。
○三悪・四趣……三悪は地獄・餓鬼・畜生の三悪趣、四趣はこれに阿修羅を加えた四悪趣のこと。
○戒行……ここでは一応、戒と行とを分けて「持戒し修行して」と解した。↓【参考・問題点】
○廻す……回向する。ふりむける。
○専精……心をもっぱらにして精進すること。
○華座……蓮華の台座。
○仏会……阿弥陀仏の説法の会座。
○三明六通……阿羅漢がもっている不思議な力。①神足通（自由に欲するところに現れうる能力）。②天眼通（自他の未来のあり方を見通す能力）。③天耳通（普通人の聞きえない音を聞く能力）。④他心通（他人の心を見通す能力）。⑤宿命通（自他の過去世のあり方を知る能力）。⑥漏尽通（煩悩を取り去る能力）。以上の六つの超人的能力を六通（六神通）という。このうち、天眼・宿命・漏尽の三つを、特に三明という。それは、天眼通は未来の苦を知り、宿命通は過去の苦を知り、倶によく生死を厭離する。また漏盡通はよく正観をなして煩悩を断ずるからである。三明以外の三つにおいては、神足通はただ工巧のみ、天耳通はただ声を聞くのみ、他心通はただ他人の心を知るのみ故に明を立てない。

○畢命すれば不退にして……この「畢命」について良忠師の『私記』（浄全四・五五一下）は有本に「畢竟」とあったという。ただ、原典版・七祖篇の対校表にはそのような一本は存在しない。ところが師は「畢竟」を正義としている。『講話』（上・九八頁）もまた、本文を「畢竟」として注釈を施し、「一本に畢命と作るは非なり」とする。さらに島地師は「畢竟」について二義ありとし、一つには『往生論註』の「『畢竟』者未言即等也。（「畢竟」とはいまだ即等といふにはあらず。）」（原典版・七祖篇・一五一、註釈版・七祖篇・一三三）に基づいて「最後義」、二つには『往生論註』の「菩提是畢竟常楽処。（菩提はこれ畢竟常楽の処なり。）」（原典版・七祖篇・一六八、註釈版・七祖篇・一四七）に基づいて「無上義」を立てる。なお、ここでは底本にしたがって「畢命」で解した。

○四種の威儀……行・住・坐・臥、歩くこと、とどまること、すわること、臥すことの四種。要するに「どのような姿形をしていても」との意味。

○香華……仏に捧げる香と花のこと。

【解釈】

般舟三昧楽［願往生］

釈迦如来の教えに従いなさい。［無量楽］

仏の教えには多くの法門があり八万四千にも及ぶのは、［願往生］
まさに衆生の素質能力が多岐にわたるからである。［無量楽］
自らの身を落ち着かせる常住の世界を求めようと願うならば、［願往生］
まず肝要な行業を求めて真実の法門に入らねばならない。［無量楽］
漸教では、一門一門が別々の法門を説いている。［願往生］
その教えでは一万劫もの長時にわたって苦行を行い、涅槃を得ると説く。［無量楽］
一方、命おわる時を限りとして専心に念仏すれば、［願往生］
命絶える時、たちまちに仏が来迎して下さる。［無量楽］
一度の食事をする僅かの間にも煩悩がまじわることがある。［願往生］
ましてや一万劫もの長時間にわたって、貪欲や瞋恚などの煩悩を起こさないはずがない［無量楽］
貪欲や瞋恚は人界や天界に生じる路《みち》を障礙して、［願往生］
地獄・餓鬼・畜生・修羅の世界に、その身を置く要因となる。［無量楽］
我々が阿弥陀仏の安養浄土に到ることを願うならば、［願往生］
念仏と戒行でもって、必ず回向しなければならない。［無量楽］
持戒し修行して一心に精進したならば、諸仏が讃歎してくださり、［願往生］

命の終わる時に蓮華の台座がおのずから来迎するであろう。［無量楽］
そして、一念のあいだに阿弥陀仏が説法する会座に入る事が出来て、［願往生］
三界・六道という迷いの世界に二度と沈むことはない。［無量楽］
浄土に生まれれば神通力を自在に操ることが出来る。［願往生］
命が終われば再び退くことがなく、生滅変化を超えた常住の境地を証得できる。［無量楽］
行・住・坐・臥、いつでも仏を見させて頂き、［願往生］
自らの手に香と華をもって、常に仏に供養させていただく事ができる。［無量楽］

【参考・問題点】

○親鸞聖人の引用「仏教多門にして八万四なるは」

同文を、『本典』信巻末「仮偽弁釈」と化巻本「真門釈」の二箇所に引用されている。

信巻末……故光明師云、「仏教多門八万四。正為衆生機、不同。」（原典版・三三三）

ゆゑに光明師（善導）のいはく（般舟讃　七二二）、「仏教多門にして八万四なり。まさしく衆生の機、不同なるがためなり」と。（註釈版・二六五）

化巻本……二文を合して連引する中の後の文。

又云、「一切如来設方便、亦同今日釈迦尊。随機説法皆蒙益。各得悟解入真門。［乃至］仏教多門八万四。正為衆生機不同。欲覓安身常住処、先求要行入真門。」

（原典版・五一一）

またいはく（般舟讃七二一）、「一切如来方便を設けたまふこと、また今日の釈迦尊に同じ。機に随ひて法を説くにみな益を蒙る。おのおの悟解を得て真門に入れと。［乃至］仏教多門にして八万四なり。まさしく衆生の機不同なるがためなり。安身常住の処を覓めんと欲はば、まづ要行を求めて真門に入れ」と。

（註釈版・四〇四―四〇五）

○**「身を安ずる常住の処を覓めむと欲せば」**

「処」には、欲界・色界などの場所や世界を意味する場合と、「ことわり」と読んで真理や道理を示す場合の二種がある。ここには「常住の処」とあるから、「常住にして不変なる世界」と考えることも、「常住にして不変なる道理」と考えることも可能であろう。

○**「先づ要行を求めて真門に入れ」**

『講話』（上・九一）には、まず「散善義」の以下の文を挙げて、「対照して心得べし」とある。

「観経正宗分散善義」巻第四には

随出一門者、即出一煩悩門也。随入一門者、即入一解脱智慧門也。為此随縁起行、各求解脱。

（原典版・七祖篇・五二七―五二八）

随ひて一門を出づれば、すなはち一煩悩の門を出づ。随ひて一門に入れば、すなはち一解脱智慧の門に入る。これがために縁に随ひて行を起して、おのおの解脱を求めよ。

（註釈版・七祖篇・四六五）

とあって、「要行を求めて真門に入る」を悟りへの漸々の階梯と理解している。続いて、「これ聖道要門真門と、漸漸転入するの義にして、設方便の大悲随機の化を施す」といい、要行を要門と解して「弘願に入るの階路に名づく」という。

また、真門も究極的な意味からすれば真実門で、真如門と同義となるが、ここでは自力念仏を修する方便真門と解する。これら要門・真門を経て、次の句の「畢命を期となしてもっぱら念仏すれば」という弘願に勧入する、と解する。

一方、證空上人の『自筆鈔』巻第二には「要行は即ち観門より弘願に帰するの行、念仏是なり。真門は即ち浄土を指す。極楽是なり。云く。常住の果を得んと思はば、弘願の一行を修して浄土無為の報を得べしと云ふなり」（西叢四・二六上）として、要行は観門から弘願に帰するための要《かなめ》の行として、これを念仏に配し、真門は極楽そのものであると解する。

○「門門不同なるを漸教と名く」

この文は、『本典』信巻末「仮偽弁釈」と化巻「三経隠顕」の双方に引用がある。

信巻末……又云、「門門不同名漸教。万劫苦行証無生。」［已上］（原典版・三三四）

またいはく（般舟讃 七二二）、「門々不同なるを漸教と名づく。万劫苦行して無生を証す」と。［以上］（註釈版・二六五）

化　巻……又云、「万劫修功実難続。一時煩悩百千間。若待娑婆証法忍、六道恒沙劫未期。門門不同名漸教。万劫苦行証無生。畢命為期専念仏。須臾命断、仏迎将。一食之時尚有間、如何万劫不貪瞋。貪瞋障受人天路。三悪・四趣内安身。」［抄要］（原典版・四九二―四九三）

またいはく（般舟讃 七一九）、「万劫功を修せんことまことに続きがたし。一時に煩悩百たび千たび間はる。もし娑婆にして法忍を証せんことを待たば、六道にして恒沙の劫にもいまだ期あらじ。門々不同なるを漸教と名づく。万劫苦行して無生を証す。畢命を期としてもつぱら念仏すべし。須臾に命断ゆれば、仏迎へ将てましま す。一食の時なほ間あり、いかんが万劫貪瞋せざらん。貪瞋は人天を受くる路を障

ふ。三悪・四趣のうちに身を安んず」と。［抄要］　（註釈版・三九〇―三九一）

『般舟讃』の「門門不同なるを漸教と名く」というこの箇所は、釈迦一代の八万四千の法門の一門一門が不同であることを「漸教」と名づける一段である。良忠師の『私記』によれば、漸教も頓教も、ともにそれぞれ八万四千の法門の不同が存するという。しかしここでの「漸教」は『瓔珞経』の内容を指しており、『観経』が頓教であることを教える為に、本文の意図があると述べる。（浄全四・五五一上）

これらからして、前掲の「頓教菩提蔵」や『観経疏』「玄義分」における「頓教一乗海」などの「頓教」に対しての「漸教」が述べられたと見られるであろう。

○「念仏・戒行」

「念仏と戒行」に関しては多くの問題を孕んでいる。

島地師の『講話』（上・九四）には、「古来多説あり」としながらも、助正兼行の意を紹介する。それは『勧念法門』に

又曰行者。欲生浄土、唯須持戒・念仏、誦『弥陀経』。　（原典版・七祖篇・六八三）

また行者に曰さく。浄土に生ぜんと欲せば、ただすべからく持戒・念仏し、『弥陀経』を誦すべし。　（註釈版・七祖篇・六〇四）

とある文からの解釈を示し。これと同義と解して、持戒を助行、念仏を定散心の念仏としての正行と見て助正兼行で理解するという。

ところで又「念仏・戒行は報恩行」あるいは「弘願の信心に戒の名を与えた者」などの真宗における理解もあることを紹介している。

一方、良忠師の『私記』には「念仏戒行とは念仏は本願の行なり。戒行は仏法の大地なり。これ即ち止と行との二善なるが故なり」（浄全四・五五二）という。

證空上人の『自筆鈔』巻第二には「念仏・戒行必須廻といいは、安養国に至らんと思わば、仏を念じ、戒行を回らすべしと云うなり。念仏は正定の業、戒は助なる故なり。念仏の義真実に悟りぬれば、往生決定し戒行具足する故に、二義備わるものなり」（西叢四・二七下―二八上）とあって、それぞれの義を出している。

○**「戒行専精なれば……」**

『観経』の「中品中生」とほぼ相応するとされる。それは『観経』の文と合致するからである。

中品中生者、若有衆生、若一日一夜受持八戒斎、若一日一夜持沙弥戒、若一日一夜持具足戒、威儀無欠。以此功徳廻向願求生極楽国。（原典版・一三九）

中品中生といふは、もし衆生ありて、もしは一日一夜に八戒斎を受持し、もしは一日一夜に沙弥戒を持ち、もしは一日一夜に具足戒を持ちて、威儀欠くることなし。この功徳をもつて回向して極楽国に生ぜんと願求す。（註釈版・一一二）

なお、『講話』（上・九六）では「万行の中でも殊に戒行を挙ぐる者は、般舟の経文、主として之を尚ぶに准ずる者か」と云い、『般舟三昧経』が戒行を重視している点に従ったものとの解を示している。同様の内容は『本讃』第五節「念報進修章」第一項「生前策進段」（本書一九七頁）の

雖捨銭財造功徳［願往生］　不如持戒断貪瞋［無量楽］

銭財を捨てて功徳を造るといへども［願往生］　戒を持ちて貪瞋を断ずるにはしかず［無量楽］

にも見られる。

第二項　随智入真段（浄土では仏智に随って真如門に入る）

【本文】

一念一時随衆聴［願往生］
百千三昧自然成［無量楽］
一切時中常入定［願往生］
定理聞経皆得悟［無量楽］

【訓読】

＊一念一時＊衆に随ひて聴き［願往生］
＊百千の三昧　自然に成ず［無量楽］
一切時中につねに定に入る［願往生］
＊定理聞経みな得悟す［無量楽］

百宝荘厳随念現　［願往生］
長劫供養報慈恩　［無量楽］
微塵故業随智滅　［願往生］
不覚転入真如門　［無量楽］
大小僧祇恒沙劫　［願往生］
亦如弾指須臾間　［無量楽］
如此逍遙快楽処　［願往生］
更貪何事不求生　［無量楽］

百宝の荘厳　念に随ひて現じ　［願往生］
*長劫に供養して*慈恩を報ず　［無量楽］
*微塵の故業*智に随ひて滅し　［願往生］
*不覚転じて*真如門に入れば　［無量楽］
大小僧祇恒沙劫も　［願往生］
また*弾指　須臾のあひだのごとし　［無量楽］
かくのごとく快楽の処に*逍遙す　［願往生］
さらに何事を貪りてか生ずることを求めざらむ　［無量楽］

【語句説明】

○一念一時……語意からは正に「一念と一時」であるが、これを三昧自然と解する島地師の『講話』（上・九八）も頷ける。

○衆に随ひて聴き……良忠師の『私記』（浄全四・五五一下）は、浄土における水鳥樹林などによって演説される妙法を聴くことであるという。

○百千の三昧……数多くの三昧の法門。良忠師の『私記』には「百千門とは陀羅尼門三昧門等なり。総持三昧その数一に非ず。故に百千という」（浄全四・五五二下）とある。
○定理聞経みな得悟す……禅定の中にあって教えを聴き、すべて悟りを得る。證空上人の『自筆鈔』巻第二は、「入定の徳を釈す」と見て、「定に入り心鎮まれば、経を聞くに悟らずと言うことなし」と解す。（西叢四・二九・下）
○長劫……きわめて長い時間。
○慈恩……慈悲の御恩。『私記』は、「或いは弥陀の恩、或いは釈迦の恩、或いは二尊の恩なり」と釈す。（浄全四・五五一下）
○微塵の故業……微塵は数限りないこと。故業はここでは古い悪業をいう。↓【参考・問題点】
○智に随ひて……「随智」を「智に随う」と読むか、それとも熟語して「自力の智慧」と解するかは問題。↓【参考・問題点】
○不覚……不覚には多くの意味がある。『私記』（浄全四・五五一下）によれば「起信論に云く、生滅門より真如門に入ることを得と。今の文その意なり」とあり、「或るが云く」として①不覚とは無明なり。無明の迷を転じて真如の理に悟入するなり。②不覚とは任運なり無心領納自然知なり、と解する。しかし『講話』（上・九九）は、任運・無心領納・自然知を分けて①無作の義、②自然の義とする。いずれをとっても意味は通ずる。親鸞聖人は今文を引用し「覚へざるに真如の門に転入す」として、「無明」の義とは解されていない。↓【参考・問題点】
本書では「不覚」を返り点なく読んでいるので、無明の義として解した。

○真如門……真如法性の門。一般的には悟りの世界。それを『講話』は「真如法性を悟るの門は、ただ弘願念仏の一法なるが故に念仏を指して真如門という。」（上・一〇〇）として「弘願念仏」に限定している。
○弾指須臾のあひだ……指をはじくほどの短い時間。
○逍遙……心のままに楽しむこと。

【解釈】

一念・一時、自然に浄土の水鳥樹林が妙法を説いているのを聴き、［願往生］
百や千もの数多くの三昧の法門が、おのずから成就できる。［無量楽］
よって、いかなる時でも常に禅定に入ることが出来る。［願往生］
その禅定の中において教えを聞けば、すべて皆悟りを得るのである。［無量楽］
百の宝の荘厳が自らの念によって現われ、［願往生］
極めて長い時間、供養して慈悲のご恩に報謝できる。［無量楽］
無始以来の多くの悪業は仏智によって滅せられ、［願往生］
無明を転じて真如の門に入ったならば、［無量楽］
大劫・小劫あるいは僧祇恒河沙劫という、とてつもなく長い時間ですら、［願往生］
指をはじくほどの短い時間のように感じられる。［無量楽］

このような安穏で快楽の世界を心のままに楽しむことができる。［願往生］
これ以上、浄土に生じる以外に、何を貪り求めようとするのか。［無量楽］

【参考・問題点】

○「微塵の故業智に随ひて滅し」

無始以来の多くの悪業は智慧によって滅尽する、の意。
ただ、親鸞聖人はこれを『本典』行巻に引用されて「微塵の故業と随智と滅す」（行巻の訓による）と訓まれ「随智」を熟語として扱っておられる。

又云　門門不同八万四　為滅無明果業因　利剣即是弥陀号　一声称念罪皆除　微塵故業随智滅　不覚［覚字教音］転入真如門　得免娑婆長劫難　持蒙知識釈迦恩　種種思量巧方便　選得弥陀弘誓門［已上抄要］　（原典版・二一〇―二一一）

これを『註釈版』には
またいはく（般舟讃七二一）、「門々不同にして八万四なり。無明と果と業因とを滅せんための利剣は、すなはちこれ弥陀の号なり。一声称念するに罪みな除こると。微塵の故業と随智と滅す。覚へざるに真如の門に転入す。娑婆長劫の難を免るることを得ることは、ことに知識釈迦

の恩を蒙れり。種々の思量巧方便をもつて、選びて弥陀弘誓の門を得しめたまへり」と。［以上抄要］

（註釈版・一七〇）

とよんでいる。『註釈版』にはこの「随智」を「自力の智慧の意か」と脚注している。ここから釈すると「非常に数多い過去の罪業と自力の智慧を滅尽する」との意味になる。

一方『講話』（上・九九）は、聖人の読み方には触れないで、「随智滅は念仏の徳を讃す」といい、「義、現当両益に通ず」として「唯信鈔文意［七丁］」の「来迎」の釈を引用する。

選択不思議の　本願　無上智慧の尊号を　きゝて　一念も　うたかふ　こゝろ　なきを　真実信心といふなり

（原典版・七九八）

この「無上智慧の尊号」の文と、併せて『正像末和讃』の

智慧の念仏うることは法蔵願力のなせるなり　信心の智慧なかりせはいかてか涅槃をさとらまし

（原典版・一二〇五）

の「智慧の念仏」を根拠として『本讃』の「随智滅」を「多くの悪業は智慧の念仏に随って滅す」と釈している事になる。

このように、島地師の『講話』は聖人の読みに依っていないことになる。

また、證空上人の『自筆鈔』巻第三は「微塵故業随智滅」を釈して、「上の定の理に依りて無始

生死微塵の順生等の無量の業、皆悉く滅すというなり。是を以て心得るなり。業道悉く尽きて生ずと云うべからず。かしこにして除滅罪の法を説くと云う心より此の釈あるなり」（西叢四・三二・上）といい、「定理聞経みな得悟す」の「定理聞経によって得られる智慧」と解している。

第三項　因疑生苦段（仏の教化を疑う事によって苦を生ず）

【本文】

縦使千年受五欲［願往生］
増長地獄苦因縁［無量楽］
貪瞋十悪相続起［願往生］
豈是解脱涅槃因［無量楽］
不畏三塗造衆罪［願往生］
破滅三宝永沈淪［無量楽］
不孝父母罵眷属［願往生］
地獄安身無出期［無量楽］
曠劫已来沈苦海［願往生］

【訓読】

たとひ千年＊五欲を受くとも［願往生］
地獄の苦の因縁を増長せむ［無量楽］
貪瞋＊十悪相続して起る［願往生］
あに　これ解脱涅槃の因ならむや［無量楽］
三塗を畏れずして衆罪を造り［願往生］
＊三宝を破滅して永く＊沈淪す［無量楽］
＊父母に孝せず＊眷属を罵りて［願往生］
地獄に身を安《お》き　出づる期なし［無量楽］
＊曠劫《こうごう》より已来《このかた》苦海に沈みて［願往生］

西方要法未曽聞〔無量楽〕

雖得人身多有障〔願往生〕

不受仏化反生疑〔無量楽〕

＊西方の要法　未だ曽て聞かず〔無量楽〕

人身を得たりと雖も多く障有り〔願往生〕

＊仏化を受けずして反りて疑を生ず〔無量楽〕

【語句説明】

○五欲……①人間の認識の対象である五境（色・声・香・味・触）に対しておこす欲のこと。②財欲・色欲・飲食欲・名欲・睡眠欲。（註釈版　巻末註　一三二〇）

○十悪……十悪業、十不善業ともいう。身口意より起こる最も悪い行為のこと。具体的には、殺生・偸盗・邪婬・妄語・両舌・悪口・綺語・貪欲・瞋恚・愚痴を指す。このうち前三が身業、中四が口業、後三が意業に属すことから「身三・口四・意三」という。

○三宝を破滅して……三宝とは仏・法・僧の三宝。これを破滅することは五逆罪の一つ。よって地獄等の六道に沈淪すると述べる。

○沈淪……生死流転の六道の世界に深く沈むこと。

○父母に孝せず……単なる「不孝」を云うのではなく、次の「地獄に身を安き」の文を考えると「殺父・殺母」を指すと見れよう。これも五逆罪の一つ。

○眷属……とりまきの者をはじめ、仲間や仏・菩薩につき従う者など、様々な意味があるが、ここでは「父母に孝せず」に続く語であるので「親族」と解するべきであろう。そうすればここの「罵」の意味は、「父母」と同じに「親族を罵り殺す」の意味と解せよう。
○曠劫……はかりしれない昔。
○西方の要法……西方浄土に往生するという肝要な教え。
○仏化……仏の教化。

【解釈】

たとえ千年もの間、五欲を満足するような享楽を受けたとしても、[願往生]
それは地獄で受ける苦の因を増大させるに過ぎない。[無量楽]
そこからは貪欲や瞋恚、そして十悪などが次から次へと起こる。[願往生]
どうしてこれらが解脱や涅槃の原因となるであろうか。決してなることがない。[無量楽]
地獄・餓鬼・畜生の三悪道を恐れずに多くの悪業を作し、[願往生]
仏・法・僧の三宝を破滅して、永く生死流転の世界に沈む。[無量楽]
父や母に孝養を尽す事なく、親族を罵しったりしたならば、[願往生]
地獄にその身を置くこととなって、抜け出る機会などはやって来ない。[無量楽]
このように凡夫は、量りしれない程の昔から苦海に沈み、[願往生]

西方浄土に往生する主要な教えなど、今まで聞いたことがない。［無量楽］
人間の身に生まれたものの、煩悩など多くの障害が有って、［願往生］
仏の教化を受けることなく、返って仏法に疑いすら抱いていた。［無量楽］

【参考・問題点】

○ **「三塗を畏れずして衆罪を造り」**

『講話』（上・一〇二）に「定善義」の地想観に『清浄覚経』を引用するが、その中の文と対照して理解せよという。その「定善義」の文とは

若不楽信行者、如『清浄覚経』云、「若有人聞説浄土法門、聞如不聞、見如不見、当知、此等始従三悪道来、罪障未尽。為此無信向耳。仏言、〈我説、此人未可得解脱也。〉」

（原典版・七祖篇・四六五）

もし信行を楽《ねが》はざるものは、『清浄覚経』（平等覚経・四意）にのたまふがごとし。「もし人ありて浄土の法門を説くを聞きて、聞けども聞かざるがごとく、見れども見ざるがごとくなるは、まさに知るべし、これらははじめて三悪道より来りて、罪障いまだ尽きず。これがために＊信《しん》向《こう》することなきのみ。仏のたまはく、〈われ説かく、この人はいまだ解脱を得べからず〉」と。

（註釈版・七祖篇・四一一）

※信向……信じ帰依すること。

の経文である。

第四項　慈勧西方段（六方如来の慈悲は西方を勧む）

【本文】

六方如来慈悲極［願往生］
同心同勧往西方［無量楽］
長病遠行不計日［願往生］
念仏即道無功夫［無量楽］
如此之人難化度［願往生］
無明被底且長眠［無量楽］
専読『弥陀』・『観経』法［願往生］
文文句句説西方［無量楽］
地下宝幢無数億［願往生］

【訓読】

＊六方如来の慈悲極り［願往生］
同心に同じく勧めて西方に往かしめたまふ［無量楽］
長病＊遠行には日を計へず［願往生］
＊念仏には即ち＊功夫無しと道《い》ふ［無量楽］
此くの如きの人は＊化度し難し［願往生］
無明に底《とどめ》られて且つ長く眠る［無量楽］
専ら『弥陀』・『観経』の法を読むべし［願往生］
文文句句に西方を説く［無量楽］
地下の＊宝幢無数億なり［願往生］

方楞具足尽輝光〔無量楽〕
万億宝珠相映飾〔願往生〕
各各変現希奇事〔無量楽〕
照上衆宝荘厳地〔願往生〕
雑色過於百千日〔無量楽〕
自身光明紫金色〔願往生〕
足践宝地徐徐行〔無量楽〕
得此無生宝国地〔願往生〕
皆是弥陀願力恩〔無量楽〕
一切時中聞妙法〔願往生〕
煩悩罪障無由起〔無量楽〕
菩薩知識為同学〔願往生〕
携手相将入宝堂〔無量楽〕
念念之中受法楽〔願往生〕
須臾悟得百千門〔無量楽〕

＊方楞《りょう》具足して尽く光を輝す〔無量楽〕
万億の宝珠相＊映飾《ようじき》して〔願往生〕
各各＊希奇の事を変現す〔無量楽〕
上衆宝荘厳の地を照して〔願往生〕
雑色《ざっしき》百千の日よりも過ぎたり〔無量楽〕
自身の光明は紫金色なり〔願往生〕
足　宝地を践みて徐徐として行く〔無量楽〕
此の＊無生宝国の地を得るは〔願往生〕
皆是弥陀願力の恩なり〔無量楽〕
一切時中に妙法を聞く〔願往生〕
煩悩　罪障起こるに由無し〔無量楽〕
菩薩は＊知識同学と為り〔願往生〕
手を携へ相将《ゐ》て＊宝堂に入らしむ〔無量楽〕
念念の中に法楽を受け〔願往生〕
須臾に百千の門を悟得す〔無量楽〕

大衆同心厭此界〔願往生〕
乗仏願力見弥陀〔無量楽〕
忽爾思量心髄痛〔願往生〕
無窮之劫枉疲労〔無量楽〕
自慶今身聞浄土〔願往生〕
不惜身命往西方〔無量楽〕

＊大衆 同心に＊此の界を厭へ〔願往生〕
仏の願力に乗ずれば弥陀を見たてまつる〔無量楽〕
忽爾《たちまち》に思量すれば心髄痛む〔願往生〕
＊無窮の劫にも枉《いたづら》に疲労せり〔無量楽〕
自ら今身に浄土を聞くことを慶ぶ〔願往生〕
身命を惜まずして西方に往かむ〔無量楽〕

【語句説明】

○六方……東・南・西・北・下・上の方角。
○遠行……一般には「遠方にでかけること」であるが『講話』は「冥途遠逝をいう」と解する。↓【参考・問題点】
○念仏には即ち功夫無し……念仏をつとめるいとまがないという。功夫はつとめる、実践するの意。
○功夫……念仏を修すること。「工夫」には、方法・考え・手段 また「思慮をめぐらす」の意があるが、いずれの意味をとっても内容を理解しかねる。↓【参考・問題点】
○化度……教化し、救うこと。
○宝幢……浄土の大地を支える宝でできた柱。

○方楞《りょう》具足して……方は側面、楞は角の意。『観経』に「其幢、八方八楞具足。(その幢、八方にして八楞を具足せり。)」(原典版・一一五、註釈版・九四)とあるのをうける。宝幢が八角柱の形をなしているということ。

○映飾……うつり合うこと。

○希奇の事……すぐれたありさま。

○無生……凡夫がとらわれているような生を否定する言葉。存在の真実のありさまは本来生滅変化を超えていること。涅槃の異名。また浄土の悟りをいう。(註釈版・七祖篇　巻末註　一三八一)

○知識……善知識のこと。

○宝堂……七宝の講堂。

○大衆……ここは、往生を願う者達よ、との意味。

○此の界……娑婆世界を指す。

○無窮の劫……はかりしれないほどの長い時間。

【解釈】

そのような衆生を視そなわして、東・南・西・北・下・上の六方浄土にましますす如来は慈悲極まって、いたたまれず、[願往生]

心を同じくして、衆生を西方に往生させようと図らって下さる。[無量楽]

悟りの障げとなる、長年にわたる病いや遠出したことなど気にも留めないし、［願往生］
また、念仏が悟りに至る方法ではないという人、［無量楽］
このような人には、如来も教化することが難しい。［願往生］
凡夫は常に無明煩悩に繋がれていて、惰眠を貪っている。［無量楽］
衆生は早くそれに気づいて、ただ『阿弥陀経』・『観無量寿経』の教えに学ばねばならない。［願往生］
これらの経典の一言一句に西方浄土往生の様相が説かれているからである。［無量楽］
(浄土の地下の様相)
極楽の地下には、宝の柱が無数億も建っている。［願往生］
しかも、その柱は八角柱の形をしていて、総て光輝いている。［無量楽］
柱を荘厳する万億個の宝と珠は、互いに互いを映し合い、［願往生］
その各々は類い希なさまを現わしている。［無量楽］
地下の宝柱の輝きは、地上にある衆宝で荘厳された大地を照らし、［願往生］
その妙色は、百千の大陽の光よりも優れたものである。［無量楽］
また、往生人自らの身体からは紫金色の光明が発せられ、［願往生］

足は宝地を踏んでゆったりと進む。〔無量楽〕
この無生常住の宝国の地に往生することを得るは、〔願往生〕
これみな阿弥陀仏の願力のご恩徳によるものである。〔無量楽〕
ここでは、何時いかなる時でも妙法を聞くことができ、〔願往生〕
お陰で、煩悩や罪障等は起こることさえ無い。〔無量楽〕
浄土では菩薩は善知識であると共に、往生人と同学であって、〔願往生〕
往生人の手を携えて、率いて七宝の講堂へと招き入れて下さる。〔無量楽〕
一念一念の中に仏法の楽しみを受け、〔願往生〕
たちどころに百千の法門を悟得する。〔無量楽〕
大衆たちよ。心を同じくして、この娑婆世界を厭いなさい。〔願往生〕
仏の願力に乗せて頂いたならば、阿弥陀仏を拝見させて頂くことが出来る。〔無量楽〕
すぐさま、これまでの迷界を思い量ったならば、心の底から痛ましいと感じるであろう。〔願往生〕
量りしれないほどの長い時間を、いたずらに過ごしてきたことに、むなしさと疲労を感ずる。
〔無量楽〕
だからこそ、いま自身が浄土の教えを聞かせて頂く事を喜びたい。〔願往生〕

身命を惜まず、西方浄土に往生しよう。［無量楽］

【参考・問題点】

○「長病遠行」

良忠師の『私記』には「念仏の退縁を挙ぐ」（浄全四・五五二上）として、迦才撰『浄土論』の中の「五退具」を引いている。その中の第一・二に「長病・遠行」が出てくる。

此人、若在欲界人中逢五退具、即退。若生六欲天及色・無色界中無五退具、即不退。由処所無退縁故、永不退也。五退具者、一長病、二遠行、三誦経、四営事、五和諍。此之五種、唯人中有、天等中無。誦経等三、雖是善事、廃入観故退也。准此、例彼亦可同然。

（大正四七・八六・下―八七・上）

此の人、若し欲界の人中に在りて五の退具に逢はば、即ち退す。若し六欲天と及び色・無色界の中に生じて五退具無きは、即ち不退なり。処所に退縁無きに由るが故に、永く不退なり。五の退具とは、一には長病、二には遠行、三には誦経、四には営事、五には和諍なり。此の五種は、唯だ人の中にのみ有りて、天等の中には無し。誦経等の三は、是れ善事と雖も、入観を廃するが故に退なり。此に准ずるに、彼も例して亦た同じかるべし。

このような「五退具」という仏道修行上の「退縁」と同様な解釈は『摩訶止観』巻第八上にも「禅定の大障」として説かれている。

夫長病、遠行是禅定大障。若身染疾失所修福、起無量罪。（大正四六・一〇六・中）

夫れ長病、遠行は是れ禅定の大なる障なり。若し身が疾に染まれば修する所の福を失ひ、無量の罪を起こす。

しかし、一方島地師の『講話』（上・一〇四）では良忠師の説を批判し、新たに「長病は長時臥病。遠行は冥途遠逝」と解して「ここに死し、彼処に生ず」と訳し、「退縁」の釈を退ける。その理由を『大経』の「当独趣入　遠到他所」に求めている。

人、在世間愛欲之中、独生独死、独去独来。当行至趣苦楽之地。身自当之、無有代者。善悪変化、殃福異処、宿予厳待当独趣入。遠到他所莫能見者。善悪自然追行所生。窈窈冥冥別離久長。道路不同会見無期。甚難、甚難、復得相値。何不棄衆事。（原典版・七一）

人、世間愛欲のなかにありて、独り生れ独り死し、独り去り独り来る。行に当りて苦楽の地に至り趣く。身みづからこれを当るに、代るものあることなし。善悪変化して、＊殃福《おうふく》処を異にし、あらかじめ厳しく待ちてまさに独り趣入すべし。遠く他所に到りぬればよく見るものなし。善悪自然にして行を追うて生ずるところなり。＊窈々冥々《ようようみょうみょう》として別離久しく長し。道路同じからずして会ひ見ること期なし。はなはだ難く、はなはだ難ければ、またあひ値ふことを得んや。なんぞ衆事を棄てざらん。（註釈版・五六）

※殃福……禍と福。　窈々冥々……かすかでよく見えず暗いさま。

ここに「長病・遠行」語の出典として、「長病」を「永年の臥病」とし、「遠行」を「死期」に解釈する。そして「日を計へず」を「不日」に解して、「この人、長年臥病死期まさに不日ならんとす」と釈している。いずれも意味は採れるが、今は『止観』の文に随った。もって検討の材料としたい。

○「功夫」

『講話』（上・一〇四）には「功は施功、夫は工夫」と見て「これ世間の工夫造作の功用あるを借り来て、法よく衆生を成就するに喩う」と解している。

「功夫」は『摩訶止観』巻第四下にも以下のように述べられている。

調眠者、眠是眼食、不可苦節。増於心数、損失功夫。復不可恣。上訶蓋中一向除棄、為正入定障故。此中、在散心時従容四大故。各有其意。略而言之、不節、不恣、是眠調相。（大正四六・四七・中）

眠を調《ととの》へるとは、眠は是れ眼の食なれば、苦しめて節すべからず。心数を増し功夫を損失す。

復た恣《ほしいまま》にすべからず。上の蓋を訶する中に一向に除棄するは、正に定に入るときの障と為るが故なり。此の中は、散心に在る時に四大を従容せんが故なり。各其の意有り。略して之れを言ふに、節ならず、恣ならざるが、是れ眠を調へる相なり。

この文脈では、「過度に睡眠を節制すると、心の作用（心数）が増し功夫を損なう」とあるのは、「過度に睡眠を節制すると、かえって心の作用が増し修行の弊害となってしまう」と理解できる。従って「功夫」は「勤行修道（『仏教大辞彙』二・八六四）」や「修行に努力すること（『広説仏教語大辞典』三四三）」の意味に使用していると見ることができる。

良忠師はほとんどこれに触れていないが、聖聡師の『般舟讃私記見聞』（浄全四・五七二下）には、

功夫とは是れ唐土の方語なり。方語とは世語なり。是れ国の暇(?)というなり。言（心）は是を所作として余事を作らざるを功夫と名づく。其の所作を擱くは即ち功夫なきなり。

として「所作」の解釈を示し、

若し欣求浄土の人は念仏行道を修するを名付けて功夫という。

といい、「念仏行道を修する」意と解し、「無功夫」を

今は念仏即道なれども、修せざる故に無功夫という。

と解説している。もって参考にしたい。

○「功夫」か「功失」か

ただ、この問題を煩雑にしているのは、一本には「功失」とも記されている点にある。良忠師の『私記』は「夫」を、證空上人の『自筆鈔』巻第三は「失」を採用している。

『原典版・七祖篇』（一五〇九）による対校表を見れば「大谷大学所蔵鎌倉時代刊本」のみに「功失」とあるという。

良忠師『私記』には「念仏即道等とは有本には即導といえり。有本には功失といえり。道と夫とを正となす」（浄全四・五五二上）というが、『原典版・七祖篇』対校表には、「功失」はあっても「即導」という一本は見当たらない。

さて、良忠師は「道」と「夫」を正しいと判じた根拠に『浄土五会念仏略法事儀讃』を引用する。その根拠とは『浄土五会念仏略法事儀讃』末「小般舟三昧楽讃文」に

般舟三昧楽［願往生］

三界六道苦難停［無量楽］

長病遠行不計日［願往生］

念仏即道無功夫［無量楽］

般舟三昧楽〔願往生〕
三界六道苦難停〔無量楽〕
三界無安如火宅〔願往生〕
四衢露地絶塵埃〔無量楽〕

（大正四七・四八三・上）

般舟三昧楽〔願往生〕
三界六道の苦には停り難し〔無量楽〕
長病と遠行は日を計らず〔願往生〕
念仏すれば即ち功夫無しと道《い》ふ〔無量楽〕
般舟三昧楽〔願往生〕
三界六道の苦には停り難し〔無量楽〕
三界は安きこと無し、火宅の如く〔願往生〕
四衢の露地は塵埃を絶つ〔無量楽〕

註：「小般舟三昧楽讃文」は、「般舟三昧楽〔願往生〕」からはじまる四句で一組となっている。

とある。

一方、「功失」と読んだ證空上人は次のように解釈する。

念仏即道無功失といふは信心既に至りて、願に相応しぬれば、他力に依りて往生の行成ずる故に、念仏即道といふ。それ念仏の行者はひとたび摂取の光明に照らされぬれば、更に是を捨つる義なし。故に無功失といふ。

として

ただ命絶え、息止まれば、往生隔なし。故に、長病等の難を量る事なく、往生の功失せずと云ふなり　（西叢四・三四下―三五上）

ここを大塚師は「長病等の難を量る事なく、往生の功能が失することはないというのである」（『般舟讃私講』・一二一頁）と訳している。ただこの理解では次に続く「此くの如きの人は化度し難し」との文脈が通じ難い。

種々検討したが、底本の確定がなければ、意味は如何ようにも取れることを痛感した。

○**「地下の宝幢……」**

『往生礼讃』には「地下の荘厳」に関して

南無至心帰命、礼西方阿弥陀仏。地下荘厳七宝幢、無量無辺無数億。八方八面百宝成。見彼無生自然悟。無生宝国永為常。一一宝流無数光。行者傾心常対目、騰神踊躍入西方。願共諸衆生、生安楽国　(原典版・七祖篇・七八九)

南無して心を至し帰命して、西方の阿弥陀仏を礼したてまつる。地下の荘厳七宝の幢、無量無辺無数億なり。八方八面百宝をもつて成ず。かれを見れば無生自然に悟る。無生の宝国永く常たり。一々の宝無数の光を流す。行者心を傾けてつねに目に対して、神を騰げ踊躍して西方に入れ。願はくはもろもろの衆生とともに、安楽国に往生せん。(註釈版・七祖篇・六九八)

とあって、地下の荘厳の様子を述べている。この論述と『今讃』とが内容的に合致する。深浦師による科段では(『般舟讃』・一五)、この「地下宝幢無数億」の箇所より「依報観」が始まると見る。その中「順次讃の段」に入って「地下の宝幢」の箇所以降、「不惜身命往西方」に至る本項の末まで「宝地」を述べると分科する。なお、上の【解釈】の箇所でも(浄土の地下の様相)と示したように、この六行は浄土の地下を表現した箇所である。

○「専ら『弥陀』・『観経』の法を読むべし」

底本には「弥陀」の語に『』が付されており、『阿弥陀経』を指すと考えられているが、大塚師の『般舟讃私講』(一二四頁)や島地師の『講話』(上・一〇五)では、「弥陀」は経典名ではなく阿弥陀仏を指すと解している。

その理由を、『般舟讃』は『観経』一経を讃歎することに主眼があるからだという。なお、「弥陀」を「阿弥陀仏」と解すれば、「専ら阿弥陀仏の『観無量寿経』の教法を読むべし」との意になるであろう。

第五項　比観快楽段（人天と比べて、浄土の快楽を観る）

【本文】

西方快楽無為処〔願往生〕
天上・人間無比量〔無量楽〕
六天相勝億万倍〔願往生〕
不及西方人一相〔無量楽〕
三十二相通自在〔願往生〕
身光遍照十方界〔無量楽〕
従世帝王至六天〔願往生〕
音楽相勝億万重〔無量楽〕
仏国宝林枝相触〔願往生〕

【訓読】

西方は快楽＊無為の処なり〔願往生〕
＊天上・人間に＊比量なし〔無量楽〕
＊六天相勝ること億万倍なるも〔願往生〕
西方の人の一相にも及ばず〔無量楽〕
三十二相ありて＊通自在なり〔願往生〕
身光遍く十方界を照す〔無量楽〕
世の帝王従り六天に至るまで〔願往生〕
音楽相勝ること億万重なり〔無量楽〕
仏国の宝林　枝相触るるに〔願往生〕

六天音楽不如一 ［無量楽］
依時供養香風起 ［願往生］
払樹華飛落宝池 ［無量楽］
宝樹飛華汎徳水 ［願往生］
童子捉取已為船 ［無量楽］
乗船直入蓮華会 ［願往生］
化仏・菩薩与衣被 ［無量楽］
各執香華仏前立 ［願往生］
徐徐遙散変成雲 ［無量楽］
宝雲荘厳即是蓋 ［願往生］
即与宝果教令食 ［無量楽］
遇値往生善知識 ［願往生］
得聞浄土弥陀名 ［無量楽］
因仏願力来相見 ［願往生］
常住此国不須還 ［無量楽］

六天の音楽は一にも如かず ［無量楽］
＊時に依りて供養の香風起り ［願往生］
＊樹を払へば　華飛びて宝池に落つ ［無量楽］
宝樹の飛華＊徳水に＊汎《うか》ぶ ［願往生］
童子＊捉取《そくしゅ》し已りて＊船と為す ［無量楽］
船に乗りて直に＊蓮華会に入る ［願往生］
化仏・菩薩衣を与へて被《き》しめたまふ ［無量楽］
各の＊香華を執りて仏前に立し ［願往生］
徐徐として　遙に散ずれば変じて雲と成る ［無量楽］
宝雲の荘厳は即ち是＊蓋《がい》なり ［願往生］
即ち＊宝果を与へて教へて食せしむ ［無量楽］
＊往生の善知識に遇値《あ》ひて ［願往生］
浄土　弥陀の名を聞くことを得たり ［無量楽］
仏の願力によりて来りて＊あひ見《まみ》ゆ ［願往生］
つねに＊この国に住して＊還るを須ゐず ［無量楽］

法侶携将入林看〔願往生〕
足下輝光超日月〔無量楽〕
菩薩衆会無窮尽〔願往生〕
各各身光互相照〔無量楽〕
新往化生紫金色〔願往生〕
与諸大衆無殊異〔無量楽〕
或入宝楼衆中坐〔願往生〕
大衆見者皆歓喜〔無量楽〕
種種荘厳不可識〔願往生〕
内外相看無障礙〔無量楽〕
佇足須臾受法楽〔願往生〕
三昧無生自然悟〔無量楽〕
地上荘厳衆宝間〔願往生〕
雑色相参百千万〔無量楽〕
宝座・華台処処満〔願往生〕

＊法侶携へ将《ゐ》て林に入りて看れば〔願往生〕
足下の輝光＊日月に超えたり〔無量楽〕
菩薩の衆会　窮尽《ぐうじん》することなし〔願往生〕
おのおの身光たがひにあひ照らす〔無量楽〕
＊新往の化生も紫金色なり〔願往生〕
もろもろの＊大衆と殊異なし〔無量楽〕
あるいは宝楼に入りて衆中に坐す〔願往生〕
大衆見るものみな歓喜す〔無量楽〕
種種の荘厳＊識るべからず〔願往生〕
＊内外あひ看るに＊障礙なし〔無量楽〕
＊足を佇《とど》むれば須臾に法楽を受く〔願往生〕
三昧＊無生＊自然に悟る〔無量楽〕
地上の荘厳衆宝間《まじ》はり〔願往生〕
雑色《ざっしき》あひ参《まじ》はりて百千万なり〔無量楽〕
宝座・華台処処に満てり〔願往生〕

随心受用光来照［無量楽］
百千童子・菩薩衆［願往生］
各捧香華臨池看［無量楽］
或坐或立池渠岸［願往生］
或有尋階入宝池［無量楽］
或立于沙或至膝［願往生］
或没腰頭或懸注［無量楽］
或取金華・百宝葉［願往生］
授与岸上看池人［無量楽］
受得香華千万種［願往生］
即散弥陀大会上［無量楽］
所散之華変成蓋［願往生］
自然音楽遶千重［無量楽］
宝鳥連声奏天楽［願往生］
一切見者起悲心［無量楽］

＊心に随ひて受用するに光来りて照す［無量楽］
百千の童子・菩薩衆［願往生］
おのおの香華を捧げて池に臨みて看る［無量楽］
あるいは坐し　あるいは立して＊池渠《ちこ》の岸にあり［願往生］
あるいは＊階《はし》を尋ねて宝池に入るものあり［無量楽］
あるいは沙に立ち　あるいは膝に至り［願往生］
あるいは腰頭《ようず》を没し　あるいは懸け注ぐ［無量楽］
あるいは金華・百宝の葉を取りて［願往生］
岸上にして池を看る人に授与す［無量楽］
香華を受得すること千万種なり［願往生］
すなはち＊弥陀大会の上に散ず［無量楽］
所散の華変じて蓋となる［願往生］
自然《じねん》の音楽繞《めぐ》ること千重なり［無量楽］
＊宝鳥　声を連ねて天の楽を奏す［願往生］
一切の見るもの＊悲心を起す［無量楽］

我今到此仏願力［願往生］
同縁同行何時来［無量楽］
普願閻浮知識等［願往生］
同行相親願莫退［無量楽］

われ　いまここに到ることは仏の願力なり［願往生］
＊同縁　同行いづれの時にか来《きた》る［無量楽］
あまねく願はくは＊閻浮の＊知識等［願往生］
同行あひ親しみて　願ひて退することなかれ［無量楽］

【語句説明】

○無為の処……有為に対する無為なる処。すなわち悟りの世界。
○天上・人間……天上の世界と人間の世界。
○比量なし……たぐいなし。
○六天……欲界の第六天、他化自在天のこと。
○通……神通力のこと。
○時に依りて……證空上人の『自筆鈔』巻第三（西叢四・三九下）は『阿弥陀経』の

又舎利弗、彼仏国土、常作天楽。黄金為地、昼夜六時而雨曼陀羅華。（原典版・一五一）

また舎利弗、かの仏国土には、つねに天の楽をなす。黄金を地とし、昼夜六時に天の曼陀羅華を雨らす。（註釈版・一二二）

を掲げて、「時」を「昼夜六時」と見る。

○樹を払へば（払樹）……良忠師の『私記』に「払樹とは有る本に仏樹と言う。払の字、仏に似たり」（浄全四・五五二下）と。そうすれば「仏樹の華が飛び……」ということになる。ただし、『原典版・七祖篇』の対校表には「仏」とする異本はない。
○徳水……浄土の宝池の八功徳水。
○汎《うか》ぶ……浮かぶ貌《かおばせ》。
○捉取……つかみとること。
○船と為す……『大経』や『観経』、『小経』には「浮かぶ華を船と為す」の表現は見られない。ただ当麻曼荼羅にはその描画があるという。
○蓮華会…宝池の中にある蓮華の会座。島地師の『講話』（上・一一六）には「聖衆蓮華中に会同す」とあり、異名として「宝池会」「華池大会」「無為会」「無辺会」「仏会」「菩薩衆会」「聖衆倶会」などを掲げる。
○香華……香りのある華。
○蓋……天蓋のこと。空中にかかるかさ。
○宝果……宝樹にみのる果実。
○往生の善知識……往生浄土を勧める善知識。
○あい見ゆ……阿弥陀如来や、浄土に往生した仲間（同縁）達と相いまみゆること。↓【参考・問題点】
○この国……西方浄土。
○還るを須ゐず……迷いの世界に帰る必要はないという意。

○法侶……仏法のなかま。

○日月に超えたり……『講話』には「本仏と徳を同じふす。主伴平等なるが故」（上・一〇七―一〇八）との意味を取っている。『自筆鈔』巻第三は「是れ即ち、弥陀の功徳に収まりて聖衆荘厳の謂ある故なり」（西叢四・四一上）と注している。

○新往の化生……新たに浄土に往生した者。

○大衆……浄土の聖者を指している。

○識るべからず……不可思議で認識することができない。

○内外……楼閣の内と外。↓【参考・問題点】

○障礙……さまたげ。

○足を佇むれば……「佇」の字は「たたずむ」の意。ただ、『原典版・七祖篇』の異本対校表には二本に「停」とあるを示す。

○無生……ここでは無生法忍のこと。

○自然に悟る……無作の悟りをいう。努力することなく悟ることの出来る、との意味。

○心に随ひて受用するに光来りて照す……『自筆鈔』巻第三の訳は「宝池はもとより華座を置くべき謂あれば、地上の荘厳多しと雖も、まず寶の華座を観ずべしと顕わす心なり。弥陀の華座を本とすれども、一切の聖衆皆華座に座すべし。同じく浄土の功徳を受用する故なり。」（西叢四・四三上）とある。

○池渠……渠は支流の意。池や池より流れ出る支流。溝。

○階……階段。
○弥陀大会……阿弥陀仏の説法の会座。この用語も善導大師以外に他の用例を見ない。『法事讃』に「直入弥陀大会中（ただちに弥陀大会のなかに入る）」（原典版・七祖篇・六六七、註釈版・七祖篇・五八八）と有るのみ。
○宝鳥……阿弥陀仏の変化身としての宝の鳥。『観経』に「百宝色の鳥」とあるのを承けている。
如意珠王涌出金色微妙光明。其光、化為百宝色鳥。和鳴哀雅、常讃念仏、念法、念僧。是為八功徳水想、名第五観。（原典版・一一九―一二〇）
如意珠王より金色微妙の光明を涌出す。その光、化して百宝色の鳥となる。和鳴哀雅にして、つねに仏を念じ、法を念じ、僧を念ずることを讃ふ。これを八功徳水想とし、第五の観と名づく。（註釈版・九七）
○悲心……慈悲の心
○同縁同行……同じく仏道を信じ修めるなかま。
○閻浮……世界の中心である須弥山の南方にある国をいう。南瞻部洲。百歳の寿命を持った人の住む世界のこと。
○知識……ここでは同行、法友の意。

【解釈】

（浄土の地上の荘厳）（宝地）

西方浄土は快楽常住の涅槃処である。［願往生］

到底、天界や人界とは比較できるものではない。［無量楽］

第六天が人界より億万倍勝れていようとも、［願往生］
西方浄土の人の一相にも及ばない。［無量楽］
浄土に往生する人には三十二相が具わっていて、神通力も自在に操れる。［願往生］
その往生人の身から放たれる光明は遍く十方世界を照らし出している。［無量楽］
人界の帝王が享受する音楽から、第六天に至るまでに味わう音楽も、［願往生］
西方浄土のそれと比べれば、浄土の音楽の勝れていること億万倍である。［無量楽］
浄土の宝林の枝が互いに触れて奏でる音楽も、［願往生］
第六天のそれと比べれば、第六天の音楽は、その一にも及ばない。［無量楽］
一日六回、時に従って供養の香風が起こり、［願往生］
その香風が樹に触れれば、華が飛んで宝池に落ちる。［無量楽］
宝樹より散ったその華は、浄土の宝池の八功徳水の上に浮かぶ。［願往生］
その華を、往生人の童子はつかみとって船とする。［無量楽］
往生人はその船に乗って、直ちに蓮華の会座に入る。［願往生］
化仏や菩薩はその往生人に衣を用意して着せて下さる。［無量楽］
往生人は、それぞれの香華を執って阿弥陀仏の御前に立ち、［願往生］

身を正して粛々と、遙に香華を散らせたならば、その香華は雲に変わる。［無量楽］
その宝の雲は、天蓋となって浄土を荘厳する。［願往生］
また、浄土では宝樹にみのる宝の果実を食べさせてくれる。［無量楽］
昔、往生浄土を勧める善知識に遇って、［願往生］
西方浄土の阿弥陀仏のみ名を聞くことが出来た。［無量楽］
今、その阿弥陀仏の誓願の力によって浄土に来させていただき、阿弥陀仏や同縁の者達ともお会いさせて頂く事が出来た。［願往生］
だから、常にこの浄土にとどまって、再び穢土に還ることはしない。［無量楽］
同じく浄土に生まれた仲間とともに、樹林に入って辺りをみわたすと、［願往生］
自らの足下から輝く光は、太陽や月の光すら及ばない。［無量楽］
浄土では、菩薩たちの集う法会は尽きることがない。［願往生］
それぞれの身体から放たれる光は互いに互いを照らしあっている。［無量楽］
新たに往生した者も紫金色の輝きを放っている。［願往生］
その輝きは、多くの旧住の大衆たちと異なってはいない。［無量楽］
または、宝の楼閣に入っては、聖衆たちと一緒に座る。［願往生］

そこに集う大衆たちは、往生人を見て全員、歓びにあふれる。［無量楽］
浄土を飾っている様々な荘厳は、人知を超えて不可思議であり、［願往生］
宝楼の内外の様相を、何の障害もなく見ることができる。［無量楽］
足を休めるたび、一足一足に、たちまち法楽を受ける。［願往生］
三昧に入って、無生法忍を自然に悟ることができる。［無量楽］
浄土の大地の上は多くの宝によって荘厳され、［願往生］
百千万ものさまざまな色が互いに混じり合い、［無量楽］
あらゆる所は聖衆たちが座る宝座や華台によって埋め尽くされている。［願往生］
心のままに自らが座る華座を受け入れれば、光がやって来て自らを照らし出してくれる。［無量楽］

（宝池）

百千の童子や菩薩衆が、［願往生］
それぞれ香華を捧げて池に向かって眺めれば、［無量楽］
坐っている者、立っている者、あるいは浄土の池や溝の岸辺にいる者、［願往生］
階段を下って宝池に入る者たちがいる。［無量楽］
また、砂の上に立っている者や膝まで池につかっている者、［願往生］

腰や頭を沈めている者、あるいは水を注ぎかけている者もいる。［無量楽］
金の華や百宝の葉を手にとって、［願往生］
岸の上で池を観ている人に与える者など様々で、［無量楽］
その受け取る香華は千万の種類にものぼっている。［願往生］
しかも、その香華を阿弥陀仏が説法しておられる大法会の上に向かって散華すると、［無量楽］
その華は変化して、仏の頭上を覆う蓋《かさ》となって荘厳する。［願往生］
自然に生じた音楽が千重にも大会をめぐり、［無量楽］
宝鳥が声を連ねて天の音楽を奏でる。［願往生］
このような浄土の瑞相を見る者すべてが、衆生救済の慈悲心を起こす。［無量楽］
私が今この浄土に来ることが出来たのは、阿弥陀仏の誓願の力によるものである。［願往生］
昔、同じ縁に遇った友、同じ道を行じた友たちよ。早く浄土にやってきなさい。［無量楽］
あまねく願うところは、閻浮提の人たちよ、［願往生］
同じ道を歩む者たち同士、互いに励まし合って、決して挫折してはいけない。［無量楽］

【参考・問題点】

○「あひ見ゆ」

極楽の聖衆達を指すか、あるいは阿弥陀仏か。勿論双方を指すのであろうが、證空上人は『自筆鈔』巻第三（西叢四・四〇下）にて『法事讃』に云うところの心なり、としている。

その讃文には

希見道場請仏会、親承供養。難思議。七周行道散華訖。悲喜交流願滅罪。乗此善根生極楽、華開見仏証無為。衆等、持心就本座、手執香華常供養。（原典版・七祖篇・六〇二）

希に道場の請仏会を見て、親承して供養したてまつる。思議しがたし。七周行道して華を散じをはりぬ。悲喜交流して滅罪を願ず。この善根に乗じて極楽に生じ、華開けて仏を見たてまつりて無為を証せん。衆等、心を持ちて本座につき、手に香華を執りてつねに供養したてまつれ。（註釈版・七祖篇・五三一）

とある。よってこれからすると、仏と「あひ見ゆ」と解釈できるであろう。

ただ『自筆鈔』巻第三には、

願力に乗じて彼の国に入る事を得て、同縁相見る事を得るは、正しく弘願の故なりと定むる心なり。（西叢四・四一上）。

ともある。

また、良忠師の『私記』には「或は仏身を見、或は法侶を見る」（浄全四・五五二下）とあって「阿弥陀仏あるいは法侶」としているので「仏」と「同縁の者達」と解釈した。

○「還るを須ゐず」

『自筆鈔』巻第三は、「ひとたび彼の国に入りぬれば、更に還る事なし。是常住の国、願力に依りて我等に分ある故なり。故に、不須還と云ふ。」（西叢四・四一上）として「弥陀の願力」によって「常に住する」ために「還ることがない」と解釈している。

○「法侶」

『自筆抄』巻第三では「法侶」を「不退の菩薩なり」（西叢四・四一上）とする。なお、同様の表現は善導大師の『観経疏』「或因大悲菩薩入開華三昧疑障乃除、宮華開発身相顕然。法侶携将遊於仏会。（あるいは大悲菩薩（観音）の開華三昧に入りたまふによりて疑障すなはち除こり、宮華開発し身相顕然なり。法侶携へ将《ゐ》て仏会に遊ばしむ。）」（原典版・七祖篇・四六五、註釈版・七祖篇・四一二）などがある。

○「たがひにあひ照らす」

『自筆鈔』巻第三には「聖衆多しと雖も、同じく弘願に帰して其の功徳等しき故を顕はさんとして、互相照と云ふなり。」（西叢四・四一下）とする。

○「新往の化生」

浄影寺慧遠法師（五二三—五九二）『無量寿経義疏』巻下には「新往生者」と言う用語が見当たる。

一、明他方新往生者正報微妙。二、「所処宮」下依報殊勝。三、「其諸聞薩」已下、明旧住者正報微妙。（大正三七・一〇六中）

一に、他方より新たに往生する者の正報の微妙なることを明かす。二に、「所処宮」の下は依報の殊勝なり。三に、「其諸聞薩」已下は、旧住の者の正報の微妙なることを明かす。

ところが「新往」と熟字する使用例は善導大師特有の表現と考えられる。『観経疏』には

七明衆光、散彩映絶日輪、新往者覩之、卒難周悉。『讃』云、「地下荘厳七宝幢、無量無辺無数億。八方八面百宝成。見彼無生自然悟。……（原典版・七祖篇・四五七）

七には衆光、彩を散じて日輪を映絶し、新往のものこれを覩て、にはかに周悉しがたきことを明かす。『讃』にいはく（礼讃）、「地下の荘厳七宝の幢、無量無辺無数億なり。八方八面百宝をもつて成ず。かれを見れば無生自然に悟る。……（註釈版・七祖篇・四〇五）

という表現がある。

○「内外あひ看るに」

「相」の字を「あひ」と読んでいる。これは「内外の相《そう》」とも読むことが出来る。そうすれば「内外」を「浄土の宝楼の内・外の相」と解せる。しかし「相」を「あひ」と読めば「往生者（正報）の心＝内と、浄土（依報）の功徳＝外」とも解せる。

ここを良忠師の『私記』は「内外相看とは楼内と楼外となり」（浄全四・五五二下）として浄土内の宝楼の内・外と解釈し、證空上人は『自筆鈔』巻第三で、往生者の心（正報）＝内と、浄土（依報）の功徳＝外と解している。

正報の聖衆の心にかなひて違せざるのみにあらず、依報の功徳も其の徳不可思議にして心に逆ふる所なく、見んと思へば、居ながら是を見るに曇なく、一切無礙自在なる事を釈し述ぶるなり。（西叢四・四二上）

これらの文脈からすると「浄土の荘厳の宝楼」を説く場面であることから、ここでは楼閣の内外と解釈した。

ただ「内外」の用例を他に求めれば「一一宝楼随意入。内外荘厳不可識。（一々の宝楼意に随ひて入る。内外の荘厳識るべからず。）」（原典版・七祖篇・八二八、註釈版・七祖篇・七三四）が見当たる。今、ここの文脈に通じるものが認められる。

○「足を佇《たたず》むれば」

『講話』（上・一一八）は「停足」と解釈し、「行後の安座なり」とする。その上で『私記』には「佇」としているものの、「佇」とは「久立」の意味なり、としてこれを退けている。ただ、その、『私記』は「佇足等とは、歩歩に楽を受くるなり」（浄全四・五五二下）と解する。そこで本書は、「佇足」で解し「足を休めるたびに…」と訳した。

○地上の荘厳に関して

『礼讃』では

南無至心帰命、礼西方阿弥陀仏。地上荘厳転無極。金縄界道。非工匠。弥陀願智巧荘厳。菩薩・人・天、散華上。宝地宝色宝光飛。一一光成無数台。台中宝楼千万億。台側百億宝幢囲。願共諸衆生、往生安楽国。
（原典版・七祖篇・七八九）

南無して心を至し帰命して、西方の阿弥陀仏を礼したてまつる。地上の荘厳うたた極まりなし。金縄は道を界《さか》ふ。工匠にあらず。弥陀の願智巧みに荘厳す。菩薩・人・天、華を散じたてまつる。宝地に宝色ありて宝光飛ぶ。一々の光無数の台となる。台のなかに宝楼千万億あり。台の側に百億の宝幢囲めり。願はくはもろもろの衆生とともに、安楽国に往生せん。
（註釈版・七祖篇・六九八―六九九）

とあって、『今讃』とともに味わいたい。

第六項　助念報恩段（念仏の助業を修して、弥陀の恩を報ず）

【本文】

専誦『弥陀』・『観経』等〔願往生〕
礼仏観察尽須廻〔無量楽〕

一切時中相続作〔願往生〕
至死為期専復専〔無量楽〕

一到弥陀安養国〔願往生〕
畢竟逍遙即涅槃〔無量楽〕
涅槃荘厳処処満〔願往生〕
見色聞香罪障除〔無量楽〕
飛踊空中作神変〔願往生〕
讃歎浄土難思議〔無量楽〕

【訓読】

もっぱら『弥陀』・『観経』等を誦し〔願往生〕
＊仏を礼し観察してことごとく＊すべからく廻すべし
〔無量楽〕
一切時中に相続してなし〔願往生〕
死に至るを期となして　もっぱらにしてまたもっぱらなれ
〔無量楽〕
一たび弥陀安養国に到りぬれば〔願往生〕
畢竟＊逍遙して　すなはち涅槃なり〔無量楽〕
涅槃の荘厳処処に満ち〔願往生〕
＊色を見　香を聞《か》ぐに罪障除こる〔無量楽〕
空中に＊飛踊して神変をなし〔願往生〕
浄土の＊難思議なることを讃歎す〔無量楽〕

或散華香供養仏 〔願往生〕
報仏慈恩心無尽 〔無量楽〕
不因釈迦如来力 〔願往生〕
弥陀浄土若為聞 〔無量楽〕
衆生障尽聞皆喜 〔願往生〕
頓断諸悪願求生 〔無量楽〕

あるいは＊華香を散じて仏を供養し〔願往生〕
＊仏の＊慈恩を報ずるに心 無尽なり〔無量楽〕
釈迦如来の力によらずは〔願往生〕
弥陀の浄土いかんが聞かむ〔無量楽〕
衆生の障尽きぬれば 聞きてみな喜ぶ〔願往生〕
たちまちに諸悪を断じて 願じて生ずることを求めよ〔無量楽〕

【語句説明】

○仏を礼し観察して……先に浄土自体の荘厳について観察すること（地観）を示したのに対して、ここは浄土に往生するための行業について述べたものである。（『自筆鈔』巻第三〈西叢四・四五上—下〉）

○すべからく廻すべし……廻とは回向すること。それらの功徳を、すべからく往生の因として、ふりむけることをいう。

○逍遙……なにものにもとらわれず、あるがままにあること。

○色を見 香を聞ぐ……色とは妙境の色、香とは妙境の香と考えれば、他の声・味・触の三妙境を略して、この二妙境に代表させていると考えられる。

○飛踊……自在に飛行すること。
○難思議……人知で推し量ることのできないこと。不可思議。
○華香……香のある華、あるいは華と香のこと。
○仏の慈恩を報ずる……「仏」を弥陀一仏と見るか、あるいは釈迦・弥陀二仏と見るか。両様の解釈が可能であるが、ここでは両尊と解した。
○慈恩……慈悲の御恩。

【解釈】

専ら『阿弥陀経』・『観無量寿経』などを読誦し、［願往生］
阿弥陀仏を礼拝し、お相《すがた》を観察して、その功徳を必ず回向すべきである。［無量楽］
あらゆる時においてこの行を続け、［願往生］
死に至るまでを一つの期限として、ただ、ひたすらに勤める。［無量楽］
一旦、阿弥陀仏の安養国に到ることができたならば、［願往生］
ついには何の執著もなくなり、そのままで涅槃を得ることができる。［無量楽］
浄土では涅槃のすばらしい荘厳が辺り一面に満ちており、［願往生］
その妙境の荘厳を見たり、浄土の香りをかぐ事が出来れば罪障はすべて除かれる。［無量楽］

神通力にて空中を飛び周る不思議を現し、［願往生］
人知の及ばない浄土のすばらしい様相を褒め讃えるのである。［無量楽］
また、華や香りを散らして阿弥陀仏を供養し、［願往生］
釈迦・弥陀二尊の慈恩に対して、報謝する心は尽きることがない。［無量楽］
もし釈迦如来の力によらなければ、［願往生］
どうして阿弥陀仏の浄土の教えを聴くことができただろうか。［無量楽］
衆生の障りが尽きたならば、それを聞いた者は、皆、歓喜の心を生じる。［願往生］
だから、すみやかに諸悪を断って、往生を願い求めなさい。［無量楽］

【参考・問題点】

○「『弥陀』・『観経』等」

前出と同じく、ここでも「弥陀」を『阿弥陀経』と見るか、それとも「阿弥陀仏」を指すか解釈の分かれるところである。

『自筆鈔』巻第三は「専ら弥陀『観経』等を誦し」（西叢四・四五上）と読んでいる。

『講話』は「名は二経を呼べども、実は三経を摂す」（下・三）として「弥陀」を『阿弥陀経』

と受け止め、これに『大経』を含めている。ここでは底本の二重括弧を尊重して経典と解釈した。

○「誦し　仏を礼し観察して」

ここに、「読誦」と「礼拝」と「観察」の三行が説かれると見る。

○「華香」

『本讃』の用例としては、第二章・第十二節の第三項「行動智徳段」（本書二六一頁）に

或散天衣覆宝池［願往生］　衣上更散宝華香［無量楽］

あるいは天衣を散じて宝池に覆ひ［願往生］　衣の上にさらに宝華香を散ず［無量楽］

がある。なお、『本讃』には「香華」という表現も頻出するが、こちらは『法事讃』に「衆等、身心皆踊躍、手執香華常供養。（衆等、身心みな踊躍して、手に香華を執りてつねに供養したてまつれ。）」（原典版・七祖篇・五八八、註釈版・七祖篇・五一九）とあることから「香りのある華」とみることも出来る。

第四節　回心向西章（心を回らせて西に向かう）

第一項　誓順仏教段（誓って仏の教えに順う）

【本文】

般舟三昧楽［願往生］
誓願今生順仏教［無量楽］
行住坐臥専念仏［願往生］
一切善業併須廻［無量楽］
念念時中常懺悔［願往生］
終時即上金剛台［無量楽］
一切時中望西礼［願往生］
表知凡聖心相向［無量楽］
仏知衆生心雑乱［願往生］

【訓読】

般舟三昧楽［願往生］
誓願して今生に仏教に順じ［無量楽］
＊行住坐臥にもつぱら念仏し［願往生］
一切の善業 併せてすべからく＊廻すべし［無量楽］
＊念念時中につねに懺悔すれば［願往生］
＊終時にすなはち＊金剛台に上《のぼ》る［無量楽］
＊一切時中に西を望みて礼し［願往生］
＊凡聖の心あひ向かふことを表知せよ［無量楽］
＊仏は衆生の心の＊雑乱を知ろしめして［願往生］

偏教正念住西方［無量楽］
不知弥陀国遠近［願往生］
仏道超過十万億［無量楽］
道里雖遙不足到［願往生］
弾指之間入宝池［無量楽］

ひとへに＊正念にして西方に住せよと教へたまふ［無量楽］
＊弥陀国の遠近を知らざれば［願往生］
仏のたまはく十万億を超過せりと［無量楽］
＊道里はるかなりといへども足をもて到らざれば［願往生］
＊弾指のあひだに宝池に入る［無量楽］

【語句説明】

○行住坐臥……歩くこと、とどまること、すわること、臥すこと。
○廻す……回向する。ふりむける。
○念念……極めて短い時間のことで、刹那を意味するとも解せられるが、前出したようにここでは一念一念と解した。
○終時……臨終時。命がおわる時。
○金剛台……金剛のうてな。
○一切時中……『自筆鈔』巻第三（西叢四・四五下）には「横に読誦・礼拝・観察の行を用いるのみにあらず。堅に相続して長時無間に是を修すべき事を明かすなり」とあって、まさに一切時の中で、との意に解している。
○凡聖のあひ向かふ……凡夫と阿弥陀仏との心が相向かうことをあらわす。ここでの聖は阿弥陀仏。

○仏……「仏は衆生の心の……」「仏のたまはく……」として二度出るが、共に釈迦如来を指す。
○雑乱……煩悩に雑わり、乱れる心をいう。ただ『講話』はこれを「疑蓋間雑の心」（下・九）と捉えている。
○正念……雑乱の反対の語。念を一所に集中して乱れないこと。『講話』は「本弘誓願の信楽定まること」（下・九）と解する。しかし、これはあまりにも真宗の教義に立脚した理解であろう。↓【参考・問題点】
○弥陀国の遠近……『大経』には

「法蔵菩薩、今已成仏、現在西方。去此十万億刹。其仏世界名曰安楽。」（原典版・三五）

「法蔵菩薩、いますでに成仏して、現に西方にまします。ここを去ること十万億刹なり。その仏の世界をば名づけて安楽といふ」と。（註釈版・二八）

とあり、『小経』には

従是西方、過十万億仏土有世界、名曰極楽。其土有仏、号阿弥陀。今現在説法。（原典版・一五〇）

これより西方に、十万億の仏土を過ぎて世界あり、名づけて極楽といふ。その土に仏まします、阿弥陀と号す。いま現にましまして法を説きたまふ。（註釈版・一二一）

とある。一方、『観経』には

爾時世尊、告韋提希、「汝今、知不阿弥陀仏、去此不遠。汝当繫念、諦観彼国浄業成者。……（原典版・一一二—一一三）

その時世尊、韋提希に告げたまはく、「なんぢいま、知れりやいなや阿弥陀仏、此を去ること遠からず。なんぢまさに繫念して、あきらかにかの国の浄業成じたまへるひとを観ずべし。……（註釈版・九一）

○道里……西方浄土への道のり。
○弾指のあひだ……指をはじくほどの短い時間。

【解釈】

般舟三昧楽［願往生］
今生に、仏の教えに随うという誓願をおこして、［無量楽］
行・住・坐・臥、いつでもひたすら念仏し、［願往生］
一切の善業を以て、総て往生に回向すべきである。［無量楽］
ひと思いひと思いの中において、常に懺悔したならば、［願往生］
命終わる時に、観音菩薩が持つ金剛の台《うてな》に乗る事が出来て、往生させていただける。［無量楽］
いつでも西の方を望んでは礼拝し、［願往生］
凡夫の心と、阿弥陀仏の心とが相向かうことを表に知らしめなさい。［無量楽］
釈尊は、衆生の心が乱れる事を知っておられるので、［願往生］
ひとえに他のことを考えず、心を西方一つに留めなさい、と教えて下さる。［無量楽］
衆生は阿弥陀浄土の遠い近いが分からないので、［願往生］

釈尊は「阿弥陀仏の浄土は西方十万億土を過ぎたところにある」と説いておられる。［無量楽］
西方浄土への道程が遙かであっても、歩行で到るのではなく、［願往生］
金剛の台に乗せて戴くからこそ、指をはじくほどの短い時間で、浄土の宝池に到る事が出来る。
［無量楽］

【参考・問題点】

○ **「金剛台」**

『観経』上品上生の段に
観世音菩薩執金剛台、与大勢至菩薩至行者前。（原典版・一三四）
観世音菩薩は金剛の台を執りて、大勢至菩薩とともに行者の前に至りたまふ。（註釈版・一〇八）
とある。『織田仏教大辞典』には「金剛よりなる台座」（四八七頁）とする。
『講話』によると「自見其身乗金剛台等と、今は獲得金剛の信心、横超直爾に金剛台に上り頓に金剛不壊の身となれるを云。」（下・七）と意味的に解釈する。

○ **「正念」**

『安楽集』巻下には『十往生経』を引用して十にわたって総てに「正念」を説いている。

仏、告阿難、〈汝今善聴。吾今為汝説。有十往生法可得解脱。云何為十。一者観身正念常懐歓喜、以飲食・衣服施仏及僧、往生阿弥陀仏国。二者正念以甘妙良薬施一病比丘及一切衆生、往生阿弥陀仏国。三者正念不害一生命慈悲於一切、往生阿弥陀仏国。四者正念従師所受戒、浄恵修梵行、心常懐歓喜、往生阿弥陀仏国。五者正念孝順於父母、敬奉於師長不起驕慢心、往生阿弥陀仏国。六者正念往詣於僧房、恭敬於塔寺、聞法解一義、往生阿弥陀仏国。七者正念一日一夜中受持八戒斎不破一、往生阿弥陀仏国。八者正念若能斎月・斎日中遠離於房舎常詣於善師、往生阿弥陀仏国。九者正念常能持浄戒勤修於禅定、護法不悪口。若能如是行、往生阿弥陀仏国。十者正念、若於無上道不起誹謗心、精進持浄戒、復教無智者流布是経法、教化無量衆生。如是諸人等、悉皆得往生。〉（原典版・七祖篇・三二八―三二九）

仏、阿難に告げたまはく、〈なんぢいまよく聴け。われいまなんぢがために説かん。十の往生の法ありて解脱を得べし。いかんが十となす。一には観身正念にしてつねに歓喜を懐き、飲食・衣服をもつて仏および僧に施せば、阿弥陀仏国に往生す。二には正念にして甘妙の良薬をもつて一の病比丘および一切衆生に施せば、阿弥陀仏国に往生す。三には正念にして一の生命をも害せずして一切を慈悲すれば、阿弥陀仏国に往生す。四には正念にして師の所に従ひて戒を受け、浄慧をもつて梵行を修し、心につねに歓喜を懐けば、阿弥陀仏国に往生す。五には正念にして父母に孝順し、師長に敬奉して驕慢の心を起さざれば、阿弥陀仏国に往生す。六には正念にして僧房に往詣し、塔寺を恭敬し、法を聞きて一義を解れば、阿弥陀仏国に往生す。七には正念にして一日一夜のうちに八戒斎を受持して一をも破らざれば、阿弥陀仏国に往生す。八には正念にしてもしよく斎月・斎日のうちに房舎を遠離してつねに善師に詣れば、阿弥陀仏国に往生す。九には正念にしてつねによく浄戒を持ちて禅定を勤修し、法を護りて悪口せず。もしよくかくのごとく行ずれば、阿弥陀仏国に往生す。十には正念にして、もし無上道において誹謗の心を起さず、精進にして浄戒を持ち、また無智のものを教へてこの経法を流布し、無量の衆生を教化す。かくのごときもろもろの人等は、ことごとくみな往生を得〉と。

（註釈版・七祖篇・二九〇）

一方、善導和尚の「正念」の用例は、『往生礼讃』に多く説かれるのが認められる。

若能如上念念相続、畢命為期者、十即十生、百即百生。何以故。無外雑縁得正念故、与仏本願得相応故、不違教故、随順仏語故。若欲捨専修雑業者、百時希得一二、千時希得三五。何以故。乃由雑縁乱動失正念故、与仏本願不相応故、与教相違故、不順仏語故、係念不相続故、憶想間断故、廻願不慇重真実故、貪・瞋・諸見煩悩来間断故、無有慚愧・懺悔心故。

（原典版・七祖篇・七四三）

もしよく上のごとく念々相続して、畢命を期となすものは、十はすなはち十ながら生じ、百はすなはち百ながら生ず。なにをもつてのゆゑに。外の雑縁なくして正念を得るがゆゑに、仏の本願と相応することを得るがゆゑに、教に違せざるがゆゑに、仏語に随順するがゆゑなり。もし専を捨てて雑業を修せんと欲するものは、百は時に希に一二を得、千は時に希に三五を得。なにをもつてのゆゑに。すなはち雑縁乱動するによりて正念を失するがゆゑに、仏の本願と相応せざるがゆゑに、教と相違せるがゆゑに、仏語に順ぜざるがゆゑに、係念相続せざるがゆゑに、憶想間断するがゆゑに、回願慇重真実ならざるがゆゑに、貪・瞋・諸見の煩悩来り間断するがゆゑに、慚愧・懺悔の心あることなきがゆゑなり。

（註釈版・七祖篇・六六〇）

とある。「十即十生、百即百生」の理由に「正念を得る」を含めて四義が出されている。

①外の雑縁なくして正念を得るがゆゑに
②仏の本願と相応することを得るがゆゑに
③教に違せざるがゆゑに
④仏語に随順するがゆゑなり

しからば、正念を得るとは②③④とも共通するといって良いであろう。特に「②仏の本願と相応する」に着目したい。

また同様に「百は時に希に一二を得、千は時に希に三五を得」るような往生を「①正念を失するがゆゑに」とともに「②仏の本願と相応せざるがゆゑに」が列挙されている。他には、③教と相違せるがゆゑに、④仏語に順ぜざるがゆゑにに加え、⑤係念相続せざるがゆゑに、⑥憶想間断するがゆゑに、⑦回願慇重真実ならざるがゆゑに、⑧貪・瞋・諸見の煩悩来り間断するがゆゑに、⑨慚愧・懺悔の心あることなきがゆゑなり、とある。これらは、すべて正念と共に解釈することが必要であろう。

○「念念時中につねに懺悔すれば」

『般舟讃』には三箇所にわたって「懺悔」の句が見られるが、福原隆善師「懺悔と念仏」（『龍谷大学仏教文化研究所紀要』三八、一九九九年）によると「善導大師は念仏に裏付けられた懺悔の実践者であった」とし、懺悔の語が全著作中に百五回も出ており、特に『往生礼讃』『観念法門』に集中しているとする。そして「善導大師の宗教は懺悔に裏付けられた願の宗教といえる」と結論づけている。

このように善導大師は特に懺悔を強調する。親鸞聖人も引用されているが、（化巻本・三経隠顕）『往生礼讃』には三品の懺悔を掲げ、その内容を紹介している。

懺悔有三品。上・中・下。「上品懺悔」者、身毛孔中血流、眼中血出者名上品懺悔。「中品懺悔」者、遍身熱汗従毛孔出、眼中血流者名中品懺悔。「下品懺悔」者、遍身徹熱、眼中涙出者名下品懺悔。此等三品雖有差別、即是久種解脱分善根人。（原典版・七祖篇・七九九）

懺悔に三品あり。上・中・下なり。「上品の懺悔」とは、身の毛孔のなかより血流れ、眼のなかより血出づるものを上品の懺悔と名づく。「中品の懺悔」とは、遍身に熱き汗毛孔より出で、眼のなかより血流るるものを中品の懺悔と名づく。「下品の懺悔」とは、遍身徹りて熱く、眼のなかより涙出づるものを下品の懺悔と名づく。これらの三品差別ありといへども、すなはちこれ久しく解脱分の善根を種ゑたる人なり。（註釈版・七祖篇・七〇七）

しかも、『往生礼讃』には「懺悔已、至心帰命礼阿弥陀仏。（懺悔しをはりて、心を至して阿弥陀仏に帰命したてまつる。）」の語が頻出する。ここに往生と懺悔の関係を述べていると見ることが出来る。

そこで「懺悔」について考えてみたい。

道綽禅師の『安楽集』には、末世はまさに「懺悔し福を修し、仏の名号を称すべき時」であることを証し、一念、阿弥陀仏の名号を称念すれば「すなはちよく八十億劫の生死の罪を除却す」と述べる。一念ですらそうであるのに、常念は尚更であるという。しかも「これつねに懺悔する人なり」と結んでいる。

『大集月蔵経』云、……「諸仏出世、有四種法度衆生。何等為四。……四者諸仏如来有無量名号。若総、若別。其有衆生繋心称念、莫不除障獲益、皆生仏前。即是名号度衆生。」計今時衆生、即当仏去世後第四五百年。正是懺悔修福、応称仏名号時。若一念称阿弥陀仏、即能除却八十億劫生死之罪。一念既爾。況修常念。即是恒懺悔人也。

（原典版・七祖篇・二〇七―二〇八）

『大集月蔵経』にのたまはく、……「諸仏の世に出でたまふに、四種の法ありて衆生を度したまふ。なんらをか四となす。……四には諸仏如来には無量の名号まします。もしは総、もしは別なり。それ衆生ありて心を繋けて称念すれば、障を除き益を獲て、みな仏前に生ぜざるはなし。すなはちこれ名号をもつて衆生を度したまふ」と。いまの時の衆生を計るに、すなはち仏世を去りたまひて後の第四の五百年に当れり。まさしくこれ懺悔し福を修し、仏の名号を称すべき時なり。もし一念阿弥陀仏を称すれば、すなはちよく八十億劫の生死の罪を除却す。一念すでにしかなり。いはんや常念を修せんをや。すなはちこれつねに懺悔する人なり。

（註釈版・七祖篇・一八三―一八四）

良忠師は『私記』で「称名には滅罪の力用あり。故に懺悔という。安楽集の如し」（浄全四・五五七・上）として、わずかな注を施すのみである。しかしここに云う『安楽集』とは、上と同じ箇所を指示しているようである。

また、證空上人の『自筆鈔』巻第三でも「念念時中常懺悔は、於念念中、除八十億劫生死之罪と説く心なり」（西叢四・四七下）とある。やはり同様の箇所を示している。このように多くは「称名と懺悔」の関係をこの『安楽集』に求める。

そこで島地師の『講話』ではいかに解しているかを見ておきたい。ただ文章は簡略である。『講話』（下・七）では、まず『摩訶止観』第七下の「懺名陳露先悪、悔名改往修来。（懺は先の悪を陳露するに名づけ、悔は往を改め来を修するに名づく。）」（大正四六・九八上）を引用して仏教通途の「懺悔」の意味を求める。（この内容に関しては、池田魯参『詳解・摩訶止観／定本訓読篇』五二九頁、『同／現代語訳篇』四九〇頁、『同／研究註釈篇』一四三頁を参照されたい。）

この『止観』の意味は、懺悔の「懺」とは犯した悪行を陳述して露見させることであり、「悔」とは過去に行った悪行を悔い改めて未来にそなえることである。ところが、この『止観』の意からするならば、島地師の理解は少し展開・飛躍すると思われる。

『講話』は『本讃』の後半部分に出る「念念称名常懺悔」（本書三〇七頁）の文でもって、今文の「念念時中常懺悔」を合わせて解釈する。「称名常懺悔」の「称名」は、いわば報恩行であるの

で、「懺悔は報恩行」と言うことになるという。ここを『高僧和讃』の善導讃を引いて

真心徹到するひとは　金剛心なりければ　三品の懺悔するひとゝ　ひとしと宗師はのたまへり

（原典版・七一六）

の内容と一致すると見る。

また「報恩の念仏がそのまま常懺悔である」ことを論証するために存覚上人の『法華問答』を出拠としている。ただ『講話』には本文の引用がなされていないので、改めてそれを引用すれば、以下の文章である。

もし雑行を修するもの、煩悩おこるといへども、行のなかの起悪微細にしてわきまへがたし、そのとがをしらざる故に懺悔のこころなし、念仏を行ずるものは常に懺悔を修す、「念々称名常懺悔」（般舟讃）といへり。正行を修するものは仏恩を報ず。『経』（礼讃）にいはく、「みづからも信じ、ひとをもしへて信ぜしむること、かたきがなかにうたたさらにかたし、大悲をつたへてあまねく化す、まことに仏恩を報ずるになる」と。

（真聖全三・二九七）

これからすれば、雑行の念仏には懺悔の心がないが、報恩の念仏者は、常に懺悔を修していると理解できる。

『今讃』の後に出る「念念称名常懺悔」の文（本書三〇七頁）を『講話』は「念念の一句は、是亦安楽集上二丁教興章、一念称阿弥陀仏、即ち是れ恒に懺悔の人也の意を承る歟、或は法徳として、三品の懺悔に同せしめ、又は報恩即懺悔の義あり」（下・四六）と説いて、やはり上掲の『安楽集』第一大門の教興章を出拠としている。

なお、懺悔に関しては以下の論文を参照されたい。

・高橋弘次「法然における懺悔と滅罪」（『法然上人研究／浄土宗開宗八百年記念』一九七五年）

・深川宣暢「真宗における「懺悔」の一考察」（『龍谷教学』二〇号、一九八五年）

・福原隆善「懺悔と念仏」（『龍谷大学仏教文化研究所紀要』三八号、一九九九年）

・福原隆善「法然における懺悔と念仏」（『浄土学仏教学論叢／高橋弘次先生古稀記念論集』、二〇〇四年）

第二項　不忤乗華段（華台に乗じて如来とたがわず）

【本文】——【訓読】

唯恨衆生疑不疑［願往生］——＊ただ衆生の疑ふべからざるを疑ふを恨む［願往生］

浄土対面不相忤［無量楽］
莫論弥陀摂不摂［願往生］
意在専心廻不廻［無量楽］
但使廻心決定向［願往生］
臨終華蓋自来迎［無量楽］
従仏乗華入宝国［願往生］
見諸大衆悟無生［無量楽］

浄土＊対面してあひ＊忤《たが》はず［無量楽］
＊弥陀の摂と不摂とを論ずることなかれ［願往生］
意＊専心にして廻すると廻せざるとにあり［無量楽］
ただ廻心し決定して向へば［願往生］
臨終に＊華蓋＊おのづから来迎す［無量楽］
仏に従ひ　華に乗じて＊宝国に入り［願往生］
もろもろの大衆を見て＊無生を悟る［無量楽］

【語句説明】

○ただ衆生の……衆生が疑ってはならないことを疑うことが、ただ嘆かわしい。
○対面……往生して仏に対面すること。鏡に相い対するようなこと。
○忤《たが》はず……逆方向でない。「忤」は「さからう」の意。したがって「忤はず」は「さからわず」とも読むことが出来る。しかしここは、上の「凡聖の心あひ向かふことを表知せよ」を承けて、浄土での「凡夫と如来とが対面してあひ忤《たが》はず」であるので、「さからう」のではなく「たがわず」とは「逆方向ではない」と解した方が良いであろう。島地師は『講話』（下・一二）で「忤は逆なり、大経に、易往而無人。其国不逆違。自然之所牽と説くと同じ」と指摘して『無量寿経』(原典版・六八)の逆違せずの意を採っている。
○弥陀の摂と不摂……阿弥陀仏が摂取して下さるか、あるいは摂取して下さらないか。
○専心にして廻する……「心を専らに回向して」の意味。回向には多くの解釈があるが、ここでは善根を往生に回向すると解した。↓【参考・問題点】
なお、『講話』は「自を自力を棄てて、他力に投托すること。唯信鈔文意、回心と云は自力の心をひるがへし、すつるを云なりと」(下・一二)といい、『唯信鈔文意』(註釈版・七〇七)の「回心」でもって解している。
○華蓋……字義からすれば、華でつくられた天蓋の意であるが、経典の意味を勘案したとき蓮台を指していると思われるので、ここは蓮台と解した。
○おのづから来迎す……前項同様に『観経』の下品下生の経文でもって解釈した。↓【参考・問題点】
○宝国……極楽浄土を指していう。
○無生……凡夫がとらわれているような生を否定する言葉。存在の真実のありさまは本来生滅変化を超えていること。涅槃の異名。また浄土の悟りをいう。(註釈版・七祖篇　巻末註　一三八一)

【解釈】

浄土往生を疑ってはならないのに、これを疑う衆生が嘆かわしい。[願往生]
娑婆で、浄土の阿弥陀仏と向かいあい、凡夫の心と如来の心とが離れていないことを知りなさい。
[無量楽]

阿弥陀仏が救いとって下さるか否かを論じてはいけない。［願往生］
心を専らにして、善根を浄土に回向するか否かにかかっている。［無量楽］
ただ回心して、心を定めて浄土に向かうならば、［願往生］
臨終において、華で飾られた台が自ずから来迎下さる。［無量楽］
阿弥陀仏に従って、華台に載せていただいて極楽浄土に入ったならば、［願往生］
浄土の多くの大衆にまみえる事が出来、しかも悟りを得る事が出来る。［無量楽］

【参考・問題点】

○**「ただ衆生の疑ふべからざるを疑ふを恨む」**

『本典』信巻末「真仏弟子釈」と化巻本「真門釈」の両方に同内容の引用が見られる。

光明師云、「唯恨、衆生疑不疑。浄土対面不相忤。莫論弥陀摂不摂。意在専心廻不廻。［乃至］或道、従今至仏果、長劫讃仏報慈恩。不蒙弥陀弘誓力、何時何劫出娑婆。［乃至］何期今日至宝国。実是娑婆本師力。若非本師知識勧、弥陀浄土云何入。」

（『信巻』末「真仏弟子釈」〈原典版三二七—三二八〉）

光明師（善導）のいはく（般舟讃　七三三）、「ただ恨むらくは、衆生の疑ふまじきを疑ふことを。浄土対面してあひ忤はず。弥陀の摂と不摂とを論ずることなかれ。意専心にして回すると回せざるとにあり。［乃至］あるいはいはく、今より仏果に至るまで、長劫に仏を讃めて慈恩を報ぜん。弥陀の弘誓の力を蒙らずは、いづれの時いづれの劫にか娑婆を出でんと。［乃至］いかんが今日宝国に至ることを期せん。まことにこれ娑婆本師の力なり。もし本師知識の勧めにあらずは、弥陀の浄土いかんしてか入らん」と。

（註釈版・七祖篇・二六〇）

この引文は飛び飛びで、三文が連引されている。そこを信巻では「乃至」でくぎり、化巻では一字空白扱いがなされている。『本讃』のこの箇所は第一引文に相当する。

『化巻』本「真門釈」も同様である。

光明寺和尚云、「唯恨、衆生疑不疑。浄土対面不相忤。莫論弥陀摂不摂。意在専心回不回。或道、従今至仏果、長劫讃仏報慈恩。不蒙弥陀弘誓力、何時何劫出娑婆。何期今日至宝国。実是娑婆本師力。若非本師知識勧、弥陀浄土云何入。得生浄土報慈恩。」

（原典版・五一八―五一九）

光明寺の和尚（善導）のいはく（般舟讃 七三三）、「ただ恨むらくは、衆生の疑ふまじきを疑ふことを。浄土対面してあひ忤はず。弥陀の摂と不摂とを論ずることなかれ。意専心にして回するといふは、たまたま仏道に回心して、まさしく衆生にかはりて仏に回向せざるとにあり。

あるいははく、今より仏果に至るまで、長劫に仏を讃めて慈恩を報ぜん。弥陀の弘誓の力を蒙らずは、いづれの時いづれの劫にか娑婆を出でん。いかんしてか今日宝国に至ることを期せん。まことにこれ娑婆本師の力なり。もし本師知識の勧めにあらずは、弥陀の浄土いかんしてか入らん。浄土に生ずることを得て慈恩を報ぜよ」と。

(註釈版・四一〇—四一一)

○「専心にして廻する」・「心を専らに回向して」

『往生礼讃』には「回向」について、

五者廻向門。所謂専心、若自作善根、及一切三乗五道、一一聖凡等所作善根深生随喜、如諸仏・菩薩所作随喜、我亦如是随喜、以此随喜善根及己所作善根、皆悉与衆生共之廻向彼国。故名廻向門。又到彼国已得六神通廻入生死、教化衆生徹窮後際心無厭足、乃至成仏亦名廻向門。

(原典版・七祖篇・七三八)

五には回向門。いはゆる心をもつぱらにして、もしは自作の善根、および一切の三乗五道、一々の聖凡等の所作の善根に深く随喜を生じ、諸仏・菩薩の所作の随喜のごとく、われもまたかくのごとく随喜して、この随喜の善根およびおのが所作の善根をもつて、みなことごとく衆生とこれをともにしてかの国に回向す。ゆゑに回向門と名づく。またかの国に到りをはりて六神通を得て生死に回入して、衆生を教化すること後際を徹窮して心に厭足なく、すなはち成仏に至るまでまた回向門と名づく。（註釈版・七祖篇・六五六）

とある。一方、島地師の『講話』は「自を自力を棄てて、他力に投托すること。唯信鈔文意、回心と云うは自力の心をひるがえし、すつるを云うなりと」（下・一一二）として『唯信鈔文意』（註釈版・七〇七）でもって解している。

○「臨終に華蓋おのづから来迎す」

『観経』の下品下生の経文が一致すると思われる。それは

命終之時、見金蓮華、猶如日輪住其人前。如一念頃、即得往生極楽世界。（原典版・一四四）

命終る時、金蓮華を見るに、なほ日輪のごとくしてその人の前に住せん。一念のあひだのごとくに、すなはち極楽世界に往生することを得。（註釈版・一一五）

である。今、これによった。『講話』（下・一四）も「華蓋おのづから来迎す」とは下下品の金蓮華と同じと理解して、様々な来迎の解釈を示している。参照されたい。

なお、近年における「来迎」の研究には以下のような論文が見当たる。

・村上速水「親鸞聖人の来迎義に関する一試論」（『龍谷大学論集』三六五・三六六号、一九六

〇年）
・浅井成海「来迎思想─法然とその門下（一）─」（『龍谷大学論集』三九三号、一九七〇年）
・浅井成海「来迎思想─法然とその門弟（二）─親鸞の来迎観─」（『龍谷大学論集』四〇〇・四〇一号、一九七三年）
・山本仏骨「唯信鈔文意の来迎釈について」（『龍谷大学論集』四〇四号、一九七四年）

第三項　随意歓喜段（浄土では、往生人の意に随って歓喜が生じる）

【本文】
一一宝楼随意入［願往生］
内外荘厳不可識［無量楽］
鳥作音声菩薩舞［願往生］
童子歓喜作神通［無量楽］
為我娑婆得生者［願往生］
種種供養令歓喜［無量楽］
仏遣生人将観看［願往生］

【訓読】
一一の宝楼意に随ひて入る［願往生］
＊内外の荘厳識るべからず［無量楽］
鳥音声をなせば菩薩舞ふ［願往生］
童子歓喜して神通をなす［無量楽］
わが娑婆より得生せるもののために［願往生］
種種に供養して歓喜せしむ［無量楽］
仏　生ぜし人をして将《ゐ》て観看《み》しめたまふに［願往生］

到処唯是不思議［無量楽］
地上・虚空聖人満［願往生］
珠羅・宝網自然覆［無量楽］
微風吹動出妙響［願往生］
声中皆説無為法［無量楽］
見樹聞波成法忍［願往生］
童子持華囲遶讃［無量楽］
立侍弥陀聴説法［願往生］
貪愛法楽超時劫［無量楽］

到るところ　ただこれ不思議なり［無量楽］
地上・虚空に聖人満ち［願往生］
＊珠羅・宝網自然に覆ふ［無量楽］
微風吹き動かして妙響《こう》を出し［願往生］
声中にみな無為の法を説く［無量楽］
樹を見　波を聞きて＊法忍を成ず［願往生］
童子華を持して＊囲繞して讃ず［無量楽］
弥陀に＊立侍して説法を聴き［願往生］
＊法楽を＊貪愛して＊時劫を超ゆ［無量楽］

【語句説明】

○内外の荘厳……宝楼の内外が荘厳に飾られていること。要するに浄土は荘厳無量であることを表す。
○珠羅・宝網……羅とは網。両方ともに「玉の網」の意。従って宝珠でつらねた飾り網のこと。
○法忍……三法忍のこと。または無生法忍のこと。忍とは認可決定の意で、ものをはっきりと確かめて決め込むこと。①音響《おんこう》忍。諸仏・諸菩薩の説法を聴き、驚き恐れることなく信認し受け入れること。②柔順《にゅうじゅん》忍。すなおに真理に随順し、思考すること。③無生法忍《むしょうぼうにん》。真理にかない形相を超えて不生不滅の真実をありのままに悟ること。

○囲遶……とりかこむこと。

○立侍……そばに立つこと。

○法楽……釈尊が悟ったのち一週間、自分の悟った法を自ら楽しみ、それに浸ったことから、法を聞いて生じる楽しみをいう。または、法の喜び。教えを信受する喜び。

○貪愛……一般に貪愛は貪欲や無明を指すが、ここは「法楽を貪愛して」とあるから、一般的に使用される貪愛ではなく、「法楽を愛楽して」の意味と解する。『浄土論』に「愛楽仏法味」とある。

○時劫……長時間。

【解釈】

（宝楼）

浄土の一つ一つの宝楼の荘厳が心のままに入ってくる。［願往生］

その内外のすばらしさは人知を遥かに超えている。［無量楽］

鳥がさえずれば、菩薩が舞う。［願往生］

浄土に居す童子も歓喜して、不思議な力を駆使する。［無量楽］

この娑婆世界から浄土に生まれる者のために、〔願往生〕
様々に供養して歓ばせて下さる。〔無量楽〕
仏は浄土に生まれた人を率いて、これらの様相を観せて下さるに、〔願往生〕
至る処、ただ不思議なことばかりである。〔無量楽〕

（虚空）

地上や虚空には聖者たちが満ち溢れ、〔願往生〕
珠の網や宝の網の飾りものが、自ずと浄土を覆っている。〔無量楽〕
微風が吹いて木々を動かし、妙なる響きをかなでている。〔願往生〕
その音声は、みな悟りの法を説いている。〔無量楽〕
樹木を見、あるいは波の音を聞いて、悟りに入る。〔願往生〕
既往の童子は、華を持って如来の周りを巡って讃歎する。〔無量楽〕
そして、阿弥陀仏のそばに立っては、説法を聴き、〔願往生〕
その教えに浸って法を慶び、長い時間が過ぎ去っていく。〔無量楽〕

【参考・問題点】

○「虚空の荘厳について

『観経玄義分』では、

就依報中即有其三。一者地下荘厳、即一切宝幢光明互相映発等是。二者地上荘厳、即一切宝地・池林・宝楼・宮閣等是。三者虚空荘厳、即一切変化宝宮・華網・宝雲・化鳥・風光動発声楽等是。如前雖有三種差別、皆是弥陀浄国無漏真実之勝相。此即総結成依報荘厳也。

（原典版・七祖篇・三四〇―三四一）

依報のなかにつきてすなはちその三あり。一には地下の荘厳、すなはち一切の宝幢光明のたがひにあひ映発する等これなり。二には地上の荘厳、すなはち一切の宝地・池林・宝楼・宮閣等これなり。三には虚空の荘厳、すなはち一切の変化の宝宮・華網・宝雲・化鳥・風光の動発せる声楽等これなり。前のごとく三種の差別ありといへども、みなこれ弥陀浄国の無漏真実の勝相なり。これすなはち総じて依報の荘厳を結成す。

（註釈版・七祖篇・三〇二―三〇三）

とあって、「一切の変化の宝宮・華網・宝雲・化鳥・風光の動発せる声楽等これなり」として音声をこれに含めている。

第四項　遊歴他方段（他方浄土を遊歴す）

【本文】

随逐本国諸菩薩［願往生］
尽是無為涅槃界［無量楽］
一仏国界皆聞法［願往生］
遊歴他方修供養［無量楽］
欲住一食超千劫［願往生］
憶我娑婆同行人［無量楽］
大地微塵尚有数［願往生］
十方仏国無窮尽［無量楽］
一一仏土皆厳浄［願往生］
亦如極楽無殊異［無量楽］
一切如来見歓喜［願往生］
菩薩聖衆将遊観［無量楽］

【訓読】

＊本国の諸菩薩に＊随逐するに［願往生］
ことごとくこれ無為涅槃界なり［無量楽］
一仏の国界にしてみな法を聞き［願往生］
他方に＊遊歴《ゆりやく》して供養を修す［無量楽］
住せむと欲すれば＊一食をもて＊千劫を超ゆ［願往生］
わが娑婆の＊同行人を＊憶す［無量楽］
＊大地微塵はなほ数あり［願往生］
＊十方の仏国は窮尽することなし［無量楽］
一一の仏土みな厳浄なり［願往生］
また極楽のごとくにして＊殊異なし［無量楽］
一切の如来見て歓喜したまひ［願往生］
菩薩聖衆将《ゐ》て遊観せしめたまふ［無量楽］

所有荘厳如極楽［願往生］
変化神通無障礙［無量楽］
地上・虚空声遍満［願往生］
聴響聞音皆得悟［無量楽］

あらゆる荘厳極楽のごとし［願往生］
変化 神通＊障礙することなし［無量楽］
地上・虚空に声＊遍満す［願往生］
響を聴き音を聞きみな得悟す［無量楽］

【語句説明】

○本国……極楽浄土を指す。
○随逐……後を追ってつきしたがうこと。
○遊歴……めぐり訪れること。
○一食……一度の食事をする僅かな時間。
○千劫を超ゆ……千劫もの、大変長い時間を経過する。
○同行人……念仏の同行者。
○憶……心を一つの対象にかけて忘れないこと。
○大地微塵はなほ数あり……大地を微塵（物質の最小単位）にくだけば数多いが、それでもなおその数には限りがあるの意。
○十方の仏国は窮尽することなし……十方にある仏国の数はきわめ尽すことができない。

○殊異なし……異なるところがない。
○障礙……さまたげること。
○遍満……あまねくみちわたる。

【解釈】

極楽浄土の諸菩薩につきしたがって他の浄土を経巡れば、〔願往生〕
すべてが皆、悟りの涅槃の世界であった。〔無量楽〕
一つの仏国土で、皆が法を聞く。〔願往生〕
他方の仏国土をめぐり訪れては、皆が供養する。〔無量楽〕
その仏国土に留まろうと願えば、千劫という無限の時間が過ぎたとしても、わずか一度の食事をする程の時間にしか感じない。〔願往生〕
ここで、娑婆世界の念仏行者のことを想う。〔無量楽〕
大地を微塵に砕けば数限りなく飛び散るが、それでもなおその数には限りがある。〔願往生〕
しかし、十方の仏国土は、その数をきわめ尽すことができない。〔無量楽〕
しかも、一つ一つの仏国土の荘厳はみな厳かに飾られている。〔願往生〕
極楽と同様であって、異なりがない。〔無量楽〕

一切の如来はその荘厳をご覧になって歓喜される。［願往生］
このように菩薩や聖者達が、他方の仏国土へ案内下さって、遊歴し、それらの荘厳を見せて下さる。［無量楽］
あらゆる荘厳は極楽と同じである。［願往生］
変化したり神通力を駆使するのも、一切さまたげがなく極楽同様である。［無量楽］
浄土の地上や虚空に、如来の声が満ち渡っている。［願往生］
その仏の響きを聴き、仏の音《こえ》を聞いて、みな悟りを得る。［無量楽］

第五節　念報進修章（念仏・報謝、進んで修すべし）

第一項　生前策進段（生前に策進せよ）

【本文】
般舟三昧楽［願往生］
相続念仏報師恩［無量楽］

【訓読】
般舟三昧楽［願往生］
相続念仏して＊師恩を報ぜよ［無量楽］

雖捨銭財造功徳〔願往生〕
不如持戒断貪瞋〔無量楽〕
普敬衆生常念仏〔願往生〕
自他功徳併須廻〔無量楽〕
安心定意生安楽〔願往生〕
独超三界出煩籠〔無量楽〕

銭財を捨てて功徳を造るといへども〔願往生〕
戒を持ちて＊貪瞋を断ずるにはしかず〔無量楽〕
あまねく衆生を敬ひて　つねに念仏して〔願往生〕
自他の功徳併せて　すべからく＊廻すべし〔無量楽〕
＊安心＊定意にして安楽に生ずれば〔願往生〕
独り三界を超えて＊煩籠を出づ〔無量楽〕

【語句説明】

○師……「師」とは釈迦・弥陀に通じると思われるが、後に続く「衆生を敬ひてつねに念仏して」と衆生を策進させるので、ここの「師」とは釈尊を指すと見られる。
○貪瞋……根本煩悩の三毒の中の貪欲と瞋恚を指すが、ここでは愚痴も含まれる。
○廻す……回向する。ふりむける。
○安心……『往生礼讃』に「安心・起行・作業してさだめてかの国土に往生することを得るや」との問いに対して、三心具足を説く。よって安心とは「至誠心」「深心」「回向発願心」の三心を指すと見ることが出来る。

→【参考・問題点】

○定意……禅定の意。すなわち三昧のこと。
○煩籠……煩悩の籠。煩悩によってとじこめられた迷いの世界を籠に喩えていう。

【解釈】

般舟三昧楽〔願往生〕
念仏を相続して釈尊の師恩に報いなさい。〔無量楽〕
財を喜捨して布施の功徳を造るのも良いが、〔願往生〕
戒律を守って三毒の根本煩悩を断じ尽くすには及ばない。〔無量楽〕
全ての衆生を敬って、常に念仏して、〔願往生〕
自分や他人の功徳を合わせて、浄土へとふり向けなさい。〔無量楽〕
三心を具して三昧に住し、安楽世界に生まれたならば、〔願往生〕
その人こそ、三界を超越《ちょうおつ》して迷いの世界を抜け出たといえよう。〔無量楽〕

【参考・問題点】

○**「安心」**

『往生礼讃』に

問曰、今欲勧人往生者、未知、若為安心・起行・作業定得往生彼国土也。答曰、必欲生彼国土者、如『観経』説者、具三心必得往生。何等為三。

一者至誠心。所謂身業礼拝彼仏、口業讃歎称揚彼仏、意業専念観察彼仏。凡起三業、必須真実。故名至誠心

二者深心。即是真実信心。信知自身是具足煩悩凡夫、善根薄少流転三界不出火宅、今信知弥陀本弘誓願、及称名号下至十声・一声等、定得往生、乃至一念無有疑心。故名深心。

三者廻向発願心。所作一切善根悉皆廻願往生。故名廻向発願心。

具此三心、必得生也。若少一心、即不得生。如『観経』具説、応知。

（原典版・七祖篇・七三六―七三七）

問ひていはく、いま人を勧めて往生せしめんと欲せば、いまだ知らず、いかんが安心・起行・作業してさだめてかの国土に往生することを得るや。答へていはく、かならずかの国土に生ぜんと欲せば、『観経』に説きたまふがごときは、三心を具してかならず往生を得。なんらをか三となす。

一には至誠心。いはゆる身業にかの仏を礼拝し、口業にかの仏を讃歎称揚し、意業にかの仏を

専念観察す。おほよそ三業を起さば、かならずすべからく真実なるべし。ゆゑに至誠心と名づく。

二には深心。すなはちこれ真実の信心なり。自身はこれ煩悩を具足する凡夫、善根薄少にして三界に流転して火宅を出でずと信知し、いま弥陀の本弘誓願は、名号を称すること下十声・一声等に至るに及ぶまで、さだめて往生を得と信知して、すなはち一念に至るまで疑心あることなし。ゆゑに深心と名づく。

三には回向発願心。所作の一切の善根ことごとくみな回して往生を願ず。ゆゑに回向発願心と名づく。

この三心を具すれば、かならず生ずることを得。もし一心も少けぬれば、すなはち生ずることを得ず。『観経』につぶさに説くがごとし、知るべし。（註釈版・七祖篇・六五四—六五五）

とあって、安心は、いわゆる三心である。この解釈は良忠師も證空上人も共に同じである。

良忠師は『私記』で「安心とは三心なり。定意とは念仏なり」（浄全四・五五四上）といい、證空上人は『自筆鈔』巻第四で「安心は三心を指す。定意は定善なり」（西叢四・五五上）という。

第二項　生後報恩段（極楽へ生まれた後の釈尊への報恩）

【本文】

臨終見仏華台至 ［願往生］
須臾即入宝池会 ［無量楽］
蓮華大衆皆歓喜 ［願往生］
即与天衣随意著 ［無量楽］
菩薩・声聞将見仏 ［願往生］
礼仏一拝得無生 ［無量楽］
弥陀告言諸仏子 ［願往生］
極楽何如彼三界 ［無量楽］
新往化生倶欲報 ［願往生］
合掌悲咽不能言 ［無量楽］
得免娑婆長劫苦 ［願往生］
今日見仏釈迦恩 ［無量楽］

【訓読】

臨終に＊仏華台の至るを見 ［願往生］
須臾に　すなはち宝池会に入る ［無量楽］
＊蓮華の大衆みな歓喜す ［願往生］
すなはち＊天衣を与へて意に随ひて著しむ ［無量楽］
菩薩・声聞将《ゐ》て仏に見《まみ》えしむ ［願往生］
仏を礼すること一拝して無生を得 ［無量楽］
弥陀　もろもろの仏子に告げてのたまはく ［願往生］
極楽はかの三界にいかんと ［無量楽］
＊新往の化生ともに報へむと欲するに ［願往生］
合掌＊悲咽していふことあたはず ［無量楽］
＊娑婆長劫の苦を免るることを得て ［願往生］
今日　仏を見たてまつること釈迦の恩なり ［無量楽］

【語句説明】
○仏華台……仏と華台か、仏の華台か。「臨終に仏を見、華台至る」と訓めば「仏と華台」。上述の読みに従えば「仏の華台」。
○蓮華の大衆……蓮華の池に集まっている大衆とも見ることが出来るが、「船に乗りてただちに蓮華会に入る」の文（本書一四七頁）がすでに出てきているので蓮華会の大衆と解した。そうすれば、蓮華会の前にある宝池会は、同じ会座を意味する事になる。
○天衣……軽快で妙好な、浄土で着る衣。
○新往の化生……新たに浄土に往生した者。新生の往生人。
○悲咽……泣き濡れて。良忠師の『私記』は、浄土に居す者には「憂受《うじゅ》なし」、つまりは心が喜ばないということがないので、ここの「悲咽」は「悲喜交流の至極」をあらわすと解釈している。（浄全四・五五四上）
○娑婆長劫の苦……娑婆世界で長く生死輪廻をかさねてきた苦難。

【解釈】
命の終わる時に阿弥陀仏の蓮華の台座が来至するのを見て、［願往生］
わずかの間に極楽国の宝池の会座に入ることができる。［無量楽］
すると、その会座にいる多くの人々はみな共に喜こんで下さる。［願往生］

そして、新たに往生した者に、先に往生した人々から天衣が与えられ、思いのままに着させて下さる。［無量楽］
その上で、菩薩と声聞たちが、新たに往生した者を、阿弥陀仏の御許に連れて行って下さり、仏に会わせて下さる。［願往生］
阿弥陀仏にわずか一度礼拝させて頂くだけで、悟りを得る事が出来る。［無量楽］
その時、阿弥陀仏は諸の弟子たちに、次のように告げられる。［願往生］
「この極楽世界は今まで居た三界の世と較べてどうであるか」と。［無量楽］
新たに浄土に生れた者たちは、皆その問いに応えようとするものの、［願往生］
手をあわせながらも泣き濡れて、言葉にならない。［無量楽］
娑婆世界で長く生死輪廻をかさねる苦難を免れることが出来て、［願往生］
今、阿弥陀仏にまみえる事が出来たのは、誠に釈迦如来のご恩徳によるものである。［無量楽］

【参考・問題点】

○**「仏華台の至るを見」**

『私記』（浄全四・五五四上）によれば、「至」の字は他本に「主」とあるという。しかし『原典版・七祖篇』の対校表にはそのような異本の存在は見当たらないし、意味も通じがたい。

○**「すなはち天衣を与へて意に随ひて著しむ」**

『自筆鈔』巻第四は「蓮華大衆」とは、①前に極楽国に生じた者、②一切の往生人、③一切の往生人は蓮華から生じる故に、の三義を挙げて説明する。そして、①に基づきながら、「既に生れぬれば、半座を分ちて昔の同行を待つ故に、後に生るる者あれば、喜ばしき事類なし。故に、皆歓喜、と云ふ。歓喜の心を顕はして、衣服を与へて著せしむるに、新生の人の心にかなはずと云ふ事なし」（西叢四・五五上―下）と述べて、天衣は前に往生した者より与え、着させて頂けるという解釈を示している。今、これに従った。

第六節　普勧厭欣章（総てにわたって、この世を厭い、浄土を欣うことを勧める）

第一項　纏入不知段（妻子らは心に纏《まと》わりついて悪道に入る縁なるを知らず）

【本文】

般舟三昧楽［願往生］

【訓読】

般舟三昧楽［願往生］

順随仏語見弥陀［無量楽］
普勧同生知識等［願往生］
同行相親莫相離［無量楽］
父母妻児百千万［願往生］
非是菩提増上縁［無量楽］
念念相纏入悪道［願往生］
分身受報不相知［無量楽］
或在猪・羊六畜内［願往生］
被毛戴角何時了［無量楽］

仏語に＊順随すれば弥陀を見たてまつる［無量楽］
あまねく＊同生の知識等に勧む［願往生］
同行あひ親しみて　あひ離るることなかれ［無量楽］
＊父母妻児百千万なれども［願往生］
これ菩提の増上縁にあらず［無量楽］
＊念念にあひ纏ひて悪道に入る［願往生］
＊身を分ちて報を受くれば　あひ知らず［無量楽］
あるいは猪・羊＊六畜のうちにあり［願往生］
＊毛を被り角を戴くこと　いづれの時にか了《や》まん［無量楽］

【語句説明】

○順随……素直に従うこと。
○同生の知識等……同じく往生を願う者。
○父母妻児百千万なれども　これ菩提の増上縁にあらず……たとえ父母妻子が百千万人居たとしても、悟りに至る縁にはならない。

○増上縁……縁となって果を引かせる強い働き。また因が果になることを妨げないこと。

○念念にあひ纏ひて……「念々相纏」の文字が、良忠師の『私記』（浄全四・五五四上）や島地師の『講話』（下・二四）所覧本では「念念相続」となっているが、『原典版・七祖篇』の対校表にはそのような異本の存在を記していない。いづれにしても良忠師も島地氏も共にこれらの出典に以下の『心地観経』の文をあげる。

世人、為子造諸罪。堕在三塗長受苦。男女非聖。無神通。不見輪迴難可報。哀哉世人、無聖力、不能抜済於慈母。（大正三・三〇二・中）

世人、子のために衆罪を造る。三途に堕在してとこしえに苦を受く。男女聖にあらず。神通なし。輪廻を見ざれば報ずべきこと難し。哀しいかな世人、聖力なくして、慈母を抜済すること能わず。

○身を分ちて報を受くればあひ知らず……『観経疏』には『観経』の経文

閻浮提濁悪世也。此濁悪処地獄・餓鬼・畜生盈満、多不善聚。（原典版・一一一）

閻浮提の濁悪の世をば楽はざるなり。この濁悪の処は地獄・餓鬼・畜生盈満し、不善の聚多し。（註釈版・九〇）

の「不善の聚」を釈して、

「多不善聚」者、此明三界・六道不同種類恒沙、随心差別。経云、「業能荘識、世世処処各趣、随縁受果報、対面不相知。」（原典版・七祖篇・四二二）

「多不善聚」といふは、これ三界・六道不同にして種類恒沙なるは、心の差別に随ふことを明かす。経にのたまはく、「業よく識を荘《かざ》り、世々処々におのおの趣きて、縁に随ひて果報を受け、対面すれどもあひ知ら

ず」と。　（註釈版・七祖篇・三七四）

という。『今讃』はこれに依ったと考えられる。そうすれば「身を分ちて報を受く」とは「世々処々におのおの趣きて縁に随ひて果報を受け」の意味であろうし、「あひ知らず」とは「対面すれどもあひ知らず」と同意になる。よって、「六道輪廻、様々に身を分けて悪業の果報を受け、過去に縁のあった人と対面したところでお互い相知らない」と訳す事ができる。

○六畜……六種の家畜。牛・馬・鶏・犬・猪・羊。

○毛を被り角を戴くこと……畜生類を指す。被毛とは毛を着ている動物達。戴角とは角を持っている者達。

【解釈】

般舟三昧楽［願往生］

釈迦如来のお言葉に素直に従ったならば、この目で阿弥陀仏を拝む事が出来る。［無量楽］

よって、総ての往生を願う者たちに勧めたい。［願往生］

往生の志を持つ同行の者達は、互いに親しみ合い、互いに離れないようにしなくてはならない。

［無量楽］

たとえ父母や妻子が百千万人いたとしても、［願往生］

それは悟りに至る増上縁にはならない。［無量楽］

それどころか、父母や妻子は、絶えず心に纏わり付いて、三悪道に堕ちる縁となる。［願往生］
悪業の果報によって六道を経巡り、様々な身となりながら、たとえ過去に縁のあった人と出遇ったところで、お互い知ることは無い。［無量楽］
私たちは、猪や羊などの畜生の世界に共にいたかもしれない。［願往生］
畜生界などに生じる六道輪廻は、一体、いつ終わるのであろうか。［無量楽］

第二項　帰本相喜段（浄土に帰ってお互いに喜びあう）

【本文】

慶得人身聞要法［願往生］
頓捨他郷帰本国［無量楽］
父子相見非常喜［願往生］
菩薩・声聞亦復然［無量楽］
或将遊行入林看［願往生］
或坐華台登楼観［無量楽］
観見弥陀七宝国［願往生］

【訓読】

慶ばしきかな　人身を得て＊要法を聞き［願往生］
たちまちに＊他郷を捨てて本国に帰ること［無量楽］
＊父子あひ見《まみ》ゆることつねの喜びにあらず［願往生］
菩薩・声聞もまたしかなり［無量楽］
あるいは将《ゐ》て遊行して　林に入りて看せしめ［願往生］
あるいは＊華台に坐し＊楼観に登る［無量楽］
弥陀の＊七宝国を観見するに［願往生］

地上・虚空光相照　［無量楽］
即作神通遍仏国　［願往生］
処処供養無辺会　［無量楽］
一一大会随人入　［願往生］
入処唯聞平等法　［無量楽］
四種威儀常在定　［願往生］
不出三昧作神通　［無量楽］
一一神通到仏会　［願往生］
会会聴法証無生　［無量楽］

＊地上・虚空に光あひ照らす　［無量楽］
すなはち神通をなして仏国に遍し　［願往生］
処処に＊無辺の会を供養す　［無量楽］
一一の大会人に随ひて入る　［願往生］
入る処　ただ＊平等の法を聞く　［無量楽］
＊四種の威儀につねに定にあり　［願往生］
三昧を出でずして神通をなす　［無量楽］
一一の神通仏会に到り　［願往生］
会会に法を聴きて無生を証す　［無量楽］

【語句説明】

○要法……肝要な教法の意。往生浄土の教えをいう。突き詰めれば念仏を指していうか。
○他郷を捨てて本国に帰ること……六道輪廻の娑婆を指して他郷といい、極楽を指して本国という。
○父子……父は阿弥陀仏。子は往生人。ただこのような使用例は、他にあまり見当たらない。善導大師独自の説き方か。

○華台……蓮華の台座。
○楼観……重層の建物。高殿のこと。
○七宝国……七宝で出来た国という意味で、極楽国の別名。證空上人の『自筆鈔』巻第四は「七宝国といは、極楽の異名なり」（西叢四・五八上）といっている。
○地上……『自筆鈔』巻第四は「地下を兼ぬべし」（西叢四・五八上）として、「地上」には「地下」も含むという。確かに第二章・第三節の第四項「慈勧西方段」（本書一三二頁）には「地下宝幢無数億［願往生］方楞具足尽輝光［無量楽］（地下の宝幡無億数なり［願往生］方楞具足して尽く光を輝す［無量楽］）」とある。
○無辺の会……それぞれの仏の広大無辺の説法会座をいう。『自筆鈔』巻第四には「広大無辺の境なれば、説法衆、曾の所も無辺なり。分身の仏の利を説きて、聖衆、機に従う事、一にあらず。故に言うなり」（西叢四・五八上）とある。
○平等の法……同じ一味の法。
○四種の威儀……行・住・坐・臥のこと。

【解釈】

喜ばしいことに、我々は受けがたい人身を受け、遇いがたいお念仏の教えに出遇って、［願往生］たちまちに、六道輪廻の世界を捨てて、極楽世界に帰入することが出来る。［無量楽］

ここで味わう、阿弥陀仏の父と往生人の子とが、互いに見《まみ》えるという喜びは、娑婆世界で味わう喜びとは較べものにならないものである。［願往生］

菩薩や声聞たちと見えるのも、また同じである。［無量楽］

菩薩達は、往生人を連れて、ともに極楽を歩きまわり、樹林に入って浄土の様子を見せ、［願往生］

あるいは蓮華の台座に坐らせて下さったり、あるいは高殿に登らせて下さる。［無量楽］

そこから、阿弥陀仏の七宝で出来た極楽の世界を見わたすと、［願往生］

地上や空中には、それぞれから出される輝く光でもって、互いに照らし合っている。［無量楽］

往生人は神通力を使って、他方の仏の世界を遍歴し、［願往生］

それぞれに設けられた数限りない説法の会座を聴聞供養する。［無量楽］

往生人の機根に従って、その一つ一つの大会に入れて頂いても、［願往生］

どの会座も、それぞれ同じ一味の法を聞かせて戴くばかりである。［無量楽］

そこでは行・住・坐・臥、いかなる姿をしていようとも、いつも澄み切った境地に居ることが出来る。［願往生］

そのような精神統一の境地のままに、神通力を自在に使い、［無量楽］

それぞれの神通力によって、様々な仏の説法の会座を経巡り、［願往生］
おのおのの会座において仏法を聴聞して悟りを得る事が出来る。［無量楽］

【参考・問題点】

○「あるいは将て遊行して林に入りて看せしめ」

これは『般舟讃』に説くこれからの文章と関連があると思われる。以下の偈頌はこれを承けた内容と見ることが出来る。

○「一一の大会人に随ひて入る」

「人に随ひて入る」について良忠師の『私記』（浄全四・五五四上）は二種の解釈を提示する。
①前生の人に従って諸会に入る、②人の請いに随う。
一方、『自筆鈔』巻第四は「其の大会の儀式、説法等種々不同なり。或は観世音菩薩大悲法門説き給ふ会あり、或は大勢至菩薩念仏三昧説き給ふ会あり。其の大会にして、機に違ひ、機に随ひ、人に依りて聴聞悟解する事同じからず。故に、随人入、と云ふ」（西叢四・五八下）と述べて、極楽国に往生した者の機根に随って大会に入り、それぞれが異なる悟りを得る、との解釈を示している。

第七節　安身宝屋章（身を宝の楼閣に安んず）

【本文】

般舟三昧楽［願往生］
極楽安身実是精［無量楽］
金楼・玉柱・瑠璃殿［願往生］
真珠宝閣百千行［無量楽］
重重羅網相映飾［願往生］
宝縄交絡垂鈴珮［無量楽］
昼夜香風時時動［願往生］
声内皆称三宝名［無量楽］
彼国衆生心眼利［願往生］
聞一悟解百千門［無量楽］

【訓読】

般舟三昧楽［願往生］
極楽は身を安ずるに実にこれ＊精なり［無量楽］
金楼・玉柱・＊瑠璃の＊殿［願往生］
真珠の宝閣百千＊行なり［無量楽］
＊重重の羅網あひ＊映飾し［願往生］
宝縄＊交絡して＊鈴珮《りょうはい》を垂る［無量楽］
昼夜に香風ありて時時に動ずに［願往生］
声のうちにみな三宝の名を称す［無量楽］
かの国の衆生＊心眼＊利なり［願往生］
一を聞きて百千の門を悟解す［無量楽］

【語句説明】

○精……巧みですぐれていること。
○瑠璃……青色の宝玉。
○殿……大堂のこと。島地師の『講話』には「殿とは大堂の謂」（下・二五）とある。
○行……「ごう」と読んで「並び立つ」の意。
○重重の羅網……いくえにも重なる飾りあみ。證空上人の『自筆鈔』巻第四は「重重、といは、阿弥陀経に説く所の、七重羅網の相を思はへたり。重々光明を備へて互に照らせば、輝き合へる事不思議なり」（西叢四・五九上―下）といい、いくえにも重なる飾り網《あみ》からも光が放たれるとする。
○映飾……うつり合うこと。
○交絡……互いに交わること。『自筆鈔』巻第四は「云く、風起りて、樹上の枝葉空裏の羅網に触るれば、樹の香気起りて、風相ここに現ず」（西叢四・五九下）と述べ、極楽国の樹の枝葉が羅網と触れるとの解釈を示す。
○鈴珮《りょうはい》……すずと飾り玉。『講話』には「繫がる者」（下・二六）とある。
○心眼……心の眼。『講話』には「内心照了の用を示す」（下・二六）とある。『自筆鈔』巻第四は「意識」（西叢四・五九下）と規定する。良忠師の『私記』（浄全四・五五四下）は意識と眼識を「心眼」とし、耳識・鼻識・舌識・身識の四識を省略したものであるという。
○利……するどくすぐれていること。

【解釈】

般舟三昧楽〔願往生〕
極楽は往生人の身を安らかにさせるに、実にすぐれている。〔無量楽〕
浄土の地上を荘厳する金色の楼閣や、宝玉で彩られた柱、それに瑠璃で出来た大堂、〔願往生〕
真珠の宝閣は百千にも列なっている。〔無量楽〕
いくえにも重なる飾り網、それに付いている宝玉の光が互いを照らし合い、映し合っている。〔願往生〕
宝の縄が交わって、すずと飾り玉を垂らしている。〔無量楽〕
昼夜に香風が起こって、その時々に羅網と触れれば、〔願往生〕
その鳴り響く音声は、すべて仏・法・僧の三宝の名を称《とな》えている。〔無量楽〕
極楽の衆生は、内心を照らす働きがするどく、〔願往生〕
一つの法門を聞けば、百千の法門を一度に悟ることが出来る。〔無量楽〕

第八節　安処法楽章（安んじる処は法楽）

第一項　安処仏会段（仏会に安んず）

【本文】

般舟三昧楽［願往生］
処処安身不如彼［無量楽］
共諸童子遊空戯［願往生］
手散香華心供養［無量楽］
身光瓔珞互相照［願往生］
一切荘厳光亦然［無量楽］
或奏楽器供養仏［願往生］
化仏慈悲遙授記［無量楽］
同生知識百千万［願往生］

【訓読】

般舟三昧楽［願往生］
処処に身を安んずるに彼《かしこ》にしかず［無量楽］
もろもろの童子とともに＊空に遊びて戯る［願往生］
手に香華を散じて心に供養す［無量楽］
身光と＊瓔珞と＊たがひにあひ照らす［願往生］
一切荘厳の光もまたしかなり［無量楽］
あるいは楽器を奏して仏を供養したてまつるに［願往生］
化仏　慈悲をもてはるかに＊授記したまふ［無量楽］
＊同生の知識百千万なり［願往生］

乗華直入虚空会　［無量楽］
会会不同無億数　［願往生］
彼此相過無障礙　［無量楽］
一切時中常説法　［願往生］
見聞歓喜罪皆除　［無量楽］

華に乗じてただちに＊虚空会に入る　［無量楽］
会会不同にして無億数なり　［願往生］
＊彼此＊あひ過ぐるに＊障礙なし　［無量楽］
一切時中につねに法を説く　［願往生］
見聞歓喜して罪みな除こる　［無量楽］

【語句説明】

○空に遊びて戯る……虚空中に遊んで戯れること。『自筆鈔』巻第四に「聖衆童子空に臨みて戯れ遊びて、虚空の荘厳を成す」（西叢四・六〇上）とある。
○瓔珞……首飾り、胸飾りなど。また、宝玉を紐でつらねた装身具をいう。
○たがひにあひ照らす……「互」は三本に「立」となる。三本とは①高田本・②谷大本・③龍大本。『私記』所覧本も「立相照」（浄全四・五五四下）であったというが、他本に「互」とあるとして、「互」を採用している。
「立」では意味が取りがたい。
○授記……記別を授けること。『自筆鈔』巻第四は「此の供養に依りて、化仏慈悲をもて穢土に出でて、当得往生の授記を与へ給ふと云ふなり」（西叢四・六〇下）とあり、授記の対象を穢土の人と限定している。ただ、ここでは浄土での授記として解釈した。

○同生の知識……同じく浄土に往生した者。
○虚空会……空中における説法の会座。
○彼此……あちらこちらの会座。
○あひ過ぐるに……『私記』は一本には「遇」といい、「彼此の人あい過ぎ、相い遇う、彼の浄国の法性の色なるを以っての故に障礙なし」（浄全四・五五四下）という。ただ『原典版・七祖篇』の対校表にはその異本は無い。『自筆鈔』巻第四は「此を聞くも位に昇り、彼を聞くも悟りを増す。互いに我心を離れ、共に増進仏道の因縁なれば、彼此相過ぐれども障碍なきなり」（西叢四・六一上）として、様々な会座を聴聞する機根の立場から解している。今はこの意を採った。
○障礙……さまたげ。

【解釈】

般舟三昧楽［願往生］
どのような処に居ても、身を落ち着かせることの出来るのは、極楽が一番良い。［無量楽］
たくさんの童子とともに空中に遊んで戯れる事も出来る。［願往生］
手では香華を散じて、心では阿弥陀仏を供養する。［無量楽］
往生人の身相の光と、身を飾る瓔珞とが互いに照らし合う。［願往生］
一切の極楽の荘厳から放たれる光も、また互いに照らし合っている。［無量楽］

あるいは、往生人が楽器を奏でて仏を供養している。［願往生］
そこで化仏は慈悲をもって、はるかに記別を授けられるのである。［無量楽］
同じく浄土に往生した者は百千万人もいる。［願往生］
その者たちは蓮華に乗って直ちに空中の説法の会座に入る。［無量楽］
それぞれの会座は別々で、無億数もある。［願往生］
あちらこちらの会座を聴き回り、一つ一つ過ぎ去ったとしても、同味の法を説いているので障りとなることはない。［無量楽］
極楽の会座では、いついかなる時でも教法が説かれている。［願往生］
その教えを見聞して歓喜すれば、罪はすべて除かれる。［無量楽］

第二項　身心法楽段（心身ともに法楽す）

【本文】

仏与聖衆身金色［願往生］
光光相照心相知［無量楽］
相好荘厳無殊異［願往生］

【訓読】

仏と聖衆と身金色なり［願往生］
光光あひ照らし心あひ知る［無量楽］
相好荘厳＊殊異なし［願往生］

皆是弥陀願力成〔無量楽〕
地上・虚空人遍満〔願往生〕
神通転変自然知〔無量楽〕
或作華楼・宝雲蓋〔願往生〕
化鳥連声奏法音〔無量楽〕
法音旋転如雲合〔願往生〕
彼国人天聞即悟〔無量楽〕
一劫・多劫・長時劫〔願往生〕
但受法楽不思議〔無量楽〕

みなこれ弥陀の願力をもて成ず〔無量楽〕
地上・虚空に人＊遍満す〔願往生〕
神通＊転変＊自然に知る〔無量楽〕
あるいは華楼・宝雲蓋をなし〔願往生〕
＊化鳥　声を連ねて法音を奏す〔無量楽〕
法音＊旋転して雲のごとくに合す〔願往生〕
かの国の人天　聞きてすなはち悟る〔無量楽〕
一劫・多劫・長時劫に〔願往生〕
ただ法楽のみを受けて不思議なり〔無量楽〕

【語句説明】

○殊異なし……異なるところがない。
○遍満……あまねくみちわたること。
○転変……語義からすれば「転じ変わること」であろうが、浄土での転変は考えられない。他師はこれに関しては何も語らず、「神通や転変を自然に知る」と解している。しかしそれでは意味が通じ難い。

『観経疏』玄義分の
……人法両空、並是不可思議。神通自在転変無方。身居報土常聞報仏説法、悲化十方須臾遍満。」
（原典版・七祖篇・三五〇）
……人法両《ふたつ》ながら空ず、ならびにこれ不可思議なり。神通自在にして転変無方なり。身は報土に居してつねに報仏の説法を聞き、十方を悲化して須臾に遍満す」と
（註釈版・七祖篇・三一一）
でもって解釈した。ただこの神通を往生人の力と解すると「自然に知る」の文が通じない。そこで、如来の神通と解した。
○自然に知る……自然と知ることが出来る。『講話』は「意自ずから願力の徳を示す」（下・二七）とある。阿弥陀如来の願力によって自然に知ると解する。『自筆鈔』巻第四も「此の人の功徳は自業力の成ずる所にあらず、他力に依りて是を得れば、自然知、と云ふなり」（西叢四・六一下）と解して約仏の立場を取る。しかし『私記』は「人人各各互いに相い知る」（浄全四・五五四下）と約機に釈す。
○化鳥……化現の鳥。阿弥陀仏の変化であるところの鳥。
○旋転……くるくるとめぐること。

【解釈】
阿弥陀仏と聖衆の身は金色に輝いている。［願往生］
そして仏と聖衆達の光と光とが互いに照らしあって、お互いの心を知る。［無量楽］

阿弥陀仏の相好と浄土の荘厳とも異なるところがない。〔願往生〕
みなそれは阿弥陀仏の本願力によって成就された荘厳によるからである。〔無量楽〕
浄土では、地上にも虚空にも往生人が満ち溢れている。〔願往生〕
しかも如来の神通は自在であって、自由自在に変現することを、往生人には自然と分かる。〔無量楽〕
それは、華でかざられた楼閣の上に、宝のような雲が空を覆ったり。〔願往生〕
阿弥陀仏によって化現された鳥は、声を連ねて法音を奏でたり。〔無量楽〕
その法音は巡り巡って、雲のように合わさったりする。〔願往生〕
この法音を聞いて、かの国の人や天たちは悟りに入る事が出来る。〔無量楽〕
往生人は、永い永い間をかけて、〔願往生〕
仏法の楽しみのみを受け、人知では計り知れない不思議を味わう。〔無量楽〕

【参考・問題点】

○「かの国の人天」

極楽の人天に関して『安楽集』巻下に、

是故曇鸞法師正意帰西。故傍『大経』奉讃云「安楽声聞・菩薩衆、人天、智恵咸洞達。身相荘厳無殊異。但順他方故別名。顔容端正無可比。精微妙軀非人天。虚無之身無極体。是故頂礼平等力。」

（原典版・七祖篇・三一三―三一四）

このゆゑに曇鸞法師意を正して西に帰す。ゆゑに『大経』に傍《そ》へて奉讃していはく「安楽の声聞・菩薩衆、人天、智慧ことごとく洞達せり。身相の荘厳殊異なし。ただ他方に順ずるがゆゑに名を別つ。顔容端正にして比ぶべきなし。精微妙軀にして人天にあらず。虚無の身無極の体なり。このゆゑに平等力を頂礼したてまつる」と。

（註釈版・七祖篇・二七七）

とある。ここに極楽における人天の解釈が示されている。

第九節　仏家門開章（仏家の門、開く）

第一項　直入仏家段（仏家に直入す）

【本文】

般舟三昧楽［願往生］

【訓読】

般舟三昧楽［願往生］

極楽荘厳門尽開［無量楽］
普願有縁同行者［願往生］
専心直入不須疑［無量楽］
一到弥陀安養国［願往生］
元来是我法王家［無量楽］
兄弟因縁羅漢衆［願往生］
菩薩法侶為知識［無量楽］

極楽の荘厳門　ことごとく開けたり［無量楽］
あまねく願はくは＊有縁の同行者［願往生］
＊専心に＊直入して疑ふべからず［無量楽］
一たび弥陀の安養国に到りぬれば［願往生］
もとよりこれ＊わが＊法王の家なり［無量楽］
兄弟の因縁は＊羅漢衆なり［願往生］
菩薩＊法侶は＊知識となる［無量楽］

【語句説明】

○有縁の同行者……縁あってともに念仏する法友たち。
○専心……心を専一にすること。
○直入……ただちに浄土に入ること。
○法王……仏法の王。阿弥陀仏を指していう。
○これわが法王の家なり……『講話』は「上に父子相見と云い、下に父子相迎と云う。我の本家たること知るべきなり」（下・二一九）という。

○羅漢衆……阿羅漢の悟りを開いた者達のあつまり。『自筆鈔』は「兄弟因縁羅漢衆、菩薩法侶為知識、といは、凡地に兄弟骨肉たりし謂、浄土に入りては羅漢等の四果の不同を為すと云ふなり。或は菩薩として知識たるも昔の親族の謂なりと定むるなり。一々の事、法王の家に入りぬれば、因縁なきにあらずと知るべし」（西叢四・六二下）とあることから、「この世で兄弟が骨肉を競うほどの間であったとしても、一旦浄土に入れば、互いに羅漢衆となり、または善知識の菩薩となったりする」などの因縁の深さを云うとの解を示す。

○法侶……仏法のなかま。

○知識……善知識。宗教的先生。

【解釈】

般舟三昧楽［願往生］

このような荘厳が施された極楽への入り口は、全て開放されている。［無量楽］

広く願うならば、有縁の念仏者たちよ、［願往生］

心を専らにして、ただちに浄土に入ることを、疑ってはいけない。［無量楽］

ひとたび、阿弥陀仏の極楽に到ったならば、［願往生］

もともと浄土は、我が父阿弥陀仏の家であったと知りえよう。［無量楽］

この世での兄弟の因縁が、浄土では共に羅漢の友であって、［願往生］

菩薩の仲間たちは、浄土へ導く善知識となる。［無量楽］

【参考・問題点】

○「専心」

「専心」は心を専一にすること。『観経疏』「定善義」に「専心」を言「応当専心」已下、此明衆生散動識、劇猿猴、心遍六塵無由暫息。但以境縁非一、触目起貪乱想。安心三昧、何容可得。自非捨縁託静、相続注心。直指西方、簡余九域。是以一身、一心、一廻向、一処、一境界、一相続、一帰依、一正念。是名想成就得正受。此世・後生、随心解脱也。　（原典版・七祖篇・四四六）

「応当専心」といふ以下は、これ衆生散動して識、猿猴よりも劇しく、心六塵に遍してしばらくも息むに由なきことを明かす。ただおもんみれば境縁一にあらず、目に触れて貪を起し想を乱す。心を三昧に安んずること、なんぞ得べけん。縁を捨て静に託するにあらざるよりは、相続して心を注《とど》めんや。ただちに西方を指すは、余の九域を簡ぶ。ここをもつて身を一にし、心を一にし、回向を一にし、処を一にし、境界を一にし、相続を一にし、帰依を一にし、正念を一にす。これを想成就して正受を得と名づく。此世・後生、心に随ひて解脱す。

（註釈版・七祖篇・三九五）

とある。

『自筆鈔』巻第四は「専心といいは、一心の異名なり」（西叢四・六二下）として「一心」と解釈する。『講話』は「専心直入」を対にして「専心を雑行の行者に簡び、直入を回顧落道者に別つ」（下・二八）と述べて、専心を雑行の行者を対象とした内容と見る。

第二項　四儀聞法段（行・住・坐・臥、いつも法を聞く）

【本文】

或行或坐皆聞法［願往生］
或去或来無障礙［無量楽］
或入宝池灌身頂［願往生］
或在乾地宝沙中［無量楽］

【訓読】

あるいは＊行じ　あるいは坐して　みな法を聞き［願往生］
あるいは去り　あるいは来るに障礙なし［無量楽］
あるいは宝池に入りて身頂を灌《あら》ひ［願往生］
あるいは＊乾地宝沙のなかにあり［無量楽］

【語句説明】

○行……歩くの意。

○乾地宝沙……池のほとりの乾いた宝石の砂地。

【解釈】

歩いていようが、座っていようが、どのような姿でも、みな仏法を聴き、［願往生］
また、向こうへ行こうが、こちらに来ようが聞法には一切障碍が無い。［無量楽］
あるいは宝池に入って頭の頂から水を注ごうとも、［願往生］
あるいは池のほとりの乾いた宝石の砂地の中にいて身を乾かしていようとも、仏法を聴くことが出来る。［無量楽］

【参考・問題点】

○ここより以下は「水相観」の所説と合わせて考えたい。

『観経』には「水相観」に関して、次のように説かれている。

次当想水。想水者、極楽国土有八池水。一一池水七宝所成。其宝柔軟。従如意珠王、生分為十四支。一一支、作七宝色。黄金為渠、渠下皆以雑色金剛、以為底沙。一一水中有六十億七宝蓮華。一一蓮華、団円正等十二由旬。其摩尼水、流注華間、尋樹上下。其声微妙、演説苦・空・

無常・無我・諸波羅蜜。復有讃歎諸仏相好者。如意珠王涌出。金色微妙光明。其光、化為百宝色鳥。和鳴哀雅、常讃念仏、念法、念僧。是為八功徳水想、名第五観。

（原典版・一一九―一二〇）

次にまさに水を想ふべし。水を想ふとは、極楽国土に八つの池水あり。一々の池水は七宝の所成なり。その宝柔軟なり。如意珠王より生じ、分れて十四支となる。一々の支、七宝の色をなす。黄金を渠《みぞ》とし、渠の下にみな雑色の金剛をもつて、もつて底の沙《いさご》とす。一々の水のなかに六十億の七宝の蓮華あり。一々の蓮華、団円正等にして十二由旬なり。その摩尼水、華のあひだに流れ注ぎ、樹を尋《めぐ》りて上下す。その声微妙にして、苦・空・無常・無我・諸波羅蜜を演説す。また諸仏の相好を讃歎するものあり。如意珠王より金色微妙の光明を涌出す。その光、化して百宝色の鳥となる。〔その声〕和鳴《わみょう》哀雅《あいげ》にして、つねに仏を念じ、法を念じ、僧を念ずることを讃《たた》ふ。これを八功徳水想とし、第五の観と名づく

（註釈版・九六―九七）

○「宝池に入りて身頂を灌《あら》ひ」

『大経』に灌身に関して、

若入宝池、意欲令水没足、水即没足。欲令至膝、即至于膝。欲令至腰、水即至腰。欲令至頸、水即至頸。欲令灌身、自然灌身。欲令還復、水輒還復。調和冷煖、自然随意。開神、悦体、蕩

除心垢。清明澄潔、浄若無形。宝沙、映徹、無深不照。微瀾廻流転相灌注。安詳徐逝、不遅、不疾。波揚無量。自然妙声、随其所応莫不聞者。或聞仏声、或聞法声、或聞僧声。或寂静声、空無我声、大慈悲声、波羅蜜声、或十力・無畏・不共法声、諸通慧声、無所作声、不起滅声、無生忍声、乃至、甘露灌頂、衆妙法声、如是等声、称其所聞、歓喜無量。（原典版・四五）

もし宝池に入りて、意に水をして足を没さしめんと欲へば、水すなはち足を没す。膝に至らしめんと欲へば、すなはち膝に至る。腰に至らしめんと欲へば、水すなはち腰に至る。頸《くび》に至らしめんと欲へば、水すなはち頸に至る。身に灌がしめんと欲へば、自然に身に灌ぐ。還復せしめんと欲へば、水すなはち還復す。冷煖を調和するに、自然に意に随ふ。〔水浴せば〕神《たましい》を開き、体を悦ばしめて、心垢を蕩除す。〔水は〕清明澄潔にして、浄きこと形なきがごとし。〔池底の〕宝沙、映徹して、深きをも照らさざることなし。微瀾《えらん》回流してうたたあひ灌注《かんじゅ》す。安詳としてやうやく逝きて、遅からず、疾からず。波揚りて無量なり。自然の妙声、その所応に随ひて聞えざるものなし。あるいは仏声を聞き、あるいは法声を聞き、あるいは僧声を聞く。あるいは寂静の声、空無我の声、大慈悲の声、波羅蜜の声、あるいは十力・無畏・不共法の声、もろもろの通慧の声、無所作の声、不起滅の声、無生忍の声、乃至、甘露灌頂、もろもろの妙法の声、かくのごときらの声、その聞くところに称《かな》ひて、歓喜すること無量なり。

（註釈版・三五―三六）

とあって浄土での「灌身」が示されている。

第三項　池樹悟真段（池の辺や樹の下で阿弥陀仏の真の声を聞いて悟る）

【本文】

弄水微波出妙響　［願往生］
声中純説慈悲法　［無量楽］
徳水清澄千万里　［願往生］
宝沙映徹如不深　［無量楽］
四岸荘厳七宝間　［願往生］
底布金沙百千色　［無量楽］
色色不同輝光照　［願往生］
宝樹飛華落水中　［無量楽］
樹樹垂条如宝帳　［願往生］
周帀由旬三十万　［無量楽］

【訓読】

＊水を弄《う》てば＊微波《みは》妙響《こう》を出し　［願往生］
声のうちに純《もは》ら慈悲の法を説く　［無量楽］
＊徳水清澄にして千万里なり　［願往生］
宝沙＊映徹して＊深からざるがごとし　［無量楽］
＊四岸の荘厳七宝間《まじ》はる　［願往生］
＊底に布ける金沙に百千の色あり　［無量楽］
色色不同にして　光を輝かして照らす　［願往生］
宝樹の飛華　水中に落つ　［無量楽］
＊樹樹条を垂れて＊宝帳のごとし　［願往生］
＊周帀すること　由旬三十万なり　［無量楽］

根茎枝葉七宝間［願往生］
一一宝流無数光［無量楽］
微風起時更相触［願往生］
六天音楽無能比［無量楽］
化仏・菩薩・恒沙衆［願往生］
一一樹下聴真声［無量楽］

根茎《きょう》枝葉七宝間《まじ》はる［願往生］
一一の宝 無数の光を流す［無量楽］
微風起る時たがひにあひ触るるに［願往生］
＊六天の音楽もよく比ぶものなし［無量楽］
化仏・菩薩・恒沙の衆［願往生］
一一の樹下にして＊真声を聴く［無量楽］

【語句説明】

○水を弄《う》てば……『原典版・七祖篇』対校表には対校されていないが「弄」の字は、高田本では「抃」となっている。「弄」はもてあそぶの意。「抃」は「べん」と読んで、両手をぱんぱんと打ち会わせる、手をたたいて喜ぶ意とある。なお、原本の『浄土眞宗聖典全書』一、は底本を高田本としているものの、ここは「弄」の字を使っている。しかも対校の脚注には何も記されていない。
○微波妙響を出し……さざ波が妙なる音を発するをいう。
○徳水……浄土の宝池の八功徳水。
○映徹……すきとおること。

○深からざるがごとし……前文の「宝沙映徹して」を考えると『大経』の「宝沙、映徹して、深きをも照らさざることなし」(註釈版・三六)を讃文に引用したと考えられる。漢文では「宝沙映徹如不深」が『今讃』の文で、『大経』は「宝沙映徹、無深不照」(原典版・四五)である。しからば最後の「不照」を省略したに過ぎないのでは無いか。そうすれば「不深」の語に「深きをも照らさざる事無し」の意が含まれていると見られないだろうか。
また證空上人の『自筆鈔』巻第四には「如不深、といは、映徹の姿を釈し顕すなり。深けれども、娑婆の水の深きに異にして、衆生の心にかなふ故なり」(西叢四・六三上)と解釈している。
○四岸……宝池の四方の岸。
○底に布ける金沙……前項の『観経』の所説に見える。
○「樹樹条を垂れて……真声を聴く」……この八句は『観経』の宝樹観を讃える一段となっている。→【参考・問題点】
○宝帳……宝石のとばり。
○周帀……周囲の長さのこと。
○六天……欲界の第六天、他化自在天のこと。
○真声……阿弥陀仏の法音のこと。

【解釈】
水を打てば、さざ波が起こって妙なる音が出る。[願往生]

その音からは、もっぱら慈悲の御法が説かれている。［無量楽］
浄土の宝池の八功徳水は清明澄潔で、はるか千万里までも続いている。［願往生］
宝の砂は透き通っていて、深い底まで照らし出す。［無量楽］
宝池の四方の岸辺の荘厳は、七宝から出来ている。［願往生］
宝池の底に敷かれた黄金の砂には百千の色がある。［無量楽］
その色は様々で、光を放ち、輝き照らしている。［願往生］
宝樹から飛んできた華が、水中に落ちて浮かんでいる。［無量楽］
宝樹の木々の枝は垂れて、あたかも宝石のとばりのようである。［願往生］
池の周囲は三十万由旬もある。［無量楽］
また宝樹の木々の根や茎、あるいは枝や葉も七宝から出来ており、［願往生］
その一々の宝から、無数の光が放たれている。［無量楽］
かすかに風が吹いた時、その宝がたがいに触れあった時に奏でられる音楽、［願往生］
それは、第六欲天の音楽ですら比べられないほどの妙音で、［無量楽］
化仏や菩薩や無量の大衆たちは、［願往生］
それぞれの樹の下で、その妙音を阿弥陀仏の真実の説法として聴いている。［無量楽］

【参考・問題点】

○『観経』の宝樹観

次観宝樹。観宝樹者、一一観之作七重行樹想。一一樹高八千由旬。其諸宝樹、七宝華葉無不具足。一一華葉、作異宝色。瑠璃色中出金色光、玻梨色中出紅色光、碼碯色中、出硨磲光、硨磲色中出緑真珠光。珊瑚・琥珀、一切衆宝以為映飾。妙真珠網、弥覆樹上。一一樹上有七重網。一一網間有五百億妙華宮殿。如梵王宮。諸天童子、自然在中。一一童子、五百億釈迦毘楞伽摩尼宝以為瓔珞。其摩尼光、照百由旬。猶如和合百億日月。不可具名。衆宝間錯、色中上者。此諸宝樹、行行相当、葉葉相次。於衆葉間、生諸妙華。華上自然有七宝果。一一樹葉、縦広正等二十五由旬。其葉、千色有百種画。如天瓔珞。有衆妙華。作閻浮檀金色、如旋火輪婉転葉間。涌生諸果、如帝釈瓶。有大光明、化成幢旛・無量蓋。是宝蓋中映現三千大千世界一切仏事。十方仏国亦於中現。見此樹已、亦当次第一一観之。観見樹茎・枝葉・華果、皆令分明。是為樹想、名第四観

（原典版・一一七―一一九）

次に宝樹を観ぜよ。宝樹を観ずとは、一々にこれを観じて七重の行樹の想をなせ。一々の樹の高さ八千由旬なり。そのもろもろの宝樹、七宝の華葉具足せざることなし。一々の華葉、異なれる宝色をなす。瑠璃色のなかより金色の光を出し、玻梨色のなかより紅色《ぐしき》の光を出し、碼碯

色のなかより硨磲の光を出し、硨磲色のなかより緑真珠の光を出す。珊瑚・琥珀、一切の衆宝をもつて映飾とす。妙真珠網は、樹上に弥覆《みふ》せり。一々の樹上に七重の網あり。一々の網のあひだに五百億の妙華の宮殿あり。梵王宮のごとし。諸天の童子、自然になかにあり。一々の童子、五百億の釈迦毘楞伽摩尼宝をもつて瓔珞とす。その摩尼の光、百由旬を照らす。なほ百億の日月を和合せるがごとし。つぶさに名づくべからず。衆宝間錯《けんざく》して、色のなかに上れたるものなり。このもろもろの宝樹、行々あひ当り、葉々あひ次《ちか》し。もろもろの葉のあひだにおいて、もろもろの妙華を生ず。華の上に自然に七宝の果あり。一々の樹葉、縦広正等にして二十五由旬なり。その葉、千色にして百種の画あり。天の瓔珞のごとし。もろもろの妙華あり。閻浮檀金色をなし、旋火輪のごとく葉のあひだに婉転す。もろもろの果を涌生《ゆしょう》すること、帝釈の瓶《かめ》のごとし。大光明あり、化して幢幡・無量の宝蓋となる。この宝蓋のなかに三千大千世界の一切の仏事を映現す。十方の仏国もまたなかにおいて現ず。この樹を見をはりて、またまさに次第に一々にこれを観ずべし。樹茎・枝葉・華果を観見して、みな分明ならしめよ。これを樹想とし、第四の観と名づく。（註釈版・九五—九六）

第十節　回入仏智章（仏智に回入する）

第一項　依正不二段（依報・正報不二）

【本文】

般舟三昧楽〔願往生〕
一入不退至菩提〔無量楽〕
宝地寛平衆宝間〔願往生〕
一一宝出百千光〔無量楽〕
一一光成宝台座〔願往生〕
光変為楼百千億〔無量楽〕
化天童子無窮数〔願往生〕
悉是念仏往生人〔無量楽〕

【訓読】

般舟三昧楽〔願往生〕
一たび入りぬれば不退にして菩提に至る〔無量楽〕
宝地＊寛平にして衆宝間《まじ》はる〔願往生〕
一一の宝　百千の光を出す〔無量楽〕
一一の光　宝台座となり〔願往生〕
光変じて＊楼となること百千億なり〔無量楽〕
＊化天童子　数を窮むることなし〔願往生〕
ことごとく　これ念仏往生の人なり〔無量楽〕

【語句説明】

○寛平……どこまでも平らで高低起伏がないこと。

○楼……楼閣のこと。重層の建物。

○化天童子……『註釈版・七祖篇』（七四三）によると、「神通力によって現出した諸天の子供たち」とあるが、『私記』には「化天等とは浄土の化生なるが故に化天と名づく。また実天に非ず。故に化天と名づく」（浄全四・五五五・上）という。『講話』（下・三二）は『私記』の意見を踏襲して「実天に対する化天」と見る。「この天童多しといえども、皆是念仏往生人に非ざるはなしと讃す」とまとめている。そうすれば「化天」ではなく「化の天童子」「実の天童子」の意味となる。

「実の天童子」は天部所収であるが、この「化の天童子」は「天童子」の姿を取りながら念仏往生人を指すのであるから、神通力の変現としての天童子では無いといえる。なお、『自筆鈔』はこれに言及していないが、大塚師はこれを「化天や童子」と両種に数えて解釈している。（『般舟讃私講』二三四頁）

【解釈】

般舟三昧楽［願往生］

一たび浄土に往生できれば、退転することなく悟りにまで至る。［無量楽］

大地はどこまでも平らかで、多くの宝で出来ている。［願往生］

その一々の宝からは、百千の光が出されており、〔無量楽〕
その一々の光が、七宝の台座となり、〔願往生〕
それが変化して百千億の楼閣となる。〔無量楽〕
無数の、仮に姿を現した天の童子達、〔願往生〕
彼らは総て念仏往生の人達である。〔無量楽〕

【参考・問題点】

○「宝地寛平にして…」

「宝地寛平にして」以下は『法事讃』の本文と極似している。『法事讃』巻下に

弥陀仏国真厳浄。三悪・六道永無名。事事荘厳難可識。種種妙微甚為精。地迴寛平衆宝間、一一同耀五百光。一一光成宝台座。一一座上百千堂。千堂化仏、塵沙会。衆生入者共相量。無数音声遊空転、化天童子散華香。昼夜六時無間息。地上・虚空難可量。

（原典版・七祖篇・六三三）

弥陀の仏国はまことに厳浄なり。三悪・六道永く名すらなし。事々の荘厳識るべきこと難し。種々妙微にしてはなはだ精たり。地はるかに寛平にして衆宝間はり、一々に同じく耀きて五百

の光あり。一々の光宝台座となる。一々の座上に百千の堂あり。千堂の化仏、塵沙の会あり。衆生入るものともにあひ量る。無数の音声空に遊びて転じ、化天童子華香を散ず。昼夜六時に間息することなし。地上・虚空量るべきこと難し。

（註釈版・七祖篇・五五九）

第二項　讃法無窮段（弥陀を讃ずること窮まりなし）

【本文】

或登宝座楼中戯［願往生］
不飢不渇湛然常［無量楽］
或入光明百宝殿［願往生］
正値大会讃弥陀［無量楽］
或道従今至仏果［願往生］
長劫讃仏報慈恩［無量楽］

【訓読】

あるいは宝座に登り楼中に戯れ［願往生］
＊飢ゑず渇かず＊湛然として常なり［無量楽］
あるいは光明百宝の殿に入り［願往生］
まさしく＊大会に値ひて弥陀を讃じたてまつる［無量楽］
あるいはいはく　今より仏果に至るまで［願往生］
長劫に仏を讃じて＊慈恩を報ぜむと［無量楽］

【語句説明】

○飢ゑず渇かず……『法事讃』に「飢ゑては九定の食を餐し［散華楽］渇しては四禅の漿を飲む［散華楽］」（註

釈版・七祖篇・五二七）とあるように、浄土において法を味わうことを飲食に喩える。↓【参考・問題点】
○湛然……安らかで落ち着いたさま。
○大会……大いなる説法の会座。
○慈恩……慈悲の御恩。

【解釈】

また、往生人は宝座に登って楼閣の中で楽しみ戯れ、［願往生］
法楽によって飢えや渇きを感じることなく、常に心安らかに落ち着いている。［無量楽］
また、光明に輝く百宝で飾られた宮殿に入り、［願往生］
そこでは、まさに大いなる説法の会座が開かれているのに出遇い、阿弥陀仏を讃嘆させて戴く。
［無量楽］
あるいは、次のように云うであろう。「今から仏果を得るまでの［願往生］
きわめて永い期間、仏を讃嘆して、慈悲のご恩に報いたい」と。［無量楽］

【参考・問題点】

○「飢ゑず渇かず」

『法事讃』巻上には次のように讃じられている。

池廻八味水　［散華楽］　華分戒定香　［散華楽］
飢餐九定食　［散華楽］　渇飲四禅漿　［散華楽］
西方七宝樹　［散華楽］　声韻合宮商　［散華楽］
（原典版・七祖篇・五九七）

池には回れり八味の水　［散華楽］　華は戒定の香を分てり　［散華楽］
飢ゑては九定の食を餐し　［散華楽］　渇しては四禅の漿を飲む　［散華楽］
西方七宝の樹　［散華楽］　声韻宮商に合ふ　［散華楽］
（註釈版・七祖篇・五二六—五二七）

○「あるいはいはく今より仏果に至るまで」

ここも聖人の引用が二箇所に見られる。第二章・第四節の第二項「不忤乗華段」の「ただ衆生の疑ふべからざるを疑ふを恨む」（本書一八一頁）が『本典』『信巻』末「真仏弟子釈」と同『化巻』本「真門釈」の両方に同内容の引用が見られる。これは三文連引中の第二例目に当たる。ここではその一例のみを挙げておきたい。

光明師（善導）のいはく（般舟讃　七三三）、「ただ恨むらくは、衆生の疑ふまじきを疑ふことを。浄土対面してあひ忤《たが》はず。弥陀の摂と不摂とを論ずることなかれ。意専心にして回すると回せざるとにあり。［乃至］　あるいはいはく、今より仏果に至るまで、長劫に仏を讃めて慈恩を報ぜん。弥陀の弘誓の力を蒙らずは、いづれの時いづれの劫にか娑婆を出でんと。［乃至］　いかんが今日宝国に至ることを期せん。まことにこれ娑婆本師の力なり。もし本師知識の勧めにあらずは、弥陀の浄土いかんしてか入らん」と。

（註釈版・二六〇）

第三項　悲喜迷悟段（迷を悲しみ、悟を喜ぶ）

【本文】

不蒙弥陀弘誓力　［願往生］
何時何劫出娑婆　［無量楽］
自到已来常法楽　［願往生］
畢竟不聞十悪声　［無量楽］
眼見如来耳聞法　［願往生］
身常従仏喜還悲　［無量楽］

【訓読】

弥陀の＊弘誓の力を蒙らずは　［願往生］
いづれの時　いづれの劫にか娑婆を出でむ　［無量楽］
到りてよりこのかた　つねに法楽あり　［願往生］
＊畢竟じて＊十悪の声《な》を聞かず　［無量楽］
眼には如来を見たてまつり耳には法を聞き　［願往生］
身はつねに仏に従ひて喜びまた＊悲しむ　［無量楽］

【語句説明】

○弘誓……広弘の誓願。ひろい誓い。
○畢竟じて……ついに。
○十悪の声を聞かず……浄土ではただ法楽のみがあって、苦や悪がないこと。十悪とは、身・口・意の三業がつくる十の罪悪（殺生・偸盗・邪淫・妄語・綺語・悪口・両舌・貪欲・瞋恚・邪見）。↓【参考・問題点】
○悲しむ……證空上人の『自筆鈔』巻第四では、「昔の聞かざりし過を顧みて悲しむと示して、楽の体を顕すなり」（西叢四・六六上）といって「悲しみ」を阿弥陀仏の教えを昔に聞かなかったこと、との意味で解釈している。

【解釈】
阿弥陀仏の広大な誓願の力を蒙ることがなければ、［願往生］
いったい、何時に、そして何劫を経れば娑婆世界を脱することができたであろうや。［無量楽］
阿弥陀仏の浄土に到った時より今日まで、常に法を楽しませて頂いている。［願往生］
しかも、ここではついに十悪の名すら、聞いたことがない。［無量楽］
眼では如来の姿を見、耳ではその教えを聴き、［願往生］
そして、身体では常に仏に随っている。これらを喜べば喜ぶほど、娑婆での自分の姿が悲しまれる。［無量楽］

【参考・問題点】

○「十悪の声」

「悪の声（名）」について善導大師は、

願共諸衆生、往生安楽国。南無至心帰命、礼西方阿弥陀仏。彼尊仏刹無悪名。亦無女人悪道怖。衆人、至心敬彼尊。故我頂礼弥陀尊。

（原典版・七祖篇・七六七）

願はくはもろもろの衆生とともに、安楽国に往生せん。南無して心を至し帰命して、西方の阿弥陀仏を礼したてまつる。かの尊の仏刹には悪の名なし。また女人と悪道との怖れなし。衆人、心を至してかの尊を敬ひたてまつる。ゆゑにわれ弥陀尊を頂礼したてまつる。

（註釈版・七祖篇・六八〇）

これは迦才『浄土論』巻中の引用と考えられる。

願共諸衆生、往生安楽国。彼尊仏刹無悪名、亦無女人悪道怖。

（大正四七・九七上）

願はくは諸の衆生と共に、安楽国に往生せん。彼の尊の仏刹には悪の名無し。亦た女人と悪道との怖れも無し。

第四項　謝徳仏力段（釈尊の仏力を謝す）

【本文】

何期今日至宝国［願往生］
実是娑婆本師力［無量楽］
若非本師知識勧［願往生］
弥陀浄土云何入［無量楽］

【訓読】

なんぞ 今日＊宝国に至るを期する［願往生］
実に これ娑婆本師の力なり［無量楽］
もし 本師＊知識の勧めにあらずは［願往生］
弥陀の浄土いかんが入らむ［無量楽］

【語句説明】

○宝国……極楽浄土を指していう。
○知識……善知識のこと。

【解釈】

どうして今日、極楽浄土に至ることを目的と出来るのか。［願往生］
それはまさに、娑婆世界の本師、釈迦如来の力以外、何ものでも無い。［無量楽］

もし、善知識である本師の勧めが無かったならば、［願往生］
阿弥陀仏の浄土にどうして往生することができるであろうや。［無量楽］

【参考・問題点】

○親鸞聖人の引用

第二項「讃法無窮段」に述べたように、この箇所も『信巻』末「真仏弟子釈」と『化巻』本「真門釈」の両方に同内容の引用が見られた連引中の第三文に当たる。（本書二四二頁参照）

光明師（善導）のいはく（般舟讃 七三三）、「ただ恨むらくは、衆生の疑ふまじきを疑ふことを。浄土対面してあひ忤《たが》はず。弥陀の摂と不摂とを論ずることなかれ。意専心にして回すると回せざるとにあり。［乃至］　あるいはいはく、今より仏果に至るまで、長劫に仏を讃めて慈恩を報ぜん。弥陀の弘誓の力を蒙らずは、いづれの時いづれの劫にか娑婆を出でんと。［乃至］　いかんが今日宝国に至ることを期せん。まことにこれ娑婆本師の力なり。もし本師知識の勧めにあらずは、弥陀の浄土いかんしてか入らん」と。

（註釈版・二六〇）

第十一節　依経起行章（経によって行を起こす）

第一項　報恩専行段（報恩の専心行）

【本文】

般舟三昧楽［願往生］
得生浄土報師恩［無量楽］
普勧有縁道俗等［願往生］
会是専心行仏教［無量楽］

【訓読】

般舟三昧楽［願往生］
浄土に生ずることを得て師恩を報ぜよ［無量楽］
あまねく有縁の＊道俗等に勧む［願往生］
かならず　これ＊専心にして＊仏教を行ぜよ［無量楽］

【語句説明】

○道俗……道は出家、俗は在家の人。
○専心……善導大師は「専心念仏坐華台（専心に念仏すれば華台に坐す）」（『法事讃』巻上〈原典版・七祖篇・五八二、註釈版・七祖篇・五一三〉）、「専心聴法入真門（専心に法を聴きて真門に入らん）」（同〈原典版・七祖篇・六〇四、註釈版・七祖篇・五三三〉）、「専心専注往西方（専心専注して西方に往け）」（同巻下〈原典版・七祖篇・六三八、註釈版・七祖篇・五六四〉）などとして「専心」の語を好んで使う。

〇仏教……證空上人の『自筆鈔』巻第四では、「仏教」とは「今の観門を指すなり」（西叢四・六六下）として独自の解釈を行う。

【解釈】

般舟三昧楽［願往生］

極楽浄土に生じたならば、本師釈迦如来のご恩に報謝しなさい。［無量楽］

それは、この教えをひろく有縁の在家・出家たちに勧めることである。［願往生］

必ず、阿弥陀仏の教えを専心に実践しなさい、と。［無量楽］

第二項　依経正念段（経によって正念に住す）

【本文】

念仏専心誦経観［願往生］

礼讃荘厳無雑乱［無量楽］

行住坐臥心相続［願往生］

【訓読】

＊念仏し専心に＊誦経し観じ［願往生］

荘厳を＊礼讃して＊雑乱することなかれ［無量楽］

＊行住坐臥に心相続すれば［願往生］

極楽荘厳自然見［無量楽］　一極楽の荘厳 自然に見《あらは》る［無量楽］

【語句説明】

○念仏し専心に……島地師の『講話』は「専心念仏。専心誦経。」(下・三四）と専心を前後にかけて読む。↓【参考・問題点】

○誦経……声を出して経文を読むこと。

○礼讃……礼拝し讃嘆すること。

○雑乱……語義としては単に「心が乱れること」であるが、『講話』(下・三四）では、「無雑乱とは、心得無疑の意なり」として深い意味を採っている。↓【参考・問題点】

○行住坐臥……歩くこと、とどまること、すわること、臥すことの四威儀。要するに「どのような姿形をしていても」との意味。

【解釈】

専心に念仏し、専心に経典を読誦し、浄土の姿を観察し、［願往生］

浄土の荘厳を礼拝し、讃嘆して、心を乱してはいけません。［無量楽］

行住坐臥いかなる時も、その心を持《たも》ち続けたならば、［願往生］

極楽浄土の荘厳が自然《じねん》に目の前にあらわれるであろう。［無量楽］

【参考・問題点】

○「念仏し専心に」

『講話』に「念仏専心は正業なり。専心の言、中間にあって前後に貫通す。専心念仏・専心誦経と云う意なり。誦経・観・礼讃は前三後一の助業なり。無雑乱とは心得無疑の意なり」（下・三四）といって「専心」の語は前後にかかると見る。文脈からすれば専心は「誦経」のみにかかるが、念仏を中心と見れば「専心念仏」でなければならないから、そのように解したのであろう。

五正行とは「読誦・観察・礼拝・称名・讃嘆供養」で、この中「称名」を正定業とし、読誦・観察・礼拝が前三。讃嘆供養が後一で、この前三後一のいずれもが助業となる。よって今の場合、「念仏専心」が正定業で、その他の「誦経・観（察）・礼讃（礼拝・讃嘆）」の四は助業となるというう。この五正行にて、心に疑なきを得るという「心得無疑」の義が「無雑乱」であるというのが『講話』の見方である。また、『講話』は、この句以下の位置づけについて三仏の立場から恩の報謝を説いていると見る。まず「念仏し専心に」から「みなこれ弥陀の本願力なり」までは「弥陀の恩」を勧め、「仏力をもつてのゆゑに」から「釈迦の恩を慚賀すべし」までは釈迦の恩を勧め、「十方の如来」から「定判したまふ」までは諸仏の恩を勧めると解する。

第三項　依経想観段（経によって想観する）

【本文】
或想或観除罪障［願往生］
皆是弥陀本願力［無量楽］
以仏力故成三昧［願往生］
三昧得成心眼開［無量楽］

【訓読】
あるいは想し　あるいは観ずるに罪障を除く［願往生］
みなこれ弥陀の本願力なり［無量楽］
＊仏力をもつてのゆゑに三昧を成ず［願往生］
三昧成ずることを得て＊心眼開けぬれば［無量楽］

【解釈】
あるいは浄土の荘厳を想い、あるいは浄土を観察すれば、罪障を取り除くことができる。［願往生］
これらのはたらきは、すべて阿弥陀仏の本願力によるものである。［無量楽］
如来の力によって三昧を成就することができて、［願往生］
三昧の成就によって心眼が開かれる。［無量楽］

【参考・問題点】

○**仏力**……釈迦の仏力か、それとも阿弥陀仏か。島地師の『講話』は、上述の通り、この段を釈迦の恩を勧める一段と見る。前項（二五一頁）の【参考・問題点】を参照されたい。

○**心眼開け**……『観経疏』定善義に、

正明弁観成相。即有其四。……三明想見像坐已、心眼即開。四明心眼既開、即見金像及彼極楽諸荘厳事、地上・虚空了然無礙。又観像住心之法一如前説。従頂一一想之。

（原典版・七祖篇・四九〇）

まさしく観成の相を弁ずることを明かす。すなはちその四あり。・・・三には像の坐せるを想見しをはりて、心眼すなはち開くることを明かす。四には心眼すでに開けて、すなはち金像およびかの極楽のもろもろの荘厳の事を見るに、地上・虚空了然として礙なきことを明かす。また像を観ずる住心の法はもつぱら前の説のごとし。頂より一一にこれを想へ。

（註釈版・七祖篇・四三三―四三四）

とある。

第四項　依経助念段（経によって助念する）

【本文】

諸仏境界超凡外［願往生］
唯知慙賀釈迦恩［無量楽］
十方如来舒舌証［願往生］
定判九品得還帰［無量楽］

【訓読】

諸仏の境界にして＊凡外に超えたり［願往生］
ただ知りて釈迦の恩を＊慙賀すべし［無量楽］
十方の如来＊舌を舒べて証して［願往生］
＊九品還帰することを得と定判したまふ［無量楽］

【語句説明】

○凡外に超えたり……凡夫の外へ超えるの意味か、凡夫の境界を超越しているの意味か。『講話』（下・三五）によると「外」は一本に「夫」となるという。ただ『原典版・七祖篇』の対校表には該当が無い。しかし「凡外」よりも「凡夫」の方が意味は通じやすい。

○慙賀……自らの罪障を知って慙愧し、釈迦の恩をよろこび賀するという意。

○舌を舒べて……仏の説くところが虚妄ではないという証誠の意を示す。

○九品……上品上生から下品下生までの九段階。

○九品還帰することを得……九品の機類がすべて浄土に「還帰」（かえること）が出来るとの意味。浄土に往生することを「還帰」と表現したのは、浄土を本国と見たためである。（註釈版・七祖篇・七四六の註を参照）以前に還浄が議論されたことがあったが、ここに何らかのヒントが見いだせないか。

【解釈】

心眼が開けば、諸仏の悟りの境界に入ることであり、その境地は凡夫を遙かに超越したものである。［願往生］

ただ、その境地に至れば、釈迦の恩によって自らの罪障を慙愧し、往生させて頂くご恩を喜ぶべきである。［無量楽］

このことが真実であることを、十方の如来がたくみに説法して証明して下さり、［願往生］

九品の機類がすべて浄土に帰って行くことができると判じて下さっている。［無量楽］

【参考・問題点】

○「九品」

『法事讃』に、

娑婆極苦非生処。極楽無為実是精。九品倶廻得不退。（原典版・七祖篇・六三八）

娑婆はきはめて苦にして生処にあらず。極楽は無為にして実にこれ精なり。九品ともに回して不退を得よ。（註釈版・七祖篇・五六三）

とある。参考にして解釈した。

第五項　対讃浄土段（浄土を讃嘆するに対して、穢土での苦しみを説く）

【本文】

父子相迎入大会［願往生］
即問六道苦辛事［無量楽］
或有所得人天報［願往生］
飢餓困苦体生瘡［無量楽］
爾時弥陀及大衆［願往生］
聞子説苦皆傷歎［無量楽］
弥陀告言諸仏子［願往生］
自作自受莫怨他［無量楽］

【訓読】

＊父子あひ迎へて＊大会に入らしめて［願往生］
すなはち六道苦辛の事を問ふ［無量楽］
あるいは＊所得の人天の報あれども［願往生］
飢餓困苦して体に瘡を生ず［無量楽］
その時に弥陀　および大衆［願往生］
子の苦を説くことを聞きてみな傷歎したまふ［無量楽］
弥陀もろもろの仏子に告げてのたまはく［願往生］
＊自作自受なり　他を怨むことなかれと［無量楽］

【語句説明】

○父子……阿弥陀仏を父に、往生人を子にたとえ、阿弥陀仏が往生人を迎えることを「相迎」という。すでに「父子相見」とあったのを受けての用語。

○大会……阿弥陀仏の大いなる説法の会座。

○所得の人天の報あれども……『講話』（下巻・三五―三六）はここを「有所得と無所得」で論じる。「有所得を人天可愛の果、無所得を人天非愛の果」とする。證空上人の『自筆鈔』巻第四は「人天は楽に似たれども貧報を受けつれば飢え苦しみ、身に瘡を痛む苦あり」（西叢四・六七下）としている。双方ともに意味が取りがたい。よって「所得」を単に「得るところ」と訳し、「過去世の業に依ってやっと得たところの人・天の果報であったけれども」と素直に見ては如何か。

○自作自受……みずからが迷いの業因をつくり、みずからがその果報を受けるということ。

【解釈】

父なる阿弥陀仏は、子なる往生人を迎えて説法の会座に入らせて下さる。［願往生］

そこで、仏は子に対して六道の苦しみについて問いかけられた。［無量楽］

すると往生人は、「過去世の業に依って得た人・天の果報でありましたが、［願往生］

飢餓に苦しめられたり、身体に瘡などを生じる苦しみを味わってきました」と申しあげる。［無

量楽］
すると、阿弥陀仏と浄土の大衆たちは、［願往生］
往生人のそのような苦しみを聞いて、みな痛ましく嘆かれる。［無量楽］
その時、阿弥陀仏は、総ての大衆たちに告げられる。［願往生］
「これらは、自らが修した因によって、自らが受けた結果である、決して他人を怨んではならない」と。［無量楽］

第十二節　讃嘆真楽章（浄土での本当の楽しみを讃嘆する）

第一項　宅処無為段（極楽は無為の処）

【本文】
般舟三昧楽［願往生］
常住宝国永無憂［無量楽］
涅槃快楽無為処［願往生］

【訓読】
般舟三昧楽［願往生］
常住の宝国には永く憂ひなし［無量楽］
涅槃快楽《けらく》無為の処には［願往生］

貪瞋火宅未曾聞［無量楽］――＊貪瞋の火宅いまだかつて聞かず［無量楽］

【語句説明】

○貪瞋の火宅……貪欲（むさぼり）や瞋恚（いかり）に悩まされることを、燃えさかる家に喩えていう。当然ながらそこには三毒のもう一つ、愚痴（おろかさ）も含まれていよう。

【解釈】

般舟三昧楽［願往生］

涅槃常住の浄土においては、心を悩ませるようなものは永遠に存在しない。［無量楽］

浄土は、涅槃の快楽を受ける無為の世界である。そこには、［願往生］

燃えさかる家のような貪・瞋・痴の三毒の煩悩が存在するなど、いまだに聞いたことがない。

［無量楽］

第二項　坐立断徳段（浄土では一坐一立するに、悪業を断じる徳がある）

【本文】

百宝華台随意坐［願往生］
坐処聖衆無央数［無量楽］
童子供養声聞讃［願往生］
鳥楽飛空百千帀［無量楽］
一坐一立須臾頃［願往生］
微塵故業尽消除［無量楽］

【訓読】

百宝の華台に意に随ひて坐す［願往生］
坐する処には聖衆＊無央数なり［無量楽］
童子供養し　声聞讃ず［願往生］
＊鳥楽《がく》　空に飛びて＊百千帀なり［無量楽］
一坐一立須臾のあひだに［願往生］
＊微塵の故業ことごとく消除す［無量楽］

【語句説明】

○無央数……阿僧祇の漢訳。数えきれないほど大きな数の単位。

○鳥楽……良忠師『私記』に「鳥楽等とは鳥、楽《がく》を作し。或いは鳥と楽《がく》となり」（浄全四・五五七上）と解し、島地師の『講話』（下巻・三六）では「鳥楽・飛空楽」と解している。そこで、ここは「鳥が空を飛んで百千匝の楽《がく》を奏でる」との意味に取った。

○百千帀……百千遍めぐること。
○微塵の故業……微塵は無数の意。これまでになした数多い業。無始以来の多くの悪業のこと。

【解釈】
往生人は、百の宝で出来た華台に思いのままに坐る。[願往生]
その法座には、きわめて多くの聖衆達が集まっている。[無量楽]
童子たちが如来を供養したり、声聞たちは如来を讃歎している。[願往生]
鳥が空を百千回も飛び回って楽《がく》を奏でる。[無量楽]
坐ったり、立ったりするその一瞬一瞬に、[願往生]
過去に行った露塵《つゆちり》ほどの無数の悪業も、全て消え去って行く。[無量楽]

第三項　行動智徳段（浄土では行動すれば、智慧を得られる徳がある）

【本文】
或散天衣覆宝池 [願往生]
衣上更散宝華香 [無量楽]

【訓読】
あるいは天衣を散じて宝池に覆ひ [願往生]
衣の上にさらに宝華香を散ず [無量楽]

聖衆行時足踏上〔願往生〕
衣華触体三禅楽〔無量楽〕
内外映徹如明鏡〔願往生〕
塵労畢竟無縁起〔無量楽〕
念念唯加三昧浄〔願往生〕
無漏神通真復真〔無量楽〕

聖衆　行く時足上を踏む〔願往生〕
衣華　体に触るるに＊三禅の楽あり〔無量楽〕
＊内外映徹して明鏡のごとし〔願往生〕
＊塵労　畢竟じて縁起することなし〔無量楽〕
念念ただ三昧の浄きを加《ま》す〔願往生〕
＊無漏の神通　真にしてまた真なり〔無量楽〕

【語句説明】

○三禅の楽……色界第三禅天の快楽。行捨・正念・正慧・受楽・定の五があるという。この快楽は三界の中で最もすぐれているので、浄土の楽を示す喩えとされる。

○内外映徹……「内外」について、『私記』では「内外等とは聖衆の身中に以って内外を分かつ」（浄全四・五五六上）とする。『講話』は「塵労等は、外清浄を別示し、念念等は内清浄を別示す。これを総して内外映徹と云う」（下巻・三六）という。「映徹」は「すきとおる」こと。

○塵労……塵労は心を疲れさせるものの意で、煩悩の異名。浄土では煩悩はついに起ることがない。

○無漏の神通……漏尽通に依って得られる無漏智。

【解釈】

また、天衣を投げかけて宝池の上に覆いかぶせ、［願往生］その衣の上にさらに宝華や宝香を撒《ま》けば、［無量楽］聖衆が歩いて、天衣の上を足で踏む時、［願往生］衣と華が体に触れるだけで、第三禅天のような楽しみが得られる。［無量楽］往生人の内と外とは透き通り、まるで清らかな鏡のようである。［願往生］外に対しては、煩悩は消え去り、ついには起こることがなく、［無量楽］内に対しては、ひと思いひと思いごとに、三昧の境地が深まり、益々清らかな心境を得る。この内外が通徹する。［願往生］

このように漏尽通で得られる無漏の智慧ほど真実なものは無い。［無量楽］

【参考・問題点】

○「百宝の華台に意に随ひて坐す」から「あるいは天衣を散じて宝池に覆ひ」までの七行

『講話』（下・三六）は「百宝の華台に意に随ひて坐す」以下を「登坐遊戯」とし、上の「あるいは宝座に登り楼中に戯れ」の「戯」を十楽に配当して浄土の楽を分類している。

（十　楽）　　（本　讃）

①華台随意の楽……百宝の華台に意に随ひて坐す。
②聖衆倶会の楽……坐する処には聖衆無央数なり。
③讃供自在の楽……童子供養し声聞讃ず。
④鳥楽飛空の楽……鳥楽空に飛びて百千帀なり。
⑤坐立功徳の楽……一坐一立須臾のあひだに、微塵の故業ことごとく消除す。
⑥衣華難思の楽……あるいは天衣を散じて宝池に覆ひ、衣の上にさらに宝華香を散ず。
⑦経行微妙の楽……聖衆行く時足上を踏む。
⑧触体清浄の楽……衣・華、体に触るるに三禅の楽あり。
⑨内外清浄の楽……内外映徹して明鏡のごとし、塵労畢竟じて縁起することなし、念念ただ三昧の浄きを加《ま》す。
⑩無漏神通の楽……無漏の神通、真にしてまた真なり。

第十三節　宝地希奇章（宝地の珍しさ）

第一項　多宝成智段（多宝が智慧を成ず）

【本文】

般舟三昧楽［願往生］
煩悩永絶不相干［無量楽］
或有宝地瑠璃間［願往生］
或有宝地紫金成［無量楽］
或有宝地黄金作［願往生］
或有宝地頗梨映［無量楽］
或有千宝荘厳地［願往生］
或有算数宝為成［無量楽］
一一色色光相照［願往生］

【訓読】

般舟三昧楽［願往生］
煩悩永く絶えてあひ＊干《をか》さず［無量楽］
あるいは宝地の＊瑠璃をもて間《まじ》へたるあり［願往生］
あるいは宝地の＊紫金をもてなせるあり［無量楽］
あるいは宝地の黄金をもてなせるあり［願往生］
あるいは宝地の＊頗梨をもて映ぜるあり［無量楽］
あるいは千宝をもて荘厳せる地あり［願往生］
あるいは＊算数の宝をもてなせるあり［無量楽］
一一の色色光あひ照らす［願往生］

十方来者皆行上［無量楽］　――十方より来れるものみな上を行く［無量楽］

【語句説明】

○干す……障害を越えて突き進む。ここより「煩悩が突き進んでいく」の意味に解した。
○瑠璃……青色の宝玉。
○紫金……紫磨金の略。金の精錬されたもの。閻浮檀金。
○頗梨……水晶のこと。
○算数の宝……かずかずの宝の意。底本の高田本には「算」の字は「筭《サン》」となっている。

【解釈】

般舟三昧楽［願往生］
煩悩が永く絶え果てて、再び起こることはない。［無量楽］
また、宝地は瑠璃がちりばめてあったり、［願往生］
また、宝地は紫磨金で出来ていたり、［無量楽］
また、宝地は黄金で出来ていたり、［願往生］
また、宝地には水晶が映えていたり、［無量楽］

また、千もの宝で荘厳してある大地があったり、〔願往生〕
また、多くの数の宝で出来ていたりしている。〔無量楽〕
しかも、それぞれの光がお互いを照らし合っており、〔願往生〕
十方からやって来る者は、皆その宝の上を行き交っている。〔無量楽〕

第二項　逍遙神変段（浄土を逍遙する楽しみと、神変する楽しみ）

【本文】

行住進止逍遙楽〔願往生〕
不愁官事不憂私〔無量楽〕
或百或千作神変〔願往生〕
会会供養皆周遍〔無量楽〕
或作香雲千宝蓋〔願往生〕
即此雲内雨香華〔無量楽〕
種種荘厳随念出〔願往生〕
所到之処現希奇〔無量楽〕

【訓読】

＊行住進止逍遙の楽〔願往生〕
＊官事を愁へず　私を憂へず〔無量楽〕
あるいは百たび　あるいは千たび＊神変をなし〔願往生〕
＊会会に供養してみな＊周遍す〔無量楽〕
あるいは香雲千宝の＊蓋をなし〔願往生〕
すなはち　この雲のうちより＊香華を雨らし〔無量楽〕
種種の荘厳　念に随ひて出づ〔願往生〕
到るところの処には＊希奇を現ず〔無量楽〕

【語句説明】

○行住進止逍遙の楽……行くもとどまるも、進むも止まるも、なにものにもとらわれない心のままに逍遙を楽しむ。
○官事を愁へず……公の面で憂いがない。
○神変……姿を変ずる神通をなすこと。
○会会に……説法の会座ごとに。
○周遍……あまねくめぐること。
○蓋……天蓋のこと。空中にかかるかさ。
○香華……芳香ある花。仏にささげる香と花。
○希奇……まれでめずらしいこと。

【解釈】

浄土に来た人は、進むも止《と》まるも留《とど》まるも、心のままに逍遙を楽しむ。［願往生］
浄土では、公私にわたって、一切愁いはない。［無量楽］
あるいは百度、あるいは千度も姿を変える神通をなして、［願往生］
総ての説法の会座を供養して聴聞する。［無量楽］

香雲が、千もの宝で出来た蓋《かさ》となり、［願往生］
その雲から、香と華の雨が降り注ぐ。［無量楽］
様々な荘厳が、思いのままに現れて、［願往生］
至る所それぞれで、不可思議を現わしている。［無量楽］

第十四節　林樹願作章（総ての林樹は如来の願によって作られたもの）

第一項　七重荘校段（宝樹には七重の荘厳が混じり合う）

【本文】
般舟三昧楽［願往生］
畢命直入無為会［無量楽］
宝樹・宝林行遍満［願往生］
一一林樹尽荘厳［無量楽］
根根相対茎相望［願往生］

【訓読】
般舟三昧楽［願往生］
＊畢命してただちに＊無為の＊会に入れ［無量楽］
宝樹・宝林行《なら》びて＊遍満し［願往生］
一一の林樹ことごとく荘厳せり［無量楽］
根根相対し茎《きょう》＊相望し［願往生］

枝枝相准条相順［無量楽］
節節相盤葉相次［願往生］
華華相向果相当［無量楽］

枝枝＊相准し＊条相順し［無量楽］
節節＊相盤し葉相次《そうし》し［願往生］
華華相向し果＊相当す［無量楽］

【語句説明】

○畢命……臨終。命終わって。
○無為……有為に対する語。様々な因縁によって生成されたものではない存在。すなわち生滅変化を超えた常住不変の真実のこと。涅槃の異名。
○会……阿弥陀如来の説法の会座。
○遍満……あまねくみちわたること。
○相望……相対すること。
○相准……お互い依りあうこと。
○条……細長い枝・小枝
○相盤……お互いまがりあうこと。
○相当……面と面とがあたること。

【解釈】

般舟三昧楽［願往生］

この世の命が終われば、ただちに極楽の悟りの会座に入りなさい。［無量楽］

そこには宝で出来た樹や林が、並んで見事に満ちわたっており、［願往生］

一つ一つの林や樹は、ことごとく荘厳されている。［無量楽］

根と根、茎と茎とがあい対している。［願往生］

枝と枝、小枝と小枝とがあい依り、［無量楽］

節と節とが曲がりあい、葉と葉があいならび、［願往生］

華と華とがあい向きあい、果実と果実が当たり会っている。［無量楽］

【参考・問題点】

○この一段は『観経』の宝樹観に相似する。

此諸宝樹、行行相当、葉葉相次、於衆葉間、生諸妙華。華上自然有七宝果。一一樹葉、縦広正等二十五由旬。其葉、千色有百種画。如天瓔珞。……見此樹已、亦当次第一一観之。観見樹茎・枝葉・華果、皆令分明。是為樹想、名第四観。（原典版・一一八）

このもろもろの宝樹、行々あひ当り、葉々あひ次し、もろもろの葉のあひだにおいて、もろもろの妙華を生ず。華の上に自然に七宝の果あり。一々の樹葉、縦広正等にして二十五由旬なり。その葉、千色にして百種の画あり。天の瓔珞のごとし。……この樹を見をはりて、またまさに次第に一々にこれを観ずべし。樹茎・枝葉・華果を観見して、みな分明ならしめよ。これを樹想とし、第四の観と名づく。（註釈版・九五―九六）

島地師の『講話』（下・三八）は、この『観経』以外に『十住毘婆沙論』巻第五「易行品」）を合取した文と見る。その『易行品』とは、

無量光明慧、身、如真金山。我今、身口意合掌、稽首礼。金色妙光明、普流諸世界、随物＊増其色。是故稽首礼。若人、命終時、得生彼国者、即具無量徳。是故我帰命。

（大正二六・四〇下）

無量光明の慧あり、身、真金山の如し。我れ今、身口意をもて合掌し、稽首して礼す。金色の妙光明は、普く諸の世界に流れ、物に随ひて其の色を※増す。是の故に稽首して礼す。若し人、命終の時、彼の国に生ずることを得ば、即ち無量の徳を具す。是の故に我れ帰命す。

注＊「増」字は『大正』の対校本（宋・元・明・宮本）では「示」字。『国訳一切経』は「示」字を採用し、「物に随ひて其の色を示す」と訓む。

である。

第二項　光変願力段（光、変ずるは弥陀の願力による）

【本文】

光光照曜自他国〔願往生〕
照処舲朧随物色〔無量楽〕
光能変現希奇事〔願往生〕
尽是弥陀願力作〔無量楽〕
林樹行間宝階道〔願往生〕
一一界上楼相間〔無量楽〕
重重羅網奏天楽〔願往生〕
供養無辺楼内人〔無量楽〕

【訓読】

光光　自他の国を照曜し〔願往生〕
照らす処＊舲《れい》朧《ろう》として物の色に随ふ〔無量楽〕
光よく希奇の事を変現す〔願往生〕
ことごとく　これ弥陀願力のなせるなり〔無量楽〕
＊林樹の行間に宝の＊階道あり〔願往生〕
一一の界上に＊楼あひ間《まじ》はる〔無量楽〕
＊重重の羅網＊天楽を奏して〔願往生〕
無辺の楼内の人を供養す〔無量楽〕

【語句説明】

○舲朧……すきとおって美しく光り輝くさま。

○林樹の行間……樹木の間。ここでの「行」は並ぶ、列、の意。
○階道……階段状になった道。
○楼……楼閣のこと。重層の建物。
○重重の羅網……いくえにも重なるあみ飾り。
○天楽……天上のすぐれた音楽。

【解釈】

光、光って自他の国々を照らし出す。［願往生］
その照らす処は透きとおり、物の色に随って、［無量楽］
光は不可思議な物を変現する。［願往生］
これは悉く、阿弥陀如来の願力のみにてなせる技である。［無量楽］
樹々の間には宝の階段があって、［願往生］
一つ一つの階段上には楼閣が建ち並ぶ。［無量楽］
いくえにも重なる網の飾りからは、妙なる音楽が奏でられ、［願往生］
楼閣内の無量の人々を供養する。［無量楽］

【参考・問題点】

○これは『観経』における「宝楼観」の内容とほぼ合致する。

衆宝国土一一界上有五百億宝楼閣。其楼閣中、有無量諸天作天伎楽。又有楽器懸処虚空、如天宝幢、不鼓自鳴。此衆音中、皆説念仏、念法、念比丘僧。此想成已、名、為粗見極楽世界宝樹・宝地・宝池。是為総観想、名第六観。（原典版・一二〇）

衆宝国土の一々の界上に五百億の宝楼閣あり。その楼閣のうちに、無量の諸天ありて天の伎楽をなす。また楽器ありて虚空に懸処し、天の宝幢のごとく、鼓たざるにおのづから鳴る。この衆音のなかに、みな仏を念じ、法を念じ、比丘僧を念ずることを説く。この想成じをはるを、名づけて、ほぼ極楽世界の宝樹・宝地・宝池を見るとす。これを総観想とし、第六の観と名づく。（註釈版・九七）

なお、本項の前半「光光自他の国を照耀し、照らす処、腙朧として物の色に随ふ、光よく希奇の事を変現す、ことごとくこれ弥陀願力のなせるなり」は『観経』の「華座観」を思わせる。

……一一宝珠有八万四千光。一一光、作八万四千異種金色。一一金色、遍其宝土、処処変化、各作異相。或為金剛台、或作真珠網、或作雑華雲。於十方面、随意変現施作仏事。是為華座想、名第七観。」仏、告阿難、「如此妙華、是本法蔵比丘願力所成。若欲念彼仏者、当先作此華座想。

……

（原典版・一二二—一二三）

……一々の宝珠に八万四千の光あり。一々の光、八万四千の異種の金色をなす。一々の金色、その宝土に遍し、処々に変化して、おのおの異相をなす。あるいは金剛の台となり、あるいは真珠網となり、あるいは雑華雲となる。十方面において、意に随ひて変現して仏事を施作す。これを華座の想とす、第七の観と名づく」と。仏、阿難に告げたまはく、「かくのごときの妙華は、これもと法蔵比丘の願力の所成なり。もしかの仏を念ぜんと欲はんものは、まさにまづこの華座の想をなすべし。……

（註釈版・九九）

第十五節　金剛法界章（浄土は金剛の法界）

第一項　前期有分段（仏前に生ずるを期するに、人人に分あり）

【本文】

般舟三昧楽［願往生］

形枯命断仏前期［無量楽］

【訓読】

般舟三昧楽［願往生］

＊形枯命断に仏前を＊期せよ［無量楽］

忽爾思量彼快楽［願往生］——たちまちに かの＊快楽を＊思量するに［願往生］

人人有分不須疑［無量楽］——＊人人 分あり疑ふべからず［無量楽］

【語句説明】

○形枯命断……身体がくちはてて、命が終わること。

○期……待つ、予定する、目当てを付けるなど、多くの意味があるが、ここでは「所期の目的とする」と解した。

○快楽……ここでは単なる「快楽」というのでは無く、浄土での心地よい喜びを指す。

○思量……よく考えること。思考すること。思慮分別。

○人人分あり……「それぞれが分かち合う」との意味か。人にはその人その人に与えられた分があるが、往生に関しては疑ってはいけないとの内容と受け止められる。そうすればこの句の全体的な意味は、「往生人にはすべて平等に浄土での快楽を受ける事が出来る」と解せられる。

【解釈】

般舟三昧楽［願往生］

身体がくちはてて命おわる時には、阿弥陀如来の御前に往生させて戴くことを目的とするが良い。

［無量楽］

たちまちに浄土での楽しみを思えば、［願往生］
往生人はすべて平等に、浄土で楽しみを受けることを疑ってはいけない。［無量楽］

第二項　願成華王段（願にて成ぜられた浄土、その蓮華に座す大宝王）

【本文】

金剛無漏荘厳地［願往生］
明明相照超千日［無量楽］
弥陀願力荘厳地［願往生］
作一蓮華大宝王［無量楽］
葉葉相重八万四［願往生］
一葉摩尼百千億［無量楽］
一一摩尼光千色［願往生］
上照虚空変成蓋［無量楽］
八万金剛台上布［願往生］
真珠宝網覆華籠［無量楽］

【訓読】

＊金剛無漏荘厳の地［願往生］
明明として　あひ照すこと＊千日に超えたり［無量楽］
弥陀の願力荘厳の地［願往生］
一の蓮華＊大宝王をなせり［無量楽］
＊葉葉あひ重なりて＊八万四なり［願往生］
一葉に＊摩尼百千億なり［無量楽］
一一の摩尼光　千色なり［願往生］
上《かみ》　虚空を照らし変じて＊蓋となる［無量楽］
八万の金剛をもて台の上に布けり［願往生］
＊真珠の宝網　華を覆ひて籠《めぐ》る［無量楽］

【語句説明】

○金剛……『観経疏』「定善義」に「『金剛』者即是無漏之体也。（『金剛』といふはすなはちこれ無漏の体なり）」（原典版・七祖篇・四七四、註釈版・七祖篇・四一九）とある。また、宝池観には「地下の荘厳を明かす」中で、「明幢体等是無漏金剛（幢の体等しくこれ無漏の金剛なることを明かす）」（原典版・七祖篇・四五七、註釈版・七祖篇・四〇四）とある。いずれも「無漏即金剛」といえる。

○千日……千の日輪。千の太陽の輝き。

○大宝王……大宝王と云うべき蓮華。阿弥陀仏の座る台座であることからいうとする。島地師は『講話』（下・三九）にて二義を出して「大宝王」を説明する。第一義は「華座即ち大宝王」で「観音・勢至の華座に対して王という」とする。第二義は「光明成就の文」に「諸仏中の王という」として、「蓮華蔵世界にして、座中の王なるが故に」という。そしてこの二義の内「今謂く、後義を勝れたりとす。」と判じている。↓【参考・問題点】

○葉葉……はなびらのこと。

○八万四……八万四千の略。無数の意。

○摩尼……梵語マニ（maṇi）の音写。意のままに財宝や衣服・飲食などを出す徳をもつ宝珠。また悪を去り、濁水をきよらかにし、禍を去る徳をもつともいう。

○蓋……天蓋のこと。空中にかかるかさ。

○真珠の宝網……真珠をつらねた飾り網。

【解釈】
浄土は煩悩の汚れの無い金剛によって荘厳された地で、［願往生］
それぞれから放たれた光明がお互いを照らし、あたかも千の大陽が輝くよりも勝れた明るさである。［無量楽］
この浄土は阿弥陀仏の願力によって作られ、荘厳された地である。［願往生］
一つの蓮華は、諸仏の王である阿弥陀如来が坐られる台座を形作っている。［無量楽］
その蓮華台には八万四千もの蓮華のはなびらが重なりあい、［願往生］
一枚のはなびらには百千億もの摩尼珠の玉が付いており、［無量楽］
一々の珠玉からは千もの色が輝き出されている。［願往生］
その光が上の虚空を照らしたならば、阿弥陀仏の蓋《かさ》に変現し、［無量楽］
華座台には八万もの金剛が布《し》かれて、［願往生］
真珠をつらねた網飾りが、その華台を覆い飾っている。［無量楽］

【参考・問題点】
○「大宝王」

『礼讃』に「無量大宝王の微妙の浄華台あり」とある。

南無至心帰命、礼西方阿弥陀仏。無量大宝王微妙浄華台。相好光一尋、色像超群生。願共諸衆生、往生安楽国。（原典版・七祖篇・七七五）

南無して心を至し帰命して、西方の阿弥陀仏を礼したてまつる。無量大宝王の微妙の浄華台あり。相好の光一尋にして、色像群生に超えたまへり。願はくはもろもろの衆生とともに、安楽国に往生せん。（註釈版・七祖篇・六八七）

これは『浄土論』を承けた文であろう。

故我願往生阿弥陀仏国。無量大宝王微妙浄花台。相好光一尋、色像超群生。（原典版・七祖篇・三五）

ゆゑにわれかの阿弥陀仏国に生ぜんと願ず。無量大宝王の微妙の浄華台あり。（註釈版・七祖篇・三一）

第三項　顕真無背段（真を顕して背相なし）

【本文】
四幢承縵垂絞絡［願往生］

【訓読】
＊四幢＊縵を承けて絞絡を垂る［願往生］

独顕真金功徳身［無量楽］
一坐華台未曾動［願往生］
徹窮後際度衆生［無量楽］
普勧衆生常憶念［願往生］
行住坐臥令心見［無量楽］
仏身円満無背相［願往生］
十方来人皆対面［無量楽］
倶願傾心相続念［願往生］
即現有縁心眼前［無量楽］

独り＊真金功徳の身を顕したまふ［無量楽］
一たび＊華台に坐していまだかつて動かず［願往生］
＊後際を徹窮して衆生を度したまふ［無量楽］
あまねく衆生に勧む　つねに憶念して［願往生］
＊行住坐臥に心をして見しめよ［無量楽］
仏身円満にして＊背相なし［願往生］
十方より来れる人みな面《おもて》に対《むか》ふ［無量楽］
ともに願じて　心を傾けて相続して念ぜよ［願往生］
すなはち有縁の心眼の前に現ぜむ［無量楽］

【語句説明】
○四幢……四柱の宝幢のこと。蓮華台の四方にある宝でできた柱。
○縵……たれ幕の布。
○真金……純金。
○華台……蓮華の台座。

○後際を徹窮して……未来際を尽して。未来永劫に。
○行住坐臥……歩くこと、とどまること、すわること、臥すこと。
○背相なし……仏は背を向けることがなく、絶えず正面に向き合っているという意。『講話』(下・四一)によれば、「円満にして背相なし」とは「我々が夜空の満月を見上げると、その満月はいつも正面を向いて前後左右が無いようなものである」と喩えている。

【解釈】

華台をささえる四柱の宝幢にかけられている垂れ幕が、交わり、たなびいている。［願往生］
その中に阿弥陀仏が独り真金の輝きを発し、その功徳の広大さを身をもって顕しておられる。
［無量楽］
ひとたび蓮華台に坐された上には微動だにされない。［願往生］
未来永劫を尽くしても、衆生を救済される姿である。［無量楽］
仏は総ての衆生に次のように勧められる。［願往生］
行・住・坐・臥、どのような姿勢をしていても、常に思い続けて心で私を見つめなさい。［無量楽］
阿弥陀仏の身は完全円満であり、どこから眺めても常に正面を向いておられる。［願往生］
よって、十方より来る人はすべて、阿弥陀仏の正面に向かい合う。［無量楽］

往生人は、共に浄土往生を願って、心を傾けて念じ続けなさい。［願往生］
そうすれば、有縁の者の心の前に現れられるであろう。［無量楽］

【参考・問題点】

○「真金功徳」と「一たび坐して不動」

『法事讃』巻上に類似した表現が認められる。

一切、廻心向安楽、即見真金功徳身。浄土荘厳・諸聖衆、籠籠常在行人前。行者見已心歓喜、終時従仏坐金蓮、一念乗華到仏会、即証不退入三賢。（原典版・七祖篇・六〇二）

一切、心を回して安楽に向かへば、すなはち真金功徳の身を見る。浄土の荘厳・もろもろの聖衆、籠々としてつねに行人の前にましします。行者見をはりて心歓喜し、終る時に仏に従ひて金蓮に坐し、一念に華に乗じて仏会に到り、すなはち不退を証して三賢に入る。（註釈版・七祖篇・五三〇—五三一）

あるいは、

願往生願往生、果、得涅槃常住世。寿命延長難可量。千劫・万劫・恒沙劫・兆載永劫亦無央。一坐無移亦不動。徹窮後際放身光。霊儀相好真金色。巍巍独坐度衆生。十方凡聖専心向、分身遣化往相迎。一念乗空入仏会、身色・寿命尽皆平。衆等、廻心皆願往、手執香華常供養。

（『法事讃』巻下〈原典版・七祖篇・六三五〉）

願はくは往生せん、願はくは往生せん。果、涅槃を得てつねに世に住す。寿命延長にして量るべきこと難し。千劫・万劫・恒沙劫・兆載永劫にしてまた無央なり。一たび坐して移ることなくまた不動なり。後際を徹窮して身光を放つ。霊儀の相好真金色なり。巍々として独り坐して衆生を度す。十方の凡聖専心に向かへば、身を分ち化を遣はして往きてあひ迎へしめたまふ。一念に空に乗じて仏会に入れば、身色・寿命ことごとくみな平し。衆等、心を回してみな往かんと願じて、手に香華を執りてつねに供養したてまつれ。（註釈版・七祖篇・五六〇―五六一）

とある。

第四項　三華最尊段（阿弥陀三尊の華台を最も尊しとなす）

【本文】	【訓読】
得見浄土希奇事〔願往生〕	浄土の＊希奇の事を見ることを得るは〔願往生〕
皆是仏力遙加備〔無量楽〕	みなこれ仏力はるかに＊加備したまへばなり〔無量楽〕
観音・勢至双華坐〔願往生〕	観音・勢至華をならべて坐したまふ〔願往生〕

一一荘厳亦如仏〔無量楽〕
四幢・宝幔皆相似〔願往生〕
宝羅・宝網無殊異〔無量楽〕
三華独迴超衆座〔願往生〕
三身対坐最為尊〔無量楽〕

一一の荘厳また仏のごとし〔無量楽〕
＊四幢・＊宝幔みな＊あひ似たり〔願往生〕
＊宝羅・宝網＊殊異なし〔無量楽〕
＊三華　独りはるかに衆座に超えたり〔願往生〕
＊三身対坐してもっとも尊たり〔無量楽〕

【語句説明】

○希奇の事……不可思議なこと。
○加備……不思議な力を加え与えること。加被とも書く。
○四幢……四柱の宝幢のこと。蓮華台の四方にある宝でできた柱。
○宝幔……宝でできた幔幕。
○あひ似たり……良忠師の『私記』は「二菩薩の座、仏座に相似たり」（浄全四・五五六下）と述べる。当然ながら阿弥陀仏の華座が第一であって、同じように勝れているのが観音・勢至二菩薩の華座であるという意味であろう。
○宝羅・宝網……宝珠をつらねた飾りあみ。
○殊異なし……阿弥陀仏の宝羅・宝網と観音・勢至二菩薩の宝羅・宝網が異ならないこと。これについて『講話』

（下・四一）では「亦如仏といひ、無殊異と云、是主伴ありと云へども、平等一果中の、分相なるが故に、此歎言あり」との解説を補う。もっともな言葉である。
○三華……阿弥陀仏・観音・勢至の三尊が座る蓮華の台座をいう。
○三身……阿弥陀仏・観音菩薩・勢至菩薩の身を指す。

【解釈】

今生において、浄土の不思議な荘厳相を見ることができるのは、［願往生］すべて阿弥陀如来の力を戴くからに他ならない。［無量楽］
浄土では、観音菩薩や勢至菩薩が阿弥陀仏と蓮華台をならべ座っておられる。［願往生］一々の荘厳は阿弥陀仏が座しておられる華座の荘厳に似ている。［無量楽］
また、蓮台の四方にある宝の柱や宝の幔幕は阿弥陀仏のそれと似ている。［願往生］さらに、宝珠を連ねた飾り網も、阿弥陀仏のそれと異なりがない。［無量楽］
阿弥陀仏・観音・勢至両菩薩、三尊が座る蓮華台は他の聖衆たちの華座と比べて、はるかに素晴らしい。［願往生］
阿弥陀仏・観音菩薩・勢至菩薩の三尊の御身は大衆に向かい合って坐しておられて最も尊い姿である。［無量楽］

第五項　海会生入段（浄土に生ずるもの大海塵沙会のなかに入る）

【本文】

本国・他方菩薩衆［願往生］
一切時中囲遶讃［無量楽］
如此大海塵沙会［願往生］
衆生生者入其中［無量楽］
非是口言即生彼［願往生］
会是専行不惜身［無量楽］

【訓読】

＊本国・他方の菩薩衆［願往生］
一切時中に＊囲繞して讃ず［無量楽］
かくのごとき＊大海塵沙会［願往生］
衆生　生ずるものそのなかに入る［無量楽］
これ＊口言をもて　すなはち彼《かしこ》に生ずるにあらず［願往生］
かならず　これもっぱら行じて身を惜しまざればなり［無量楽］

【語句説明】

○本国・他方……本国は極楽、他方は極楽以外の世界を指す。
○囲繞……とりかこむこと。ここでは阿弥陀仏や観音・勢至菩薩たちを取り囲むことをいう。
○大海塵沙会……大海や塵沙のごとき説法の会座。大海は広大であること、塵沙は無数であることをあらわす。
○口言……口で言葉を発すること。これについて『講話』（下・四二）は「是れ口言を以て、巧弁する者の、能く往生する所に非ず」と説明している。

【解釈】

極楽世界や他の世界の菩薩衆は、［願往生］
いつでも阿弥陀三尊をとりかこんで讃歎している。［無量楽］
その会座は、まるで大海のように広く、そこに集まる大衆は塵沙のように多い。［願往生］
西方浄土に往生した者は、この大会に入ることが出来る。［無量楽］
それは、口先だけの巧弁でもって往生するのではない。［願往生］
必ず、心を専一にして身を惜しまず修行してこその浄土往生である。［無量楽］

第六項　法響灌心段（浄土での法響が心に灌ぐ）

【本文】

宝楼重畳非人造［願往生］
宝幢・樹林亦皆然［無量楽］
池渠四岸皆充遍［願往生］

【訓読】

＊宝楼重畳《ほうろうじゅうじょう》、人の造れるにあらず［願往生］
＊宝幢・樹林またみなしかなり［無量楽］
＊池渠《ちこ》の四岸にみな充遍す［願往生］

微風暫触奏天楽〔無量楽〕
法響灌心毛孔入〔願往生〕
即悟恒沙三昧門〔無量楽〕
一切渠中華遍満〔願往生〕
或開或合人無数〔無量楽〕
或坐或立相招喚〔願往生〕
競取香華相供養〔無量楽〕
或語或笑身心楽〔願往生〕
即憶閻浮同行人〔無量楽〕
各発誓願遙加備〔願往生〕
専住莫退尽須来〔無量楽〕
一到即受清虚楽〔願往生〕
清虚即是涅槃因〔無量楽〕
表知我心相憶念〔願往生〕
各留半座与来人〔無量楽〕

微風しばらく触るるに天楽を奏す〔無量楽〕
＊法響《ほうこう》心に灌ぎて毛孔より入れば〔願往生〕
すなはち恒沙の三昧門を悟る〔無量楽〕
一切の＊渠中《こちゅう》に＊華＊遍満す〔願往生〕
＊あるいは開し　あるいは合して人無数なり〔無量楽〕
あるいは坐し　あるいは立してあひ＊招喚し〔願往生〕
競ひて香華を取りてあひ供養す〔無量楽〕
あるいは語り　あるいは笑ひて身心楽しむ〔願往生〕
すなはち＊閻浮の同行人を＊憶す〔無量楽〕
おのおの誓願を発して　はるかに加備し〔願往生〕
＊専住して退くことなかれ　ことごとくすべからく来るべしと〔無量楽〕
一たび到りぬればすなはち＊清虚の楽を受く〔願往生〕
清虚はすなはち　これ涅槃の因なり〔無量楽〕
わが心を＊表知してあひ憶念し〔願往生〕
おのおの＊半座を留めて来る人に与ふ〔無量楽〕

【語句説明】

○宝楼重畳……宝の楼閣がいくえにも重なる様をいう。
○宝幢……浄土の大地を支える宝でできた柱。
○渠……渠は支流の意。宝池より流れ出る支流。
○池渠の四岸……池の四方の岸辺。
○法響……天楽がかなでる教えの響き。
○華……蓮華のこと。『講話』（下・四二）に「百千の渠中、多数大宝蓮華有て」とあるによる。
○遍満……あまねくみちわたること。
○あるいは開しあるいは合して……蓮華の開合を意味する。證空上人の『自筆鈔』巻第五はここを「云く、池の中の蓮無量なり。其の一々の蓮皆是往生の人の住所なり。已・今・当の不同ある故に、蓮華に開・合の差別ありと云ふなり」（西叢四・七八上）としている。
○招喚……まねきよぶこと。
○閻浮の同行人……閻浮提（娑婆世界）の念仏の同行者。
○憶す……閻浮提での念仏の同行者（旧友）を想い起こすこと。『自筆鈔』巻第五には「まづ昔の同行を憶して、方便引導の道に赴かずと云ふ事なし」（西叢四・七八下）とある。
○専住……心をもっぱら西方浄土にとどめること。

○清虚の楽……煩悩のけがれを離れた静かな楽しみ。『講話』（下・四二―四三）では「清虚」について「心惑を離るを清と云、体染を除くを虚と云」と定義する。そして『無量寿経』巻上の「皆受自然虚無之身、無極之体（みな自然虚無の身、無極の体を受けたり）」（原典版・四七、註釈版・三七）がこれに相当するといっている。

○表知……あきらかにあらわすこと。

○半座を留めて来る人に与ふ……華台の座の半分を新往生人に分け与える。

【解釈】

浄土のいくえにも重なる宝の楼閣は、人間の造り出せるものではない。［願往生］

浄土の大地を支える宝でできた柱や樹林なども、全てそうである。［無量楽］

これらは池の周りの岸辺に満ちており、［願往生］

そよ風がわずかに触れる妙音は、さながら天の音楽が奏でられるようである。［無量楽］

その妙音は阿弥陀仏の教えとして響き、心に染みこんで往生人の毛穴より入る。［願往生］

そうすれば、数え切れない程の多くの三昧の法門が悟れる。［無量楽］

宝池より流れ出るすべての支流は、蓮華で満ち溢れている。［願往生］

それは、開いているものもあれば、閉じているものもある。しかし、その蓮華上には、無数の往生人がいる。［無量楽］

その往生人達は、座ったり、立ったりして、お互いをまねき呼び合って、［願往生］
競って香華を取っては、お互いを供養している。［無量楽］
さらに語り合ったり、笑い合ったりして、身心ともに楽しんでいる。［願往生］
そこで彼らは娑婆世界の念仏の同行者たちを憶《おも》う。［無量楽］
それぞれ誓願を発して、娑婆にいる遙か彼方の念仏行者に力を加え、［願往生］
「専一に心を西方浄土に留めて、退転してはいけない。全ての同行者が必ずここに来るように」
と念ずる。［無量楽］
一たび阿弥陀仏の浄土に到ることができたならば、煩悩の汚れを離れた静かな楽しみを受ける事
が出来る。［願往生］
その楽しみこそが涅槃の因である。［無量楽］
先に往生している人々は、このような願いを表に現して、お互いに娑婆の行者を憶って、［願往生］
自分たちが座っている台座の半分を空けて、後から来る往生人に分け与えようと待っている。
［無量楽］

第七項　同遊法界段（同学、法界に遊ぶ）

【本文】

同学相随遊法界〔願往生〕
法界即是如来国〔無量楽〕
一一仏国恒沙会〔願往生〕
分身聴法修供養〔無量楽〕
得蒙諸仏慈光照〔願往生〕
摩頂授記入無余〔無量楽〕
意楽他方住即住〔願往生〕
須欲帰還即帰還〔無量楽〕
若住若還皆得益〔願往生〕
本国・他方亦無二〔無量楽〕
悉是涅槃平等法〔願往生〕
諸仏智慧亦同然〔無量楽〕

【訓読】

同学あひ随ひて法界に＊遊ぶ〔願往生〕
法界はすなはちこれ如来の国なり〔無量楽〕
一一の仏国に恒沙の会あり〔願往生〕
身を分ちて法を聴き供養を修す〔無量楽〕
諸仏の慈光照らすことを蒙ることを得〔願往生〕
＊摩頂授記せられて＊無余に入る〔無量楽〕
意《こころ》に他方に住せむと楽《ねが》へば　すなはち住せむと〔願往生〕
すべからく＊帰還せむと欲すれば　すなはち帰還すべし〔無量楽〕
もしは住《じゅう》もしは還《げん》、みな益を得〔願往生〕
本国・他方また無二なり〔無量楽〕
ことごとくこれ涅槃平等の法なり〔願往生〕
諸仏の智慧もまた同然なり〔無量楽〕

【語句説明】

○遊ぶ……楽しむこと。

○摩頂授記……仏より頭のいただきをなでられて、記を授けられる。

○無余……煩悩を余すところなく滅した悟りの境地。

○帰還……かえること。ここでは、本国である極楽に還ること。

【解釈】

同学者たちは、互いに随順しながら法界を楽しむ。［願往生］

法界とは如来たちの浄土をいう。［無量楽］

一つ一つの仏の国には数え切れない程の会座がある。［願往生］

往生人たちは自ら分身となって、様々な法会にて聴聞し、それぞれ供養を行う。［無量楽］

そして、諸仏達が慈悲の光を照らし出すのを、自らの身に受けることが出来る。［願往生］

さらに、仏より頭の頂きを摩《な》でられ、授記せられて悟りに入る。［無量楽］

彼らは、意《こころ》の中で「他方の浄土へ行きたい」と願えばすぐに行く事が出来、［願往生］

「極楽に帰りたい」と願えばすぐさま帰る事が出来る。［無量楽］

他方浄土に留まるも、極楽に帰るも、共に利益《りやく》は得られる。［願往生］

それは極楽と他方の浄土は無二であり、［無量楽］
すべて涅槃平等の一如の世界だからである。［願往生］
諸仏の智慧もまた同じである。［無量楽］

【参考・問題点】

○「摩頂授記せられて無余に入る」

「無余」を如何に解釈するかについて、諸意見がある。まず、『講話』（下・四三）では以下のような問答が設けられている。

問。無余とは灰身滅智の果には非ずや、華蔵界中、此益を与ふるは如何。答。是大悲示現、摂化自在の相、通途の無余と混同すること勿れ。

一般に「無余涅槃」とは灰身滅智をいい、小乗の悟りの境地とされる。そこを『講話』は指摘し、浄土での悟りとしての「無余」との比較を問答する。

『私記』もこれを大乗の涅槃として「入無余とは大涅槃に入るなり」（浄全四・五五七・上）と解するが、この「無余」を小乗の悟りと解する者もいる。

『自筆鈔』巻第五には、

「摩頂授記」は大乗の益、「入無余」は小乗の益なり。大乗の益を得て、小の利ありと示すなり。

（西叢四・七九・上）

として大乗の利益の中に小乗の利益がすでに含まれていると理解する。

ところで、善導大師の『観経疏』「定善義」には「往生人は相好を現《あらわ》して無余に入る」とある。

又讃云、「西方寂静無為楽。畢竟逍遙離有無。大悲、薫心遊法界。分身利物等無殊。或現神通而説法、或現相好入無余。変現荘厳随意出。群生見者罪皆除。」

（原典版・七祖篇・四五八―四五九）

また讃にいはく、「西方は寂静無為の楽なり。畢竟逍遙して有無を離れたり。大悲、心に薫じて法界に遊ぶ。身を分ちて物を利すること等しくして殊なることなし。あるいは神通を現じて法を説き、あるいは相好を現じて無余に入る。変現の荘厳意に随ひて出づ。群生見るもの罪みな除こる」と。

（註釈版・七祖篇・四〇五―四〇六）

「身を分ちて物を利す」に続く文であるので、この「無余」は大乗の悟りを表していると云えようが、『法事讃』の他の箇所には次のような使用例がある。

願往生、願往生。如来教法元無二。正為衆生機不同、一音演説、随縁悟。不留残結証生空。或現神通、或説法。或服外道滅魔蹤。自利一身雖免縛、悲心普益絶無功。灰身滅智無余証、二万劫尽復生心。生心覚動身還現、諸仏先教発大乗。衆等、廻心生浄土、手執香華常供養。

（『法事讃』巻下〈原典版・七祖篇・六二三〉）

願はくは往生せん、願はくは往生せん。如来の教法は元無二なり。まさしく衆生の機不同なるがために、一音をもつて演説したまふに、縁に随ひて悟る。残結を留めずして生空を証す。あるいは神通を現じ、あるいは法を説く。あるいは外道を服して魔蹤《ましょう》を滅す。みづから一身を利して縛を免るといへども、悲心のあまねく益すること絶えて功なし。灰身滅智の無余の証なれども、二万劫尽きてまた心を生ず。生心覚動して身また現ずれば、諸仏先づ教へて大乗を発さしむ。衆等、心を回して浄土に生ぜんとして、手に香華を執りてつねに供養したてまつれ。

（註釈版・七祖篇・五四九―五五〇）

ここに「灰身滅智の無余の証」とあるので、この「無余」は明らかに小乗の悟りを指しているといえよう。そこで、もう少し他所における「無余」の用例を見たい。やはり『法事讃』に、

三毒煩悩因茲滅、無明黒闇罪皆除。願我生生値諸仏。念念修道至無余。廻此今生功徳業、当来畢定在金渠。衆等各斉身心、手執香華常供養。（『法事讃』巻上〈原典版・七祖篇・五九四〉）

三毒の煩悩これによりて滅し、無明黒闇の罪みな除こる。願はくはわれ生々に諸仏に値ひたてまつりて、念々に道を修して無余に至らん。この今生の功徳業を回し、当来畢定して金渠《こんこ》にあ

らん。衆等おのおの身心を斉しくして、手に香華を執りてつねに供養したてまつれ。

（註釈版・七祖篇・五二四―五二五）

とある。あるいは『往生礼讃』には、

後夜偈云、時光遷流転、忽至五更初。無常念念至、恒与死王居。勧諸行道者。勤修至無余。

（原典版・七祖篇・七五四）

後夜の偈にいはく、時光遷りて流転し、たちまちに五更の初めに至る。無常念々に至り、つねに死王と居す。もろもろの行道のものを勧む。勤修して無余に至れ。

（註釈版・七祖篇・六七〇）

これらからすると大小乗の悟り、いずれの解釈も可能と思われる。

ただ、「灰身滅智の無余の証」という用語がある以上、善導大師の使用は、一概に『講話』が言うように「大悲示現、摂化自在の相、通途の無余と混同すること勿れ」と断言できるであろうか問題である。

第十六節　還証本会章（本国に還って本会を証す）

第一項　記還安楽段（記せられ安楽に還る）

【本文】

般舟三昧楽［願往生］
到処尽是法王家［無量楽］
歴事已記還安楽［願往生］
証得無量陀羅尼［無量楽］
与諸菩薩塵沙衆［願往生］
遍満虚空来供養［無量楽］
或散衣華変成蓋［願往生］
或奏音楽変成雲［無量楽］
変現幢幡無億数［願往生］

【訓読】

般舟三昧楽［願往生］
到る処ことごとくこれ＊法王の家なり［無量楽］
＊歴事しをはりて記せられて安楽に還り［願往生］
無量の＊陀羅尼を証得す［無量楽］
もろもろの＊菩薩塵沙の衆と［願往生］
虚空に遍満して来りて供養す［無量楽］
あるいは衣華を散ずるに変じて＊蓋となり［願往生］
あるいは音楽を奏するに変じて雲となる［無量楽］
変現の＊幢幡無億数なり［願往生］

一食之間到安楽［無量楽］
安楽衆聖遙相見［願往生］
知是他方同行人［無量楽］
各起持華迎供養［願往生］
即引直入弥陀会［無量楽］

＊一食のあひだに安楽に到る［無量楽］
安楽の衆聖は遙にあひ見て［願往生］
これ＊他方の同行人なりと知り［無量楽］
おのおの起ちて 華を持して迎へて供養し［願往生］
すなはち引きてただちに＊弥陀会に入る［無量楽］

【語句説明】

○法王……仏法の王。通常は阿弥陀仏を指すが、ここでは、文脈からして他方世界の諸仏をいう。

○歴事……十方諸仏のもとを次々とめぐって供養すること。

○陀羅尼……総持、能持、能遮などと漢訳される。一般には、仏の教えの枢要で神秘的な力をもつ呪文と説明する。ただ陀羅尼には多くの意味がある。「法を心にとどめて忘れない」とも訳すことが出来るが、證空上人の『自筆鈔』巻第五には「陀羅尼を得て、一切法に於て明了なる事を明かすなり」（西叢四・七九下）とあるので、ここは「一切法を明了に観ることのできる知見」という意味に取りたい。

○菩薩塵沙の衆……塵沙は無数の意。数限りない菩薩たちのこと。

○蓋……天蓋のこと。空中にかかるかさ。

○幢幡……はたぼこ。

○一食……一度の食事をする僅かな時間。
○他方の同行人……良忠師の『私記』に、「知是佗方等とは、問う。佗方の同行とは何なる聖衆ぞや。答う。一に云く。佗土の菩薩なり。一に云く。極楽の菩薩、佗方に往詣して、本国に還到す。故に佗方と云う」（浄全四・五五七・上）とあり、①他方仏土の菩薩、②極楽の菩薩で他方仏土への往詣から戻ってきた者、との二つの解釈が示されている。
○弥陀会……阿弥陀仏の説法の会座。

【解釈】
般舟三昧楽［願往生］
往生人が到る所は、すべて如来法王のおられる世界である。［無量楽］
そのような十方諸仏の御許を次々とめぐって供養し終わって、記別を授けられ、西方安楽国に帰れば、［願往生］
無量の悟りの目を得る事が出来る。［無量楽］
往生人は、虚空にゆきわたっている数限りない菩薩たちと共に、［願往生］
帰り来ては阿弥陀仏を供養する。［無量楽］
あるいは衣と華を散りばめると、それが天蓋に変化し、［願往生］

あるいは音楽を奏でれば、それが雲へと変現する。［無量楽］
このように変現した幢幡の数は無億数である。［願往生］
一度の食事をする僅かな時間でもって安楽国に到る事が出来る。［無量楽］
極楽の聖者たちは遙かに他国の同行人の姿を見て、［願往生］
これが他国の同行人であるとわかれば、［無量楽］
おのおの立ち上がって、華を持って迎え、供養し、［願往生］
彼らを誘引して、直ちに阿弥陀仏の説法の会座へと引き入れるのである。［無量楽］

第二項　他方同礼段（他方の菩薩、同じく仏を礼す）

【本文】

他方菩薩同礼仏［願往生］
持華囲遶百千帀［無量楽］
或散香華奏天楽［願往生］
復現神変満虚空［無量楽］
光光相照供養仏［願往生］

【訓読】

他方の菩薩　同じく仏を礼して［願往生］
華を持して＊囲遶すること＊百千帀なり［無量楽］
あるいは香華を散じて＊天楽を奏し［願往生］
また＊神変を現じて虚空に満つ［無量楽］
光光あひ照らして仏を供養し［願往生］

異口同音讃極楽［無量楽］
弥陀応時動身相［願往生］
身光遍照十方国［無量楽］
所放神光色無尽［願往生］
廻光還照弥陀会［無量楽］
照訖光従頂上入［願往生］
大衆同知授記光［無量楽］
収光未尽弥陀笑［願往生］
普告大衆専心聴［無量楽］
我今授汝菩提記［願往生］
不久当尽来成仏［無量楽］

異口同音に極楽を讃ず［無量楽］
弥陀　時に応じて身相を動かしたまふに［願往生］
身光遍く十方の国を照らす［無量楽］
放つところの＊神光色無尽なり［願往生］
廻光還りて弥陀会を照らす［無量楽］
照らしをはりて光頂上より入れば［願往生］
大衆同じく授記の光なりと知る［無量楽］
光を収むることいまだ尽きざるに　弥陀笑《え》みたまひて［願往生］
あまねく大衆に告げて専心に聴かしめたまふ［無量楽］
われ今なんぢに菩提の記を授く［願往生］
久しからずして　まさにことごとく来りて成仏すべし［無量楽］

【語句説明】
○囲遶……とりかこむこと。
○百千帀……百重千重。

○天楽……すぐれた音楽。
○神変……神通に同じ。人間の能力を超えた不思議な力。
○神光……威神の光明。不可思議な光明。

【解釈】

他方仏土から来た菩薩達も、本国の菩薩と同じように阿弥陀仏を礼拝して、［願往生］
華を持って百重千重と取り囲み、讃嘆する為に仏を繞る。［無量楽］
あるいは、香華を散らしては、妙なる音楽を奏で、［願往生］
また、神通を駆使しては姿を虚空に満たし、［無量楽］
光と光とが互いに照らしあって仏を供養する。［願往生］
そして、異口同音に極楽を褒め讃える。［無量楽］
阿弥陀仏が時に応じてお姿を動かされると、［願往生］
その身から放たれる光明は、遍く十方の国土を照らし出して、［無量楽］
放たれる威神の光明の色は尽きることが無い。［願往生］
また、その光は廻り巡って、阿弥陀仏に還って来てはその会座を照らす。［無量楽］

会座を照らし終われば、またその光がそれぞれの大衆の頂上より入る。［願往生］
そうすれば、大衆はみな同じように、これが授記の光であることが分かる。［無量楽］
光が収まることがないうちに、阿弥陀仏は微笑まれ、［願往生］
総ての大衆に告げて、心を専らにして聴かせられる。［無量楽］
「私は今あなた達に、未来において菩提を得るであろうとの授記を授けた。［願往生］
余り時を経ることなく、全員が成仏するであろう」と。［無量楽］

第三項　慶得難遭段（遭いがたき希有の法を得るを慶ぶ）

【本文】

本住・他方化生衆［願往生］
慶得難遭希有比［無量楽］
得免娑婆長劫難［願往生］
特蒙知識釈迦恩［無量楽］
種種思量巧方便［願往生］
巽得弥陀弘誓門［無量楽］

【訓読】

＊本住・他方の化生の衆［願往生］
遭ひがたき＊希有の比《ともがら》を得ることを慶ぶ［無量楽］
＊娑婆　長劫の難を免るることを得ることは［願往生］
ことに＊知識釈迦の恩を蒙れり［無量楽］
種種に思量し　巧に方便して［願往生］
＊巽びて＊弥陀弘誓の門を得しめたまへり［無量楽］

一切善業廻生利　［願往生］
不如専念弥陀号　［無量楽］
念念称名常懺悔　［願往生］
人能念仏仏還憶　［無量楽］
凡聖相知境相照　［願往生］
即是衆生増上縁　［無量楽］

一切の善業は＊廻して生ずる利あれども　［願往生］
もつぱら弥陀の号《みな》を念ずるにしかず　［無量楽］
＊念念に称名して　つねに懺悔す　［願往生］
人よく仏を念ずれば仏　還た憶したまふ　［無量楽］
＊凡聖あひ知り　境あひ照らす　［願往生］
すなはちこれ衆生＊増上縁なり　［無量楽］

【語句説明】

○本住・他方の化生の衆……「本住」はもとから極楽に住する聖者、「他方」は他方世界より極楽に往生する聖者。
○希有の比……『原典版・七祖篇』の校異では、「比」が二本（龍大元禄刊本と本山蔵版）には「法」となっている。また『私記』には「『希有法』有る本には『比』という、『法』の本を正と為す」（浄全四・五五七上）とある。意味としては「比」よりも「法」が通じ易い。
○娑婆長劫の難……娑婆世界でながく生死輪廻をかさねる苦難。
○知識釈迦……善知識であるところの釈迦。
○巽びて……巽は選の意。音通で解釈する。
○弥陀弘誓の門……阿弥陀仏の広弘の誓願。ひろき誓い。

○廻して……回向して。往生の因としてふりむけて。
○念念に称名してつねに懺悔す……『講話』に「念々の一句は、是亦安楽集上二丁教興章、一念称阿弥陀仏、即是恒懺悔人也の意を承る歟」（下・四六）と指摘があり、この一句は道綽の『安楽集』巻上「若一念称阿弥陀仏、即能除却八十億劫生死之罪。一念既爾。況修常念。即是恒懺悔人也（もし一念阿弥陀仏を称すれば、すなはちよく八十億劫の生死の罪を除却す。一念すでにしかなり。いはんや常念を修せんをや。すなはちこれつねに懺悔する人なり）」（原典版・七祖篇・二〇八、註釈版・七祖篇・一八四）をうけた句であるという。「懺悔」に関しては第二章・第四節・第一項の【参考・問題点】（本書一七六～一八一頁）を参照されたい。
○凡聖……凡は念仏の衆生、聖は阿弥陀仏を指す。
○増上縁……阿弥陀仏の大願業力。↓【参考・問題点】

【解釈】

もともと極楽に住していた者や、他方世界から極楽に来た者達は、［願往生］遭うことの難しい希有の法を授けられるという授記を得て驚喜する。［無量楽］生死輪廻の永い苦しみを味わう娑婆世界から解脱出来るのは、［願往生］俗世間の善知識者である釈尊の恩を頂いたからである。［無量楽］釈尊は様々に思いはかり、巧みに方便して、［願往生］

多くの法門の中から、阿弥陀仏の法門を得させて下さったのである。［無量楽］
あらゆる善業には、それを回向して浄土に往生するという利益があるが、［願往生］
もっぱら阿弥陀仏の名号を念じるには及ばない。［無量楽］
一念一念の称名によって常に懺悔して、［願往生］
衆生がよく阿弥陀仏を念ずれば、仏もまた衆生を憶念して下さる。［無量楽］
念仏の衆生と阿弥陀仏とが互いに相い知れば、その境界をも互いに照らしあうことが出来る。
［願往生］
つまりこれこそ、衆生を救う阿弥陀如来の大願業力に依るものである。［無量楽］

【参考・問題点】

○「娑婆長劫の難を免るることを得ることは」

『本典』行巻「六字釈」に三文連引されているが、その中の第三文目に当たる。（本書一〇〇頁・一二六頁参照）

又云、「門門不同八万四。為滅無明果業因利剣、即是弥陀号。一声称念罪皆除。微塵故業随智滅。不覚［覚字教音］転入真如門。

得免娑婆長劫難、特蒙知識釈迦恩。種種思量巧方便、選得弥陀弘誓門。」〔已上抄要〕
(原典版・二一〇―二一一)

またいはく（般舟讃 七二一）、「門々不同にして八万四なり。無明と果と業因とを滅せんための利剣は、すなはちこれ弥陀の号なり。一声称念するに罪みな除こると。微塵の故業と随智と滅す。覚へざるに真如の門に転入す。娑婆長劫の難を免るることを得ることは、ことに知識釈迦の恩を蒙れり。種々の思量巧方便をもつて、選びて弥陀弘誓の門を得しめたまへり」と。〔以上抄要〕（註釈版・一六九―一七〇）

○**「増上縁」**

「増上縁」は、阿弥陀仏の大願業力のこと。

『観経疏』「玄義分」に、

言弘願者如『大経』説。「一切善悪凡夫得生者、莫不皆乗阿弥陀仏大願業力為増上縁也。」
（原典版・七祖篇・三三九）

弘願といふは『大経』に説きたまふがごとし。「一切善悪の凡夫生ずることを得るものは、みな阿弥陀仏の大願業力に乗じて増上縁となさざるはなし」と。（註釈版・七祖篇・三〇一）

とあって「阿弥陀仏の大願業力」を増上縁と呼んでいる。（参照『註釈版・七祖篇』補注9「他力」

〈一四〇七―一四〇八〉あるいは『観経疏』の「定善義」には、

三明増上縁。衆生称念、即除多劫罪。命欲終時、仏、与聖衆自来迎接。諸邪業繋無能礙者。故名増上縁也。（原典版・七祖篇・四九四）

三には増上縁を明かす。衆生称念すれば、すなはち多劫の罪を除く。命終らんと欲する時、仏、聖衆とみづから来りて迎接したまふ。諸邪業繋もよく礙ふるものなし。ゆゑに増上縁と名づく。（註釈版・七祖篇・四三七）

とある。

第四項　勿信他語段（他人の語を信受すること勿れ）

【本文】

不得信受他人語［願往生］
但令心浄此皆浄［無量楽］
若道此同諸仏国［願往生］
何因六道同生死［無量楽］

【訓読】

＊他人の語を信受することを得ざれ［願往生］
ただ心をして浄ならしむれば　これみな浄なりといふことを［無量楽］
もしこれ同じく諸仏の国なりと道《い》はば［願往生］
なにによりてか六道同じく生死せむ［無量楽］

棘刺叢林満三界［願往生］
山河・大地同高下［無量楽］
水・陸・虚空衆生性［願往生］
無明煩悩等貪瞋［無量楽］
念念貪求財色苦［願往生］
業愛痴縄縛人送［無量楽］
閻羅遣使牽将去［願往生］
獄卒牛頭催復催［無量楽］
盛火四面同時起［願往生］
随業風吹落苦中［無量楽］
最火泥犂四門外［願往生］
門門八万四千隔［無量楽］
一一隔中人人到［願往生］
恒沙苦具在其中［無量楽］
罪人身上煙炎起［願往生］

＊棘刺《こくし》叢林三界に満ち［願往生］
山河・大地同じく＊高下あり［無量楽］
水・陸・虚空の衆生の＊性は［願往生］
無明煩悩等しく＊貪瞋なり［無量楽］
念念に＊財色を貪求して苦しみ［願往生］
＊業愛痴の縄人《なわひと》を縛りて送る［無量楽］
閻羅使を遣はして牽《ひ》き将《ゐ》て去る［願往生］
＊獄卒牛頭《ごず》催《うなが》してまた催《うなが》す［無量楽］
盛りなる火　四面に同時に起り［願往生］
＊業風の吹くに随ひて苦のなかに落つ［無量楽］
＊最火の＊泥犂《ないり》＊四門の外［願往生］
門門に八万四千の隔《へだて》あり［無量楽］
一一の隔のなかに人人到る［願往生］
恒沙の＊苦具その中に在り［無量楽］
罪人の身上に煙炎《えんえん》起り［願往生］

飛輪・刀剣縦横入［無量楽］　　飛輪・刀剣縦横に入る［無量楽］
一切獄中同此苦［願往生］　　一切の獄中同じくこの苦あり［願往生］
何時何劫得休時［無量楽］　　いづれの時いづれの劫にか休む時を得む［無量楽］

【語句説明】

○他人の語……『自筆鈔』巻第五（西叢四・八三・上）は「総じて他人語と云ふなり。是即ち、浄土の学者に対して異学、異解の人を、他人、と云ふなり」として「他人」を「異学・異解の人」と解している。↓【参考・問題点】

○棘刺叢林……いばら・とげ・くさむら・はやし。『講話』には「棘刺等の一行は、此濁悪処の相……浄土は之に反して、宝樹林を為し、土地平坦なること論註に云云するが如し」（下・四九）とある。以下はしばらく濁悪処の相を表す。

○高下……高低や起伏。

○性……本性か。『私記』は「根性または感性」（浄全四・五五七下）と訳している。

○貪瞋……三毒のうちの貪欲と瞋恚の二をいうが、内容的には愚痴を省略していると見る。

○財色……財貨と女色。

○業愛痴……悪業と愛欲と愚痴。

○獄率牛頭……牛の頭をした地獄の鬼。
○業風……悪業の報いとして吹く地獄の猛風。
○最火の……『講話』（下・五〇）は、「火」を「一に大に作るを可とす」という。そうすれば「最大の」となるが、『原典版・七祖篇』対校表にはそのような異本は認められない。
○泥犂……地獄の別名。
○四門の外……『講話』（下・五〇）は「外」の一字を「分の字の草書体を誤るか」としている。外では意味が通じないからか。
○苦具……責め道具。

【解釈】

異学・異解の諸師の言葉を信じて受けとってはいけない。［願往生］
その内容は「ただ心を清浄に勤めれば、全ての国土も清浄となる」というのである。［無量楽］
もし、この娑婆世界が諸仏の世界と同じというならば、［願往生］
どうして、六道の世界だけ生死を繰り返さねばならないのか。［無量楽］
この迷いの三界には、棘《いばら》・刺《とげ》・叢《くさむら》・林《はやし》などが満ち溢れ、［願往生］
山河や大地にも高・低や起・伏がある。［無量楽］

水の中や陸の上、大空にいる生きとし生けるものの本性は、〔願往生〕
無明などの煩悩が等しく具わっていて、貪欲と瞋恚・愚痴にまみれている。〔無量楽〕
これら衆生は絶えず、ひと思いごとに財貨や女色を貪り求めて苦しんでいる。〔願往生〕
悪業と愛欲と愚痴の縄でもって、人を縛って地獄へと送る。〔無量楽〕
閻魔大王は使いを遣わして、煩悩にまみれた衆生を地獄へと連れ去ってゆく。〔願往生〕
牛の頭をした地獄の鬼は、煩悩に覆われた衆生に催促し続ける。〔無量楽〕
燃え盛る火が四方から同時に起こり、〔願往生〕
悪業の猛風が吹けば、その火は煽られ、地獄の苦しみの中へと落ちていく。〔無量楽〕
地獄の火が激しく燃え盛る四門の外、〔願往生〕
それぞれの門ごとに、八万四千の隔りがある。〔無量楽〕
一つ一つの隔りのなかに悪業を行った亡者が落ちる。〔願往生〕
ガンジス河の砂の数ほどの責め道具がその中に在って、〔無量楽〕
それにて罪人の身は、煙や炎が立ちあがる程に苦しめられ、〔願往生〕
飛輪や刀剣が縦横に飛び交って罪人の体に突き当たる。〔無量楽〕
どのような地獄であっても、これと同じような苦しみを受けねばならない。〔願往生〕

一体、何時になれば、苦しみに休みが出来るのであろうか。［無量楽］

【参考・問題点】

○「他人の語を信受することを得ざれ」

『私記』はここで問いを発する。

問う。維摩経に云う。其の心の浄に随って即ち仏土浄し。以上。既に是れ仏説なり。何ぞ信受せざらんや。答う。厭穢欣浄も心浄土浄も倶に是れ仏説なり。同じく機縁に逗ず。彼は利根に約し此は鈍根に約す。若し辺見を起こさば、倶に仏意に背かん。今、厭欣の機に対して其の心浄の義を破す。此れ第八観の是心是仏の文を述す。（浄全四・五五七・下）

鈍根者への欣浄の立場から「心浄説」を破すという。そして『観経』の「是心是仏」の経文に出拠を求める。

○「心をして浄ならしむればこれみな浄なり」

「異学・異解の諸師の言葉」とは、当時における『観経』理解を指していると思える。例えば、地論宗の浄影寺の慧遠師（五二三〜五九二）の『観無量寿経義疏』二巻や、三論宗の嘉祥寺の吉蔵（五四九〜六二三）の『観無量寿経疏』一巻など（いずれも大正三七巻所収）をいうのであろう。

そしてこれらの中に説かれる「心をして浄ならしむればこれみな浄なり」とは、いわゆる『維摩経』の「心浄土浄」に基づく説であろう。いま『維摩経』「仏国品」に依ると、

如是、宝積、菩薩随其直心則能発行、随其発行則得深心、随其深心則意調伏。随意調伏則如説行、随如説行則能迴向。随其迴向則有方便。随其方便則成就衆生。随成就衆生則仏土浄。随仏土浄則説法浄。随説法浄則智慧浄。随智慧浄則其心浄。随其心浄則一切功徳浄。是故、宝積、若菩薩欲得浄土、当浄其心。随其心浄、則仏土浄。（大正一四・五三八中―下）

是の如く、宝積よ、菩薩は其の直心に随ひて則ち能く行を発し、其の行を発すに随ひて則ち深心を得、其の深心に随ひて則ち意調伏す。意の調伏するに随ひて則ち説の如く行じ、説の如く行ずるに随ひて則ち能く迴向す。其の迴向に随ひて則ち方便有り。其の方便に随ひて則ち衆生を成就す。衆生成就するに随ひて則ち仏土浄《きよ》し。仏土の浄きに随ひて則ち説法浄し。説法の浄きに随ひて則ち智慧浄し。智慧の浄きに随ひて則ち其の心浄し。其の心の浄きに随ひて則ち一切の功徳浄し。是の故に、宝積よ、若し菩薩にして浄土を得んと欲せば、当に其の心を浄むべし。其の心の浄きに随ひて、則ち仏土浄し。

とある。ここから心浄土浄の思想が導き出されると思う。一方、『観経』の「是心是仏」の文は以下の通りである。

所以者何。諸仏如来是法界身。入一切衆生心想中。是故汝等心想仏時、是心即是三十二相・八十随形好、是心作仏、是心是仏。諸仏正遍知海従心想生。（原典版・一二三）

ゆゑはいかん。諸仏如来はこれ法界身なり。一切衆生の心想のうちに入りたまふ。このゆゑになんぢら心に仏を想ふ時、この心すなはちこれ三十二相・八十随形好なれば、この心作仏す、この心これ仏なり。諸仏正遍知海は心想より生ず。（註釈版・一〇〇）

善導大師はここを、

言是心作仏者、依自信心縁相如作也。言是心是仏者、心能想仏、依想仏身而現。即是心仏也。離此心外、更無異仏者也。（原典版・七祖篇四八九）

「是心作仏」といふは、自の信心によりて相を縁ずるは作のごとし。「是心是仏」といふは、心よく仏を想へば、想によりて仏身現ず。すなはちこの心仏なり。この心を離れてほかにさらに異仏なければなり。（註釈版・七祖篇　四三二）

と訓んでいる。ところで、ここで問題にしたいのは、この後に「地獄の様相」が説かれる点である。道粋師の分科によれば「第四項　勿信他語段」（他人の語を信受すること勿れ）にこの地獄の様相の発端がある。ここから考えると「ただ心をして浄ならしむれば、これみな浄なりといふことを」と主張する「異学・異解」の教えから導き出された地獄の様相と見ることが出来よう。「般舟三昧楽」が叙述される中に、地獄の様相が説かれるのは、浄土の存在を否定する教えと大いに関係が認められるであろう。

○「最火の泥犂四門の外」以降

阿鼻地獄（無間地獄）の描写となる。『私記』には、「一切獄中等とは、問う。此文唯無間地獄を説く、何ぞ一切と云や。答う。文無間なりと雖も、義は余獄に通ず、或は無間獄の中に多く隔有る故に一切獄と云う」（浄全四・五五八上）とあり、この段落が阿鼻地獄をもって一切の地獄を代表させていることを示している。

○「八万四千の隔《へだて》」

この「隔」に関して『法事讃』巻上に「下に十八の隔ありて、八万四千重あり」とある、ここを言ったものであろう。阿鼻地獄に関しては『法事讃』の文を後に全文引くが、いまここでは「八万四千重」に関してのみ示しておきたい。

仏言、阿鼻地獄縦広正等八万由旬。七重鉄城、七層鉄網。下十八隔、周匝七重、皆是刀林。七重城内復有剣林。下十八隔、有八万四千重。於其四角有大銅狗。其身広長四十由旬。
（原典版・七祖篇・六〇七―六〇八）

仏のたまはく、阿鼻地獄は縦広正等にして八万由旬なり。七重の鉄城、七層の鉄網あり。下に十八の隔《へだて》ありて、周匝せること七重、みなこれ刀林なり。七重の城内にまた剣林あり。下に十八の隔ありて、八万四千重あり。その四角に大銅狗あり。その身広長にして四十由旬なり。

（註釈版・七祖篇・五三五―五三六）

第十七節　獄苦勧信章（地獄の苦しみを知って信を勧める）

第一項　獄火来収段（地獄の火、来たりて収む）

【本文】

般舟三昧楽［願往生］
三途永絶願無名［無量楽］
七重鉄城七重網［願往生］
重重城内鉄林樹［無量楽］
樹樹枝条八万四［願往生］
葉葉華果如刀輪［無量楽］

【訓読】

般舟三昧楽［願往生］
＊三塗永く絶えて　願くは名すらなからむ［無量楽］
七重の鉄城に七重の網あり［願往生］
＊重重の城内に鉄の林樹あり［無量楽］
樹樹の枝条＊八万四なり［願往生］
葉葉華果＊刀輪のごとし［無量楽］

飛輪上踊還来下［願往生］
頭入足出痛難忍［無量楽］
重重門上八万釜［願往生］
鎔銅鉄汁涌如泉［無量楽］
沸涌騰波高八万［願往生］
直射門外千由旬［無量楽］
四門四道罪人入［願往生］
門開業火出来迎［無量楽］

＊飛輪上に踊りて還りて下に来る［願往生］
頭に入りて足に出づ痛み忍びがたし［無量楽］
重重の門の上に八万の釜あり［願往生］
＊鎔銅鉄汁涌くこと泉のごとし［無量楽］
沸き涌《わ》きて波を騰《あ》ぐること高さ＊八万［願往生］
ただちに門外千由旬を射る［無量楽］
四門の四道より罪人入る［願往生］
門開けて業火出でて＊来迎す［無量楽］

【語句説明】

○三塗……三悪道（地獄・餓鬼・畜生）のこと。
○重重……いくえにも重なっている。
○八万四……八万四千の略。無数の意。
○刀輪……車輪のような円形の刀の意。『法事讃』巻上に「百千刀輪従空中下頭入足出。一切苦事過於上説百千万倍。（百千の刀輪空中より下りて頭より入りて足より出づ。一切の苦事上の説に過ぎたること百千万倍なり。）」

（原典版・七祖篇・六一二、註釈版・七祖篇・五三九）と同様の記述が見られる。↓【参考・問題点】

○飛輪……一般には太陽、車輪、疾走する車などを指す。また、仏典中でもその用例が多いが、ここでは風に飛ぶ木の葉のように「空中を飛ぶ刀輪」と解釈した。近似した用例としては『賢愚経』巻第六「月光王頭施品」に「或堕餓鬼、火従身出、或有飛輪来截其頭。断而復生、如是無数。（或いは餓鬼に堕さば、火身従り出づ。或いは飛輪有り来りて其の頭を截つ。断ちて復た生れ、是の如く無数なり。）」（大正四・三八九下）がある。したがって、この箇所を大塚師『般舟讃私講』が「樹木の頂上にある飛輪に向かって、踊るように登ってゆく、そしてまた還って下に降りて行く」（三一四頁）として「飛輪」を固定的な物体で理解しているが、必ずしも根拠はないように思われる。むしろ「頭上から落ちてきた刀輪（飛輪）が頭から足にまで突き刺さる」と理解したほうが適切のように感じる。

○鎔銅鉄汁……溶けた銅や鉄の液汁。

○八万……八万由旬の略。

○来迎……むかえいれること。

【解釈】

般舟三昧楽［願往生］

三悪道が永遠に絶え果て、その名前すら残らない世であることを願う。［無量楽］

地獄は七重の鉄の城郭に囲まれ、七重の網によって覆われている。［願往生］

幾重にも重なった地獄の城内には鉄の林がある。〔無量楽〕
鉄の樹々には八万四千もの枝葉がしげっている。〔願往生〕
一枚一枚の葉や華や果実はまるで刀の輪のようである。〔無量楽〕
風で飛んだ刀輪は空中で踊り上がり、戻っては下に落ちて来る。〔願往生〕
その刀輪が罪人の頭に突き刺さり、足まで切り裂いて出てくる。その痛みたるや耐えられるものではない。〔無量楽〕
地獄を取り囲む重々の門の上には、八万もの釜がある。〔願往生〕
その釜のなかには溶けた銅や鉄の液汁が泉のように涌き出している。〔無量楽〕
その汁は煮えたぎり、八万由旬の高さにまで波立ち吹き上げている。〔願往生〕
沸騰した汁は矢で射るかのように流れ出て、瞬時に門の外、一千由旬にまで到達する。〔無量楽〕
罪人は地獄の四つの門に通じる道より入ってくる。〔願往生〕
門が開かれ、自ら行った悪業が火となってその人を迎える。〔無量楽〕

【参考・問題点】

○地獄の描写においても「般舟三昧楽」を一段ごとに表現する点について

『自筆鈔』巻第五に、

「身の動くに付けて苦器の用力劇しく施せば、苦具の多きになるなり。般舟三昧楽といは、地獄の苦の忍び難き事を懇に顕はせば、往生極楽の般舟三昧の因の時よりいよいよ楽なる事の思ひ知るべき事を顕はすなり。然れば、句毎にも其の心あるべしと思はへて、一段の始に必ず是を顕はすなり。」（西叢四・八六下）

とある。

○刀輪

車輪のような円形の刀の意。『法事讃』巻上に「獄卒頭上有八牛頭。一一牛頭有十八角。一一角頭皆出火聚。火聚復化成十八輞、火輞復変作火刀輪。如車輪許。（獄卒の頭の上に八の牛頭あり。一々の牛頭に十八の角あり。一々の角の頭よりみな火聚を出す。火聚また化して十八の輞となり、火輞また変じて火刀輪となる。車輪ばかりのごとし。）」（原典版・七祖篇・六〇八、註釈版・七祖篇・五三六）とある。『観仏三昧海経』（大正一五・六六八中―）などに頻出する地獄表現の一つ。

第二項　触処苦起段（触る処、苦しみばかり）

【本文】

鉄汁焱焱流没膝〔願往生〕
触処煙炎同時起〔無量楽〕
牛頭獄卒道辺嚂〔願往生〕
大地震動如天雷〔無量楽〕
罪人聞之心肚裂〔願往生〕
鉄虫・鉄鳥争来食〔無量楽〕
鉄丸・刀剣空中下〔願往生〕
鎔銅鉄汁注身上〔無量楽〕
去鉄城門四万里〔願往生〕
要取中行無避処〔無量楽〕
行疾過風如箭射〔願往生〕
須臾即入七重門〔無量楽〕

【訓読】

鉄汁＊焱焱《えんえん》として流れて膝を没す〔願往生〕
触るる処 煙炎同時に起る〔無量楽〕
＊牛頭《ごず》獄卒 道の辺《ほとり》にして＊嚂《いか》れば〔願往生〕
大地震動すること天雷のごとし〔無量楽〕
罪人これを聞きて＊心肚裂くれば〔願往生〕
鉄虫・鉄鳥争ひ来りて食す〔無量楽〕
鉄丸・刀剣空中より下り〔願往生〕
鎔銅鉄汁 身の上に注ぐ〔無量楽〕
鉄城の門を去ること四万里なり〔願往生〕
かならず中を取りて行かしむるに避《さ》る処なし〔無量楽〕
行くこと疾くして風に過ぎ箭《や》の射るがごとし〔願往生〕
須臾にすなはち七重の門に入る〔無量楽〕

【語句説明】

○焱焱……火がはげしく燃えあがるさま。
○牛頭獄率……牛の頭をした地獄の鬼。
○嚂《いか》る……怒って叫ぶ意。
○心肚……むねとはら。

【解釈】

火炎の鉄汁は激しく燃え盛り、流れ出して罪人の膝まで浸かる。［願往生］
その鉄汁が罪人に触れたならば、煙と炎が同時におこり立つ。［無量楽］
牛の頭をした地獄の鬼たちが道の辺で叫んだならば、［願往生］
まるで天の雷鳴が轟いたかのように大地が震動する。［無量楽］
罪人がその音を聞けば、自らの胸と腹が八裂きにされる。［願往生］
そこへ、争うように鉄虫や鉄鳥がやってきて、その臓物を食べる。［無量楽］
鉄丸や刀剣が空から落ちて来る。［願往生］
はたまた、溶けた銅や鉄汁が頭の上から浴びせられる。［無量楽］
地獄の鉄城の門に至るに、まだ四万里もある。［願往生］
罪人はこれらの中を歩かされ、逃げ道すらない。［無量楽］

そこを行くのは風よりも早く、まるで矢を射るかのようである。［願往生］
罪人たちは一瞬のうちに、地獄の七重の門に入る。［無量楽］

【参考・問題点】

『法事讃』における阿鼻地獄の様相を第十九節・第二項「劫尽苦弥段」の【参考・問題点】に全文引用してあるので参照されたい。（本書三三九頁）

第十八節　苦報励行章（苦の報いは必ず励行される）

第一項　受苦長劫段（長時劫の間、苦を受ける）

【本文】

般舟三昧楽［願往生］
専心念仏断貪瞋［無量楽］
入此七重鉄門内［願往生］

【訓読】

般舟三昧楽［願往生］
専心に念仏して＊貪瞋を断ずべし［無量楽］
この七重の鉄門のうちに入りなば［願往生］

何時何劫得廻還［無量楽］
罪人入已門皆閉［願往生］
一一身満不相妨［無量楽］
一臥八万長時劫［願往生］
皆由破法罪因縁［無量楽］

いづれの時いづれの劫にか回還《かへ》ることを得む［無量楽］
罪人入りをはりぬれば門みな閉づ［願往生］
＊一一の身 満ちてあひ妨げず［無量楽］
＊一たび臥するに八万長時劫なり［願往生］
みな＊破法罪の因縁による［無量楽］

【語句説明】

○貪瞋……三毒のうちの貪欲と瞋恚。

○一一の身満ちてあひ妨げず……この箇所は理解し難い。ただ『自筆鈔』巻第五（西叢四・八五下）が解説を試みている。そこでは「無間地獄の様相の解説」と見て、地獄では憂苦を受けることにひまがないため無間といい、「横に一々の身、無間の城の内に遍満して、苦の相ひまなしと云ふ事を顕はすなり」とする。しかし、やや複雑に理解しすぎの感がする。そこで、罪人たちの「一一の身」が地獄に「満ちている」と解釈すれば、地獄は罪人たちで溢れているが、苦を受けるには、互いの身体は妨げにならない、との意味に解した。

○一たび臥するに……一度、地獄に臥したならば、との意味。

○破法罪……仏法を破壊する罪。

【解釈】

般舟三昧楽［願往生］

一心に念仏して、貪欲と瞋恚などの根本煩悩を断じねばならない。［無量楽］

もし、この七重の鉄門の中に入ったならば、［願往生］

いったい、いずれの時、いずれの劫にかここを出る事ができるであろうか。［無量楽］

一旦、罪人が門内に入ったならば、これらの門はすべて閉ざされる。［願往生］

地獄は罪人一人一人の身体で満ち溢れているが、受ける責苦は互いに妨げられることはない。

［無量楽］

この地獄に一旦落ちたならば、八万劫もの永い時間を過ごさねばならない。［願往生］

この地獄に落ちるのは、すべて仏法を破壊した罪がその原因となる。［無量楽］

第二項　業不可欺段（悪業は欺かない）

【本文】

謗毀三宝壊人善［願往生］

亦堕阿鼻大獄中［無量楽］

【訓読】

三宝を＊謗毀《ほうき》し人の善を壊《やぶ》れば［願往生］

また阿鼻大獄のなかに堕つ［無量楽］

戯笑作罪多劫受　［願往生］
不惜仏意取人情　［無量楽］
慎莫軽心縦三業　［願往生］
業道分明不可欺　［無量楽］

＊戯笑の作罪も多劫に受く　［願往生］
＊仏意を惜しまずして＊人情を取らむや　［無量楽］
つつしみて軽心をもて三業をほしいままにすることなかれ　［願往生］
＊業道分明なり欺くべからず　［無量楽］

【語句説明】

○謗毀……そしること。
○戯笑の作罪……笑いたわむれながら犯す罪。『私記』は「妄心より起こる所の罪は皆、戯笑なり。真実の所作に非ざる故なり。作罪は戯れに似たれども、果報は然らずと顕わして、厭わしむるなり」（浄全四・八六上）という。
○仏意……仏の御心。
○人情……人の迷いの心。執着する心。
○業道……善悪の業によって苦楽の果報を得るという道理。とくにここでは悪因苦果の道理を指している。

【解釈】

三宝をそしったり、人道を歩む善行をなさなかったならば、［願往生］
また阿鼻地獄の中に堕ちるであろう。［無量楽］

笑い戯れながら犯した罪によっても、永い間の苦しみを受けねばならない。［願往生］
仏の御心を尊重せずして、人間の迷いの心に流されてはいけない。［無量楽］
心を慎んで、軽率な心でもって身・口・意の三業を満足させてはいけない。［願往生］
悪因悪果の道理は明瞭である。これを欺いてはならない。［無量楽］

第十九節　七支業道章（七種類の業道）

第一項　余苦無窮段（余の苦も窮まりなし）

【本文】

般舟三昧楽［願往生］
横截業道入西方［無量楽］
七重鉄城門門外［願往生］
鉄蟒挙頭城上出［無量楽］
火炎・刀輪従口出［願往生］

【訓読】

般舟三昧楽［願往生］
横《よこさま》に業道を截り西方に入れ［無量楽］
七重の鉄城の門門の外に［願往生］
＊鉄蟒《てつもう》頭を挙げて城の上より出づ［無量楽］
火炎・刀輪 口より出で［願往生］

亦皆流注罪人上　［無量楽］
四角鉄狗身毛孔　［願往生］
亦雨煙火人身上　［無量楽］
羅刹擎叉刺心眼　［願往生］
皆由心眼堕泥犂　［無量楽］
熱鉄地上無窮苦　［願往生］
罪人或臥或行走　［無量楽］

またみな流れて罪人の上に注ぐ　［無量楽］
四角の＊鉄狗《てっく》の身の毛孔より　［願往生］
また煙火を人身の上に雨らす　［無量楽］
羅刹＊叉《ひし》を擎《ささ》げて＊心眼を刺す　［願往生］
みな心眼をもて＊泥犂《ないり》に堕するによる　［無量楽］
熱鉄の地上に＊無窮の苦あり　［願往生］
罪人あるいは臥し　あるいは行き走る　［無量楽］

【語句説明】

○鉄蟒《もう》……巨大な鉄の蛇。
○鉄狗……鉄の犬。
○叉……獲物を突き刺す道具。
○心眼……心の働き。観念のこと。三毒の煩悩なども心から起きるため、そうした煩悩がはたらく中心としての心を意味する。ただし地獄の具体的な描写であることを踏まえると、『私記』が指摘するように、より具体的な「心臓」というイメージが含まれていると思われる。『私記』は「刺心眼とは、世人多分は眼に見、心に思って其の大罪を造る。心の託する所は、即ち心の臓なり。故に刺心眼と云う。」（浄全四・五五八上）と述べる。
○泥犂……地獄のこと。
○無窮……きわまりない。無限。

【解釈】

般舟三昧楽〔願往生〕
横ざまに悪業を断ち切って、西方浄土の道に入りなさい。〔無量楽〕
地獄の七重の鉄城のそれぞれの門の外には、〔願往生〕
巨大な鉄の蛇が頭をもたげ、城の上から睨んでいる。〔無量楽〕
その蛇の口からは、火炎や刀輪が吐き出され、〔願往生〕
全ての罪人の上に浴びせられている。〔無量楽〕
地獄の四つの角には鉄狗がおり、その毛孔からは、〔願往生〕
煙と火が出ており、罪人の上に降り注がれている。〔無量楽〕
獄卒の羅刹は、罪人を突き刺す叉《ひし》を持って、罪人の心臓を刺す。〔願往生〕
煩悩は心によって造り出され、それにて地獄に堕ちるからである。〔無量楽〕

地獄の熱鉄の大地の上では、無限の苦しみを味わわされる。［願往生］
罪人はそこに横にならされたり、走り回らされて苦を受ける。［無量楽］

第二項　劫尽苦弥段（劫尽きれば、苦いよいよ多し）

【本文】

大劫尽時眼中見［願往生］
東門城外清林泉［無量楽］
罪人一時向東走［願往生］
臨臨欲到門還閉［無量楽］
如是四門遙半劫［願往生］
鉄網鉤身如棘林［無量楽］
上有鷹鳥啄人肉［願往生］
地有銅狗争来食［無量楽］
地上・虚空無避処［願往生］
動即苦具転弥多［無量楽］

【訓読】

大劫尽くる時　眼中に見ゆ［願往生］
＊東門の城外に清林泉ありと［無量楽］
罪人一時に東に向かひて走る［願往生］
＊臨臨として門に到らむと欲すれば還りて閉づ［無量楽］
かくのごとく＊四門にはるかなること半劫なり［願往生］
鉄網　身を＊鉤《く》すること＊棘林《こくりん》のごとし［無量楽］
上に＊鷹鳥《おうちょう》ありて人の肉を啄《ついば》む［願往生］
地に＊銅狗ありて争ひ来りて食す［無量楽］
地上・虚空に避《さ》る処なし［願往生］
動けばすなはち＊苦具うたた　いよいよ多し［無量楽］

【語句説明】

○東門の城外……同様の記載が『法事讃』巻上に『観仏三昧経』にもとづきつつ詳細に言及されている。→【参考・問題点】

○臨臨……急ぎ近づこうとするさま。

○四門……『法事讃』巻上（註釈版・七祖篇・五四四）に四門を説く。罪人が東門から南門・西門・北門へと地獄の生死を繰り返しながらさまようのに半劫を経る。

○鉤……釣ること。ひっかけること。

○棘林……いばらのはやし。

○鷹鳥《おうちょう》……たか。

○銅狗……地獄の巨大な銅《あかがね》の狗《いぬ》。『法事讃』に「於其四角有大銅狗。其身広長四十由旬。（その四角に大銅狗あり。その身広長にして四十由旬なり。）」（原典版・七祖篇・六〇七―六〇八、註釈版・七祖篇・五三六）とあり、『往生要集』（原典版・七祖篇・九一二、註釈版・七祖篇・八一六）にも同箇所を『観仏三昧経』（大正一五・六六八下）より引用する。

○苦具……責め道具。

【解釈】

地獄で苦しめられ、八万四千大劫の中の一つの大劫が終わろうとする時、罪人は次の様相を目の

当たりにする。［願往生］
地獄の東門の城外に、清らかな林の泉があることを。［無量楽］
罪人はすぐさま、その泉を目指して、東の方へ一目散に走る。［願往生］
急いで門に近づき、到達しようとした時、逆にその門は閉じられる。［無量楽］
このように地獄の四門をさまよう事、はるかに半劫もの時が流れる。［願往生］
地獄では、鉄の網が亡者の身を釣り上げる。それは、あたかも棘《いばら》の林の中に居るようなものである。［無量楽］
上空には鷹が飛んでいて、罪人の肉を啄《つい》ばもうとしている。
地上には巨大な銅の狗がいて、人肉を競い合って喰らおうとしている。［無量楽］
地獄では、地上でも虚空でも、その苦しみから逃れる場などはどこにもない。
少しでも動いたならば、たちまちに多くの地獄の責め具が襲ってくる。［無量楽］

【参考・問題点】

○「東門の城外」

この箇所については『法事讃』巻上に『観仏三昧経』にもとづきつつ詳細に言及されている。

劫欲尽時、東門即開。見東門外、清泉・流水、華菓・林樹一切倶現。是諸罪人、従下隔見、眼火暫歇。従下隔起婉転腹行、揵身上走到上隔中、手攀刀輪。時虚空中雨熱鉄丸。走趣東門既至門閫、獄率羅刹手捉鉄叉、逆刺其眼、鉄狗、齧心。悶絶而死。死已復生。見南門開。如前不異。如是西門・北門亦皆如此。

（原典版・七祖篇・六一七）

劫尽きんと欲する時、東門すなはち開く。東門の外を見れば、清泉・流水、華菓・林樹一切ともに現ず。このもろもろの罪人、下の隔《へだて》より見るに、眼に火しばらく歇《や》む。下の隔より起ちて婉転腹行して、身を揵《と》りて上に走りて上の隔《へだて》のなかに到り、手に刀輪を攀《よ》づ。時に虚空のなかに熱鉄丸を雨らす。東門に走り趣きてすでに門閫《もんこん》に至れば、獄率羅刹手に鉄叉を捉りて、逆にその眼を刺し、鉄狗、心を齧《か》む。悶絶して死す。死しをはりてまた生ず。南門を見れば開けたり。前のごとくして異ならず。かくのごとくして西門・北門もまたみなかくのごとし。

（註釈版・七祖篇・五四三―五四四）

※門閫……門の敷居。

○「劫尽きんと欲する時」について

『観仏三昧経』には

此等罪人、堕此地獄経歴八万四千大劫。此泥犁滅、復入東方十八鬲中、如前受苦。此阿鼻獄南亦十八鬲、西亦十八鬲、北亦十八鬲。謗方等経、具五逆罪、破壊僧祇、汚比丘尼、断諸善根如此罪人、具衆罪者、身満阿鼻獄、四支復満十八鬲中。此阿鼻獄、但焼如此獄種衆生。劫欲尽時、東門即開。見東門外、清泉・流水、華果・林樹、一切倶現。是諸罪人、従下鬲見、眼火、暫歇。

（大正一五・六六九中―下）

此等の罪人、此の地獄に堕して八万四千大劫を経歴す。此の泥犁に滅して、復た東方の十八の鬲の中に入りて、前の如く苦を受く。此の阿鼻獄の南にまた十八の鬲、西にまた十八の鬲、北にまた十八の鬲あり。方等経を謗り、五逆罪を具し、僧祇を破壊し、比丘尼を汚し、諸の善根を断ずる此の如き罪人、衆罪を具せる者、身は阿鼻獄に満ち、四支はまた十八の鬲の中に満つ。此の阿鼻獄は、但だ此の如き獄種の衆生を焼く。劫尽きんと欲する時、東門即ち開く。東門の外を見れば、清泉・流水、華果・林樹、一切倶に現ず。是の諸の罪人、下の鬲従り見るに、眼に火、暫く歇む。

○阿鼻地獄の描写について

『講話』（下・五二）によると、七重鉄城門の門外の相を石泉僧叡師（一七六二―一八二六）は七段に分けて解釈しているという。①鉄蟒吐刀、②鉄狗雨火、③羅刹叉刺、④熱鉄大地、⑤林泉憂悩、⑥鉄網釣身、⑦鷹狗結広の七支で、この一段が最も『法事讃』の所述と合うとする。今、本論の分科「第十九節　七支業道章」はこの七支を指している。

既述の通り、阿鼻地獄の描写も同じく『法事讃』巻上の「前行法分」・「前懺悔」が類似する。そこで煩雑であるが、その地獄の描写を全文引用しておきたい。

……阿鼻地獄縦広正等八万由旬。七重鉄城、七層鉄網。下十八隔、周匝七重、皆是刀林。七重城内復有剣林。下十八隔、有八万四千重。於其四角有大銅狗。其身広長四十由旬。眼如掣電、牙如剣樹、歯如刀山、舌如鉄刺。一切身毛皆出猛火。其煙臭悪世間臭物、無以可譬。有十八獄率。頭如羅刹頭、口如夜叉口。六十四眼。眼散迸鉄丸如十里車。鉤牙上出、高四由旬。牙頭火流、焼前鉄車。令鉄車輪一一輪輞化為一億火刀・鋒刃・剣戟。皆従火出。如是流火焼阿鼻城、令阿鼻城赤如融銅。獄率頭上有八牛頭。一一牛頭有十八角。一一角頭皆出火聚。火聚復化成十八輞、火輞復変作火刀輪。如車輪許。輪輪相次、在火炎間満阿鼻城。銅狗張口、吐舌在地。舌如鉄刺。舌出之時、化無量舌満阿鼻城。七重城内有四鉄幢。幢頭火流如沸涌泉。其鉄流迸満阿鼻城。阿鼻四門。於門閫上有八十釜。沸銅涌出、従門漫流満阿鼻城。一一隔間有八万四千鉄蟒・大蛇、吐毒吐火、身満城内。其蛇哮吼如天震雷。雨火鉄丸満阿鼻城。此城苦事八万億千。苦中苦者集、在此城。五百億虫。虫八万四千嘴。嘴頭火流、如雨而下満阿鼻城。此虫下時、阿鼻猛火其炎大熾。赤光火炎照八万四千由旬。従阿鼻地獄上、衝大海沃燋山下、大海水滞如車軸許。成大鉄炎満阿鼻城。〉仏言〈若有衆生、殺害三宝、偸劫三宝、汚染三宝、欺誑三宝、謗毀三宝、破壊三宝、殺害父母、偸劫父母、汚染父母、欺誑父母、謗毀父母、破壊父母、罵辱六親。作如是等殺逆罪者、命終之時、銅狗張口化十八車。状如金車。宝蓋在上、一切火炎化為玉女。罪人遙見心生歓喜、我欲往中、我欲住中。風刀解時、寒急失声。《寧得好火在車上坐、然火自爆。》作是念已即便命終。揮霍之間已坐金車、顧瞻玉女、皆捉鉄斧斬截其身。身下火起如旋火輪。譬如壮士屈伸臂頃、直落阿鼻大地獄中。従於上隔如旋火輪至下隔際。身遍隔内。銅狗大吼齧骨、唼髄。獄率羅刹捉大鉄叉。叉、頸令起遍体火炎満阿鼻城。鉄網雨刀従毛孔入。化閻羅王大声告勅。《痴人獄種。汝在世時、不孝父母、邪慢無道。汝今生処名阿鼻獄。……

（原典版・七祖篇・六〇七―六一〇）

……阿鼻地獄は縦広正等にして八万由旬なり。七重の鉄城、七層の鉄網あり。下に十八の隔ありて、周匝せること七重、みなこれ刀林なり。七重の城内にまた剣林あり。下に十八の隔ありて、八万四千重あり。その四角に大銅狗あり。その身広長にして四十由旬なり。眼は＊掣電《せいでん》のごとく、牙は剣樹のごとく、歯は刀山のごとく、舌は鉄刺のごとし。一切の身毛よりみな猛火を出す。その煙臭悪にして世間の臭き物、もつて譬ふべきなし。十八の獄率あり。頭は羅刹の頭のごとく、口は夜叉の口のごとし。六十四の眼あり。眼より鉄丸を＊散迸《さんぺい》すること十里車のごとし。鉤れる牙は上に出でて、高さ四由旬なり。牙の頭より火流れて、前の鉄車を焼く。鉄車輪の一々の輪輞をして化して一億の火刀・鋒刃・剣戟とならしむ。みな火より出でたり。かくのごとき流火阿鼻城を焼き、阿鼻城をして赤きこと融銅のごとくならしむ。獄卒の頭の上に八の牛頭あり。一々の牛頭に十八の角あり。一々の角の頭よりみな火聚を出す。火聚また化して十八の輞となり、火輞また変じて火刀輪となる。車輪ばかりのごとし。輪々あひ次いで、火炎のあひだにありて阿鼻城に満てり。銅狗口を張り、舌を吐きて地に在く。舌は鉄刺のごとし。舌出づる時、無量の舌を化し阿鼻城に満てり。七重の城内に四の鉄幢あり。幢の頭より火流れて沸涌泉のごとし。その鉄流れ迸《ほとばし》りて阿鼻城に満てり。阿鼻に四門あり。門閫の上に八十の釜あり。沸銅涌き出でて、門より漫ち流れて阿鼻城に満てり。一々の隔のあひだに八万四千の鉄《てつ》蟒《もう》・大蛇ありて、毒を吐き火を吐き、身城内に満てり。その蛇*哮吼《こうく》すること天の震雷のごとし。火鉄丸を雨らして阿鼻城に満てり。この城の苦事は八万億千なり。苦のなかの苦なるもの集まりて、この城にあり。五百億の虫あり。虫に八万四千の嘴あり。嘴の頭より火流れて、雨のごとくして下りて阿鼻城に満てり。この虫下る時、阿鼻の猛火その炎大きに熾《さか》りなり。赤光の火炎八万四千由旬を照らす。阿鼻地獄より上、大海の沃焦山の下を衝くに、大海の水滞りて車軸ばかりのごとし。大鉄炎となりて阿鼻城に満てり〉と。仏のたまはく、〈もし衆生ありて、三宝を殺害し、三宝を偸劫し、三宝を汚染し、三宝を欺誑し、三宝を謗毀し、三宝を破壊し、父母を殺害し、父母を偸劫し、父母を汚染し、父母を欺誑し、父母を謗毀し、父母を破壊し、六親を罵辱す。かくのごとき等の殺逆罪を作るものは、命終の時、銅狗口を張り十八の車を化す。状金車のごとし。宝蓋上にあり、一切の火炎は化して玉女となる。罪人はるかに見て心に歓喜を生じ、われなかに往かんと欲し、われなかに住せんと欲す。風刀解くる時、寒急にして声を失ふ。《むしろ好火を得て車の上にありて坐し、火を燃《も》やしてみづから爆《あぶ》らん》と。この念をなしをはりてすなはち命終す。＊揮霍《きかく》のあひだにすでに金車に坐して、玉女を＊顧瞻《こせん》すれば、みな鉄の斧を捉りてその身を斬截す。身下に火起ること旋火輪のごとし。たとへば壮士の臂を屈伸するがごときあひだに、ただちに阿鼻大地獄のなかに落つ。上の隔より旋火輪のごとくして下の隔の際に至る。身隔のうちに遍す。銅狗大きに吼えて骨を齧み、髄を唼《す》ふ。獄卒羅刹大きなる鉄叉を捉る。叉、頸《くび》より体に遍する火炎を起さしめて阿鼻城に満つ。鉄網より刀を雨らして毛孔より入る。化閻羅王大声をもつて告勅す。《痴人は獄種なり。なんぢ世にありし時、父母に孝せず、邪慢無道なり。なんぢがいまの生処を阿鼻獄と名づく。……

（註釈版・七祖篇・五三五—五三八）

※掣電……きらめく稲妻。　散迸……散らし飛ばすこと。　哮吼……たけり吠えること。　揮

霍……極めて早いこと。　顧瞻……ふりかえってみること。

第二十節　瞋恚生苦章（瞋恚は苦を生ず）

【本文】

般舟三昧楽［願往生］
聞説此苦心摧砕［無量楽］
不孝父母罵三宝［願往生］
終時獄火自相迎［無量楽］
毀辱六親破浄戒［願往生］
亦堕如是泥犂中［無量楽］
殺害衆生食他肉［願往生］
直入泥犂火聚中［無量楽］
見聞・方便・処分殺［願往生］
如前受苦未何央［無量楽］

【訓読】

般舟三昧楽［願往生］
この苦を説くを聞けば心　＊摧砕《さいさい》す［無量楽］
父母に孝せず三宝を罵れば［願往生］
終時に獄火おのづからあひ迎ふ［無量楽］
＊六親を＊毀辱《きにく》し＊浄戒を破すれば［願往生］
またかくのごとき泥犂《ないり》のなかに堕す［無量楽］
衆生を殺害し＊他肉を食すれば［願往生］
ただちに泥犂火聚のなかに入る［無量楽］
＊見聞・方便・処分の殺《せつ》［願往生］
＊前のごとく苦を受く　いまだ何央《なかば》ならず［無量楽］

劫盗三宝衆生物　〔願往生〕
一堕泥犂無出期　〔無量楽〕
偷劫父母六親物　〔願往生〕
亦入如是泥犂中　〔無量楽〕

＊三宝衆生の物を＊劫盗《こうとう》すれば　〔願往生〕
一たび泥犂に堕して出づる期なし　〔無量楽〕
父母六親の物を偷劫《ちゅうこう》するも　〔願往生〕
またかくのごとき泥犂のなかに入る　〔無量楽〕

【語句説明】

○摧砕……くだけること。
○六親……六種の親族。父・母・兄・弟・妻・子のこと。
○毀辱……そしりはずかしめる。
○浄戒……清浄な戒。堅固に戒を保つこと。
○他肉……自分以外の生き物の肉。『入楞伽経』巻第八「遮食肉品」には次のように説かれる。

復次大慧、食肉能起色力、食味人多貪著。応当諦観。一切世間有身命者、各自宝重畏於死苦。護惜身命、人・畜無別。寧当楽存疥野干身。不能捨命、受諸天楽。何以故、畏死苦故。大慧、以是、観察死為大苦、是可畏法。自身畏死、云何当得而食他肉。是故大慧、欲食肉者、先自念身、次観衆生、不応食肉。
（大正一六・五六二下）

復た次に大慧よ、食肉は能く色力を起し、食味の人は貪著多し。応当《まさ》に諦かに観ずべし。一切の世間に身命有る者は、各自ら宝重して死苦を畏る。身命を護惜すること、人・畜の別無し。寧ろ当に楽って疥なる野干の身を存すべし。命を捨てて、諸天の楽を受くること能はず。何を以ての故に、死苦を畏るるが故なり。大慧よ、是れを以て、死は大苦為り、是れ可畏の法なりと観察す。自身に死を畏る、云何ぞ当に他の肉を食することを得るや。是の故に大慧よ、肉を食せんと欲せば、先づ自ら身を念じ、次に衆生を観じて、応に肉を食すべからず。

○見聞・方便・処分の殺……他人が殺生するのを見聞して喜びを感ずること、殺害の謀をめぐらすこと、および殺害を許可命令すること。ここでの方便は手段をめぐらすの意味。

○前のごとく苦を受く いまだ何央ならず……「見聞・方便・処分の殺は」前に説いた苦よりも倍の苦しみを受ける、という意味。『註釈版・七祖篇』の脚注（七六三）を参照。↓【参考・問題点】

○三宝衆生の物……三宝物や他人の所有物。三宝物は仏宝物（仏像・殿堂など）、法宝物（経巻・紙筆など）、僧宝物（僧房・田園・衣鉢など）の三をいう。

○劫盗……かすめとること。ぬすみとること。次々行の「偸劫」もこれに同じ。

【解釈】

般舟三昧楽［願往生］

このような地獄の苦しみを聞いたならば、心は粉砕されるであろう。［無量楽］

父母に孝行せず、また三宝を罵るなどすれば、［願往生］

命終わる時に、地獄の火が自《おのずか》ら迎えにやってくる。〔無量楽〕

親族を謗《そし》ったり、はずかしめたり、あるいは清浄な戒を破ったりした者も、〔願往生〕

同じく、このような地獄の中に堕ちて行く。〔無量楽〕

命あるものを殺したり、他の肉を食べた者も、〔願往生〕

ただちに地獄の炎の中に入るであろう。〔無量楽〕

他の人が殺生するのを見たり聞いたり、あるいは殺害の方法を考えたり、殺害を命じたりしたならば、〔願往生〕

今まで説いて来た苦しみの、二倍もの苦を味わわねばならないだろう。〔無量楽〕

三宝物や他人の持ち物を盗んで、〔願往生〕

ひとたび地獄に堕ちたならば、そこから出る機会などは二度とやって来ない。〔無量楽〕

父母や親族の物を盗んだとしても、〔願往生〕

また、同じような地獄に堕ちることになる。〔無量楽〕

【参考・問題点】

○地獄の苦相が十悪と対応している点について

「衆生を殺害し」以降の偈頌の内容が、十悪と対応している点について『講話』（下巻・五二一—五三）にその配当がある。十悪を身口意の三業にあてはめ、殺生・偸盗・邪婬を身業の三に、妄語・綺語・悪口・両舌を口業の四に、貪欲・瞋恚・邪見を意業の三とし、これで計十悪となるという。

今、『本讃』にこれを配当すれば、「衆生を殺害し」以下の二行四句は殺生罪の因と果。「三宝衆生の物を」以下の三行六句は偸盗罪（一部は第二十一節）。「師僧を悪染し」以下の四行八句は邪婬罪。「三宝衆生の類を」（第二十二節・第一項）以下の一行二句は妄語で綺語を兼ねる。「悪口・両舌」は口業の四罪。「貪・瞋・慢」は意業の三罪であるとする。

○『法事讃』の文との共通点

第十九節・第二項の【参考・問題点】（本書三三八頁）に「○阿鼻地獄の描写について」を挙げたが、その文と「三宝・父母・眷属」に対する接し方の本文と一致する。すなわち、

若有衆生、殺害三宝、偸劫三宝、汚染三宝、欺誑三宝、謗毀三宝、破壊三宝、殺害父母、偸劫父母、汚染父母、欺誑父母、謗毀父母、破壊父母、罵辱六親。作如是等殺逆罪者、命終之時、銅狗張口化十八車。（原典版・七祖篇・六〇九—六一〇）

もし衆生ありて、三宝を殺害し、三宝を偸劫し、三宝を汚染し、三宝を欺誑し、三宝を謗毀し、

三宝を破壊し、父母を殺害し、父母を偸劫し、父母を汚染し、父母を欺誑し、父母を謗毀し、父母を破壊し、六親を罵辱す。かくのごとき等の殺逆罪を作るものは、命終の時、銅狗口を張り十八の車を化す。

（註釈版・七祖篇・五三七）

である。

○**「前のごとく苦を受く　いまだ何央《なかば》ならず」**

『註釈版・七祖篇』の脚注に、「（見聞方便処分の殺は）前に説いた苦よりも倍の苦しみを受けるのであるという意。」（七六三）と解説されている。この訓みに関しては、『私記』や『自筆鈔』、『講話』は何も語らず、大塚師は『般舟讃私講』（三二七頁）で「いまだ、どうして央《つ》きることがないのであろうか」と訳している。これでは「どうしてつきないのか。否、つきる」との意味になって、内容としては逆になろう。

「央」一字で「なかば」という訓みはあるが「何央」と熟字して「なかば」という読み方は諸橋轍次博士の『大漢和辞典』にも出ない。よって大塚師は上の如く読んだのであろうが、文脈が通じない。むしろ『註釈版・七祖篇』の脚注の説明の方が意味としては通じるように思われる。

ただ『大漢和辞典』には「何央」の用例はないが「未央」という項目は存在する。（『大漢和辞典』六・一八a—b）その「未央」とは、「①まだ朝にならない。②まだなかばにならない。③まだ尽きない。……」の用例で、これを『般舟讃』の文脈に照らし合わせれば、②の意味が相当するように思える。

なお、『法苑珠林』の中に「未何殃」の表現がある。「来苦、未何殃。」（大正五三・四四一・上）がそれで、「苦の来たること、いまだ殃ならず。」、または、「苦の来たること、いまだ何ぞ殃とならずや」と訓むべきであろう。

以上のことからここの訓みを「前のごとく苦を受く、いまだなんぞ央（なかば）ならずや」と読むこともできるかと思う。ただ「何央（なかば）ならず」と読んでも、「いまだなんぞ央（なかば）ならずや」と読んでも、さほど意味に違いが無いことになる。

その場合「そのような者は、前に述べたような苦しみを受けるであろう、いまだどうしてその苦しみが半ばでないといえようか、いやその苦しみは半ばにも達していない。（倍以上の苦しみを受けるであろう）」と解釈出来る。今はこれで意味を取った。

第二十一節　貪欲長苦章（貪欲は長き苦を受く）

【本文】

般舟三昧楽 ［願往生］
不惜身財常恵施 ［無量楽］
悪染師僧壊浄行 ［願往生］
泥犂永劫出無期 ［無量楽］
邪染衆生及眷属 ［願往生］
定入泥犂長劫苦 ［無量楽］
若得人身黄門報 ［願往生］
六親同住如怨家 ［無量楽］

【訓読】

般舟三昧楽 ［願往生］
＊身財を惜しまずしてつねに＊恵施すべし ［無量楽］
＊師僧を悪染し＊浄行を壊すれば ［願往生］
＊泥犂永劫にして出づるに期なし ［無量楽］
衆生および眷属を邪染《ぜん》すれば ［願往生］
さだめて＊泥犂長劫の苦に入る ［無量楽］
もし人身を得れば＊黄門《おうもん》の報あり ［願往生］
六親同住するも怨家《おんげ》のごとし ［無量楽］

【語句説明】

○身財……身命と財産。
○恵施……めぐみほどこすこと。
○師僧……師と仰がれる僧。
○浄行……婬事を行わない、清らかな行いに住する人。

○泥犂永劫……泥犂は地獄のこと。よって地獄に沈んで久しく出る時がない意。
○泥犂長劫……右と同じ意味で、きわめて長い間地獄の苦しみを受けることを言う。
○黄門……去勢された者。生まれながらに男根を具していない者。

【解釈】

般舟三昧楽〔願往生〕
身命と財産を惜しまずに、常に恵み施すようにつとめなさい。〔無量楽〕
師となる僧侶を犯したり、自らの不婬戒を破したりすると、〔願往生〕
久しく地獄に沈んで、そこから出る機会などはやって来ない。〔無量楽〕
もし衆生や一門のものを犯したならば、〔願往生〕
必ず極めて長い間、地獄で苦しみを受けることになる。〔無量楽〕
たとえ男性に生まれたとしても、男根を具していない者となるであろう。〔願往生〕
たとえ親族が同居したとしても、怨み合う家族になるであろう。〔無量楽〕

第二十二節　邪見入苦章（邪見にて苦に入る）

第一項　邪心入深段（邪心、地獄の深きに入る）

【本文】

般舟三昧楽〔願往生〕
願断邪心修梵行〔無量楽〕
欺誑三宝衆生類〔願往生〕
死入泥犂無出期〔無量楽〕
悪口両舌貪瞋慢〔願往生〕
八万地獄皆周遍〔無量楽〕
論説他人三宝過〔願往生〕
死入抜舌泥犂中〔無量楽〕

【訓読】

般舟三昧楽〔願往生〕
願はくは邪心を断じて＊梵行を修せよ〔無量楽〕
三宝　衆生の類を＊欺誑《ごおう》すれば〔願往生〕
死して泥犂に入りて出づる期なし〔無量楽〕
悪口・＊両舌・貪・瞋・＊慢なれば〔願往生〕
八万の地獄にみな＊周遍す〔無量楽〕
他人と三宝との過を論説すれば〔願往生〕
死して＊抜舌泥犂のなかに入る〔無量楽〕

【語句説明】

○梵行……梵は清浄の意。清浄な行。仏道修行のこと。
○欺誑……騙し欺くこと。
○両舌……人を仲たがいさせる言葉。離間語ともいう。
○慢……他人に対して心の高ぶること。慢心。
○周遍……あまねくめぐること。
○抜舌泥犂……舌を抜かれる地獄。

【解釈】

般舟三昧楽〔願往生〕
願うならば邪心を断って清浄な行を修めなさい。〔無量楽〕
三宝や衆生などを騙し欺くと、〔願往生〕
命終わる時、地獄に堕ちて、そこから出離する機会は無くなる。〔無量楽〕
悪口・二枚舌・貪り・いかり・うぬぼれ心をもっていると、〔願往生〕
八万もの地獄世界を総て巡らねばならなくなる。〔無量楽〕
また、他人の落ち度や三宝の悪口を語ったならば、〔願往生〕

死んでから後、地獄で舌を抜かれる事になる。［無量楽］

【参考・問題点】

○『往生礼讃』との共通

『往生礼讃』に「悪口」と「両舌」とに関して同様の論述が見られる。

悪口罵辱誹謗毀呰一切三宝・師僧・父母・六親眷属・善知識・法界衆生不可知数。両舌闘乱破壊一切三宝・師僧・父母・六親眷属・善知識・法界衆生不可知数。（原典版・七祖篇・八〇一）

悪口をもつて一切の三宝・師僧・父母・六親眷属・善知識・法界の衆生を罵辱し、誹謗し、毀呰せること数を知るべからず。両舌をもつて一切の三宝・師僧・父母・六親眷属・善知識・法界の衆生を闘乱破壊せること数を知るべからず。（註釈版・七祖篇・七〇八）

第二項　普勧護三段（あまねく勧む。衆生に、三業を護るを）

【本文】

普勧衆生護三業［願往生］
行住坐臥念弥陀［無量楽］

【訓読】

あまねく衆生に勧む＊三業を護り［願往生］
＊行住坐臥に弥陀を念じ［無量楽］

一切時中憶地獄　［願往生］
発起増上往生心　［無量楽］
誓願不作三塗業　［願往生］
人天楽報亦無心　［無量楽］
忽憶地獄長時苦　［願往生］
不捨須臾忘安楽　［無量楽］
安楽仏国無為地　［願往生］
畢竟安身実是精　［無量楽］

一切時中に地獄を憶して　［願往生］
＊増上の往生心を発起せよ　［無量楽］
誓願して＊三塗の業を作らざれ　［願往生］
人天の楽報もまた心にかくることなかれ　［無量楽］
たちまちに地獄長時の苦を憶して　［願往生］
捨てて＊須臾も安楽を忘れざれ　［無量楽］
安楽仏国は＊無為の地《ところ》なり　［願往生］
畢竟じて身を安ずるに実にこれ＊精なり　［無量楽］

【語句説明】

○三業……身・口・意のはたらき。
○行住坐臥……歩くこと、とどまること、すわること、臥すこと。
○増上の往生心……往生を願う強いこころざし。
○三塗の業……地獄・餓鬼・畜生の果をまねく悪業。
○須臾……瞬時。たちまちの間。

○無為……因縁によって生成されたものではない存在。生滅変化を離れた超時間的存在。ニルヴァーナ（nirvāṇa）の異名。大乗仏教では真如そのものと同一視される。
○精……巧みですぐれていること。

【解釈】
よって、総ての衆生に次のことを勧めたい。正しく身・口・意の三業を護って、［願往生］
行・住・坐・臥いつでも阿弥陀仏を念じ、［無量楽］
いつも地獄を忘れないで、［願往生］
往生を願う強いこころざしを発しなさい。［無量楽］
地獄・餓鬼・畜生などに堕ちる悪業を、誓って作ってはならない。［願往生］
また人・天に生まれる果報も願ってはいけない。［無量楽］
永い地獄の苦痛を思って、［願往生］
たちまちにこれを捨てて、ひとときも浄土の楽しみを忘れてはならない。［無量楽］
安楽仏国は悟りの世界である。［願往生］
つまるところ、我身を安ずるに、最もすぐれた所である。［無量楽］

第二十三節　無尽荘厳章（尽きることの無い浄土の荘厳）

第一項　来生無窮段（十方より来りて生ずる者も窮まりなし）

【本文】

般舟三昧楽［願往生］
唯仏一道独清閒［無量楽］
浄土荘厳無有尽［願往生］
十方生者亦無窮［無量楽］
千劫・万劫・恒沙劫［願往生］
一切去者不相妨［無量楽］
十方衆生未曾減［願往生］
弥陀仏国亦無増［無量楽］

【訓読】

般舟三昧楽［願往生］
ただ仏の一道のみ　独り＊清閒《しょうげん》なり［無量楽］
浄土の荘厳　尽くることあることなし［願往生］
十方より生ずるもの　また窮まりなし［無量楽］
千劫・万劫・恒沙劫にも［願往生］
一切の去《ゆ》くものあひ妨げず［無量楽］
十方の衆生もいまだかつて減ぜず［願往生］
弥陀仏国もまた増することなし［無量楽］

【語句説明】

○清閒……清浄、静寂なところ。

【解釈】

般舟三昧楽〔願往生〕
ただ仏の教えのこの道のみが、清浄で静寂な世界である。〔無量楽〕
浄土の荘厳は尽きることがない。〔願往生〕
十方から浄土に生まれる者達にも窮まりがない。〔無量楽〕
かといって、千劫・万劫・恒沙劫という永い間においてすら、〔願往生〕
浄土へ往く一切の人が、お互いに妨げるということもない。〔無量楽〕
十方の衆生も、未だかつて減ったこともなく、〔願往生〕
また阿弥陀仏国の衆生も増えたことがない。〔無量楽〕

【参考・問題点】

○**「十方衆生未曾減」「衆生弥陀仏国亦無増」**

この二句は、衆生と仏国に増減がないということを示している。衆生と仏の関係について、『講話』（下・五四―五五）が「広略相入にして、実相為物、無辺の空性に即して恢廓《かいかく》広大の妙土なることを示す。（※恢廓……心が広く大きい。）」とする。

また「弥陀願力」については「横竪無辺、不増不減は、全く弥陀大悲、願心荘厳の所為なることを示す者なり」と解説する。『私記』は

「十方衆生未曾減等」とは、倶舎に云く。有情界量、虚空量の如し。弘決に云く。理等しきを以ての故に。種類も亦た等し。事義を執して互に相い妨ぐること勿れ。已上。教時義に云く。衆生は迷うが故に、多の衆生と成り、諸仏は覚るが故に会して一仏と成る。已上。又、大般若に飛鳥之譬あり。不増不減経に云く。衆生と言うは、不生不滅の義なり。云云。生仏不増不減之義、法門の至極なり。

（浄全四・五五八下―五五九・上）

と述べて、衆生と仏との不増不減の義は法門の至極とまで言っている。その『不増不減経』とは

舎利弗。我依此不生・不滅・常恒・清涼・不変・帰依不可思議清浄法界、説名衆生。所以者何。言衆生者、即是不生・不滅・常恒・清涼・不変・帰依不可思議清浄法界等異名。以是義故。我依彼法、説名衆生。

（大正一六・四六七・下）

舎利弗よ、我此の不生・不滅・常恒・清涼・不変・帰依の不可思議清浄の法界に依りて、説き

て衆生と名づく。所以は何ん、衆生と言ふは、即ち是れ不生・不滅・常恒・清涼・不変・帰依の不可思議清浄の法界等の異名なり。是の義を以ての故に、我彼の法に依りて、説きて衆生と名づく。

ここを指すのであろう。また、『私記』は

「弥陀願力等」とは、意の云く。悲心大なるが故に、願力も亦た大なり。願力大なるが故に荘厳普遍なり。（浄全四・五五九・上）

と述べる。ところで、右の文中に出る『大般若経』の「飛鳥の喩え」について触れておきたい。

舎利子、有菩薩摩訶薩神境智証通。起無量種大神変事。所謂震動十方各如殑伽沙界大地等物、変一為多、変多為一、或顕或隠、迅速無礙、山崖牆壁直過如空、凌虚。往来猶如飛鳥、地中出没如出没水、水上経行、如経行地、身出煙焔如燎高原、体注衆流如銷雪嶺、日月神徳威勢難当以手捫摩光明隠蔽。乃至、浄居転身自在。如斯神変無量無辺。

（『大般若経』巻第九「転生品」〈大正五・四五・上―中〉）

舎利子よ、菩薩摩訶薩の神境智証通有り。無量種の大神変事を起こす。所謂十方各殑伽沙《ごうがしや》の如き界の大地等の物を震動し、一を変じて多と為し、多を変じて一と為し、或いは顕れ或いは隠れ、迅速にして礙り無く、山崖牆壁直ちに過ぎて空の如く、虚を凌《こえ》たり。往来すること猶ほ飛鳥の如く、地中に出没すること水に出没するが如く、水上に経行すること、地を経行するが如く、身の煙焰を出すこと高原を燎《や》くが如く、体の衆流を注ぐこと雪嶺を銷《と》かすが如く、日月の神徳威勢当り難きに手を以て捫摩《もんま》し光明隠蔽す。乃至、浄居まで身を転ずること自在なり。斯の如く神変無量無辺なり。

この譬えをいうのであろう。「往来すること猶ほ飛鳥の如く」とあるように、神通力をもって自由自在を喩えようとしていると思われる。要するに「衆生と仏との不増不減の義」は不思議、自由自在をいうのである。最後に『私記』に記載の『倶舎論』の出典をみておきたい。巻第八「分別世品」には次のようにある。

三界無辺如虚空量。故雖無有始起有情、無量無辺仏出於世、一一化度無数有情、令証無余般涅槃界而不窮尽、猶若虚空。（大正二九・四二上）

三界は無辺にして虚空量の如し。故に始めて有情起ること有ること無しと雖も、無量無辺の仏世に出て、一一に無数の有情を化度したまひ、無余般涅槃界を証せしめて窮尽せざること、猶ほ虚空の如し。

このように衆生と仏の増減を語ることはできない。弥陀の願力によってなされることであって、衆生の推し量ることではないと理解できる。まして願心荘厳の世界など衆生が推し量ることなどできない。

第二項　弥陀願力段（弥陀の願力）

【本文】

弥陀願力随心大［願往生］
四種荘厳普皆遍［無量楽］
三明六通常自在［願往生］
遍入衆生心想中［無量楽］
仏身相好依心起［願往生］
随念即現真金仏［無量楽］

【訓読】

弥陀の願力＊心に随ひて大なれば［願往生］
＊四種の荘厳あまねくみな遍し［無量楽］
＊三明六通つねに自在にして［願往生］
あまねく衆生の＊心想のうちに入る［無量楽］
仏身の相好　心によりて起り［願往生］
念に随ひてすなはち真金の仏を現ず［無量楽］

【語句説明】

○心……大慈悲心。
○四種の荘厳……定善十三観を依報と正報に分け、そのそれぞれに通と別とを分つので、四種の荘厳となる。（註釈版・七祖篇　脚注）ただ『講話』は異なる解釈を示している。↓【参考・問題点】

○三明六通……もろもろの神通力の総称。「三明」とは三種の智慧の力。神通力。愚痴の闇を破るから三明という。すなわち①宿住智証明（宿命通）。衆生の過去世の相を明らかに知る智慧。②死生智証明（天眼通）。未来の衆生の死生の相を明らかに知る智慧。③漏尽智証明（漏尽通）。真理を明らかに証知して、漏（煩悩）を断滅する智慧。をいう。（註釈版・七祖篇 巻末註一三二七参照）。また六通とは六神通のこと。①天眼通・②天耳通・③他心通・④宿命通・⑤神足通（神境通）・⑥漏尽通。

○心想……阿弥陀仏を観想する衆生の心。

【解釈】

阿弥陀仏の願力は、その慈悲心に随って広大であるので、［願往生］

浄土には、四種の荘厳が、すべてにゆきわたっている。［無量楽］）

三明や六神通などの超能力も常に自在であって、［願往生］

あまねく衆生の心想のなかに入ってくる。［無量楽］

阿弥陀仏の身にそなわった相好も、観相によって、衆生の心想の中に起こり、［願往生］

行者の念に随って真金色の仏が現れる。［無量楽］

【参考・問題点】

○「四種の荘厳」について

『講話』（下・五五）によると、一説には依正通別、また涅槃の四徳を指すとも言う。『講話』は涅槃四徳に随うべきと明言する。（建立常然の常徳・無衰無変の楽徳・恢廓広大の我徳・超勝独妙の浄徳）この四徳周遍する故に、「四種荘厳普皆遍」と説くとする。

この点について、『自筆鈔』巻第五は「弥陀の願力は一乗の体なれば、一切を嫌ふ事なし。衆生の開悟の心に随ひて広大の功徳顕はるれば、依正、通別、四種荘厳、法界に周遍して、利益いよいよ広しと云ふなり。又通別、真仮を指して、四種荘厳と云ふべし」（西叢四・九〇上―下）と述べる。よって依正二報の通別の四種と理解するか、涅槃四徳と解釈するかが問題である。ただ、『観経疏』「序分義」には

言「教我思惟」者、即是定前方便、思想憶念彼国依正二報・四種荘厳也。（原典版・七祖篇・四二六）

「教我思惟」といふは、すなはちこれ定の前方便、かの国の依正二報・四種の荘厳を思想し憶念するなり。（註釈版・七祖篇・三七八）

とあって、「依正二報」・「四種荘厳」と説いているので、両者を区別している。従って四種荘厳とは涅槃の四徳と見て良いであろう。

○**「あまねく衆生の心想のうちに入る」**

『私記』（浄全四・五五九上）にもあるように、この文は『観経』「第八像観」の以下の経文と関連する。

仏、告阿難及韋提希、「見此事已、次当想仏。所以者何。諸仏如来是法界身。入一切衆生心想中。是故汝等心想仏時、是心即是三十二相・八十随形好、是心作仏、是心是仏。諸仏正遍知海、従心想生。（原典版・一二三）

仏、阿難および韋提希に告げたまはく、「この事を見をはらば、次にまさに仏を想ふべし。ゆゑはいかん。諸仏如来はこれ法界身なり。一切衆生の心想のうちに入りたまふ。このゆゑになんぢら心に仏を想ふ時、この心すなはちこれ〔仏の〕三十二相・八十随形好なれば、この心作仏す、この心これ仏なり。諸仏正遍知海は心想より生ず。（註釈版・九九―一〇〇）

○**「行者の念に従って、真金の仏が現れる。」**

『観経』「真身観」では次のように「自然に現ず」様子を述べている。

其光明相好、及与化仏、不可具説。但当憶想、令心眼見。見此事者、即見十方一切諸仏。以見諸仏故名念仏三昧。作是観者、名観一切仏身。以観仏身故亦見仏心。仏心者大慈悲是。以無縁慈摂諸衆生。作此観者、捨身他世生諸仏前得無生忍。是故智者応当繫心、諦観無量寿仏。観無量寿仏者、従一相好入。但観眉間白毫、極令明了。見眉間白毫者、八万四千相好、自然当現。

（原典版・一二六―一二七）

その光明と相好と、および化仏とは、つぶさに説くべからず。ただまさに憶想して、心眼をして見たてまつらしむべし。この事を見るものは、すなはち十方の一切の諸仏を見たてまつる。諸仏を見たてまつるをもつてのゆゑに念仏三昧と名づく。この観をなすをば、一切の仏身を観ずと名づく。仏身を観ずるをもつてのゆゑにまた仏心を見たてまつる。仏心とは大慈悲これなり。無縁の慈をもつてもろもろの衆生を摂したまふ。この観をなすものは、身を捨て他世に諸仏の前に生じて無生忍を得ん。このゆゑに智者まさに心を繫けて、あきらかに無量寿仏を観ずべし。無量寿仏を観ぜんものは、〔仏の〕一つの相好より入れ。ただ眉間の白毫を観じて、きはめて明了ならしめよ。眉間の白毫を見たてまつれば、八万四千の相好、自然にまさに現ずべし。

（註釈版・一〇二―一〇三）

○**善導大師の仏身観について**

なお、この経文は善導大師の仏身観を語るのに非常に重要である。『観経疏定善義』ではこの経文に関して以下のような問答を設けている。

問曰、韋提上請唯指弥陀。未審、如来今総挙諸仏、有何意也。

答曰、欲顕諸仏三身同証、悲智果円等斉無二、端身一坐影現無方。意、赴有縁時、臨法界。

（原典版・七祖篇・四八七）

問ひていはく、韋提の上の請にはただ弥陀を指す。いぶかし、如来（釈尊）いま総じて諸仏を挙げたまふ、なんの意かあるや。

答へていはく、諸仏は三身同じく証し、悲智の果円《まど》かなること等斉にして二なく、端身一坐にして影現すること無方なり。意、有縁に赴く時、法界に臨むことを顕さんと欲す。

（註釈版・七祖篇・四三〇）


そもそも、第八像観は、『観経』「第七華座観」において、韋提希夫人が「未来衆生当云何、観無量寿仏及二菩薩（未来の衆生まさにいかんしてか、無量寿仏および二菩薩を観たてまつるべき）」（原典版・一二一、註釈版・九八）と問うたことから説き起こされる一段である。しかし、善導大師は、何故に「第八像観」には「阿弥陀仏」ではなく、「諸仏如来」と表記されるのかと自問する。それに対する答文では、諸仏とは法報応の三身を証得した存在であり、大悲・大智の果徳を円満に成就し、平等にして無二である。この諸仏は、端身一坐して動ずることがないが、それでも姿かたちをとって現れることに制限はなく、あらゆる衆生の縁あるところに趣いて、全ての法界の衆生に臨んで教化を行うというのである。

よって、『観経疏』にある「諸仏三身同証」の仏とは、一面では「姿かたちをとって現れることに制限はなく、あらゆる衆生の縁のあるところに趣いて、全ての法界の衆生に臨んで教化を行う」のであるから、この救済仏こそ「阿弥陀報身仏」と解することができる。要するに、善導大師は『観経疏』において阿弥陀仏が「報身仏」であることを述べつつも、他方では「法報応の三身を証得した諸仏」という仏身観を提示しているのであり、今日までの研究成果にしたがえば、「阿弥陀報身仏」と「三身同証の諸仏」とは同一の関係で理解するのが妥当なように感じる。

なお、善導大師における「弥陀報身説」「三身同証の諸仏」「法界身」などを論じたものについては、概ね以下の論文が見当たる。

- 石田充之「法然・親鸞・證空における法界身の問題」（『印仏』二二（一）、一九七三年）
- 稲岡了順「善導大師の法界身釈について」（『印仏』二五（一）、一九七六年）
- 河智義邦「善導浄土教における法界身論」（『真宗研究会紀要』二六号、一九九四年）
- 河智義邦「善導の仏身論における「法界身」の意義」（『印仏』四三（一）、一九九四年）
- 天岸浄円「善導大師の観仏の意義―『観経疏』法界身釈を中心に―」（『行信学報』九号、一九九六年）

・武田龍精「中国浄土教三祖の比較思想論的研究（一）―法身・報身・法界身の概念―」（『龍谷大学論集』四五一号、一九九八年）
・前田寿雄「證空における法界身論」（『印仏』五三（二）、二〇〇五年）
・中西昌弘「善導の「法界身釈」をめぐっての一考察」（『行信学報』二二号、二〇〇九年）

第三項　真化分縁段（化仏、余縁のために照らさず）

【本文】

真金即是弥陀相〔願往生〕
円光化仏現人前〔無量楽〕
相好弥多八万四〔願往生〕
一一光明照十方〔無量楽〕
不為余縁光普照〔願往生〕
唯覓念仏往生人〔無量楽〕
万行倶廻皆得往〔願往生〕
念仏一行最為尊〔無量楽〕

【訓読】

*真金はすなはちこれ弥陀の相なり〔願往生〕
*円光の化仏　人の前に現ず〔無量楽〕
*相好いよいよ多くして八万四なり〔願往生〕
一一の光明十方を照らす〔無量楽〕
*余縁のために光あまねく照さず〔願往生〕
ただ念仏往生の人を*覓《もと》む〔無量楽〕
万行ともに*廻してみな往くことを得れども〔願往生〕
念仏の一行もつとも尊たり〔無量楽〕

【語句説明】

○真金はすなはちこれ弥陀の相なり……『講話』（下・五五）によれば、この句より『観経』「第九真身観」の文意に移るとする。

○円光……仏の頭頂から放たれる円形の光明。

○円光の化仏……これは『観経』「第九真身観」の文に基づいている。

彼仏円光、如百億三千大千世界。於円光中、有百万億那由他恒河沙化仏。一一化仏亦有衆多無数化菩薩、以為侍者。（原典版・一二六）

かの仏の円光は、〔広さ〕百億の三千大千世界のごとし。円光のなかにおいて、百万億那由他恒河沙の化仏まします。一々の化仏にまた衆多無数の化菩薩ありて、もつて侍者たり。（註釈版・一〇一―一〇二）

○相好いよいよ多くして八万四なり……これは『観経』「第九真身観」の以下の文に基づくものであろう。

無量寿仏有八万四千相。一一相各有八万四千随形好。一一好復有八万四千光明。一一光明、遍照十方世界、念仏衆生摂取不捨。（原典版・一二六）

無量寿仏に八万四千の相まします。一々の相におのおの八万四千の随形好あり。一々の好にまた八万四千の光明あり。一々の光明は、あまねく十方世界を照らし、念仏の衆生を摂取して捨てたまはず。（註釈版・一〇二）

○余縁……念仏以外の行を修する者を指す。

○覓む……「覓」はさがしもとめるの意。仏が念仏の行者をさがしもとめて照らすということ。
○廻して……回向して。往生の因としてふりむけて。

【解釈】

真金色とは阿弥陀如来の金色相のことである。［願往生］
阿弥陀仏の頭頂から放たれる円形の光明のなかには、百万億那由他恒河沙の化仏がおられ、その化仏が念仏行者の前に現れる。［無量楽］
阿弥陀仏には八万四千もの相好がある、そのそれぞれの相にはまた八万四千の随形好があって、その随形好ごとに八万四千の光明がある。［願往生］
その一々の光明が十方世界を照らし出す。［無量楽］
この光明は、念仏以外を修する行者を照らし出さない。［願往生］
ただ、念仏往生人のみを探し求めて照らし出す。［無量楽］
どのような善行を修しても、その功徳を往生の因にふりむける事が可能であるが、［願往生］
念仏の一行こそが最も尊い。［無量楽］

第四項　遙見歓喜段（遙かに浄土に生ずる者を見て歓喜す）

【本文】

廻生雑善恐力弱〔願往生〕
無過一日七日念〔無量楽〕
命欲終時聖衆現〔願往生〕
即坐華台至宝国〔無量楽〕
清浄大海無生衆〔願往生〕
遙見生者皆歓喜〔無量楽〕
観音相好仏無異〔願往生〕
慈悲救苦最為強〔無量楽〕

【訓読】

＊廻生の雑善おそらくは力弱し〔願往生〕
＊一日七日の念に過ぐるものなし〔無量楽〕
命終らむと欲する時＊聖衆現じて〔願往生〕
すなはち＊華台に坐して＊宝国に至る〔無量楽〕
清浄大海＊無生の衆〔願往生〕
はるかに生ずるものを見てみな歓喜す〔無量楽〕
観音の相好　仏と異なることなし〔願往生〕
＊慈悲をもて苦を救《すく》ふにもつとも強《こわ》しとなす〔無量楽〕

【語句説明】

○廻生の雑善……回向して生ずる雑多な善根。念仏以外の善を指していう。
○一日七日……一日ないし七日の期間。これは『阿弥陀経』の以下の経文と関連するであろう。

舎利弗、若有善男子・善女人、聞説阿弥陀仏、執持名号、若一日、若二日、若三日、若四日、若五日、若六日、若七日、一心不乱、其人、臨命終時、阿弥陀仏、与諸聖衆現在其前。是人終時、心不顚倒、即得往生阿弥陀仏極楽国土。（原典版・一五四）

舎利弗、もし善男子・善女人ありて、阿弥陀仏を説くを聞きて、名号を執持すること、もしは一日、もしは二日、もしは三日、もしは四日、もしは五日、もしは六日、もしは七日、一心にして乱れざれば、その人、命終の時に臨みて、阿弥陀仏、もろもろの聖衆と現じてその前にましまさん。この人終らん時、心顚倒せずして、すなはち阿弥陀仏の極楽国土に往生することを得。（註釈版・一二四―一二五）

○聖衆……聖なる人々のこと。『自筆鈔』には「弥陀如来、無数の化仏より無数の諸天に至るまで」（西叢四・九二上）とあるから、阿弥陀仏および諸の化仏・菩薩・天などを意味すると考えられる。

○華台……蓮華の台座。

○宝国……極楽浄土を指していう。

○無生……無生法忍のこと。三法忍の一。真理にかない形相を超えて不生不滅の真実をありのままに悟ること。

○慈悲をもて苦を救ふにもつとも強しとなす……観音菩薩の徳相を示す一句。『講話』（下・五八―五九）によれば、慈悲というのは観音菩薩の「別徳」を示したもので、諸の聖衆の中で観音菩薩こそが「慈悲の首領」を担う存在であるという。一方、勢至菩薩の別徳は智慧となる。なお、観音菩薩の誓願の内容については、次の第二十四節・第一項「救遙急応段」の【語句説明】「苦を救ふこと」（三七七頁）を参照されたい。

【解釈】

念仏以外の善根を回向して極楽に生ずるのは、おそらく力は弱いであろう。［願往生］
一日ないし七日の間の念仏に勝《まさ》るものはない。［無量楽］
念仏者の命が終わろうとする時、阿弥陀仏や二十五菩薩などの聖衆達が現れて、［願往生］
往生人は観音菩薩の持つ蓮華の台座に坐らせてもらって、浄土へと向かわせて戴く。［無量楽］
すでに極楽に住んでいる悟りを得た人々は、［願往生］
はるか遠くから、浄土に生ずる往生者の姿を見て歓びに溢れる。［無量楽］
浄土に着いて、観音菩薩の相好を見れば、阿弥陀仏のお姿と何ら異なるところがない。［願往生］
衆生の苦しみを救う慈悲の力が最も強いお方が観音菩薩だからである。［無量楽］

【参考・問題点】

○「観音の相好仏と異なることなし」

『観経』「第十観音観」には

……其余身相・衆好、具足如仏無異。唯頂上肉髻及無見頂相、不及世尊。是為観観世音菩薩真実色身想、名第十観。

（原典版・一一二九）

……その余の身相・衆好、具足せること仏の如くして異なし。ただ頂上の肉髻および無見頂の相、世尊に及ばず。これを観世音菩薩の真実色身を観ずる想とし、第十の観と名づく、と。

（註釈版・一〇四）

「ただ肉髻相と無見頂相だけが世尊に及ばない」とあるから、厳密に言えば観音菩薩と仏とでは相好が同じではない。しかし、この直前には「その余の身相・衆好、具足せること仏の如くして異なし。」とあるので、観音菩薩は仏と同様の相好をもつ存在と見なされる。今の『般舟讃』の句はこれに基づいて讃歎されたものであろう。なお、同様の議論はすでに『私記』（浄全四・五五〇上）で指摘されている。

第二十四節　念応現度章（念に応じて現に度す）

第一項　救遙急応段（遙か世界は別なれど急《きゅう》に応じて救うて下さる）

【本文】

般舟三昧楽［願往生］

【訓読】

般舟三昧楽［願往生］

不違師教念弥陀［無量楽］
救苦雖遙別世界［願往生］
衆生急念応時来［無量楽］
或現声聞・菩薩相［願往生］
随縁楽見度衆生［無量楽］
悲心抜苦超三界［願往生］
慈心与楽涅槃期［無量楽］
随逐衆生身有異［願往生］
分身六道度時機［無量楽］
礼念観身除罪障［願往生］
直是発願慈悲極［無量楽］
一切時中縁法界［願往生］
摂取六道現身中［無量楽］
眼見耳聞心内事［願往生］
尋声救苦刹那間［無量楽］

＊師教に違せずして弥陀を念ぜしむ［無量楽］
＊苦を救ふこと＊はるかに世界を別《へだ》つといへども［願往生］
衆生急《きゅう》に念ずれば時に応じて来りたまふ［無量楽］
あるいは声聞・菩薩の相を現じて［願往生］
縁に随ひて＊楽見《ぎょうけん》し衆生を度したまふ［無量楽］
悲心苦を抜きて三界を超えしめ［願往生］
慈心楽《らく》を与へて涅槃を期《ご》せしむ［無量楽］
＊衆生に随逐《ずいちく》して身に異なることあり［願往生］
身を六道に分ちて時機を度す［無量楽］
＊礼念して身を観ずれば罪障を除きたまふ［願往生］
ただこれ発願慈悲の極まりなり［無量楽］
一切時中に＊法界《ほうかい》を縁じ［願往生］
＊六道を＊摂取して身中に現じたまふ［無量楽］
＊眼に見《み》耳に聞き＊心に事を内《い》る［願往生］
＊声を尋ねて苦を救ふこと刹那のあひだなり［無量楽］

【語句説明】

○師教……釈迦仏の教え。

○苦を救ふこと……観音菩薩が衆生の苦を救うこと。『私記』には失訳『弘猛海慧経（観世音十大願経）』（散逸）を引用して観音菩薩の誓願の内容を紹介している。

観音《ノ》願《ニ》云《ク》、衆生有《リテ》レ苦三《ヒ》称《セムニ》二我《カ》名《ヲ》一不《ンハ》二往《ヒテ》救《ハ》一者不《ト》レ取《ラ》二正覚《ヲ》一。（浄全四・五五九上）

なお、本経は、五九四年成立の『法経録』（大正五五・一二六中）、六〇二年成立の『仁寿録』（大正五五・一七二下）、七三〇年成立の『開元釈教録』（大正五五・六七五中）などでは疑偽経典として取り扱われている。

○はるかに世界を別つといへども……観音の住する西方浄土と娑婆世界とははるかに隔たっているけれどもという意。

○衆生に随逐して身に異なることあり……衆生の機類に応じて現れる身が種々に異なっているという意。観音菩薩は三十三身に変化すると云われている。（『法華経』「観世音菩薩普門品」）

○礼念……礼拝し称念すること。

○法界を縁じ……「法界」の意味に関して『講話』（下・六一）では「像観の疏の如し」と記し、善導大師の『観経疏』「定善義」の以下の文に詳細を譲っている。それは

言「法界」者有三義。一者心遍故解法界。二者身遍故解法界。三者無障礙故解法界。正由心到故、身亦随到。身随於心故言「是法界身」也。言「法界」者是所化之境、即衆生界也。（原典版・七祖篇・四八八）

「法界」といふは三義あり。一には心遍するがゆゑに法界を解す。二には身遍するがゆゑに法界を解す。三には障礙なきがゆゑに法界を解す。まさしくは心到るによるがゆゑに身また随ひて到る。身は心に随ふがゆゑに「是法界身」といふ。「法界」といふはこれ所化の境、すなはち衆生界なり。（註釈版・七祖篇・四三一）

である。よってここでは衆生界を採用した。

○六道を摂取して身中に現じたまふ……『自筆鈔』に「現ずるところの身三十三に分かれ、六道に遍じて、其の姿無量なりと云う」（西叢四・九三下―九四上）とある。しかしここは『観経』「第十観音観」の「挙身光中五道衆生一切色相、皆於中現。（挙身の光のなかに五道の衆生の一切の色相、みななかにおいて現ず。）」（原典版・一二八、註釈版・一〇三）に依ると思われる。

○摂取……おさめとること。

○眼に見 耳に聞き……観音菩薩が衆生の内心を眼に見、耳に聞くこと。『自筆鈔』に「衆生の内心知り難けれども、観世音の慈悲の眼の前には隠なく、大悲の耳の底には悉く聞えて、抜苦の思を催すと云ふなり」（西叢四・九七上）とある。

○心に事を内《い》る……観音菩薩は心に衆生の苦想を思うことができるという意。

○声……救いを求めて称念する声。

【解釈】

般舟三昧楽［願往生］

観音菩薩は、釈迦仏の教え通りに、衆生をして阿弥陀仏を念じさせる。［無量楽］
衆生の苦を救うに際して、観音菩薩のおられる西方浄土と娑婆世界とでは、はるかに隔たっているが、［願往生］
衆生が急に念じたとしても、観音菩薩はその時に応じて、すぐさま来て下さる。［無量楽］
あるいは声聞や菩薩のすがたとなって、［願往生］
縁に随って、菩薩が願い見て、衆生を済度して下さる。［無量楽］
悲の心でもって衆生の苦しみを抜き、三界を超えさせて下さり、［願往生］
慈の心でもって衆生に楽を与え、涅槃に入らせようとして下さる。［無量楽］
絶えず衆生と共にあって、それぞれに応じて済度の為にその身を変えて下さる。［願往生］
よって、六道のいずれにも生じ、末法の時代も、鈍根の機類も、全てを済度して下さる。［無量楽］
観音菩薩を礼拝し、称念して、その身を観察《かんざつ》すれば、行者の罪や障りを除いて下さる。［願往生］
まさにこれは観音菩薩の発願成就による慈悲の極みである。［無量楽］
観音菩薩はあらゆる時において、衆生界に姿を現して下さり、［願往生］
六道を摂め取って、観音菩薩自身の光の中に、衆生の一切の色身を現じて下さる。［無量楽］
衆生の苦しむ姿を眼で見て、耳で聞いて、それを心に収めて下さる。［願往生］

衆生の救いを求める声を尋ねて、苦を救うのはほんの一瞬である。［無量楽］

【参考・問題点】

○「楽見《ぎょうけん》」

これには二つの意味があるように思う。一つは衆生が観音菩薩を「見ようと願う」ことである。これは『自筆鈔』の「随縁楽見、といは、正しく機の普門示現の姿を見る故を釈するなり。云く、衆生の見んと願ふを故とするなり。」（西叢四・九三上—下）の解釈による。二つは観音菩薩が衆生を「願い見る」ことである。そもそも「楽見」は

あるいは声聞・菩薩の相を現じて［願往生］

縁に随ひて楽見し衆生を度したまふ［無量楽］

のなかに見える語句であり、ここは全体を通して観音菩薩の慈悲相を述べる一段であるので、「楽見」を観音菩薩が自らの想いで衆生を見たと解すべきであろう。よって後者で意味をとった。

第二項　内外将接段（内外映徹して衆生を接したまふ）

【本文】

天冠化仏高千里〔願往生〕
念報慈恩常頂戴〔無量楽〕
眉間毫相七宝色〔願往生〕
色色八万四千光〔無量楽〕
光光化仏・菩薩衆〔願往生〕
遍満神通極楽界〔無量楽〕
身作光明紫金色〔願往生〕
内外映徹如明鏡〔無量楽〕
一切光明如瓔珞〔願往生〕
遍身交珞垂鈴珮〔無量楽〕
両手繊円雑華色〔願往生〕
恒将此手接衆生〔無量楽〕
挙足千輪印宝地〔願往生〕
下足金華満世界〔無量楽〕

【訓読】

＊天冠の化仏高さ千里なり〔願往生〕
＊慈恩を念報《ねんぽう》してつねに頂戴したまふ〔無量楽〕
＊眉間の＊毫相に七宝の色あり〔願往生〕
色色に八万四千の光あり〔無量楽〕
＊光光の化仏・菩薩衆〔願往生〕
神通を＊極楽界に遍満す〔無量楽〕
身は光明をなして紫金色なり〔願往生〕
内外＊映徹して明鏡のごとし〔無量楽〕
一切の光明は＊瓔珞のごとし〔願往生〕
＊遍身に交珞して＊鈴珮《りょうはい》を垂る〔無量楽〕
両手は＊繊円《せんえん》にして＊雑華の色なり〔願往生〕
＊つねにこの手をもって衆生を接したまふ〔無量楽〕
＊足を挙ぐれば＊千輪　宝地に印す〔願往生〕
足を下ろせば＊金華　世界に満つ〔無量楽〕

【語句説明】

○天冠の化仏……観音の頭上の冠にいただく弥陀の立化仏。

○天冠の化仏高さ千里なり……これは『観経』「第十観音観」の

頂上毘楞伽摩尼宝、以為天冠。其天冠中、有一立化仏。高二十五由旬。（原典版・一二八）

頂上に毘楞伽摩尼宝あり、もつて天冠とす。その天冠のなかに、ひとりの立化仏まします。高さ二十五由旬なり。（註釈版・一〇三）

であろう。ここを『講話』に「四十里を一由旬とすれば、千里は即廿五由旬なり」（下・六一）とある。

○慈恩を念報してつねに頂戴したまふ……ここでの慈恩は阿弥陀仏の慈悲のめぐみのこと。観音は阿弥陀仏の慈恩を報ずるために天冠に弥陀の立化仏を頂戴する。

○眉間の毫相に七宝の色あり、色色に八万四千の光あり…『観経』「第十観音観」に

眉間毫相備七宝色、流出八万四千種光明。一一光明、有無量無数百千化仏。一一化仏、無数化菩薩以為侍者。変現自在満十方世界。（原典版・一二八）

眉間の毫相に七宝の色を備へ、八万四千種の光明を流出す。一々の光明に、無量無数百千の化仏まします。一々の化仏は、無数の化菩薩をもつて侍者とす。変現自在にして十方世界に満てり。（註釈版・一〇三―一〇四）

とあるのに依ったのであろう。

○毫相……白毫相の略。仏の眉間にある白色の旋毛。右にまわっていて、光明を放つという。仏の三十二相の一。

○光光の化仏・菩薩衆……本項【語句説明】の「眉間の毫相に七宝の色あり、色色に八万四千の光あり」を参照されたい。
○極楽界……観音菩薩の居処は西方浄土のみに限ったものではなく、十方世界に行くことができる。なぜならば、『観経』「第十観音観」には「変現自在満十方世界。譬如紅蓮華色。」（原典版・一二八）（変現自在にして十方世界に満てり。たとへば紅蓮華色のごとし。）（註釈版・一〇四）とあるから、極楽世界は言うに及ばず、十方世界にも満ち渡っているのである。
○映徹……すきとおること。
○瓔珞……宝玉を紐でつらねた装身具。首飾り、胸飾りなど。
○遍身に交珞して……全身にまとわりついていて。
○鈴珮……すずと飾り玉。
○纎円……纎細円満であること。
○雑華の色……五百億の雑蓮華の色。これは『観経』「第十観音観」に
手掌作五百億雑蓮華色。手十指端、一一指端有八万四千画。猶如印文。一一画有八万四千色。一一色有八万四千光。其光柔軟普照一切、以此宝手接引衆生。（原典版・一二八―一二九）
手掌に五百億の雑蓮華色をなす。手の十指の端、一々の指の端に八万四千の画あり。なほ印文のごとし。一々の画に八万四千色あり。一々の色に八万四千の光あり。その光柔軟にしてあまねく一切を照らし、この宝手をもつて衆生を接引したまふ。（註釈版・一〇四）

とあるのに依ったものであろう。

○つねにこの手をもって衆生を接したまふ……本項【語句説明】「雑華の色」に引いた『観経』の文を参照されたい。

○足を挙ぐれば千輪宝地に印す、足を下ろせば金華世界に満つ……『観経』「第十観音観」に、

挙足時、足下有千輻輪相、自然化成五百億光明台。下足時、有金剛摩尼華、布散一切莫不弥満。（原典版・一二九）

足を挙げたまふ時、足の下に千輻輪の相あり、自然に化して五百億の光明の台となる。足を下ろしたまふ時、金剛摩尼の華あり、一切に布散して弥満せずといふことなし。（註釈版・一〇四）

とあるのに依ったものであろう。

○千輪……千輻輪相のこと。仏の足の裏にある輪宝の模様。千の放射状の輻（車輪の輻）があることからいう。三十二相の一。

○金華……金色の蓮華。

【解釈】

観音菩薩の頭の冠には、高さが千里もある阿弥陀如来の立化仏がおられる。［願往生］

それは阿弥陀仏の慈恩を報ずるために、頂戴された立化仏である。［無量楽］

眉間の白毫には七宝の色があって、［願往生］

それぞれの色からは、八万四千の光が出ている。［無量楽］
一々の光には無量無数百千の化仏がおられ、また一々の化仏にも無数の化菩薩がおられる。［願往生］
観音菩薩の神通力は極楽世界に満ち溢れており、［無量楽］
その御身からは紫磨金色の光明が放たれている。［願往生］
御身の内と外とが透き通り、あたかも曇りのない鏡のようである。［無量楽］
あらゆる光明は、瓔珞のようであり、［願往生］
その瓔珞は菩薩の全身にまとわりついて、しかも鈴と飾り玉が垂れている。［無量楽］
また、両手は繊細円満で、五百億の雑蓮華の色をしておられる。［願往生］
絶えずこの手でもって、衆生を引接して下さる。［無量楽］
足を挙げれば千輻輪相が大地に印《しる》され、宝地となり、［願往生］
足を下ろせば金色の摩尼の蓮華が世界に満ちる。［無量楽］

第三項　随根得悟段（機根に随って浅深の悟りを得る）

【本文】
本住・他方行坐処［願往生］

【訓読】
＊本住・他方行坐の処［願往生］

触者即悟無生忍［無量楽］
地前・地上元無二［願往生］
随根利鈍超増位［無量楽］
念念時中常得証［願往生］
未得施功方得悟［無量楽］

触るるものすなはち無生忍を悟る［無量楽］
＊地前・地上元無二なり［願往生］
＊根の利鈍に随ひて位を超増す［無量楽］
念念時中につねに証を得《う》［願往生］
＊いまだ功を施すことを得ざるにまさに得悟す［無量楽］

【語句説明】

○本住・他方行坐の処……本国の極楽世界であれ他方世界であれ、観音菩薩が歩いたり座ったりするところは、の意。

○地前・地上……地前は菩薩の修道階位のうちの初地以前、地上は初地以上の十地の位をいう。『私記』は「彼の国の衆生、今は昇進せりと雖も本、凡夫の一位なり。故に元無二なりと云ふ。即、上上品は即悟無生、これは是れ地上。上中以下は初め三賢を得、これは是れ地前なり。」（浄全四・五五九下）という。

○根の利鈍……素質能力のすぐれていることと劣っていること。

○根の利鈍に随ひて位を超増す……素質能力の利・鈍にしたがって階位を超えたり、増やしたりする。階位を超えるとは利根衆生で、決められた階位を歩む必要が無く飛び越えて進んでいく者。それに対して「増す」のは、鈍根者で、決められた階位を、定められた以上の時間がかかって進んでいくという意味。ここを『私記』（浄全四・五五九下）や『講話』（下・六二）は、『無量寿経』に次の一文が認められるので、「素質能力の利、鈍にしたがって無生法忍の悟りに浅深がある」と解釈する。

其鈍根者成就二忍、其利根者得不可計無生法忍。 （原典版・六一）

その鈍根のものは二忍を成就し、その利根のものは不可計の無生法忍を得。 （註釈版・四八）

※二忍……人空・法空の二種の無生法忍。

ここを根拠として、利・鈍に配している。これは一面、超・増と異なるように思えるが意味は同じと考えられる。なぜなら、利根の行者は早く階位を飛び越え深い無生法忍を得るが、鈍根者は階位を増すので浅い無生法忍を得ることになるからである。

○いまだ功を施すことを得ざるに……『私記』（浄全四・五五九下）や『講話』（下・六二）は、これが『法事讃』巻下の

四種威儀常見仏、行来進止、駕神通。六識縦横自然悟、未藉思量一念功。 （原典版・七祖篇・六三九）

四種の威儀につねに仏を見たてまつり、行来進止、神通に駕す。六識縦横にして自然に悟り、いまだ思量一念の功によらず。 （註釈版・七祖篇・五六四）

あるいは、『私記』や『講話』に指摘はないが『往生礼讃』の

西方極楽難思議。渇聞般若絶思漿。念食無生即断飢。一切荘厳皆説法。無心領納自然知。 （原典版・七祖篇・七九七）

西方極楽は思議しがたし。般若を渇聞して思漿を絶つ。無生を念食してすなはち飢ゑを断ず。一切の荘厳み

な法を説く。無心に領納して自然に知る。（註釈版・七祖篇・七〇五）
の文意と関連すると述べている。

【解釈】
本国の極楽浄土であれ、他方浄土であれ、観音菩薩が歩いたり座ったりする場所において、［願往生］
この菩薩に触れた者は無生法忍の悟りを得る。［無量楽］
初地以前とか、初地以上という悟りへの階位などは、元来ない。［願往生］
ただ利根や鈍根という素質の違いによって、悟りの浅い深いの違いがあるに過ぎない。［無量楽］
ひと思いひと思いの中において、つねに悟りを得る事が出来るのが観音の摂化である。［願往生］
いまだ何の修行の功徳も無いまま、自然に証悟を得させていただける。［無量楽］

第二十五節　逍遙分化章（観音菩薩は身を分かちて教化す）

【本文】	【訓読】
般舟三昧楽［願往生］	般舟三昧楽［願往生］
畢命同生誓不退［無量楽］	畢命まで＊同生誓ひて退かざれ［無量楽］

如此逍遙快楽地［願往生］
更貪何事不求生［無量楽］
救苦分身平等化［願往生］
化得即送弥陀国［無量楽］
衆等咸蒙大悲力［願往生］
砕身慚謝報慈恩［無量楽］

かくのごとく＊快楽の地に＊逍遙す［願往生］
さらに何事を貪りてか生ずることを求めざらむ［無量楽］
苦を救ふに身を分ちて平等に化す［願往生］
化し得てはすなはち弥陀国に送り［無量楽］
衆等ことごとく大悲力を蒙る［願往生］
身を砕きて＊慚謝《ざんしゃ》して＊慈恩を報ぜよ［無量楽］

【語句説明】

○同生……同じく往生を願う者。
○快楽地……極楽浄土のこと。
第二章・第三節の第五項「比観快楽段」に「西方は快楽無為の処なり」（本書一四六頁）とあるため、阿弥陀仏の極楽世界と解した。↓【参考・問題点】
○逍遙……心のままに楽しむこと。
○慚謝……慚愧報謝。反省し報恩感謝すること。
○慈恩を報ぜよ……「慈恩」とは慈悲のめぐみのこと。『私記』には「報慈恩とは、事讃に云く、身を砕き、釈迦の恩を慚謝す。或は弥陀の恩、或は観音の恩なり」（浄全四・五五九下）とある。よって、ここの「慈悲のめぐみ」は、釈迦、あるいは弥陀・観音の恵みと解される。

【解釈】

般舟三昧楽［願往生］
往生を願う者は、命が終わるまで誓って心を退かせてはいけない。［無量楽］
往生出来れば、阿弥陀仏の極楽世界を心のままに楽しむ事が出来るからである。［願往生］
これ以上、何を貪りかまけて、往生を求めようとしないのか。［無量楽］
観音菩薩は衆生の苦しみを救う為に、その身を様々に変現して、皆を平等に化導して下さる。［願往生］
衆生を教化しては、阿弥陀仏の極楽世界へと送って下さる。［無量楽］
このように衆生たちは、ことごとく観音菩薩の大悲力を賜わっているのである。［願往生］
だから、身を砕いたとしても、慚愧し、報謝して、菩薩の慈悲の恵みに報いなければならない。
［無量楽］

【参考・問題点】

○「快楽地」

『往生礼讃』には、逍遙の詳細が記されている。

弥陀仏国能所感。西方極楽難思議。渇聞般若絶思漿。念食無生即断飢。一切荘厳皆説法。無心領納自然知。七覚華池随意入。八背凝神会一枝。無辺菩薩為同学。性海如来尽是師。弥陀心水沐身頂。観音・勢至、与衣被。欻爾騰空遊法界、須臾授記号無為。如此逍遙無極処。吾今不去待何時。

（原典版・七祖篇・七九七―七九八）

弥陀仏国はよく感ずるところなり。西方極楽は思議しがたし。般若を渇聞して思漿を絶つ。無生を念食してすなはち飢ゑを断ず。一切の荘厳みな法を説く。無心に領納して自然に知る。七覚の華池、意に随ひて入る。八背、神を凝らして一枝に会す。無辺の菩薩同学となる。性海の如来ことごとくこれ師なり。弥陀の心水、身頂に沐す。観音・勢至、衣を与へて被す。たちまちに空に騰りて法界に遊び、須臾に記を授かり無為と号す。かくのごとく逍遙極まりなき処なり。われいま去かずは、いづれの時をか待たん。

（註釈版・七祖篇・七〇五）

第二十六節　法界来加章（法界より化仏来りて加備したもう）

第一項　勢至威大段（勢至菩薩、威光大なり）

【本文】

般舟三昧楽［願往生］
観音引接見弥陀［無量楽］
勢至菩薩威光大［願往生］
身色相好等観音［無量楽］
身上光明遍法界［願往生］
照処皆同紫金色［無量楽］
有縁衆生蒙光照［願往生］
増長智慧生安楽［無量楽］
頂戴華冠垂瓔珞［願往生］

【訓読】

般舟三昧楽［願往生］
観音　引接して弥陀を見しめたまふ［無量楽］
＊勢至菩薩　威光大なり［願往生］
身色相好　観音に等し［無量楽］
身上の光明　法界に遍す［願往生］
照らす処みな同じく紫金色なり［無量楽］
有縁の衆生　光照を蒙りて［願往生］
智慧を増長して安楽に生ず［無量楽］
華冠を頂戴して＊瓔珞を垂る［願往生］

宝瓶光出現希琦［無量楽］
勢至行時震法界［願往生］
震処蓮華自然出［無量楽］
蓮華荘厳如極楽［願往生］
一切仏国皆如是［無量楽］
坐時先動弥陀国［願往生］
後震上下塵沙刹［無量楽］
一一刹土分身集［願往生］
皆是弥陀三化身［無量楽］
化仏・観音・勢至集［願往生］
側塞虚空極楽上［無量楽］
各坐蓮華百宝座［願往生］
異口同音説妙法［無量楽］
極楽衆生見聞益［願往生］
超証常倫諸地上［無量楽］

宝瓶より光出でて＊希琦を現ず［無量楽］
勢至 行く時法界を震はす［願往生］
震ふ処に蓮華 自然に出づ［無量楽］
蓮華の荘厳 極楽のごとし［願往生］
一切の仏国みなかくのごとし［無量楽］
坐する時 先づ弥陀国を動し［願往生］
後に＊上下塵沙の刹を震ふ［無量楽］
一一の刹土に分身集る［願往生］
みなこれ＊弥陀の三化身なり［無量楽］
化仏・観音・勢至集まりて［願往生］
虚空極楽の上に＊側塞す［無量楽］
おのおの蓮華百宝の座に坐して［願往生］
異口同音に妙法を説きたまふ［無量楽］
極楽の衆生 見聞して益あり［願往生］
＊常倫の諸地の上に超証せり［無量楽］

大集利益塵沙衆〔願往生〕　大きに利益を集む＊塵沙の衆〔願往生〕
聴法供養遥諸劫〔無量楽〕　聴法し供養して諸劫を遥〔無量楽〕
是故彼国名極楽〔願往生〕　このゆゑに彼の国を極楽と名く〔願往生〕

【語句説明】

○勢至菩薩……『私記』には「勢至等とは、此の下は勢至観なり。已下二十一句の諸文具には経疏の如し」（浄全四・五五九下）とある通り、これより以下は『観経』「第十一勢至観」を説く。→【参考・問題点】
○瓔珞……宝玉を紐でつらねた装身具。首飾り、胸飾りなど。
○希琦……たぐいなくすぐれていること。
○上下塵沙の刹……上方、下方無数の国土。刹は梵語クシェートラ（kṣetra）の音写。国土の意。
○弥陀の三化身……弥陀三尊の化身。化阿弥陀仏・化観音菩薩・化勢至菩薩。
○側塞……満ちふさがっていること。
○常倫の諸地……常倫は普通一般の意。諸地は十地の位の菩薩を指していう。
○塵沙の衆……塵沙は無数の意。数限りない衆生のこと。

【解釈】

般舟三昧楽〔願往生〕
観音菩薩は衆生を導いて、阿弥陀仏にお会いさせて下さる。〔無量楽〕
一方、勢至菩薩の威光も広大である。〔願往生〕
そのお身体の相好は観音菩薩とそっくりである。〔無量楽〕
勢至菩薩のお身体から放たれる光明もすべての世界にゆきわたる。〔願往生〕
その光明に照らされる処は、みな同じく紫磨金に輝く。〔無量楽〕
菩薩と縁のある衆生はその光に照らし出され、〔願往生〕
智慧を増長して極楽世界に往生する事が出来る。〔無量楽〕
勢至菩薩は頭に華の冠を戴いておられ、身には纓絡を垂らしておられる。〔願往生〕
額の上にある宝瓶からも光が放たれており、たぐいなく優れた姿を見せて下さっている。〔無量楽〕
一度《ひとたび》、勢至菩薩が歩まれれば、すべての世界が振動し、〔願往生〕
その揺れ動くところには、蓮の華が自然に生じる。〔無量楽〕
その蓮華の荘厳は、まるで極楽世界のようである。〔願往生〕
その他の仏国土も全て同じようである。〔無量楽〕
また勢至菩薩が坐られる時には、最初に阿弥陀仏の極楽世界を揺れ動かされ、〔願往生〕

次いで上方の国土から、下方の国土まで、無数の仏国土を震わせる。［無量楽］
そして、一つ一つ分身たちが浄土に集まってくる。［願往生］
これらはみな阿弥陀仏・観音菩薩・勢至菩薩の化身達である。［無量楽］
すべての世界の一仏・二菩薩たちの化身が極楽に集まって、［願往生］
極楽世界の上空は溢れかえり、塞がってしまう。［無量楽］
それらの化身たちは、それぞれ百宝で飾られた蓮の華の台座に坐って、［願往生］
異口同音に妙なる教えを説かれる。［無量楽］
極楽世界の衆生は、浄土の荘厳や妙法を見聞きするだけで利益を得る。［願往生］
これらの衆生は、通常の十地位の菩薩の階位を超えるほどの証果を戴く。［無量楽］
このような大なる利益を集める、数限りない衆生達は、［願往生］
妙法を聴聞し、諸仏を供養して、永い年月を送る。［無量楽］
だから、その国を極楽と名づけるのである。［願往生］

【参考・問題点】

この一段は『観経』「第十一勢至観」に依るものと考えられるので、その経文の原典をまず引用し、後に書き下し文を『般舟讃』と対配しておきたい。

次復応観大勢至菩薩。此菩薩身量大小、亦如観世音。円光面、各百二十五由旬。照二百五十由旬。挙身光明照十方国、作紫金色。有縁衆生、皆悉得見。但見此菩薩一毛孔光、即見十方無量諸仏浄妙光明。是故号此菩薩名無辺光。以智慧光普照一切、令離三塗得無上力。是故号此菩薩名大勢至。此菩薩天冠有五百宝華。一一宝華有五百宝台。一一台中十方諸仏浄妙国土広長之相、皆於中現。頂上肉髻如鉢頭摩華。於肉髻上有一宝瓶。盛諸光明、普現仏事。余諸身相、如観世音、等無有異。此菩薩行時、十方世界一切震動。当地動処有五百億宝華。一一宝華荘厳、高顕如極楽世界。此菩薩、坐時、七宝国土一時動揺、従下方金光仏刹乃至上方光明王仏刹、於其中間無量塵数分身無量寿仏、分身観世音・大勢至、皆悉雲集極楽国土。側塞空中坐蓮華座、演説妙法度苦衆生。作此観者、名為正観。若他観者、名為邪観。見大勢至菩薩。是為観大勢至色身想、名第十一観。

（原典版・一三〇―一三一）

（『観　経』）

（『今　讃』）

般舟三昧楽［願往生］

次にまた大勢至菩薩を観ずべし。

観音引接して弥陀を見しめたまふ〔無量楽〕
＊勢至菩薩威光大なり〔願往生〕
身色相好観音に等し〔無量楽〕

身上の光明法界に遍す〔願往生〕
照らす処みな同じく紫金色なり〔無量楽〕
有縁の衆生光照を蒙りて〔願往生〕
智慧を増長して安楽に生ず〔無量楽〕

この菩薩の身量の大小は、また観世音のごとし。円光の面は、おのおの百二十五由旬なり。二百五十由旬を照らす。挙身の光明は十方国を照らし、紫金色をなす。有縁の衆生は、みなことごとく見ることを得。

ただこの菩薩の一毛孔の光を見れば、すなはち十方無量の諸仏の浄妙の光明を見る。このゆゑにこの菩薩を号けて無辺光と名づく。智慧の光をもつてあまねく一切を照らして、三塗を離れしむるに無上力を得たまへり。このゆゑにこの菩薩を号けて大勢至と名づく。

華冠を頂戴して＊瓔珞を垂る［願往生］

宝瓶より光出でて＊希琦を現ず［無量楽］

勢至行く時、法界を震はす［願往生］
震ふ処に蓮華自然に出づ［無量楽］
蓮華の荘厳極楽のごとし［願往生］
一切の仏国みなかくのごとし［無量楽］
坐する時先づ弥陀国を動し［願往生］
後に＊上下塵沙の刹を震ふ［無量楽］

この菩薩の天冠に五百の宝華あり。一々の宝華に五百の宝台あり。一々の台のうちに十方諸仏の浄妙の国土の広長の相、みななかにおいて現ず。

頂上の肉髻は鉢頭摩華のごとし。肉髻の上において一つの宝瓶あり。もろもろの光明を盛れて、あまねく仏事を現ず。余のもろもろの身相は、観世音のごとく、等しくして異あることなし。

この菩薩行きたまふ時、十方世界は一切震動す。地の動く処に当りて五百億の宝華あり。一々の宝華の荘厳、高く顕れて極楽世界のごとし。

この菩薩、坐したまふ時、七宝の国土一時に動揺し、下方の金光仏の刹より乃至上方の光明王仏の刹まで、その中間において無量塵数の

一一の刹土に分身集る〔願往生〕
みなこれ＊弥陀の三化身なり〔無量楽〕
化仏・観音・勢至集まりて〔願往生〕
虚空極楽の上に＊側塞す〔無量楽〕
おのおの蓮華百宝の座に坐して〔願往生〕
異口同音に妙法を説きたまふ〔無量楽〕
極楽の衆生見聞して益あり〔願往生〕
＊常倫の諸地の上に超証せり〔無量楽〕
大きに利益を集む＊塵沙の衆〔願往生〕
聴法し供養して諸劫を逕〔無量楽〕
このゆゑに彼の国を極楽と名く〔願往生〕

分身の無量寿仏、分身の観世音・大勢至、みなことごとく極楽国土に雲集したまふ。
空中に側塞して蓮華座に坐し、
妙法を演説して苦の衆生を度したまふ。この観をなすをば、名づけて正観とす。
もし他観するをば、名づけて邪観とす。大勢至菩薩を見たてまつる。これを大勢至の色身を観ずる想とし、第十一の観と名づく。

―（註釈版・一〇五―一〇六）

以上、経文を『本讃』と対比すれば、その内容が一致するのが知れる。

第二項　普勧同生段（普く同生に、浄土憶念を勧める）

【本文】

普勧同生常憶念［無量楽］
一切時中面西向［願往生］
心想見彼弥陀身［無量楽］
地上荘厳無億数［願往生］
宝楼・林樹垂瓔珞［無量楽］
正坐跏趺往生想［願往生］
直注華池大会中［無量楽］
想入華中華合想［願往生］
即想華開見仏身［無量楽］
想見弥陀光雑色［願往生］

【訓読】

あまねく＊同生に勧む　常に憶念すべし［無量楽］
＊一切時中に面を西に向かへ［願往生］
心にかの弥陀の身を見たてまつると想へ［無量楽］
地上の荘厳無億数なり［願往生］
宝楼・林樹＊瓔珞を垂る［無量楽］
＊正坐跏趺して往生すと想へ［願往生］
ただちに＊華池大会の中に注《とど》まりて［無量楽］
華中に入ると想へ　華合すと想へ［願往生］
すなはち華開けて仏身を見たてまつると想へ［無量楽］
弥陀を見たてまつるに光に雑色あり［願往生］

光光相照自身来［無量楽］
又想自身慈光照［願往生］
即想籠籠心眼開［無量楽］
想見虚空化仏衆［願往生］
想聞林樹奏天楽［無量楽］
水・鳥・流波宣妙法［願往生］
心心専注想令成［無量楽］
注想成時宝国現［願往生］
即得化仏来加備［無量楽］
観音・勢至身無数［願往生］
常来至此行人辺［無量楽］

光光自身をあひ照らし来ると想へ［無量楽］
また自身を慈光照らすと想へ［願往生］
すなはち＊籠籠《ろうろう》として心眼開くと想へ［無量楽］
虚空の化仏衆を見たてまつると想へ［願往生］
林樹の＊天楽を奏し［無量楽］
水・鳥・流波の妙法を宣ぶるを聞くと想へ［願往生］
心心専注すれば想成ぜしむ［無量楽］
注想成ずる時　＊宝国現じ［願往生］
すなはち化仏来りて＊加備したまふことを得［無量楽］
観音・勢至　身無数なり［願往生］
つねにこの行人の辺《へん》に来至したまふ［無量楽］

【語句説明】

〇同生……同じく往生を願う者
〇一切時中……『私記』には「一切時中等とは、此下は普観なり。諸文疏の如し。」（浄全四・五五九下）とある

ように、これより以下は「第十二普観」の内容に入る。↓【参考・問題点】
○瓔珞……宝玉をつらねた紐。
○正坐跏趺……結跏趺坐に同じ。足の甲を左右のももの上に置くすわり方。
○華池大会……蓮華の池の中にある大いなる説法の会座。
○朧朧……おぼろげに。
○天楽……すぐれた音楽。
○宝国……極楽浄土を指していう。
○加備……不思議な力を加え与えること。加被とも書く。

【解釈】

総ての往生願生者に勧めたい。常に浄土を思い続けよ、と。〔無量楽〕
あらゆる場面において顔を西方に向けよ。〔願往生〕
そして、心にかの阿弥陀仏のお姿を見させて戴くことを想え。〔無量楽〕
極楽世界の地上の荘厳は数え切れないほど多くあって、〔願往生〕
宝楼や林樹には、宝玉をつらねた紐が垂れている。〔無量楽〕
そこで、自分が蓮華の中で結跏趺坐して、極楽世界に往生する想いをなせ。〔願往生〕

ただちに蓮華の宝池にある大法会の中に想を留めて、〔無量楽〕
まず、自身がその蓮華の中に入《い》ると想え。次に蓮華が閉じていると想え。〔願往生〕
続いて、蓮の華が開き、阿弥陀仏のお姿を拝見するのを想え。〔無量楽〕
阿弥陀仏を見たてまつれば、そのお光には様々な色があって、〔願往生〕
五百種の光と光がやってきて、自身を照らし出すと想え。〔無量楽〕
また如来や菩薩達の慈悲の光が自身を照らすとの想いを懐け。〔願往生〕
おぼろげながらに、心の眼が開く想いをなせ。〔無量楽〕
また、空中には、一面に化仏たちがおいでになる様子を想え。〔願往生〕
樹々のざわめきが、すぐれた音楽を奏で、〔無量楽〕
水の流れ、鳥のさえずり、さざ波の音など全てが、妙なるみ教えを説いているのを聴くと想え。
〔願往生〕
本当に心を専一にすれば、これらの想いを成し遂げることが可能なのである。〔無量楽〕
心に専注でき、三昧に入れば、阿弥陀仏の浄土が現れ、〔願往生〕
化仏がおいでになり、不思議な力を加え与えて下さる。〔無量楽〕
観音菩薩と勢至菩薩の化身は数え切れないほど多くおられて、〔願往生〕

常にこの往生を願う行人のもとに来て下さる。［無量楽］

【参考・問題点】

○『般舟讃』と『観経』の対配

『般舟讃』と、この『観経』の内容とを対配すれば、ここでもほぼ全文に渡って合致する様子がわかる。それは下記の通りである。『観経』「第十二普観想」

見此事時、当起自心生於西方極楽世界、於蓮華中結跏趺坐、作蓮華合想、作蓮華開想。蓮華開時、有五百色光。来照身、想眼目。開想見仏・菩薩満虚空中。水・鳥・樹林、及与諸仏所出音声、皆演妙法。与十二部経合、出定之時憶持不失。見此事已名見無量寿仏極楽世界。是為普観想、名第十二観。

（原典版・一三二）

（『今　讃』）

あまねく同生に勧む。常に憶念すべし［無量楽］
一切時中に面を西に向かへ［願往生］
心にかの弥陀の身を見たてまつると想へ［無量楽］

（『観　経』）

この事を見る時、

地上の荘厳無億数なり［願往生］
宝楼・林樹瓔珞を垂る［無量楽］
正坐跏趺して往生すと想へ［願往生］
ただちに華池大会の中に注《とど》まりて［無量楽］
華中に入ると想へ、華合すと想へ［願往生］

すなはち華開けて、仏身を見たてまつると想へ［無量楽］
弥陀を見たてまつるに、光に雑色あり、［願往生］
光光自身をあひ照らし来ると想へ［無量楽］
また自身を慈光照らすと想へ［願往生］
すなはち籠籠として心眼開くと想へ［無量楽］
虚空の化仏衆を見たてまつると想へ［願往生］
林樹の天楽を奏し、［無量楽］

まさに自心を起して西方極楽世界に生じて、

蓮華のなかにして結跏趺坐し、蓮華の合する想をなし、蓮華の開くる想をなすべし。

蓮華の開くる時、五百色の光あり。来りて身を照らし、

〔心の〕眼目開くと想へ。

仏・菩薩の虚空のなかに満てるを見ると想へ。

水・鳥・樹林、および諸仏の所出

水・鳥・流波の妙法を宣ぶるを聞くと想へ〔願往生〕
心心専注すれば、想成ぜしむ〔無量楽〕
注想成ずる時、宝国現じ〔願往生〕
すなはち、化仏来りて加備したまふことを得〔無量楽〕
観音・勢至、身無数なり〔願往生〕
つねにこの行人の辺に来至したまふ〔無量楽〕

の音声、みな妙法を演ぶ〈と想へ〉。

十二部経と合して、出定の時憶持して失はざれ。この事を見をはるを無量寿仏の極楽世界を見ると名づく。これを普観想とし、第十二の観と名づく。

（註釈版・一〇六―一〇七）

第二十七節　究竟常安章（浄土は畢竟常安の所）

第一項　策帰自然段（自策すれば自然に帰す）

【本文】

般舟三昧楽［願往生］
専心想仏見無疑［無量楽］
仏知衆生流浪久［願往生］
無明障重難開悟［無量楽］
仏恐観大難周遍［願往生］
更教観小在池中［無量楽］
想一蓮華百宝葉［願往生］
丈六化仏坐華台［無量楽］

【訓読】

般舟三昧楽［願往生］
専心に仏を想へば見たてまつること疑なし［無量楽］
仏　衆生の＊流浪久しくして［願往生］
無明の障重く開悟しがたきことを知りたまへり［無量楽］
仏＊大を観ぜむに＊周遍しがたきことを恐れて［願往生］
さらに教へて＊小を観じて池中に在《お》かしむ［無量楽］
一の蓮華の百宝の＊葉に［願往生］
＊丈六の化仏＊華台に坐したまふと想へ［無量楽］

身雖大小能除障〔願往生〕
観音・勢至等同然〔無量楽〕
四種威儀常自策〔願往生〕
命尽須臾帰自然〔無量楽〕
自然即是弥陀国〔願往生〕
究竟常安無退時〔無量楽〕
縦尽百年如一日〔願往生〕
一日須臾何足期〔無量楽〕

身に大小ありといへどもよく障を除く〔願往生〕
観音・勢至　等同なること　しかなり〔無量楽〕
*四種の威儀につねに*自策すれば〔願往生〕
命尽きて須臾に*自然に帰す〔無量楽〕
自然はすなはちこれ弥陀国なり〔願往生〕
*究竟常安にして退く時なし〔無量楽〕
*たとひ百年を尽せども一日のごとし〔願往生〕
一日は須臾なり　なんぞ期するに足らむ〔無量楽〕

【語句説明】

○流浪……生死輪廻の迷いの世界を流転すること。
○大……仏の真身が広大であることを指していう。
○周遍しがたきことを恐れて……まっとうするのが困難であることを恐れて。
○小……小身の仏。次々行の「丈六の化仏」のこと。
○葉……はなびら。

○丈六……一丈六尺。人間の身長八尺（周尺）の倍量。ここからは『観経』「雑想観」の箇所に相当する。↓【参考・問題点】
○華台……蓮華の台座。
○四種の威儀……行・住・坐・臥の四威儀のこと。
○自策……つとめはげむこと。
○自然……阿弥陀如来の浄土。『自筆鈔』巻第六には、「自然は無為の異名なり。無為涅槃の体なれば、下の句に、自然弥陀国と結するなり。究竟常安といは、無為の体を釈し顕はすなり。」（西叢四・一〇四上）とする。
○究竟常安……究極的な常住安楽。
○たとひ百年を尽せども……たとえ百年が経ったとしても。この中には今生での無常さが含まれている。『私記』には、「縦尽百年等とは、此土の楽愛惜するに足らざるを述す。」（浄全四・五六〇上）とある。また『自筆鈔』巻第六に「縦尽百年如一日、一日須臾何足期というは、上の命尽須臾の句を釈し顕わすなり。云く、有為無常の境、百年も、去りぬれば唯一日の如し。一日は去りぬれば亦須臾なり。何んぞ期すべきや。速やかに浄土に入れと勧むる心なり。」（西叢四・一〇四下）とあって、ここを娑婆世界に約している。今はこれに従った。

【解釈】

般舟三昧楽［願往生］

一心に仏を観想すれば、仏のお姿を拝見することは疑いない。［無量楽］

衆生は、長いあいだ生死輪廻の迷いの世界を流転し、［願往生］
無明の障り重く、開悟しがたいことを、仏は知っておられる。［無量楽］
そこで仏は、仏の広大な真身をすみずみまで観想することが衆生には困難であることを懸念せられ、［願往生］
観想に便なるため、小身の丈六仏を池の中に化現された。［無量楽］
一つの蓮華には百宝の葉があって、［願往生］
丈六の化仏がその蓮華の台座に坐っておられることを想えと教示下さる。［無量楽］
仏身に大小の差があったとしても、いずれも衆生の障りをよく取り除かれる。［願往生］
当然ながら、観音菩薩と勢至菩薩のお姿は、どちらも同じように等しく。［無量楽］
行者は行・住・坐・臥、いつも仏を観想することを、勤め励んだならば、［願往生］
命が終わったその瞬間に、無為涅槃の「自然」に帰る事が出来る。［無量楽］
「自然」とはまさに阿弥陀仏の浄土である。［願往生］
その浄土こそ究極的な常住安楽の世界であり、そこから退転する時などはない。［無量楽］
たとえ娑婆世界で百年が尽きたとしても、まるで一日のようにはかなく過ぎ去っていくものである。［願往生］

一日は一瞬にすぎない。よって娑婆界は願うべき世界ではない。［無量楽］

【参考・問題点】

○「丈六の……」

ここからは『観経』「雑想観」の箇所に相当する。経文の内容は以下の通りである。

仏、告阿難及韋提希、「若欲至心生西方者、先当観於一丈六像、在池水上。如先所説、無量寿仏身量無辺、非是凡夫心力所及。然、彼如来宿願力故有憶想者、必得成就。但想仏像得無量福。何況観仏具足身相。阿弥陀仏神通如意、於十方国変現自在。或現大身満虚空中、或現小身丈六・八尺。所現之形、皆真金色。円光化仏及宝蓮華、如上所説。観世音菩薩及大勢至、於一切処身同。衆生但観首相、知是観世音、知是大勢至。此二菩薩、助阿弥陀仏普化一切。是為雑想観、名第十三観。」（原典版・一三二―一三三）

仏、阿難および韋提希に告げたまはく、「もし心を至して西方に生ぜんと欲せんものは、まづまさに一つの丈六の像、池水の上にましますを観ずべし。先の所説のごとき、無量寿仏の身量は無辺にして、これ凡夫の心力の及ぶところにあらず。しかるを、かの如来の宿願力のゆゑに憶想することあらば、かならず成就することを得。ただ仏像を想ふに無量の福を得。いかにいはんや仏の具足せる身相を観ぜんをや。阿弥陀仏は神通如意にして、十方の国において変現自在なり。あるいは大身を現じて虚空のなかに満ち、あるいは小身を現じて丈六、八尺なり。所現の形は、みな真金色なり。円光の化仏および宝蓮華は、上の所説のごとし。観世音菩薩および大勢至、一切処において身同じ。衆生ただ首相を観て、これ観世音なりと知り、これ大勢至なりと知る。この二菩薩、阿弥陀仏を助けてあまねく一切を化したまふ。これを雑想観《ざつそうかん》とし、第十三の観と名づく」と。（註釈版・一〇七）

第二項　上品上生段（上品上生の往生）

【本文】

上品上生凡夫等〔願往生〕
持戒・念仏・誦経専〔無量楽〕
一切時中常勇猛〔願往生〕
臨終聖衆自来迎〔無量楽〕
観音・大勢擎華至〔願往生〕
一時接手上金台〔無量楽〕

【訓読】

＊上品上生の凡夫等〔願往生〕
持戒・念仏・＊誦経もつぱらにして〔無量楽〕
一切時中につねに＊勇猛なれば〔願往生〕
臨終に聖衆みづから来迎したまふ〔無量楽〕
＊観音・＊大勢　華を擎《ささ》げて至り〔願往生〕
一時に手を接りて金台に上らしめたまふ〔無量楽〕

無数化仏・菩薩衆［願往生］
摩頭讃歎随仏去［無量楽］
一念之間到仏国［願往生］
即現真容菩薩衆［無量楽］
光明・宝林皆説法［願往生］
当時即悟無生忍［無量楽］
須臾歴事他方仏［願往生］
一念帰還得千証［無量楽］

無数の化仏・菩薩衆［願往生］
頭を摩でて讃歎し仏に随ひて去《ゆ》く［無量楽］
一念のあひだに仏国に到りて［願往生］
すなはち＊真容の菩薩衆と現ず［無量楽］
＊光明の宝林みな法を説く［願往生］
時に当りてすなはち無生忍を悟る［無量楽］
須臾に他方の仏に＊歴事して［願往生］
一念に＊帰還して＊千証を得［無量楽］

【語句説明】

○上品上生……これ以降は『観経』三輩「上品上生」の内容となる。↓【参考・問題点】

○誦経……声を出して経文を読むこと。

○勇猛……心をはげましてつとめること。

○観音・大勢、華を擎げて至り……これに『観経』の経文を対配すれば「観世音菩薩は金剛の台を執りて、大勢至菩薩とともに行者の前に至りたまふ。」とある。よってこれに準じて解した。↓【参考・問題点】

○大勢……大勢至菩薩のこと。
○真容の菩薩衆と現ず……「現」は「見」の意味か。「現ず」とすると行者（往生人）が菩薩衆の姿を顕現する意味になる。『私記』は「即現真容等とは或本には「見」と云う。此本を正と為す。経に『仏菩薩の色相を具足するを見る』とある。」（浄全四・五六〇上）として、『観経』にもとづいて「見」となる異本を支持する。『自筆鈔』も同じく「見仏菩薩色相具足の文の心なり」（西叢四・一〇五上）とする。この場合には、「浄土にいたって、菩薩たちの真実のすがたを見る」という意味になって『観経』の本文とも相応する。
今これに依った。
○光明の宝林……底本には「光明・宝林」として両者を区分しているが、『註釈版・七祖篇』は「光明の宝林」と訓む。
○歴事……十方諸仏のもとを次々とめぐって供養すること。
○帰還……本国である極楽に帰ること。
○千証……無量の悟り。

【解釈】
上品上生の凡夫たちは、［願往生］
持戒や念仏、誦経をひたすらに行い、［無量楽］
いかなる時もつねに心をはげまして勤めたならば、［願往生］

臨終にあたって聖衆たちが自ら来迎して下さる。［無量楽］
観音菩薩は華台をささげ持って行者の前に至り、［願往生］
大勢至菩薩は直ちに行者の手をとって金色の蓮台に上らせて下さる。［無量楽］
数え切れないほどの化仏や菩薩衆たちが、［願往生］
行者の頭をなでて褒め称え、阿弥陀仏に随ってこの世を去って極楽へ行く。［無量楽］
またたく間に阿弥陀仏の極楽浄土に至って、［願往生］
もろもろの菩薩達の色相具足する真実の姿を見る。［無量楽］
極楽浄土の七宝で出来た光明の林はみな法を説き、［願往生］
往生人はその法を聴いて無生法忍を悟る。［無量楽］
直ちに他方国土の仏のもとを次々とめぐって供養し、［願往生］
一念のうちに極楽浄土に帰ってきて無量の悟りを得る。［無量楽］

【参考・問題点】

○「上品上生」

『観経』の三輩段の中「上品上生」の経文。

上品上生者、若有衆生、願生彼国者、発三種心即便往生。何等為三。一者至誠心、二者深心、三者廻向発願心。具三心者、必生彼国。復有三種衆生、当得往生。何等為三。一者慈心不殺、具諸戒行。二者読誦大乗方等経典。三者修行六念。廻向発願願生彼国。具此功徳、一日乃至七日即得往生。生彼国時、此人精進勇猛故、阿弥陀如来、与観世音・大勢至・無数化仏・百千比丘・声聞大衆・無数諸天・七宝宮殿。観世音菩薩執金剛台、与大勢至菩薩至行者前。阿弥陀仏、放大光明照行者身、与諸菩薩授手迎接。観世音・大勢至、与無数菩薩讃歎行者、勧進其心。行者見已歓喜踊躍、自見其身、乗金剛台。随従仏後、如弾指頃、往生彼国。生彼国已、見仏色身衆相具足、見諸菩薩色相具足。光明宝林、演説妙法。聞已即悟無生法忍。経須臾間歴事諸仏、偏十方界、於諸仏前次第授記。還到本国得無量百千陀羅尼門。是名上品上生者。

（原典版・一三三―一三五）

この『観経』の書き下し文を『本讃』と対比すれば、

（『今　讃』）	（『観　経』）
上品上生の凡夫等［願往生］	上品上生といふは、もし衆生ありて、かの国に生ぜんと願ずるものは、三種の心を発して即便往生

持戒・

念仏・

誦経もつぱらにして［無量楽］

一切時中につねに勇猛なれば［願往生］

臨終に聖衆みづから来迎したまふ［無量楽］

す。なんらをか三つとする。一つには至誠心、二つには深心、三つには回向発願心なり。三心を具するものは、かならずかの国に生ず。また三種の衆生ありて、まさに往生を得べし。なんらをか三つとする。

一つには慈心にして殺さず、もろもろの戒行を具す。

二つには大乗方等経典を読誦す。

三つには六念を修行す。

回向発願してかの国に生ぜんと願ず。この功徳を具すること、一日乃至七日してすなはち往生を得。かの国に生ずる時、

この人、精進勇猛なるがゆゑに、阿弥陀如来は、観世音・大勢至・無数の化仏・百

観音・大勢華を擎《ささ》げて至り〔願往生〕

一時に手を接りて金台に上らしめたまふ

〔無量楽〕

無数の化仏・菩薩衆〔願往生〕

頭を摩でて讃歎し仏に随ひて去《ゆ》く〔無量楽〕

一念のあひだに仏国に到りて〔願往生〕

千の比丘・声聞の大衆・無数の諸天・七宝の宮殿とともに〔現前す〕。

観世音菩薩は金剛の台を執りて、大勢至菩薩とともに行者の前に至りたまふ。

阿弥陀仏は、大光明を放ちて行者の身を照らし、もろもろの菩薩とともに手を授けて迎接したまふ。

観世音・大勢至は、無数の菩薩とともに行者を讃歎して、その心を勧進したまふ。行者見をはりて歓喜踊躍し、みづからその身を見れば、金剛の台に乗ぜり。

仏の後に随従して、弾指のあひだのごとくに、かの国に往生す。

かの国に生じをはりて、仏の色身の衆相具足せる

すなはち真容の菩薩衆と現ず［無量楽］
光明の宝林みな法を説く［願往生］
時に当りてすなはち無生忍を悟る［無量楽］
須臾に他方の仏に歴事して［願往生］
一念に帰還して千証を得［無量楽］

を見、もろもろの菩薩の色相具足せるを見る。光明の宝林、妙法を演説す。聞きをはりてすなはち無生法忍を悟る。須臾のあひだを経て諸仏に歴事し、十方界に遍して、諸仏の前において次第に授記せらる。本国に還り到りて無量百千の陀羅尼門を得。これを上品上生のものと名づく。（註釈版・一〇八―一〇九）

となる。

第三項　上品中生段（上品中生の往生）

【本文】
上品中生凡夫等［願往生］
読誦・念仏専持戒［無量楽］
一日七日倶廻向［願往生］

【訓読】
＊上品中生の凡夫等［願往生］
＊読誦・念仏し　もつぱら持戒し［無量楽］
一日七日ともに廻向すれば［願往生］

臨終聖衆皆来現 〔無量楽〕
観音・大勢擎華立 〔願往生〕
行者即上紫金台 〔無量楽〕
与千化仏同時讃 〔願往生〕
従仏須臾入宝池 〔無量楽〕
一宿障尽華開発 〔願往生〕
見仏即欲下金台 〔無量楽〕

足未至地華承足 〔願往生〕
仏放金光来照身 〔無量楽〕
直到弥陀仏前立 〔願往生〕
讃仏七日得無生 〔無量楽〕
須臾歴事他方仏 〔願往生〕
証得百千三昧門 〔無量楽〕
少許時間逕三劫 〔願往生〕

臨終に聖衆みな来現し 〔無量楽〕
観音・大勢 華を擎《ささ》げて立ちたまふ 〔願往生〕
行者すなはち紫金台に上れば 〔無量楽〕
千化仏と同時に讃じたまふ 〔願往生〕
仏に従ひて須臾に宝池に入る 〔無量楽〕
＊一宿に障尽きて華開発す 〔願往生〕
仏を見たてまつりてすなはち金台より下りむと欲するに 〔無量楽〕
足いまだ地に至らざるに 華足を承け 〔願往生〕
仏 金光を放ちて来りて身を照らしたまふ 〔無量楽〕
ただちに弥陀仏の前に到りて立ち 〔願往生〕
仏を讃ずること七日にして無生を得 〔無量楽〕
須臾に他方の仏に＊歴事して 〔願往生〕
百千の三昧門を証得す 〔無量楽〕
しばらくの時のあひだに三劫を逕て 〔願往生〕

即入明門歓喜地［無量楽］　―すなはち＊明門歓喜地に入る［無量楽］

【語句説明】

○上品中生……これ以降は、『観経』三輩「上品中生」段に相当する。↓【参考・問題点】

○読誦・念仏しもつぱら持戒し……『観経』には「かならずしも方等経典を受持し読誦せざれども、よく義趣を解り、第一義において心驚動せず。」とあって少し内容が異なる。↓【参考・問題点】

○一宿……一夜。

○歴事……十方諸仏のもとを次々とめぐって供養すること。

○明門歓喜地……明門は百法明門のこと。菩薩が歓喜地（初地）の位において得る法門の称。あらゆる法門を明瞭に通達した智慧という意。

【解釈】

上品中生の凡夫たちは、［願往生］

大乗経典を読誦し、念仏を修し、ひたすらに持戒し、［無量楽］

一日ないし七日の間、ともに回向したならば、［願往生］

臨終にあたって、聖衆達が来て姿を現して下さる。［無量楽］

観音菩薩は華台をささげ、大勢至菩薩と共に行者の前にお立ちになる。〔願往生〕
行者が紫金色の蓮華台に登れば、〔無量楽〕
阿弥陀仏は千の化仏と共に行者を褒め称えて下さる。〔願往生〕
そして、阿弥陀仏に従って、一瞬の間に極楽浄土の七宝の池に入る。〔無量楽〕
一晩のうちに障碍が無くなり、その往生人を包む蓮華が開く。〔願往生〕
往生人は阿弥陀仏の姿を見て、すぐに紫金色の蓮台からおりようとすれば、〔無量楽〕
その足が地に着かないうちに、蓮華が往生人の足を承けてくれる。〔願往生〕
阿弥陀仏が金色の光明を放てば、その光が往生人に届いて身体を照らして下さる。〔無量楽〕
往生人はただちに阿弥陀仏のみ前に進んで、〔願往生〕
阿弥陀仏を讃嘆すること七日にして、無生忍の悟りを得る。〔無量楽〕
同時に、往生人は他方浄土の諸仏のもとを一瞬の間に経巡って供養し、〔願往生〕
百千種類もの三昧の法門を証得する。〔無量楽〕
わずかの間に三阿僧祇劫を経て、〔願往生〕
法門に通達する歓喜地（初地）の位に入る。〔無量楽〕

【参考・問題点】

○『観経』の三輩段の中「上品中生」の経文。

上品中生者、不必受持読誦方等経典、善解義趣、於第一義心不驚動。深信因果不謗大乗。以此功徳廻向願求生極楽国。行此行者、命欲終時、阿弥陀仏、与観世音・大勢至・無量大衆眷属囲繞、持紫金台、至行者前、讃言、〈法子、汝行大乗解第一義。是故、我今来迎接汝。〉与千化仏一時授手。行者自見坐紫金台。合掌叉手讃歎諸仏。如一念頃、即生彼国七宝池中。此紫金台如大宝華。経宿則開。行者身作紫磨金色。足下亦有七宝蓮華。仏及菩薩、倶時放光明照行者身、目即開明。因前宿習、普聞衆声、純説甚深第一義諦。即下金台、礼仏合掌讃歎世尊。経於七日、応時即於阿耨多羅三藐三菩提得不退転。応時即能飛行、偏至十方歴事諸仏。於諸仏所修諸三昧。経一小劫得無生忍、現前授記。是名上品中生者。

（原典版・一三五—一三六）

（『観　経』）	（『今　讃』）
上品中生といふは、	上品中生の凡夫等［願往生］
かならずしも方等経典を受持し読誦せざれども、よく	読誦・念仏しもつぱら持戒し［無量楽］

一日七日ともに回向すれば［願往生］

臨終に聖衆みな来現し［無量楽］

観音・大勢華を琦《ささ》げて立ちたまふ［願往生］

行者すなはち紫金台に上れば［無量楽］

千化仏と同時に讃じたまふ［願往生］

仏に従ひて須臾に宝池に入る［無量楽］

義趣を解り、第一義において心驚動せず。深く因果を信じて大乗を謗らず。

この功徳をもつて回向して極楽国に生ぜんと願求す。

この行を行ずるもの、

命終らんとする時、阿弥陀仏は、観世音・大勢至・無量の大衆とともに眷属に囲繞せられて、

紫金の台を持たしめて、行者の前に至りたまひ、讃めてのたまはく、〈法子、なんぢ大乗を行じ第一義を解る。このゆゑに、われいま来りてなんぢを迎接す〉と。

千の化仏とともに一時に手を授けたまふ。

行者みづから見れば紫金の台に坐せり。

合掌叉手して諸仏を讃歎したてまつる。

一念のあひだのごとくに、すなはちかの国の七宝の池のなかに生ず。この紫金の台は大宝華のごとし。

一宿に障尽きて華開発す〔願往生〕

仏を見たてまつりてすなはち金台より下りむと欲するに〔無量楽〕
足いまだ地に至らざるに華足を承け〔願往生〕
仏金光を放ちて来りて身を照らしたまふ〔無量楽〕
ただちに弥陀仏の前に到りて立ち〔願往生〕
仏を讃ずること七日にして無生を得〔無

宿を経てすなはち開く。行者の身は紫磨金色になれり。足の下にまた七宝の蓮華あり。仏および菩薩、倶時に光明を放ちて行者の身を照らしたまふに、目すなはち開けてあきらかなり。前の宿習によりて、あまねく〔浄土の〕もろもろの声を聞くに、もつぱら甚深の第一義諦を説く。

すなはち金台より下りて、

仏を礼し合掌して世尊を讃歎したてまつる。

七日を経て、時に応じてすなはち阿耨多羅三藐三菩提

量楽〕
須臾に他方の仏に歴事して〔願往生〕
百千の三昧門を証得す〔無量楽〕
しばらくの時のあひだに三劫を経て〔願往生〕
すなはち明門歓喜地に入る〔無量楽〕

において不退転を得。
時に応じてすなはちよく飛行して、
あまねく十方に至り諸仏に歴事す。
諸仏の所にしてもろもろの三昧を修す。
一小劫を経て無生忍を得、現前に授記せらる。
これを上品中生のものと名づく。

（註釈版・一〇九―一一〇）

○「読誦・念仏しもっぱら持戒し」

読誦に関して『今讃』と『観経』とでは表示が異なっている。このことについて『自筆鈔』は、

上の品（上上品）には持戒を初とす。一者慈心不殺、具諸戒行、の心を存せるなり。而も、念仏、を中に連ぬる事は、六念、を、読誦、の意義に合する故に、第二、第三、前後なしと云ふ事を示すなり。今此の品に、読誦、を初に置く事は、不必受持読誦、の句になほ上の品の、読

誦、を兼ぬる心ある事を顕はして、上の品の行を移しながら、読誦、を初に置くなり。是即ち、今の観門の心をもて、機に随ひて九品の不同を分てども、弘願に帰入して無生を得と云ふ心は、上、中、下、差別なき心を顕はして、上、中、同じと示す心明らかなるものなり。

（西叢四・一〇五下）

として上生と中生と同じ心である事を示す語と見ている。

第二十八節　覚痛生楽章（痛を覚すれば、安楽に生ず）

【本文】

般舟三昧楽［願往生］
持戒・作善莫推閑［無量楽］
推閑即造輪廻業［願往生］
弥陀浄土遺誰去［無量楽］
湯火焼身急自撥［願往生］
莫待他人推縁事［無量楽］

【訓読】

般舟三昧楽［願往生］
持戒・作善して＊推閑《すいげん》することなかれ［無量楽］
推閑すればすなはち輪廻の業を造る［願往生］
弥陀の浄土にたれをしてか去《ゆ》かしめむ［無量楽］
湯火　身を焼けば急にみづから撥《はら》ふ［願往生］
＊他人　推縁の事を待つことなし［無量楽］

貪瞋火宅相焼苦［願往生］
障重心頑未覚痛［無量楽］
覚痛即断愚痴業［願往生］
悔心慚愧生安楽［無量楽］
安楽即是金剛地［願往生］
凡夫六道永無名［無量楽］

＊貪瞋の火宅は相焼の苦あり［願往生］
障重く心頑なにしていまだ痛を覚せず［無量楽］
痛を覚すればすなはち愚痴の業を断じ［願往生］
＊悔心＊慚愧して安楽に生ず［無量楽］
安楽はすなはちこれ＊金剛地なり［願往生］
凡夫六道　永く名すらなし［無量楽］

【語句説明】

○推閑……おこたり怠けること。
○他人　推縁の事……他人がおしはかって行動してくれること。
○貪瞋の火宅……貪欲や瞋恚に悩まされることを、燃えさかる家に喩えていう。
○悔心……罪や過ちを悔いる心。
○慚愧……罪を恥じること。慚は自ら罪をつくらないこと、愧は他人に罪をつくらせないようにすること。また慚は心に自らの罪を恥じること、愧は他人に自らの罪を告白して恥じ、そのゆるしを請うこと。また慚は人に恥じ、愧は天に恥じること。
また慚は他人の徳を敬い、愧は自らの罪をおそれ恥じること。

○金剛地……金剛の大地。『観経疏』「定善義」には「金剛といふはすなはちこれ無漏の体なり」とある。第二章・第十五節・第二項「願成華王段」の【語句説明】「金剛」（本書二七九頁）を参照されたい。
また、金剛はその堅固な性質から最上・最勝の意に用いられる。また等覚の菩薩（最高位の菩薩）の智慧が堅固不動であるのを、金剛に喩える場合もある。

【解釈】

般舟三昧楽〔願往生〕
戒をたもち、善を行って怠りなまけることがないようにしなさい。〔無量楽〕
怠りなまければ、輪廻を繰り返す業を造ることになる。〔願往生〕
そうすれば、誰が、そのような人を阿弥陀仏の浄土に往かせることができるであろうか。〔無量楽〕
熱い湯や火が身体を焼いたならば、急いで自らそれを払いのけるであろう。〔願往生〕
他人が自分の苦悩を推し量って、それを除いてくれるのを待つようではいけない。〔無量楽〕
貪欲や瞋恚に満ちた世界は、燃えさかる家のようで、お互いに焼き払われる苦しみを生んでいる。
〔願往生〕
しかし凡夫は、障りが重くて、心が頑なであるので、その苦痛に気づかない。〔無量楽〕
やっと、その苦痛を自覚する事が出来たならば、愚痴の行いを断ち切り、〔願往生〕

自らの罪や過ちを悔い恥じて、安楽国に生まれる。［無量楽］
安楽国は、最勝の堅固な国である。［願往生］
その国には永久に、凡夫や六道の実態もないし、名すらも存在しない。［無量楽］

第二十九節　同心念生章（心を同じくして念念に安楽に生ぜむ）

【本文】

般舟三昧楽 ［願往生］
極楽清閑実是精 ［無量楽］
上品下生凡夫等 ［願往生］
深信因果莫生非 ［無量楽］
三業起行多憍慢 ［願往生］
単発無上菩提心 ［無量楽］
廻心念念生安楽 ［願往生］
終時即見金華至 ［無量楽］
【訓読】

般舟三昧楽 ［願往生］
極楽は＊清閑にして実にこれ＊精なり ［無量楽］
＊上品下生の凡夫等 ［願往生］
深く因果を信じて＊非を生ずることなく ［無量楽］
＊三業の＊起行は＊憍慢多し ［願往生］
ただ＊無上菩提の心を発す ［無量楽］
心を＊廻して念念に安楽に生ぜむとすれば ［願往生］
＊終時にすなはち＊金華の至るを見る ［無量楽］

五百化仏・観音等［願往生］
一時接手入華中［無量楽］
一念乗華宝池内［願往生］
一日一夜宝華開［無量楽］
華開見仏微微障［願往生］
三七已後始分明［無量楽］
耳聴衆声心得悟［願往生］
歴事他方蒙授記［無量楽］
十劫須臾不覚尽［願往生］
進入明門歓喜地［無量楽］

五百の化仏・観音等［願往生］
一時に手を接りて華中に入らしめたまふ［無量楽］
一念に華に乗じて宝池のうちにあり［願往生］
一日一夜に宝華開く［無量楽］
華開けて仏を見たてまつれども微微の障あり［願往生］
＊三七已後にはじめて分明なり［無量楽］
耳に衆声を聴きて心に悟を得［願往生］
他方に＊歴事して授記を蒙る［無量楽］
十劫須臾に覚せずして尽き［願往生］
進みて＊明門歓喜地に入る［無量楽］

【語句説明】

○清閑……清浄、静寂であること。
○精……巧みで、優れていること。
○上品下生……これ以降は、『観経』三輩「上品下生」に相当する。↓【参考・問題点】

○非を生ずることなく……底本では「非を生ずることなかれ」との訓みであるが、これでは文脈が通じない。「非を生ずる事のないものの」と続く意と解した。『観経』と対配すれば、この「非」は「大乗を誹らず」に当たる。

→【参考・問題点】

○三業の起行は憍慢多し……『観経』にこの文なし。『自筆鈔』巻第六は「三業に修する所の行体は、昔修せしも今修するも、同じく菩提心にして更に差別なしと雖も、昔は他力に帰して仏願を憑む功なければ、修しては必ず憍慢す。修せざれば自ら卑下して退屈す。今は昔の行を述ぶる故に、多憍慢と云ふなり。」（西叢四・一〇八・下）として、仏願に帰する以前と以後とに区分して解釈している。しかしここでは、文脈からして憍慢心を起こす輩を言っているものと解釈した。

○起行……実践すること。

○憍慢……おごりたかぶる心。

○無上菩提の心……この上ない悟りを求める心。

○廻して……回向して。（往生の因として）ふりむけて。

○終時……臨終時。命がおわる時。

○金華……金色の蓮華。

○三七已後……二十一日以後。『自筆鈔』巻第六において「三七已後分明、といは、七日之中、乃得見仏、雖見仏身、於衆相好、心不明了、於三七日後、乃了了見、の文を述ぶるなり。」（西叢四・一〇九下）として、見仏をしても三週間の間は心が不明瞭で、明瞭に仏を見た状態ではないことを示している。

○歴事……十方諸仏のもとを次々とめぐって供養すること。
○明門歓喜地……明門は百法明門のこと。菩薩が歓喜地（初地）の位において得る法門の称。あらゆる法門を明瞭に通達した智慧という意。

【解釈】
般舟三昧楽〔願往生〕
極楽は静寂で、実に優れた世界である。〔無量楽〕
上品下生の凡夫たちは、〔願往生〕
深く仏法の因果を信じ、大乗を誹謗する心を生じないものの、〔無量楽〕
身・口・意、三業の行いには、おごり高ぶる心を持つ者が多い。〔願往生〕
しかし、この上ない悟りを求める心を発起している者達であるので、〔無量楽〕
その功徳を回向して、一念一念に安楽国に生まれようとしたならば、〔願往生〕
臨終時に、金色の蓮華が行者のもとに到るのを見る事が出来る。〔無量楽〕
共に来至した五百の化仏や観音菩薩などが、〔願往生〕
すぐさま手をとって蓮華の中に入らせて下さる。〔無量楽〕
合した蓮華に乗じて、一念のうちに極楽の宝池の中に到る。〔願往生〕

一日一夜が経てば、宝の蓮華が花開く。［無量楽］
ところが、華が開いたとしても、僅かな障りが残っているので、阿弥陀仏を明瞭に拝見することが叶わない。［願往生］
二十一日が過ぎた時、はじめてその障りがなくなり、はっきりと仏を見たてまつる。［無量楽］
そうすれば、耳に色々な教えが聴こえてきて、心に悟りを得ることが出来る。［願往生］
次いで、十方諸仏のもとを次々と経巡って授記をいただき、［無量楽］
十劫の間も気付かず、またたく間に過ぎ、［願往生］
進んで百法明門に通達して、歓喜地（初地）の位に到る。［無量楽］

【参考・問題点】

○『観経』の三輩段の中「上品下生」の経文。

上品下生者、亦信因果不謗大乗。但発無上道心。以此功徳廻向願求生極楽国。行者命欲終時、阿弥陀仏、及観世音・大勢至、与諸眷属持金蓮華、化作五百化仏来迎此人。五百化仏、一時授手讃言、〈法子、汝今清浄発無上道心。我来迎汝。〉見此事時、即自見身坐金蓮華。坐已華合。随世尊後、即得往生七宝池中。一日一夜蓮華乃開、七日之中乃得見仏。雖見仏身、於衆相好心不明了。於三七日後、乃了了見。聞衆音声皆演妙法。遊歴十方供養諸仏。於諸仏前聞甚深法。経三小劫得百法明門、住歓喜地。是名上品下生者。是名上輩生想、名第十四観。

（原典版・一三七―一三八）

（『今　讃』）

上品下生の凡夫等　［願往生］
深く因果を信じて
非を生ずることなかれ　［無量楽］
三業の起行は憍慢多し　［願往生］
ただ無上菩提の心を発す　［無量楽］
心を回して念念に安楽に生ぜむとすれば　［願往生］
終時にすなはち金華の至るを見る　［無量楽］

（『観　経』）

上品下生といふは、
また因果を信じ
大乗を謗らず。
ただ無上道心を発す。
この功徳をもつて回向して極楽国に生ぜんと願求す。
行者命終らんとする時に、阿弥陀仏、および観世音・大勢至、もろもろの眷属とともに金蓮華を持たしめて、五百の化仏を化作

五百の化仏・観音等［願往生］
一時に手を接りて華中に入らしめたまふ［無量楽］
一念に華に乗じて宝池のうちにあり［願往生］
一日一夜に宝華開く［無量楽］
華開けて仏を見たてまつれども微微の障あり［願往生］
三七已後にはじめて分明なり［無量楽］

してこの人を来迎したまふ。

五百の化仏は、
一時に手を授けて讃めてのたまはく、〈法子、なんぢいま清浄にして無上道心を発せり。われ来りてなんぢを迎ふ〉と。この事を見る時、すなはちみづから身を見れば金蓮華に坐す。坐しをはれば華合す。世尊の後に随ひて、すなはち七宝の池のなかに往生することを得。

一日一夜にして蓮華すなはち開け、七日のうちにすなはち仏を見たてまつることを得。仏身を見たてまつるといへども、もろもろの相好において心明了ならず。

三七日の後において、すなはち了々に見たてまつる。もろもろの音声を聞くにみな妙

耳に衆声を聴きて心に悟を得［願往生］

他方に歴事して授記を蒙る［無量楽］

十劫須臾に覚せずして尽き［願往生］

進みて明門歓喜地に入る［無量楽］

法を演ぶ。

十方に遊歴して諸仏を供養す。諸仏の前にして甚深の法を聞く。

三小劫を経て

百法明門を得、歓喜地に住す。

これを上品下生のものと名づく。これを上輩生想と名づけ、第十四の観と名づくと。

（註釈版・一一〇―一一一）

第三十節　誓行仏語章（誓って仏語を行じて安楽に生ず）

第一項　不得悠信段（悠悠として他語を信ずることを得ざれ）

【本文】

般舟三昧楽［願往生］
尽名為期莫生疑［無量楽］
若是釈迦真弟子［願往生］
誓行仏語生安楽［無量楽］
不得悠悠信他語［願往生］
随縁治病各依方［無量楽］
忽遇災危身自急［願往生］
道俗千重未能救［無量楽］
口説事空心行怨［願往生］
是非人我如山岳［無量楽］
如此之人不可近［願往生］
近即輪廻長劫苦［無量楽］

【訓読】

般舟三昧楽［願往生］
＊名を尽すを期となして疑を生ずることなかれ［無量楽］
もしこれ釈迦の真の弟子ならば［願往生］
誓ひて仏語を行じて安楽に生ぜよ［無量楽］
＊悠悠として他語を信ずることを得ざれ［願往生］
縁に随ひて病を治す　おのおの方《ほう》によれ［無量楽］
たちまちに災危に遇ひて身みづから急なれば［願往生］
＊道俗千重するもいまだ救ふことあたはず［無量楽］
＊口に事空を説けども＊心に怨を行ず［願往生］
＊是非人我　山岳のごとし［無量楽］
かくのごときの人には近づくべからず［願往生］
近づけばすなはち＊長劫の苦に輪廻す［無量楽］

【語句説明】

○名を尽すを……この世で名前が尽きるまで、要するに、命がおわるまで。『自筆鈔』巻第六は「尽名というは畢命の異名なり。名はすなわち体なれば、体は命によりてある故なり」（西叢四・一一〇・上）という。
○悠悠……ゆったりとした様子、あるいは、充分に余裕のある様が第一義であるが、ここは「他語を信ずることを得ざれ」にかかる「悠々」であるので、第一義では解せない。そこで「勿悠々」に「定まらず」の意味がある点から、「目的を定めずに」と解した。
○道俗……道は出家、俗は在家の人。
○口に事空を説けども……一切のものには実体がないという空の道理を口に説いたとしても。
○心に怨を行ず……「怨」は「残念で不快な気持ち」。その心、相応せずに残念で不快な気持ちを残す。
○是非人我……是非正邪にとらわれる我見。
○長劫……きわめて長い時間。

【解釈】

般舟三昧楽［願往生］

命が終わってから後の極楽往生を目指すに、何ら疑問を起こしてはならない。［無量楽］

もし行者が釈迦如来の真の弟子であるならば［願往生］

誓って仏語のままに実践して、安楽国に往生しなさい。［無量楽］

目的を定めずに、仏語以外の言葉を信じてはならない［願往生］

縁によって病を治す方法が様々にあるように、仏教の教えにも様々な道があるので、自らの機根にあった方法に依りなさい。［無量楽］

たちまちに災いに遭って急に死に臨んだ時［願往生］

たとえ出家者や在家者が多く集まっても、その人を救うことができないように、他人にはどうする事も出来ない。［無量楽］

また、口先で一切のものには実体がないとの仏教教理を説いたとしても、自分に納得できなければ、怨だけを残す事になる。そのように教理だけでも救われない。［願往生］

理論の上での是非や正邪などを論ずるのでは、我見が山のように聳えてしまう。［無量楽］

このような理論のみを主張する人に近づいてはならない。［願往生］

近づけば計り知れないほどの永い苦悩の中を輪廻することになるであろう。［無量楽］

【参考・問題点】

○「悠悠として他語を信ずることを得ざれ……」

『自筆鈔』は、行者が経典の教えに依らず、人の言葉に依って真実と方便を心得ない様子を次のように示している。

不得悠悠信他語、髄縁治病各依方、といは、今の観門の説に依りて行ずる者は精進勇猛にして往生にいさみあれば、悠悠の過を制すべきにあらざれども、諸教各衆生の病を治する方ある故に、彼は此の説にまどひ、此は彼の説を是する心起りて、真実と方便とを分別せざる故に、悠悠として進まぬ心あるに似る事を誡めて、今の経に依りて真実を得つれば、人の言に髄ふ事なき事を顕はすなり。（西叢四・一一〇・上）

ここでは「悠悠」を、「ゆったりとして」と訳している。

第二項　採訪要求段（つねに道を採訪して、必ず得ることを求めよ）

【本文】

側耳傾心常採訪［願往生］
今身修道得無生［無量楽］
若聞此法希奇益［願往生］
不顧身命要求得［無量楽］

【訓読】

耳を側《そばだ》て心を傾けつねに＊採訪して［願往生］
今身に＊道を修して無生を得よ［無量楽］
もしこの法の＊希奇の益を聞かば［願往生］
身命を顧みずしてかならず得ることを求めよ［無量楽］

若能専行不惜命　[願往生]　――もしよくもつぱら行じて命を惜しまざれば　[願往生]
命断須臾生安楽　[無量楽]　命断えて須臾に安楽に生ず　[無量楽]

【語句説明】
○採訪……仏法を訪ね求めること。
○道……ここでは往生の行業である念仏を指す。
○希奇の益……すぐれた利益。

【解釈】
耳をそばだて、心を傾けて、たえず仏法を訪ね求めなさい。[願往生]
今の身に念仏の道を修め、悟りを得なさい。[無量楽]
もしこの念仏の法の、すぐれた利益を聞いたならば、[願往生]
自分の身命を顧みず、必ず往生を得る道を求めなさい。[無量楽]
もしよく専ら念仏道を行じて命を惜しまないならば、[願往生]
命が終わって、すぐに安楽国に往生出来るであろう。[無量楽]

第三十一節　聞諦証如章（四諦を説くを聞きて真如を証す）

【本文】

般舟三昧楽［願往生］
念仏即是涅槃門［無量楽］
中品上生凡夫等［願往生］
偏学声聞・縁覚行［無量楽］
戒・定・慈悲常勇猛［願往生］
一心廻願生安楽［無量楽］
終時化仏・声聞到［願往生］
七宝蓮華行者前［無量楽］
仏放光明照身頂［願往生］
行者自見上華台［無量楽］
低頭礼仏在此国［願往生］

【訓読】

般舟三昧楽［願往生］
念仏はすなはちこれ涅槃の門なり［無量楽］
＊中品上生の凡夫等［願往生］
ひとへに声聞・縁覚の行を学す［無量楽］
戒・定・慈悲つねに＊勇猛にして［願往生］
一心に＊廻して安楽に生ぜむと願ずれば［無量楽］
＊終時に化仏・声聞到り［願往生］
七宝の蓮華行者の前にあり［無量楽］
仏　光明を放ちて身頂を照らしたまふ［願往生］
行者みづから見れば＊華台に上る［無量楽］
頭を低れて仏を礼するときは＊この国にあり［願往生］

挙頭已入弥陀界〔無量楽〕
到彼華開尋見仏〔願往生〕
聞説四諦証真如〔無量楽〕

頭を挙げをはれば＊弥陀界に入る〔無量楽〕
かしこに到りて華開けてすなはち仏を見たてまつる〔願往生〕
四諦を説くを聞きて真如を証す〔無量楽〕

【語句説明】

○中品上生……これ以降は、『観経』三輩段「中品上生」に相当する。↓【参考・問題点】
○勇猛……心をはげましてつとめること。
○廻して……回向して。往生の因として振り向けて。
○終時……臨終時。命がおわる時。
○華台……蓮華の台座。
○この国……娑婆世界を指す。
○弥陀界……阿弥陀仏の極楽世界。

【解釈】

般舟三昧楽〔願往生〕
念仏は悟りへの入り口である。〔無量楽〕

中品上生の凡夫などは、〔願往生〕
専ら声聞・縁覚の行を修める。〔無量楽〕
戒律・禅定・慈悲などの修行を、果敢に勤め、〔願往生〕
その善根を一心に回向して安楽国に生まれたいと願えば、〔無量楽〕
命終わる時に、化仏や声聞たちが行者のもとに来て、〔願往生〕
七宝の蓮華なども行者の前に現れて下さる。〔無量楽〕
阿弥陀仏は光明を放って頭の頂を照らして下さる。〔願往生〕
気が付いて行者自身を見れば、蓮華の台座にあがっている。〔無量楽〕
頭をたれて阿弥陀仏を礼拝する時は娑婆世界にいるが、〔願往生〕
頭を挙げ終われば、既に極楽世界に入っている。〔無量楽〕
極楽に到れば蓮華が開き、阿弥陀仏を見させていただく。〔願往生〕
四諦の教えを聞いて、真如を証得することが出来る。〔無量楽〕

【参考・問題点】

○『観経』の三輩段の中「中品上生」の経文。

中品上生者、若有衆生、受持五戒、持八戒斎、修行諸戒、不造五逆、無衆過患。以此善根廻向願求生於西方極楽世界。臨命終時、阿弥陀仏、与諸比丘眷属囲繞、放金色光、至其人所。演説苦・空・無常・無我、讃歎出家得離衆苦。行者、見已心大歓喜。自見己身坐蓮華台。長跪合掌為仏作礼。未挙頭頃、即得往生極楽世界、蓮華尋開。当華敷時、聞衆音声讃歎四諦。応時即得阿羅漢道。三明六通具八解脱。是名中品上生者。

（原典版・一三八―一三九）

（『観　経』）

中品上生といふは、

もし衆生ありて、五戒を受持し、八戒斎を持ち、諸戒を修行して、五逆を造らず、もろもろの過患なからん。

この善根をもつて回向して西方極楽世界に生ぜんと願求す。

命終る時に臨みて、阿弥陀仏は、もろもろの比丘と

（『今　讃』）

中品上生の凡夫等［願往生］

ひとへに声聞・縁覚の行を学す［無量楽］

戒・定・慈悲つねに勇猛にして［願往生］

一心に回して安楽に生ぜむと願ずれば［無量楽］

終時に化仏・声聞到り［願往生］

七宝の蓮華行者の前にあり［無量楽］
仏光明を放ちて身頂を照らしたまふ［願往生］
行者みづから見れば華台に上る［無量楽］
頭を低れて仏を礼するときはこの国にあり［願往生］
頭を挙げをはれば弥陀界に入る［無量楽］
かしこに到りて華開けてすなはち仏を見たてまつる［願往生］
四諦を説くを聞きて真如を証す［無量楽］

ともに眷属に囲繞せられて、
金色の光を放ちて、その人の所に到る。
苦・空・無常・無我を演説し、出家の衆苦を離るることを得ることを讃歎したまふ。
行者、見をはりて心大きに歓喜す。
みづから己身を見れば蓮華の台に坐せり。
長跪合掌して仏のために礼をなす。
いまだ頭を挙げざるあひだに、すなはち極楽世界に往生することを得て、
蓮華すなはち開く。華の敷くる時に当りて、
もろもろの音声を聞くに
四諦を讃歎す。時に応じてすなはち阿羅漢道を得。

三明六通ありて八解脱を具す。
これを中品上生のものと名づく。

（註釈版・一一一―一一二）

第三十二節　願恩直到章（弥陀願力の恩にて、直ちに安養国に到る）

第一項　回戒僧現段（戒福を回向すれば、臨終に師僧現る）

【本文】

般舟三昧楽［願往生］
実是弥陀願力恩［無量楽］
中品中生凡夫等［願往生］
一日一夜持衆戒［無量楽］
廻此戒福善根力［願往生］
直到弥陀安養国［無量楽］

【訓読】

般舟三昧楽［願往生］
実にこれ弥陀願力の恩なり［無量楽］
＊中品中生の凡夫等［願往生］
一日一夜＊衆戒を持つ［無量楽］
この戒福の善根力を＊廻して［願往生］
ただちに弥陀の安養国に到る［無量楽］

臨終化仏・師僧現〔願往生〕
七宝華来行者前〔無量楽〕

臨終に化仏・＊師僧現れ〔願往生〕
＊七宝の華　来りて行者の前にあり〔無量楽〕

【語句説明】

○中品中生……これ以降は、『観経』三輩「中品中生」に相当する。↓【参考・問題点】
○衆戒……『観経』「中品中生」では「八戒斎」とする。八戒斎とは在家者が出家者同様の生活を一日一夜たもつ戒のこと。
○廻して……回向して。往生の因としてふりむけて。
○師僧……善知識のこと。『自筆鈔』巻第七には「師僧現、といは、善智識を指して、師僧、と云ふなり」（西叢四・一一六上）という。
○七宝の華来りて……『観経』「中品中生」には、「阿弥陀仏」とその「眷属」が七宝の蓮華を持って行者の前にやって来るとある。

【解釈】

般舟三昧楽〔願往生〕
実にこれは阿弥陀仏の願力のお陰である。〔無量楽〕
中品中生の凡夫たちは、〔願往生〕

一日一夜、八戒斎をたもてば、［無量楽］
この持戒の功徳による善根力を往生に回向して、［願往生］
ただちに阿弥陀仏の安養国に到る事が出来る。［無量楽］
命の終わる時に化仏や善知識が現れ、［願往生］
七宝の蓮華を手に持って行者の前に来て下さる。［無量楽］

【参考・問題点】

○『観経』の三輩段の中「中品中生」の経文

中品中生者、若有衆生、若一日一夜受持八戒斎、若一日一夜持沙弥戒、若一日一夜持具足戒、威儀無欠。以此功徳廻向願求生極楽国。戒香熏修、如此行者、命欲終時、見阿弥陀仏、与諸眷属放金色光、持七宝蓮華、至行者前。行者自聞、空中有声讃言、〈善男子、如汝善人。随順三世諸仏教故。我来迎汝。〉行者自見、坐蓮華上。蓮華即合、生於西方極楽世界在宝池中。経於七日蓮華乃敷。華既敷已開、目合掌讃歎世尊、聞法歓喜、得須陀洹、経半劫已成阿羅漢。是名中品中生者。

（原典版・一三九―一四〇）

この経文と般舟讃と対配すれば次の如くである。

（『今　讃』）

中品中生の凡夫等［願往生］
一日一夜衆戒を持つ［無量楽］

この戒福の善根力を回して［願往生］
ただちに弥陀の安養国に到る［無量楽］

臨終に化仏・師僧現れ［願往生］
七宝の華来りて行者の前にあり［無量楽］

（『観　経』）

中品中生といふは、もし衆生ありて、もしは一日一夜に八戒斎を受持し、もしは一日一夜に沙弥戒を持ち、もしは一日一夜に具足戒を持ちて、威儀欠くることなし。この功徳をもつて回向して極楽国に生ぜんと願求す。戒香の熏修せる、かくのごときの行者は、命終らんとする時、阿弥陀仏の、もろもろの眷属とともに金色の光を放ち、七宝の蓮華を持たしめて、行者の前に至りたまふを見る。行者みづから聞けば、空中に声ありて讃めてのたまはく、〈善男子、なんぢがごときは善人なり。三世の諸仏の教に随順するがゆゑに、われ来りてなんぢを迎ふ〉と。

（以下は次項見仏得真段の文）
行者華を見て心踊躍し〔願往生〕
すなはち華台に上り仏に随ひて去く〔無量楽〕
一念のあひだに宝国に入りて〔願往生〕
ただちに八徳宝池のなかに入る〔無量楽〕
池内の蓮華無億数なり〔願往生〕
ことごとくこれ十方の同行人なり〔無量楽〕
七日七夜にして蓮華発《ひら》く〔願往生〕
華開けて仏を見たてまつり初真を得〔無量楽〕

行者みづから見れば、蓮華の上に坐せり。

蓮華すなはち合し、
西方極楽世界に生じて宝池のなかにあり。

七日を経て蓮華すなはち敷く。

華すでに敷けをはりて目を開き、合掌して世尊を讃歎したてまつり、法を聞きて歓喜し、須陀洹を得、半劫を経をはりて阿羅漢と成る。これを中品中生のものと名づく。

—　（註釈版・一一一二）

第二項　見仏得真段（仏を見て、初真を得）

【本文】

行者見華心踊躍［願往生］
即上華台随仏去［無量楽］
一念之間入宝国［願往生］
直入八徳宝池中［無量楽］
池内蓮華無億数［願往生］
悉是十方同行人［無量楽］
七日七夜蓮華発［願往生］
華開見仏得初真［無量楽］

【訓読】

行者　華を見て心＊踊躍し［願往生］
すなはち華台に上り　仏に随ひて去く［無量楽］
一念のあひだに＊宝国に入りて［願往生］
ただちに＊八徳宝池のなかに入る［無量楽］
池内の蓮華　無億数なり［願往生］
ことごとくこれ＊十方の同行人なり［無量楽］
七日七夜にして蓮華発《ひら》く［願往生］
華開けて仏を見たてまつり＊初真を得［無量楽］

【語句説明】

○踊躍……おどりあがって喜ぶこと。

○宝国……極楽浄土を指していう。
○八徳宝池……八功徳水の浴池。
○十方の同行人……十方の世界から極楽に往生した人々。
○初真……声聞の四果（声聞乗の修道の四階位）のうちの初果位。須陀洹果のこと。

【解釈】

行者は七宝の蓮華台を見て、心がおどりあがる喜びを感じる。〔願往生〕
たちまち蓮華の台座に上り、仏とともに娑婆世界を去って浄土へと赴く。〔無量楽〕
一念の間に阿弥陀仏の宝国に入って、〔願往生〕
ただちに八功徳水の池のなかに到る。〔無量楽〕
池の中には蓮華が無億数もある。〔願往生〕
それらのすべての蓮華は、十方世界から極楽へ往生した人々の蓮台となっている。〔無量楽〕
浄土で、七日七夜が経過すると、蓮の花が開く。〔願往生〕
蓮華が開けば、阿弥陀仏を拝見させていただく事が出来、しかも須陀洹果が得られる。〔無量楽〕

第三十三節　回向大乗章（回して大乗に向かう）

第一項　実行回心段（説くを聞きて実行し、心を回して向う）

【本文】

般舟三昧楽［願往生］
勤修実行不欺人［無量楽］
中品下生凡夫等［願往生］
孝養父母行人信［無量楽］
臨終遇値善知識［願往生］
為説極楽弥陀願［無量楽］
聞説合掌廻心向［願往生］
乗念即到宝池中［無量楽］
百宝蓮華台上座［願往生］

【訓読】

般舟三昧楽［願往生］
勤修実行にして人を欺かざれ［無量楽］
＊中品下生の凡夫等［願往生］
父母に孝養し人に＊信を行ず［無量楽］
臨終に善知識に遇値《あ》ふに［願往生］
ために極楽弥陀の願を説く［無量楽］
説くを聞きて合掌して＊心を廻して向へば［願往生］
念に乗じてすなはち宝池のなかに到る［無量楽］
百宝の蓮華台上の座にして［願往生］

七七日後宝華開〔無量楽〕
華開見仏塵沙衆〔願往生〕
一劫已後証無生〔無量楽〕

＊七七日の後に宝華開く〔無量楽〕
華開けて仏と＊塵沙の衆とを見たてまつり〔願往生〕
一劫已後に無生を証す〔無量楽〕

【語句説明】

○中品下生……これ以降は、『観経』三輩「中品下生」に相当する。↓【参考・問題点】
○信……『観経』中品下生段では「世の仁慈」のことを説く。仁とは五常（仁・義・礼・智・信）の一つで、仁慈は思いやりがあって情に深いことなどを意味する。なお、『観経』には「仁（慈）」、『般舟讃』には「信」と表記されることから、『講話』（下・八八）では五常の始めの「仁」と終わりの「信」を挙げて五常全てのことであるとして「世福」と定義する。ここでの解釈は「世福（世間の道徳）」とした。
○心を廻して……心をひるがえして。
○七七日……四十九日。
○塵沙の衆……数限りない浄土の聖者たち。

【解釈】

般舟三昧楽〔願往生〕

誠実に修行を実行して、他人を欺いてはならない。[無量楽]
中品下生の凡夫たちは、[願往生]
父母に対しては孝養を尽くし、他人に対しては世間の道徳を実践する。[無量楽]
命の終わる時に、善知識に出遇えて、[願往生]
極楽世界の素晴らしい状況や、阿弥陀仏の誓願について説き聞かせて戴く。[無量楽]
それを聞いて合掌し、心を回らせて浄土に向かうならば、[願往生]
一念のうちに極楽世界の宝池のなかに到る事が出来る。[無量楽]
花がまだ閉じたままになっている百宝の蓮華台の上に座って、[願往生]
四十九日が経過すれば、その宝の華が開く。[無量楽]
蓮華が開けば、阿弥陀仏や無数の聖者たちを見させていただき、[願往生]
一小劫が過ぎた後に、無生法忍を証得する。[無量楽]

【参考・問題点】

○『観経』の三輩段の中「中品中生」の経文。

中品下生者、若有善男子・善女人、孝養父母、行世仁慈。此人命欲終時、遇善知識、為其広説阿弥陀仏国土楽事、亦説法蔵比丘四十八願。聞此事已、尋即命終。譬如壮士屈伸臂頃、即生西方極楽世界。生経七日、遇観世音及大勢至聞法歓喜、経一小劫成阿羅漢。是名中品下生者。是名中輩生想、名第十五観。　（原典版・一四〇）

この経文を般舟讃と対配すれば次のようになる。

（『今　讃』）

中品下生の凡夫等〔願往生〕
父母に孝養し、人に信を行ず〔無量楽〕
臨終に善知識に遇《あ》値ふに〔願往生〕
ために極楽弥陀の願を説く〔無量楽〕
説くを聞きて合掌して心を回して向へば
〔願往生〕

（『観　経』）

中品下生といふは、
もし善男子・善女人ありて、
父母に孝養し、世の仁慈を行ぜん。
この人命終らんとする時、
善知識の、それがために広く阿弥陀仏の国土の楽事を説き、また法蔵比丘の四十八願を説くに遇はん。
この事を聞きをはりて、
すなはち命終る。たとへば壮士の臂を屈伸するあひ

念に乗じてすなはち宝池のなかに到る［無量楽］
百宝の蓮華台上の座にして［願往生］
七七日の後に宝華開く［無量楽］
華開けて仏と塵沙の衆とを見たてまつり［願往生］
一劫已後に無生を証す［無量楽］

だのごとくに、すなはち西方極楽世界に生ず。
生じて七日を経て、観世音および大勢至に遇ひて法を聞きて歓喜し、
一小劫を経て阿羅漢と成る。
これを中品下生のものと名づく。これを中輩生想と名づけ、第十五の観と名づく。（註釈版・一一三）

第二項　向大無退段（大乗に向って退転なし）

【本文】
無生即是阿羅漢［願往生］
羅漢廻心向大乗［無量楽］

【訓読】
＊無生はすなはちこれ阿羅漢なり［願往生］
羅漢＊心を廻して大乗に向ふ［無量楽］

一発已去小心滅　［願往生］
直至菩提無有退　［無量楽］
是故天親作論説　［願往生］
二乗心種永無生　［無量楽］
故言大乗善根界　［願往生］
畢竟永絶譏嫌過　［無量楽］

＊一発已去　小心滅して　［願往生］
ただちに菩提に至るまで退くことあることなし　［無量楽］
このゆゑに天親　論を作りて説かく　［願往生］
二乗の心種永く生ずることなし　［無量楽］
ゆゑにいふ　大乗善根界　［願往生］
＊畢竟じて永く＊譏嫌の過を絶つと　［無量楽］

【語句説明】

○無生……『観経』中品下生段では「阿羅漢」の悟りを指す。『観経疏』「散善義」中品上生段に明到彼聞説四諦、即獲羅漢之果。言「羅漢」者、此云無生、亦云無著。因亡故無生。果喪故無著。（原典版・七祖篇・五四八）

かしこに到りて四諦を説くを聞きて、すなはち羅漢の果を獲ることを明かす。「羅漢」といふは、ここには無生といひ、また無着といふ。因亡ずるがゆゑに無生なり。果喪するがゆゑに無着なり。（註釈版・七祖篇・四六五）

○心を廻して……小乗の心をひるがえし捨てて。

○一発已去　小心滅して……ひとたび大乗の心をおこして後は小乗の心が滅尽して。小心は小乗の心の意。

○畢竟じて……ついに。
○譏嫌の過……不快なそしりの過失。

【解釈】

無生とは阿羅漢のことである。［願往生］
極楽世界の阿羅漢は、小乗の心をひるがえして、大乗に向かう衆生で、［無量楽］
ひとたび大乗の心を発したならば、その後には小乗の心は無くなって、［願往生］
菩提に到達するまで退転することがない。［無量楽］
このことから天親菩薩は『浄土論』を述作して、［願往生］
「二乗の心が生じる種は、永遠に生えてこない」と。［無量楽］
だから言いたい。「浄土という大乗の善根界では、［願往生］
不快なそしりの過、すなわち小乗を永く断ち切る」と。［無量楽］

【参考・問題点】

○「天親　論を作りて説かく」

天親菩薩の『浄土論』には次のようにある。

大乗善根界、等無譏嫌名。女人及根欠、二乗種不生。

大乗善根の界は、等しくして譏嫌の名なし。女人および根欠、二乗の種生ぜず。

（原典版・三四―三五）

（註釈版・三〇―三一）

ここで天親菩薩は阿弥陀仏の浄土には女人および二乗の種（類）が存在しないといっているが、『今讃』では

華開けて仏と塵沙の衆とを見たてまつり［願往生］

一劫已後に無生を証す［無量楽］

無生はすなはちこれ阿羅漢なり［願往生］

として浄土での二乗（阿羅漢）の存在を認めている。これについて善導大師は『観経疏玄義分』「二乗種不生」で以下のように述べている。

凡言種者即是其心也。上来解二乗種不生義竟。女人及根欠義者彼無故、可知。又十方衆生、修小乗戒行願往生者、一無妨礙悉得往生。但到彼先証小果。証已即転向大。一転向大以去、更不退生二乗之心。故名二乗種不生。

（原典版・七祖篇・三七三―三七四）

おほよそ種といふはすなはちこれその心なり。上来二乗種不生の義を解しをはりぬ。女人およ

び根欠の義はかしこになきがゆゑに、知るべし。また十方の衆生、小乗の戒行を修して往生を願ずるもの、一も妨礙なくことごとく往生を得。ただかしこに到りて先づ小果を証す。証しをはりてすなはち転じて大に向かふ。一たび転じて大に向かひて以去、さらに退して二乗の心を生ぜず。ゆゑに二乗種不生と名づく。（註釈版・七祖篇・三九―四〇）

ここに明らかなように、善導大師は前掲の『浄土論』の文を「浄土に二乗の種類は生じない」と考えるのではなく、「浄土においては二乗の心が生じない」と解する。

第三項　平等心閑段（平等に摂して、こころ閑《しず》かなり）

【本文】

大小凡夫平等摂［願往生］
且避六道三塗難［無量楽］
願往弥陀仏国内［願往生］
証与不証亦心閑［無量楽］

【訓読】

＊大小の凡夫平等に摂して［願往生］
かつ六道三塗の難を避《さ》る［無量楽］
願じて弥陀仏国のうちに住せよ［願往生］
＊証と不証とまた心閑なり［無量楽］

【語句説明】

○大小の凡夫……大乗を学ぶ凡夫と小乗を学ぶ凡夫。
○証と不証……菩提を悟った者といまだ悟らない者。

【解釈】

阿弥陀仏は大乗を学ぶ凡夫も、小乗を学ぶ凡夫も共に平等に摂取して、［願往生］往生した者を地獄・餓鬼・畜生など、六道を輪廻する難から離れさせる。［無量楽］だから願うべきである。阿弥陀仏の国土のなかに住することを。［願往生］浄土では、菩提を悟った者も、まだ悟らない者も、ともに心穏やかに過ごすことが出来る。［無量楽］

第三十四節　頓超出界章（頓に生死を超えて娑婆界を出よ）

第一項　雑悪鈔名段（地獄にことごとく名を抄することを覚らず）

【本文】
般舟三昧楽［願往生］

【訓読】
般舟三昧楽［願往生］

頓超生死出娑婆〔無量楽〕
下品上生凡夫等〔願往生〕
具造十悪無余善〔無量楽〕
増長無明但快意〔願往生〕
見他修福生非毀〔無量楽〕
如此愚人難覚悟〔願往生〕
良由知識悪強縁〔無量楽〕
唯知目前貪酒・肉〔願往生〕
不覚地獄尽抄名〔無量楽〕
一入泥犂受長苦〔願往生〕
始憶人中善知識〔無量楽〕

たちまちに生死を超えて娑婆を出でよ〔無量楽〕
＊下品上生の凡夫等〔願往生〕
つぶさに十悪を造りて余の善なし〔無量楽〕
無明を増長して　ただ意を快くし〔願往生〕
他の修福を見て＊非毀を生ず〔無量楽〕
かくのごとき愚人＊覚悟しがたきは〔願往生〕
まことに＊知識の悪強縁による〔無量楽〕
ただ目の前に酒・肉を貪ることを知りて〔願往生〕
地獄にことごとく＊名を抄することを覚らず〔無量楽〕
一たび＊泥犂に入りて長苦を受くるとき〔願往生〕
はじめて人中の善知識を憶す〔無量楽〕

【語句説明】

○下品上生……これ以降は、『観経』三輩段「下品上生」に相当する。→【参考・問題点】
○非毀……非難し、そしること。

○覚悟……悟ること。
○知識の悪強縁……悪知識（迷いの道に導く者）の強い縁。
○名を抄す……「姓名を記録する」という意味から、姓名を地獄に記録する、即ち「地獄に堕すこと」をいう。
○泥犂……地獄のこと。

【解釈】

般舟三昧楽［願往生］
ただちに生死の世界を解脱し、娑婆世界から出離せよ。［無量楽］
下品上生の凡夫たちは、［願往生］
ことごとく十悪を作して、他の善行をなしていない。［無量楽］
無明を増長するのみで心が満足し、［願往生］
他の人が多くの善行をなすのを見て、非難し謗る。［無量楽］
このような愚かな者が、悟るのは難しい理由は、［願往生］
実に、悪に導く者との強い縁があるからである。［無量楽］
愚人達は、ただ目の前の酒や肉を貪り食らうことを知っているものの、［願往生］
これらがすべて、地獄に堕ちる行為であることが分かっていない。［無量楽］

一旦、地獄に落ちて永い間、苦しみを受けたとき、［願往生］
はじめて人界の中で出遇った善知識のことを想い起こすのである。［無量楽］

【参考・問題点】

○『観経』の三輩段の中「下品上生」の経文。

ただ、この下品上生の文は、『観経』と合致する箇所が少ない。

下品上生者、或有衆生、作衆悪業。雖不誹謗方等経典、如此愚人、多造衆悪無有慚愧。

（原典版・一四〇）

合致する箇所のみを対配すると、以下の二行のみである。

（『観　経』）

下品上生といふは、あるいは衆生ありて、
もろもろの悪業を作らん。
方等経典を誹謗せずといへ　ども、

（『今　讃』）

下品上生の凡夫等［願往生］
つぶさに十悪を造りて余の善なし［無量楽］
無明を増長してただ意を快くし［願往生］

他の修福を見て非毀を生ず［無量楽］
かくのごとき愚人覚悟しがたきは［願往生］
まことに知識の悪強縁による［無量楽］
ただ目の前に酒・肉を貪ることを知りて［願往生］
地獄にことごとく名を抄することを覚らず［無量楽］
一たび泥犂に入りて長苦を受くるとき［往生］
はじめて人中の善知識を憶す［無量楽］
かくのごときの愚人、多く悪を造りて慚愧あることなけん。（註釈版・一一三）

第二項　獄現念仏段（地獄現ずる時、仏を念ぜしむ）

【本文】

罪人臨終得重病［願往生］
神識昏狂心倒乱［無量楽］
地獄芥芥眼前現［願往生］

【訓読】

罪人臨終に重病を得て［願往生］
＊神識＊昏狂し心倒乱せり［無量楽］
地獄＊芥芥《かいかい》として眼前に現ずるとき［願往生］

白汗流出手把空　[無量楽]
如是困苦誰能救　[願往生]
会是知識弥陀恩　[無量楽]
手執香炉教懺悔　[願往生]
教令合掌念弥陀　[無量楽]

白き汗流れ出でて手 空を把《にぎ》る [無量楽]
かくのごとき困苦たれかよく救はむ [願往生]
かならずこれ＊知識弥陀の恩なり [無量楽]
手に＊香炉を執りて教へて懺悔せしめ [願往生]
教へて合掌して弥陀を念ぜしむ [無量楽]

【語句説明】

○神識……意識。心のはたらき。
○昏狂……「昏」は意識が暗いこと、「狂」は精神状態が正常でないこと。
○芥芥……ここでの「芥」は「介」(きわだち目立つさま、明らかなさま) の意。
○知識……善知識のこと。
○香炉……香をたく器。香炉を持つ人については、『私記』に「問。誰人か香炉を執る。答。或は是れ善知識なり。行者は合掌するか故なり。或は是れ行者なり。浄土論に載る阿曇遠并に謗仏の人の往生の因縁の如し。」(浄全四・五六二上) とあり、①善知識、②行者、の二説が挙げられている。ここでは、①で解した。

【解釈】

罪人の命が終わろうとする時、重病のあまり、〔願往生〕
意識が混濁して、心が顚倒し、千々に乱れる。〔無量楽〕
そのような中、自らの目の前に地獄の様相が明瞭に現れてくる。その時、〔願往生〕
苦しみのあまり、白い汗が流れ出て、手は空を握る。〔無量楽〕
この切迫した苦しみを、誰がよく救えるであろうか。〔願往生〕
このような悪人を救えるのは、阿弥陀仏の他にはおられない。これこそ善知識はじめ阿弥陀如来のご恩徳である。〔無量楽〕
善知識は手に香炉を持って、その悪人を教えて懺悔させ、〔願往生〕
教えて合掌し、阿弥陀仏を念じさせる。〔無量楽〕

【参考・問題点】

○前項「雑悪鈔名段」より「下品上生」の続きの文

ここも経文と合致する箇所が少ない。

命欲終時、遇善知識、為讃大乗十二部経首題名字。以聞如是諸経名故、除却千劫極重悪業。

（原典版・一四〇―一四一）

（『今　讃』）

罪人臨終に重病を得て［願往生］

神識昏狂し心倒乱せり［無量楽］

地獄芥芥《かいかい》として眼前に現ずるとき［願往生］

白き汗流れ出でて手空を把《にぎ》る［無量楽］

かくのごとき困苦たれかよく救はむ［願往生］

かならずこれ知識弥陀の恩なり［無量楽］

手に香炉を執りて教へて懺悔せしめ［願往生］

教へて合掌して弥陀を念ぜしむ［無量楽］

（『観　経』）

命終らんとする時、善知識の、ために大乗十二部経の首題名字を讃ずるに遇はん。かくのごときの諸経の名を聞くをもつてのゆゑに、千劫の極重の悪業を除却す。

智者また教へて、合掌叉手して南無阿弥陀仏と称せしむ。

（註釈版・一一三）

○**「かならずこれ知識弥陀の恩なり」**

この偈頌に関してはとりあえず二種類の解釈が可能である。一つは「知識」と「弥陀」を同一視して次のように解釈することである。

〔このような悪人を救うことができるのは〕必ず〔最上の〕善知識〔である〕阿弥陀仏の〔御〕恩によるのである。

もう一つの解釈は「知識」を単に「善知識」と捉え、「弥陀」と別人と見るものである。その場合は

これは必ず善知識〔が教え導く〕阿弥陀仏の〔御〕恩〔による〕のである。

と解せる。この考え方は、『自筆鈔』巻第七に

如此困苦誰能救、曾是知識弥陀恩、といいは、命欲終時、遇善知識、の文を述ぶるなり。上の如き重き苦は遁るべき所なしと雖も、今の観門の知識に依りて弥陀の弘願に乗じぬれば、此の苦直ちに遁るゝ事を得たり。故に、知識弥陀恩、と云ふなり。（西叢四・一二一下）

これ以外の解釈として、『私記』に「知識と阿弥陀との恩なり」（浄全四・一五上）、『講話』に「知識弥陀とは相違釈なり。知識は転教して弥陀の名号を称せしむるを云」（下・九三）などとある。ここに各派の義でもって解釈する要素が見られる。ただ『観経』の経文には「智者また教へて、合掌叉手して南無阿弥陀仏と称せしむ」とあるところから、善知識とは智者を指していると考えら

れる。阿弥陀如来とは別人であろう。ここではこの意味にて解した。

○「手に香炉を執りて教へて懺悔せしめ」

この「懺悔」について島地師の『講話』は

手執等の一句は、聞経の善を讃す、教令等は、臨終称名を讃す、選択化讃章に依れば、平生聞経の自力を捨て、他力念仏を教ゆる相、今の文、明信仏智信を得て、弥陀の恩徳を知るときは、合掌称仏、往過を懺悔する時、除苦滅罪する者は、即得往生の得益なり。（下・九三）

と示している。島地師は、「教えて懺悔せしむ」を「臨終称名を讃す」と解し、臨終時に他力念仏を教える相だという。「過去の罪を懺悔する時、苦が除かれ滅罪される」それはそのまま「即得往生の得益」であると説いている。

第三項　除苦心悟段（苦を除いて心得悟す）

【本文】	【訓読】
一声称仏除衆苦［願往生］	一声の称仏　衆苦を除き［願往生］
五百万劫罪消除［無量楽］	五百万劫の罪消除す［無量楽］
化仏・菩薩尋声到［願往生］	化仏・菩薩声を尋ねて到り［願往生］

我故持華迎汝来［無量楽］
行者見仏光明喜［願往生］
即坐七宝蓮華上［無量楽］
従仏須臾還宝国［願往生］
到即直入宝池中［無量楽］
七七華開得見仏［願往生］
観音・大勢慈光照［無量楽］
眼目晴明心得悟［願往生］
合掌始発菩提心［無量楽］

我 故に華を持して汝を迎へ来ると［無量楽］
行者 仏の光明を見て喜ぶ［願往生］
即ち七宝蓮華の上に坐し［無量楽］
仏に従ひて須臾に＊宝国に還り［願往生］
到りて即ち直に宝池の中に入る［無量楽］
＊七七に華開けて仏を見たてまつることを得［願往生］
観音・大勢慈光をもて照す［無量楽］
眼目晴 明《げんもくじょうみょう》にして＊心得悟し［願往生］
合掌して始て菩提心を発す［無量楽］

【語句説明】

○宝国……極楽浄土。
○七七……七七日のこと。四十九日。
○心得悟し……字面からすれば「心に悟りを得」と訳すのであろうが、続いて「合掌して始て菩提心を発す」とあるので、そのようには訳せない。『観経』に配当すれば「ために甚深の十二部経を説きたまふ。聞きをはりて

信解して」の「信解」に相当する。従って「心から納得し」と解した。↓【参考・問題点】

【解釈】

一声の南無阿弥陀仏の称仏は、多くの苦を除き、［願往生］
五百万劫もの永い間、生死流転する罪を消し去ってくれる。［無量楽］
化身の仏と菩薩は、南無阿弥陀仏の声を尋ねて、往生人のもとに到り、［願往生］
「あなたは仏名を称えたことで多くの罪がなくなった。だから私は華台を持ってあなたを迎えに来た」と告げて下さる。［無量楽］
行者は化仏の光明がその部屋に満ちるのを見て喜ぶ。［願往生］
命が終われば、七宝の蓮華台の上に座り、［無量楽］
化仏に従ってたちまちに極楽浄土へと往く。［願往生］
浄土に着けば、直ちに宝の池の中に入る。［無量楽］
四十九日が経過して蓮の華が開けば、阿弥陀仏を拝見させていただくことができる。［願往生］
観世音菩薩と大勢至菩薩は慈悲の光を放って往生人を照らして下さる。［無量楽］
往生人の眼は晴れたように明るく、心から納得し、［願往生］

合掌して、はじめてこの上ない悟りを求める心をおこすのである。［無量楽］

【参考・問題点】

ここは前項「雑悪鈔名段」・「獄現念仏段」の「下品上生」の続きの文と対配することが出来る。称仏名故、除五十億劫生死之罪。爾時彼仏、即遣化仏・化観世音・化大勢至至行者前、讃言。〈善男子、汝称仏名故諸罪消滅。我来迎汝。〉作是語已、行者即見化仏光明、偏満其室。見已歓喜即便命終。乗宝蓮華、随化仏後生宝池中。経七七日蓮華乃敷。当華敷時、大悲観世音菩薩及大勢至、放大光明住其人前、為説甚深十二部経。聞已信解、発無上道心。経十小劫具百法明門、得入初地。是名下品上生者。

（原典版・一四一―一四二）

（『観　経』）

仏名を称するがゆゑに、
五十億劫の生死の罪を除く。
その時かの仏、すなはち化仏・化観世音・化大勢至を遣はして行者の前に至らしめ、

（『今　讃』）

一声の称仏衆苦を除き［願往生］
五百万劫の罪消除す［無量楽］
化仏・菩薩声を尋ねて到り［願往生］
我故に華を持して汝を迎へ来ると［無量楽］

行者仏の光明を見て喜ぶ［願往生］

即ち七宝蓮華の上に坐し［無量楽］

仏に従ひて須臾に宝国に還り［願往生］

到りて即ち直に宝池の中に入る［無量楽］

七七に華開けて仏を見たてまつることを得［願往生］

観音・大勢慈光をもて照す［無量楽］

眼目晴明にして心得悟し［願往生］

合掌して始て菩提心を発す［無量楽］

〔化仏等の〕讃めてのたまはく、〈善男子、なんぢ仏名を称するがゆゑにもろもろの罪消滅す。われ来りてなんぢを迎ふ〉と。この語をなしをはりて、行者すなはち化仏の光明の、その室に遍満せるを見たてまつる。見をはりて歓喜してすなはち命終る。宝蓮華に乗じ、化仏の後に随ひて宝池のなかに生ず。

七七日を経て蓮華すなはち敷く。

華の敷くる時に当りて、大悲観世音菩薩および大勢至、大光明を放ちてその人の前に住して、ために甚深の十二部経を説きたまふ。

聞きをはりて信解して、無上道心を発す。

十小劫を経て百法明門を具し、初地に入ることを得。これを下品上生のものと名づく。
（註釈版・一一三─一一四）

第三十五節　得脱師恩章（三塗を脱するは師の恩）

第一項　知識教称章（知識、教へて仏を称せしむ）

【本文】
般舟三昧楽［願往生］
得脱三塗知識恩［無量楽］
若非知識教称仏［願往生］
如何得入弥陀国［無量楽］

【訓読】
般舟三昧楽［願往生］
＊三塗を脱るることを得るは＊知識の恩なり［無量楽］
若し知識の教へて仏を称せしむるに非ずは［願往生］
如何が弥陀国に入ることを得む［無量楽］

【語句説明】

○三途を脱るる……三途とは地獄・餓鬼・畜生の三悪道を指すが、前後の文脈からして六道を代表させて三途と表現しているように思われる。『自筆鈔』巻第七も「得脱三塗知識恩、といは、般舟三昧の修因に酬へて、六道生死の苦を遁るべし。今別して、三塗、と云ふは、十悪の衆生三塗を果とするに対して、彼の三塗の報を遁ると云ふ事を顕はして、下品上生の相を釈するなり。実には、六道を遁るると云ふべきなり。」（西叢四・一二二下）と言っている。

○知識……善知識のこと。ここでは釈尊を指す。

【解釈】

般舟三昧楽［願往生］

地獄・餓鬼・畜生に代表される六道を免れることができるのは、善知識の恩による。［無量楽］

もし善知識に、阿弥陀仏のみ名を称えるように教えて頂かなければ、［願往生］

どのようにして阿弥陀仏の国に入ることができようか。［無量楽］

【参考・問題点】

○「三途を脱るることを……」

『観経』の本文に相当する箇所は見当たらない。あえてそれを求めれば、前項「獄現念仏段」の

【参考・問題点】で挙げた「智者また教へて、合掌叉手して南無阿弥陀仏と称せしむ。」（註釈版・一一三）であろう。

第二項　造悪無慚段（悪を造り邪説法しても慚愧無し）

【本文】

下品中生凡夫等［願往生］
破戒・偸僧造衆罪［無量楽］
邪命説法無慚愧［願往生］
破戒因果打師僧［無量楽］

【訓読】

＊下品中生の凡夫等［願往生］
破戒・＊偸僧して衆罪を造り［無量楽］
＊邪命説法して慚愧無し［願往生］
戒と因果とを破し＊師僧を打つ［無量楽］

【語句説明】

○下品中生……これ以降は、『観経』三輩段「下品中生」に相当する。↓【参考・問題点】
○偸僧……僧祇物（出家教団に属する財物・物資）を盗むこと。
○邪命説法……自己の利益、利養のために教えを説くこと。底本の高田本には「命」の字が「念」となっている。
　なお、横には「命」と記されている。
○師僧を打つ……第三十二節・第一項「回戒僧現段」には「臨終に化仏・師僧現れ」（本書四四九頁）とあった。

これを善知識と訳したが、ここはそれとは少し異なり、現前の師匠の僧侶を言った語。『私記』には「打師僧とは、義推の釈なり」（浄全四・五六二上）とあり、「師僧を打つ」とは、善導大師の意味的類推を加えた解釈であるとする。

要するにこの文と『観経』の経文と直接相応する語がないが、「僧祇物を偸み、現前僧物を盗み、不浄説法して、慚愧あることなく」を承けた文であるところから、師僧の教えに反するとの意味で「師僧を打つ」と表現したであろうと思われる。

【解釈】

下品中生の凡夫たちは、［願往生］

戒律を持《たも》たず、僧侶の物を盗んだりして、衆くの罪を造り、［無量楽］

その上、自己の利益のために説法しても、一切慚愧しない僧たちなど、［願往生］

要するに、戒律を破したり、仏教の基本である因果の道理を否定したり、師匠の教えに従わないもの達である。［無量楽］

【参考・問題点】

○『観経』の三輩段の中「下品中生」の経文。

下品中生者、或有衆生、毀犯五戒・八戒及具足戒。如此愚人、偸僧祇物、盗現前僧物、不浄説法、無有慙愧、以諸悪業而自荘厳。（原典版・一四二）

これを今讃と対配すれば、以下の通りである。

（『今　讃』）

破戒・

下品中生の凡夫等［願往生］

偸僧して衆罪を造り［無量楽］

邪命説法して慚愧無し［願往生］

戒と因果とを破し師僧を打つ［無量楽］

（『観　経』）

下品中生といふは、あるいは衆生ありて、

五戒・八戒および具足戒を毀犯せん。

かくのごときの愚人、

僧祇物を偸み、現前僧物を盗み、

不浄説法して、慚愧あることなく、

もろもろの悪業をもつてみづから荘厳す。

（註釈版・一一四－一一五）

第三項　臨逼値善段（死に臨んで猛火来り逼《せ》む時、善知識に値う）

【本文】

如此愚人臨死日［願往生］
節節酸疼錐刀刺［無量楽］
地獄猛火皆来逼［願往生］
当時即値善知識［無量楽］
発大慈悲教念仏［願往生］
地獄猛火変風涼［無量楽］

【訓読】

此くの如き愚人 死に臨む日［願往生］
節節＊酸疼《さんどう》して＊錐刀をもて刺すがごとし［無量楽］
地獄の猛火皆来り逼《せ》む［願往生］
時に当りて即ち善知識の［無量楽］
大慈悲を発して教へて念仏せしむるに値ふ［願往生］
地獄の猛火 風と変じて涼し［無量楽］

【語句説明】

○酸疼……はげしく痛みうずくこと。
○錐刀……きり。

【解釈】

このような愚かな人が死に臨む日には、［願往生］
まるで錐で刺されているかのように身体の節々が激しく痛む。［無量楽］

そして地獄の猛火がその人の前に押し迫ってくる。［願往生］
まさにその時に当たって、善知識が、［無量楽］
大いなる慈悲をおこして、教えて念仏を勧めるに出遇ったならば、［願往生］
その猛火は涼しい風に変わる。［無量楽］

【参考・問題点】

これを『観経』と対配しておきたい。

如此罪人、以悪業故応堕地獄。命欲終時、地獄衆火、一時倶至。遇善知識、以大慈悲、為説阿弥陀仏十力威徳、広説彼仏光明神力、亦讃戒・定・慧・解脱・解脱知見。此人、聞已除八十億劫生死之罪。地獄猛火、化為清涼風。（原典版・一四二）

（『今　讃』）

此くの如き愚人

死に臨む日［願往生］

（『観　経』）

かくのごときの罪人、悪業をもってのゆゑに地獄に堕すべし。

命終らんとする時、

節節酸疼《さんどう》して錐刀をもて刺すがごとし［無量楽］
地獄の猛火皆来り逼む［願往生］
時に当りて即ち善知識の［無量楽］
大慈悲を発して教へて
念仏せしむるに値ふ［願往生］
地獄の猛火風と変じて涼し［無量楽］

地獄の衆火、一時にともに至る。

善知識の、大慈悲をもつて、ために阿弥陀仏の十力威徳を説き、広くかの仏の光明神力を説き、また戒・定・慧・解脱・解脱知見を讃ずるに遇はん。この人、聞きをはりて八十億劫の生死の罪を除く。

地獄の猛火、化して清涼の風となり、

（註釈版・一一四）

第四項　乗華入池段（華台に乗って宝池に入る）

【本文】

天華旋転随風落［願往生］

【訓読】

天華＊旋転して風に随ひて落つ［願往生］

化仏・菩薩乗華上［無量楽］
行者即坐天華上［願往生］
従仏須臾入宝池［無量楽］
障重華開逕六劫［願往生］
華開始発菩提心［無量楽］

化仏・菩薩ありて華上に乗らしむ［無量楽］
行者即ち天華の上に坐して［願往生］
仏に従ひて須臾に宝池に入る［無量楽］
障重くして華開くるに六劫を逕［願往生］
華開けて始て菩提心を発す［無量楽］

【語句説明】

○旋転……ひらひらとひるがえること。

【解釈】

しかも、天からはひらひらと風に乗って華が散ってくる。［願往生］
その華には、化仏や菩薩がおいでになって、その人を華の上へと乗せて下さる。［無量楽］
行者は天から降ってくる華の上に座って、［願往生］
化仏に従って瞬く間に極楽浄土の宝池に入る。［無量楽］
この人は罪障が重いので、蓮の華が開くのに六劫もの永い時間がかかる。［願往生］

やっと華が開いたならば、初めてこの上ない悟りを求める心を起こすのである。［無量楽］

【参考・問題点】

これを『観経』と対配しておきたい。

……吹諸天華。華上皆有化仏・菩薩、迎接此人。如一念頃、即得往生。七宝池中蓮華之内経於六劫蓮華乃敷。当華敷時、観世音・大勢至、以梵音声安慰彼人、為説大乗甚深経典。聞此法已、応時、即発無上道心。是名下品中生者。」（原典版・一四二―一四三）

（『今　讃』）

天華旋転して風に随ひて落つ［願往生］
化仏・菩薩ありて華上に乗らしむ［無量楽］
行者即ち天華の上に坐して［願往生］
仏に従ひて須臾に宝池に入る［無量楽］
障重くして華開くるに六劫を逕［願往生］

（『観　経』）

……もろもろの天華を吹く。
華の上にみな化仏・菩薩ましまして、この人を迎接したまふ。
一念のあひだのごとくに、すなはち往生を得。
七宝の池のなかの蓮華のうちにして
六劫を経て蓮華すなはち敷けん。

華開けて

始て菩提心を発す［無量楽］

華の敷くる時に当りて、観世音・大勢至、梵音声をもつてかの人を安慰し、ために大乗甚深の経典を説きたまふ。この法を聞きをはりて、時に応じてすなはち無上道心を発す。これを下品中生のものと名づく」と（註釈版・一一五）

第三十六節　闍提回心章（闍提の回心）

第一項　逆造経劫段（五逆を造る者、劫を経歴す）

【本文】

般舟三昧楽［願往生］

【訓読】

般舟三昧楽［願往生］

砕身慚謝釈迦恩［無量楽］
下品下生凡夫等［願往生］
十悪・五逆皆能造［無量楽］
如此愚人多造罪［願往生］
経歴地獄無窮劫［無量楽］

身を砕きて釈迦の恩を＊慚謝すべし［無量楽］
＊下品下生の凡夫等［願往生］
十悪・＊五逆皆　能く造る［無量楽］
此くの如き愚人　多く罪を造りて［願往生］
地獄を＊経歴して劫を窮むること無し［無量楽］

【語句説明】

○慚謝……慚愧報謝。慚愧して報恩感謝する。

○下品下生……これ以降は、『観経』三輩段の「下品下生」に相当する。↓【参考・問題点】

○五逆……五種の重罪のこと。五逆罪ともいい、また無間地獄へ堕ちる業因であるから五無間業、五無間罪ともいう。一般には小乗の五逆をあげて示す。①殺父。父を殺すこと。②殺母。母を殺すこと。③殺阿羅漢。阿羅漢（聖者）を殺すこと。④出仏身血。仏の身体を傷つけて出血させること。⑤破和合僧。教団の和合一致を破壊し、分裂させること。なお、大乗の五逆罪は①塔寺を破壊し、経蔵を焼き三宝の財宝を盗むこと。②声聞・縁覚・大乗の教えをそしること。③出家者の修行を妨げ、あるいは殺すこと。④小乗の五逆。⑤因果の道理を信ぜず、十の不善の行をすること、である。

○経歴……数多くの地獄を経巡ること。

【解釈】
般舟三昧楽〔願往生〕
たとえ身を砕いたとしても自身を慚愧して、往生の教えを説いて下さった釈尊のご恩に報謝すべきである。〔無量楽〕
下品下生の凡夫たちは、〔願往生〕
最も重大な十悪や五逆の罪を造った者達である。〔無量楽〕
このような愚かな者は、多くの罪を造るので、〔願往生〕
計り知れない程の時間をかけて、多くの地獄を経巡ったとしても、尽きる事がない。〔無量楽〕

【参考・問題点】
○『観経』の三輩段の中「下品中生」の経文
下品下生者、或有衆生、作不善業五逆・十悪、具諸不善。如此愚人、以悪業故応堕悪道。経歴多劫受苦無窮。（原典版・一一四三）
同様に両者を対配すれば次のようになる。

（『今　讃』）

下品下生の凡夫等［願往生］
十悪・五逆皆能く造る［無量楽］
此くの如き愚人多く罪を造りて［願往生］
地獄を経歴して劫を窮むること無し［無量楽］

（『観　経』）

下品下生といふは、あるいは衆生ありて、不善業たる五逆・十悪を作り、もろもろの不善を具せん。かくのごときの愚人、悪業をもつてのゆゑに悪道に堕し、多劫を経歴して苦を受くること窮まりなかるべし。

（註釈版・一一五―一一六）

第二項　忽遇教念段（忽に善知識に遇って教えて念仏せしむ）

【本文】

臨終忽遇善知識［願往生］
為説妙法令安穏［無量楽］
刀風解時貪忍痛［願往生］
教令念仏不能念［無量楽］

【訓読】

臨終に忽に善知識の［願往生］
為に妙法を説きて安穏ならしむるに遇ふ［無量楽］
＊刀風解くる時貪りて痛を忍び［願往生］
教へて念仏せしむるに念ずること能はず［無量楽］

善友告言専合掌［願往生］
正念専称無量寿［無量楽］
声声連注満十念［願往生］
念念消除五逆障［無量楽］

＊善友告げて言く　専ら合掌して［願往生］
正念にして専ら＊無量寿と称すべしと［無量楽］
＊声声連注して十念を満し［願往生］
念念に五逆の障を消除す［無量楽］

【語句説明】

○刀風……臨終の時、風大（身体を構成する四大の一つ）が乱れて、刀のように身体の諸支節を分断することをいう。『正法念処経』巻第六十六「身念処品之三」には、以下のように説かれる。

復次修行者内身循身観、有何等風、或調不調、作何等業。彼以聞慧、或以天眼、見有刀風住在身中。或乱、不乱、作何等業。彼以聞慧、或以天眼見、命終時刀風皆動、皮・肉・筋・骨・脂・髄・精・血一切解截、令其乾燥、気閉不流、身既乾燥、苦悩而死、如千炎刀而刺其身、十六分中猶不及一。若有善業、垂死之時、刀風微動、不多苦悩。観刀風已如実知身。（大正一七・三九二下）

復た次に修行者は内身を身に循ひて観るに、何等の風有り、或いは調ひ調はずして、何等の業を作すや。彼聞慧を以て、或いは天眼を以て、刀風有りて住して身中に在るを見る。或いは乱れ、乱れずして、何等の業を作すや。彼聞慧を以て、或いは天眼を以て見るに、命終の時に刀風皆動き、皮・肉・筋・骨・脂・髄・精・血の一切を解截《たちき》り、其れをして乾燥《かわ》かしめ、気は閉じて流れず、身は既に乾燥きて、苦悩して死すること、千の炎の刀の其の身を刺すが如きも、十六分中猶ほ一に及ばず。若しは善業有らんに、死に垂《なんなんと》するの時、刀風は微《かすか》に動きて、苦悩多からず。刀風を観じ已らんには実の如くに身を知らん。

○善友……善知識のこと。
○無量寿と称す……南無無量寿仏（南無阿弥陀仏）と称える。
○声声連注して……声をつづけて。

【解釈】

この人がその命を終えようとする時に、たちまちに善知識が、［願往生］その人のために安穏とならせる妙なる教えを説くことに出遇ったならば、次のようになるであろう。［無量楽］
臨終の時に刀が身体の節々を分断するかのような痛みに襲われる時、この世に未練を残してその痛みを耐え忍んでいるから、［願往生］
教えて阿弥陀仏を念じさせようとしても、念じることができない。［無量楽］
そこで善知識は、次のように教えて下さる。「ただ合掌をして、［願往生］
正念にただ無量寿仏のみ名を称えなさい」と。［無量楽］
そして、声をつづけて南無阿弥陀仏と十回口に称えたならば、［願往生］

その一声一声に、五逆のさわりを念仏の功徳が消し去っていく。［無量楽］

【参考・問題点】

これを『観経』と対配しておきたい。

如此愚人、臨命終時、遇善知識種種安慰、為説妙法、教令念仏。此人、苦逼不遑念仏。善友、告言、〈汝若不能念者、応称無量寿仏。〉如是至心、令声不絶、具足十念称南無阿弥陀仏。称仏名故、於念念中除八十億劫生死之罪。

（原典版・一四三）

（『観　経』）

かくのごときの愚人、

命終らんとする時に臨みて、善知識の、

種々に安慰して、ために妙法を説き、

教へて念仏せしむるに遇はん。

この人、苦に逼められて念仏するに遑

（『今　讃』）

臨終に忽に善知識の［願往生］

為に妙法を説きて安穏ならしむるに遇ふ［無量楽］

刀風解くる時貪りて痛を忍び［願往生］

教へて念仏せしむるに念ずること能はず［無量楽］

善友告げて言く専ら合掌して［願往生］
正念にして専ら無量寿と称すべしと［無量楽］
声声連注して十念を満し［願往生］
念念に五逆の障を消除す［無量楽］

となる。

第三項　罪除華現段（罪皆除かば、金華台現ず）

あらず。
善友、告げていはく、
〈なんぢもし念ずるあたはずは、まさに無量寿仏〔の名〕を称すべし〉と。かくのごとく心を至して、声をして絶えざらしめて、十念を具足して南無阿弥陀仏と称せしむ。仏名を称するがゆゑに、念々のなかにおいて八十億劫の生死の罪を除く。

（註釈版・一一五―一一六）

【本文】

謗法闡提行十悪［願往生］
廻心念仏罪皆除［無量楽］
病者身心覚醒悟［願往生］
眼前即有金華現［無量楽］
金華光明照行者［願往生］
身心歓喜上華台［無量楽］

【訓読】

謗法と＊闡提と十悪を行ずるものも［願往生］
廻心念仏すれば罪皆除こる［無量楽］
病者の身心覚して醒悟《しょうご》すれば［願往生］
眼前に即ち＊金華の現ずる有り［無量楽］
金華の光明行者を照す［願往生］
身心歓喜して＊華台に上る［無量楽］

【語句説明】

○闡提……仏になる事の出来ない衆生。
○金華……金色の蓮華。
○華台……蓮華の台座。

【解釈】

謗法者と一闡提と十悪を犯した者であっても、［願往生］

心を回《めぐ》らせて念仏すれば、その罪はすべて除かれる。［無量楽］
臨終者が病気でまさに死のうとする時、それらの迷いから身心ともに目覚めたなら、［願往生］
目の前に金色の蓮華台が現れる。［無量楽］
その金色の蓮華台からは、光明が放たれ、行者を照らし出す。［願往生］
行者は身心ともに歓喜して、蓮華の台座に上る。［無量楽］

【参考・問題点】

これを『観経』と対配しておきたい。金蓮華以外ほとんど対配できない。

命終之時、見金蓮華、猶如日輪住其人前。

（原典版・一四三―一四四）

（『観　経』）

（『今　讃』）

謗法と闡提と十悪を行ずるものも［願往生］
廻心念仏すれば罪皆除こる［無量楽］
病者の身心覚して醒悟《しょうご》すれば［願往生］
眼前に即ち金華の現ずる有り［無量楽］

金華の光明行者を照す［願往生］
身心歓喜して華台に上る［無量楽］

命終る時、
金蓮華を見るに、なほ日輪のごとくしてその人
の前に住せん。
（註釈版・一一五－一一六）

第四項　華内受楽段（蓮華内に坐せる時、楽を受く）

【本文】

乗華一念至仏国［願往生］
直入大会仏前池［無量楽］
残殃未尽華中合［願往生］
十二劫後始華開［無量楽］
華内坐時無微苦［願往生］
超過色界三禅楽［無量楽］

【訓読】

華に乗じて一念に仏国に至り［願往生］
直に＊大会仏前の池に入る［無量楽］
＊残殃いまだ尽きず＊華中に合す［願往生］
十二劫の後にはじめて華開く［無量楽］
華内に坐せる時に微苦なし［願往生］
色界＊三禅の楽に超過せり［無量楽］

【語句説明】

○大会……大いなる説法の会座。
○残殃……残りの罪や過ち。
○華中に合す……蓮華の中に包まれていること。
○三禅の楽……色界第三禅天の快楽。行捨・正念・正慧・受楽・定の五があるという。この快楽は三界の中で最もすぐれているので、浄土の楽を示す喩えとされる。

【解釈】
蓮華台に乗って一念の間に阿弥陀仏の国へと到り、［願往生］
直ちに蓮華の池に生じる。そこは阿弥陀仏の大いなる説法の会座の御前にある。［無量楽］
残っている罪や過ちはまだ尽きていないので、往生人は閉じた蓮華の中に包まれたままである。
［願往生］
十二劫もの永い時間を経た後に、はじめて蓮華が開く。［無量楽］
閉じた華の中に坐って居る間中、わずかな苦しみも無い。［願往生］
その状態は色界の第三禅天で得られる快楽をはるかに超えている。［無量楽］

【参考・問題点】

これを『観経』と対配しておきたい。

如一念頃、即得往生極楽世界。於蓮華中、満十二大劫、蓮華方開。（原典版・一一四四）

一念のあひだのごとくに、すなはち極楽世界に往生することを得。

蓮華のなかにして

十二大劫を満てて、蓮華まさに開く。（註釈版・一一一六）

（『観　経』）

華に乗じて一念に仏国に至り〔願往生〕

直に大会仏前の池に入る〔無量楽〕

残殃いまだ尽きず華中に合す〔願往生〕

十二劫の後にはじめて華開く〔無量楽〕

華内に坐せる時に微苦なし〔願往生〕

色界三禅の楽に超過せり〔無量楽〕

（『今　讃』）

第三十七節　慧眼豁開章（智慧の眼、豁然として開く）

第一項　見仏発心段（仏会を見て菩提心を発す）

【本文】

般舟三昧楽［願往生］
勉入地獄坐金蓮［無量楽］
寧合金華百千劫［願往生］
不能地獄須臾間［無量楽］
観音・大勢慈光照［願往生］
徐徐為説安心法［無量楽］
行者得聞希有法［願往生］
智慧法眼豁然開［無量楽］
法眼開時見仏会［願往生］

【訓読】

般舟三昧楽［願往生］
地獄に入るを勉《まぬか》れて金蓮に坐せよ［無量楽］
むしろ金華に合せられて百千劫なるも［願往生］
地獄の須臾のあひだにあたはず［無量楽］
観音・大勢　慈光をもて照らし［願往生］
徐徐に　ために＊安心の法を説きたまふ［無量楽］
行者＊希有の法を聞くことを得て［願往生］
＊智慧の法眼＊豁然として開く［無量楽］
法眼開くる時　仏会を見て［願往生］

即発無上菩提心［無量楽］　—すなはち無上菩提心を発す［無量楽］

【語句説明】

○安心の法……「安心の法」という語句自体は『観経』にはないが、【参考・問題点】に見るように両文を対配させてみると「諸法実相の教え」「罪を除滅する教え」がこれに当たる。また『私記』にも「安心法とは経に云く、『其れが為に広く諸法実相・罪を除滅する法を説く』等と。」（浄全四・一五下）している。

○希有の法……たぐいまれな教え。

○智慧の法眼……真理を明らかに見る智慧のまなこ。

○豁然……はっきりと明らかになるさま。

【解釈】

般舟三昧楽［願往生］

往生人は、地獄に堕ちるのを免れて、浄土の金色の蓮華台に坐りなさい。［無量楽］

金色の蓮華のなかに包まれて百千劫もの長い時間を経たとしても、［願往生］

それは地獄のわずかな時間にも及ばない。［無量楽］

観音菩薩や大勢至菩薩は往生人を慈悲の光明で照らし出して下さり、［願往生］

少しずつ「諸法実相の教え」や、「滅罪のための教え」を説いて下さる。［無量楽］
行者にとって、このようなたぐいまれな教えを聴くことができ、［願往生］
真理を明らかに見る智慧のまなこがはっきりと開く。［無量楽］
智慧のまなこが開いたとき、阿弥陀仏の会座を見て、［願往生］
たちまちに無上の菩提心を発す。［無量楽］

【参考・問題点】

これを『観経』と対配すれば左の如くである。

……観世音・大勢至、以大悲音声、為其広説諸法実相・除滅罪法。聞已歓喜、応時即発菩提之心。是名下品下生者。是名下輩生想、名第十六観。」（『観　経』）（原典版・一四四）

地獄に入るを勉《まぬか》れて金蓮に坐せよ［無量楽］（『今　讃』）
むしろ金華に合せられて百千劫なるも［願往生］
地獄の須臾のあひだにあたはず［無量楽］

観音・大勢慈光をもて照らし［願往生］
徐徐にために安心の法を説きたまふ［無量楽］
行者希有の法を聞くことを得て［願往生］
智慧の法眼豁然として開く［無量楽］
法眼開くる時仏会を見て［願往生］
すなはち無上菩提心を発す［無量楽］

……観世音・大勢至、大悲の音声をもつて、それがために広く諸法実相・罪を除滅するの法を説きたまふ。聞きをはりて歓喜し、時に応じてすなはち菩提の心を発さん。これを下品下生のものと名づく。これを下輩生想と名づけ、第十六の観と名づく」と。（註釈版・一一五―一一六頁）

第二項　憶本報恩段（本を憶して釈尊の恩を報ず）

【本文】
或坐或立遊行観［願往生］
到処唯聞説法声［無量楽］

【訓読】
あるいは坐しあるいは立し遊行して観るに［願往生］
到る処ただ説法の声のみを聞く［無量楽］

身心毛孔皆得悟［願往生］
菩薩聖衆皆充満［無量楽］
自作神通入彼会［願往生］
憶本娑婆知識恩［無量楽］
若非釈迦勧念仏［願往生］
弥陀浄土何由見［無量楽］
心念香華遍供養［願往生］
長時長劫報慈恩［無量楽］

＊身心毛孔みな得悟す［願往生］
菩薩聖衆みな充満せり［無量楽］
みづから神通をなしてかの会に入る［願往生］
本を憶するに＊娑婆知識の恩なり［無量楽］
もし釈迦の勧めて念仏せしむるにあらずは［願往生］
弥陀の浄土なにによりてか見む［無量楽］
心に香華を念じてあまねく供養し［願往生］
＊長時長劫に＊慈恩を報ぜよ［無量楽］

【語句説明】

○身心毛孔みな得悟す……『私記』には「『身心毛孔』等とは説法の声、毛孔従り入りて、即ち法門を悟る。」（浄全四・一五下）として、「心身や毛孔にまで説法の声がしみ入る」ことで悟りを得るとする。
○娑婆知識……娑婆における善知識。釈迦仏を指していう。
○長時長劫……限りなく長い時間。
○慈恩……慈悲の御恩。

【解釈】

往生人が坐ったり、立ったり、歩いてみたりして、浄土の状況を観察すると、〔願往生〕いたるところから、ただ説法の声だけが聴こえてくる。〔無量楽〕

その声が、身や心、毛孔にまで染み渡り、体全体で悟りをひらくのである。〔願往生〕浄土は、菩薩や聖衆たちで満ち溢れている。〔無量楽〕

往生人は自ら神通力を働かせて、阿弥陀仏の法会の座に入る。〔願往生〕そもそも浄土に往生できたその基をじっくり考えれば、それは娑婆世界における釈迦仏のご恩によるものである。〔無量楽〕

もし釈迦仏が行者を勧めて、念仏させて頂くことが出来なければ、〔願往生〕阿弥陀仏の浄土を、何によって見ることができただろうか。〔無量楽〕

心のなかで香や華を念じて釈迦仏に全てを供養し、〔願往生〕かぎりなく長い時間をかけて釈迦仏の慈悲の御恩に報いなければならない。〔無量楽〕

第三項　涅槃巧便段（涅槃の国に入るに如来の巧方便あり）

【本文】

普勧十方生死界〔願往生〕
同心断悪尽須来〔無量楽〕
一入涅槃常住国〔願往生〕
徹窮後際更何憂〔無量楽〕
念念時中常証悟〔願往生〕
十地行願自然成〔無量楽〕
地地慈悲巧方便〔願往生〕
以仏為師無錯悟〔無量楽〕

【訓読】

あまねく十方の生死界に勧む〔願往生〕
同心に悪を断じてことごとく来るべし〔無量楽〕
一たび涅槃常住の国に入りぬれば〔願往生〕
＊後際を徹窮してさらになんの憂へかあらむ〔無量楽〕
念念の時中につねに証悟して〔願往生〕
十地の＊行願　自然に成ず〔無量楽〕
＊地地の＊慈悲巧方便〔願往生〕
仏をもつて師となせば＊錯悟なし〔無量楽〕

【語句説明】

○後際を徹窮して……未来際を尽くして。未来永劫に。
○行願……身行と心願のこと。ここでは行者が十地において修める行と誓願のこと。
○地地……凡夫から成仏に至るまでの階位の中、ほぼ最終の十段階を十地と呼ぶ。ここでは化他の行を修する。その一つ一つの段階を「地地」という。

○慈悲巧方便……慈悲のたくみな手段。
○錯悟……「錯誤」の誤りか。「錯悟」とは、誤った悟り。よって「錯悟なし」とは、阿弥陀仏を師として自利・利他の行を行うことによって、最終的に誤った悟りの境地には至らない、との意になる。しかし今はこれを取らずに「錯誤」と解する。↓【参考・問題点】

【解釈】
十方の迷いの生死世界に住む衆生に広く勧めたい。［願往生］
みな同じ心をもって悪業を断って、全員が浄土に来なさい。［無量楽］
一旦この涅槃常住の浄土に往生したならば、［願往生］
未来永劫、どのような憂いも存在しない。［無量楽］
一念一念ごとにつねに悟りをひらき、［願往生］
十地において修める行と願はおのずから成就出来る。［無量楽］
十地の中、一地ごとに修する慈悲の利他行は、たくみな手段が必要である。［願往生］
それを阿弥陀仏を師として修したならば、決して誤りはない。［無量楽］

【参考・問題点】

○「錯悟」

「錯誤」の誤りか。『講話』は

一入以下は、尽須来の勧意を開示す、初は是自利に約し、十地願行自然に成すれば、利他自づから円満して、慈悲巧方便に欠る所なく、二利共に以レ仏為レ師て、毫も錯誤なき旨を頌せり。

（下・一〇三）

として、「錯誤」と解釈している。この場合には、往生人が十地において実修する巧みな手段（慈悲巧方便）は阿弥陀仏を師としているため「まちがいがない」という意味になる。ただ『原典版・七祖篇』では対校表にそのような異本は見当たらないが、全体的な文脈からして「錯誤」の方が通じやすい。例えそれを否定しているとしても浄土における「誤った悟り」などは考えがたい。よって、ここでは「錯誤」として解した。

第四項　定散皆往段（定善・散善みな往くことを得）

【本文】

定善依経十三観［願往生］

【訓読】

＊定善は経によるに＊十三観［願往生］

一一具説荘厳事　［無量楽］
行住坐臥常観察　［願往生］
常念心眼籠籠見　［無量楽］
散善九品依経讃　［願往生］
一一廻向皆得往　［無量楽］
定善一門韋提請　［願往生］
散善一行釈迦開　［無量楽］

一一につぶさに荘厳の事を説く　［無量楽］
＊行住坐臥につねに観察せよ　［願往生］
つねに念ずれば心眼＊籠籠《ろうろう》として見る　［無量楽］
散善九品　経によりて讃ず　［願往生］
一一廻向すればみな往くことを得　［無量楽］
＊定善の一門は韋提請じ　［願往生］
散善の一行は釈迦開きたまふ　［無量楽］

【語句説明】

○定善……定心の善のこと。雑念を払い精神統一した状態で浄土と仏・聖衆を観想すること。→【参考・問題点】

○十三観……①日想観・②水観・③地観・④宝樹観・⑤宝池観・⑥宝楼観・⑦華座観・⑧像観・⑨真身観・⑩観音観・⑪勢至観・⑫普観・⑬雑観。

○行住坐臥……歩くこと、とどまること、すわること、臥すこと。つまりいかなる時であってもという意。

○籠籠……おぼろげに。

○定善の一門……この「定善の一門……」「散善の一行……」の箇所は、『観経疏』に「定善一門韋提致請、散善一門是仏自説。（定善の一門は韋提の致請にして、散善の一門はこれ仏の自説なり。）」（原典版・七祖篇・三四五、註釈版・七祖篇・三〇六）とあるによる。すなわち、善導大師は『観経』十六観のうち定善十三観のみが韋提希が求めた極楽浄土へ往生するための行法であり、後の散善三観は韋提希の求めに応じて定善の観法を説きおわった釈尊が「自発的」に説かれた箇所と解釈している。

【解釈】

禅定心を用いて修する観想の「定善」は、『観経』に「十三観」がある。［願往生］
その一つ一つに阿弥陀仏のお姿など浄土の荘厳の様相が詳しく説かれている。［無量楽］
いついかなる時にも常にこの浄土の荘厳を観察するようにしなさい。［願往生］
常に心に念じていたならば、心の眼によって浄土の荘厳が、おぼろげに見える。［無量楽］
禅定心を用いずに修する観想の「散善」は「九品」として、『観経』のなかに讃嘆されている。
［願往生］
そこに説かれている一つ一つの行を回向したならば、みな往生することができる。［無量楽］
この定善の一門は、韋提希夫人が釈尊にお願いして説いて戴いたものであり、［願往生］
散善の一行は、釈尊が自らお説き下さったものである。［無量楽］

【参考・問題点】

○定散二善について

善導大師は『観経疏』「玄義分」において、『観経』に説かれる十六観を「即是定散二善十六観門（すなはちこれ定散二善十六観門なり）」（原典版・七祖篇・三四五、註釈版・七祖篇・三〇六）として定散二門に分け「其要門者即此『観経』定散二門是也。「定」即息慮以凝心。「散」即廃悪以修善。廻斯二行求願往生也。（その要門とはすなはちこの『観経』の定散二門これなり。「定」はすなはち慮りを息めてもつて心を凝らす。「散」はすなはち悪を廃してもつて善を修す。この二行を回して往生を求願す。）」（原典版・七祖篇・三三九、註釈版・七祖篇・三〇〇―三〇一）として「定善」と「散善」とを規定した。そして「日観下至十三観已来名為定善、三福・九品名為散善。（日観より下十三観に至るこのかたを名づけて定善となし、三福・九品を名づけて散善となす。）」（原典版・七祖篇・三四七、註釈版・七祖篇・三〇八）として、第一日想観から第十三雑想観までを「定善」に、後の三観（上輩観・中輩観・下輩観）を「〈散〉即廃悪以修善。（〈散〉はすなはち悪を廃してもって善を修す。）」（原典版・七祖篇・三三九、註釈版・七祖篇・三〇一）として「散善」に位置づけている。なお善導大師における『観経』理解の基本的立場は「今此『観経』即以観仏三昧為宗、亦以念仏三昧為宗。（いまこの『観経』はすなはち観仏三昧をもって宗となし、また念仏三昧をもって宗となす。）」（原典版・七祖篇・三四四、註釈版・七祖篇・三〇五）とするように「念観両宗」にあるが、「上来雖説定散両門之益、望仏本願、意、在衆生一向専称弥陀仏名。（上来定散両門の益を説くといへども、仏の本願に望むるに、意、衆生をして一向にもっぱら弥陀仏の名を称せしむるにあり。）」（原典版・七祖篇・五六七、註釈版・七祖篇・五〇〇）として、『観経』の真意は定散二善ではなく称名念仏を説くことにあると見ている。

○親鸞聖人の顕彰隠密の義

聖人は『観経』に顕彰隠密の意味があると説く。『本典』の化巻本「観経隠顕」には

問。大本三心与観経三心、一異云何。

答。依釈家之意、按無量寿仏観経者、有顕彰隠蜜義。言顕者即顕定散諸善、開三輩・三心。然二善・三福、非報土真因。諸機三心、自利各別而非利他一心。如来異方便、忻慕浄土善根。是此経之意。即是顕義也。言彰者、彰如来弘願、演暢利他通入一心。縁達多・闍世悪逆、彰釈迦微笑素懐。因韋提別選正意、開闡弥陀大悲本願。斯乃此経隠彰義也。

是以経、言「教我観於清浄業処」。言「清浄業処」者、則是本願成就報土也。言「教我思惟」者、即方便也。言「教我正受」者、即金剛真心也。言「諦観彼国浄業成者」応観知本願成就尽

十方無礙光如来也。言「広説衆譬」則十三観是也。言「汝是凡夫心想羸劣」則是彰為悪人往生機也。言「諸仏如来有異方便」則是定散諸善、顕為方便之教也。言「以仏力故見彼国土」斯乃顕他力之意也。言「若仏滅後諸衆生等」即是未来衆生、顕為往生正機也。言「若有合者名為麁想」是顕定観難成也。言「於現身中得念仏三昧」即是、顕定観成就之益。以獲念仏三昧、為観益。即以観門為方便之教也。言「発三種心即便往生」又言「復有三種衆生当得往生」依此等文、就三輩有三種三心。復有二種往生。良知。此乃此経有顕彰隠蜜之義。二経三心、将談一異。応善思量也。大経・観経、依顕義異。依彰義一也。可知。（原典版・四八一―四八三）

問ふ。『大本』（大経）の三心と『観経』の三心と一異いかんぞや。

答ふ。釈家（善導）の意によりて『無量寿仏観経』を案ずれば、顕彰隠密の義あり。顕といふは、すなはち定散諸善を顕し、三輩・三心を開く。しかるに二善・三福は報土の真因にあらず。諸機の三心は、自利各別にして利他の一心にあらず。如来の異の方便、欣慕浄土の善根なり。これはこの『経』（観経）の意なり。すなはちこれ顕の義なり。彰といふは、如来の弘願を彰し、利他通入の一心を演暢す。達多（提婆達多）・闍世の悪逆によりて、釈迦微笑の素懐を彰す。韋提別選の正意によりて、弥陀大悲の本願を開闡す。これすなはちこの『経』（観経）の隠彰の義なり。

ここをもつて『経』（同）には、「教我観於清浄業処」といへり。「清浄業処」といふは、すなはちこれ本願成就の報土なり。「教我思惟」といふは、すなはち方便なり。「教我正受」といふは、すなはち金剛の真心なり。「諦観彼国浄業成者」といへり、本願成就の尽十方無礙光如来を観知すべしとなり。「広説衆譬」といへり、すなはち十三観これなり。「汝是凡夫心想羸劣」といへり、すなはちこれ悪人往生の機たることを彰すなり。「諸仏如来有異方便」といへり、すなはちこれ定散諸善は方便の教たることを顕すなり。「以仏力故見彼国土」といへり、これすなはち他力の意を顕すなり。「若仏滅後諸衆生等」といへり、すなはちこれ未来の衆生、往生の正機たることを顕すなり。「若有合者名為粗想」といへり、これ定観成じがたきことを顕すなり。「於現身中得念仏三昧」といへり、すなはちこれ定観成就の益は、念仏三昧を獲るをもつて観の益とすることを顕す。すなはち観門をもつて方便の教とせるなり。「発三種心即便往生」といへり。また「復有三種衆生当得往生」といへり。これらの文によるに、三輩について、三種の三心あり、また二種の往生あり。まことに知んぬ、これいましこの『経』（観経）に顕彰隠密の義あることを。二経（大経・観経）の三心、まさに一異を談ぜんとす、よく思量すべきなり。『大経』・『観経』、顕の義によれば異なり、彰の義によれば一なり、知るべし。

（註釈版・三八一―三八三）

このように「『大経』・『観経』、顕の義によれば異なり、彰の義によれば一なり」と説く。
なお、この内容を把握するには『観経』の経文を参照しなければならない。これに相当する経文箇所を掲げ、わかりやすく理解するために現代語訳に聖人引用の『観経』の漢文を配当し、聖人の意味を付加すると以下の通りとなる。（書き下し文の傍線部分が（　）内の漢字に相当するところ）
（＝の下の文は、親鸞聖人の解釈）

ややや、願はくは世尊、わがために広く憂悩なき処を説きたまへ。われまさに往生すべし。閻浮提の濁悪の世をば楽はざるなり。この濁悪の処は地獄・餓鬼・畜生盈満し、不善の聚多し。願はくは、われ未来に悪の声を聞かじ、悪人を見じ。いま世尊に向かひて、五体を地に投げ、哀れみを求めて懺悔す。やや、願はくは仏日、①われに教へて清浄業処（＝本願成就の報土）を観ぜしめたまへ（教我観於清浄業処）」と。その時世尊、眉間の光を放ちたまふ。その光金色なり。あまねく十方無量の世界を照らし、還りて仏の頂に住まりて化して金の台となる。〔その形は〕須弥山のごとし。十方諸仏の浄妙の国土、みななかにおいて現ず。あるいは国土あり、七宝合成せり。また国土あり、もつぱらこれ蓮華なり。また国土あり、自在天宮のごとし。また国土あり、玻瓈鏡のごとし。十方の国土、みななかにおいて現ず。かくのごときらの無量の諸仏の国土あり。厳顕にして観つべし。韋提希をして見せしめたまふ。時に韋提希、仏にまうしてまうさく、「世尊、このもろもろの仏土、また清浄にしてみな光明ありといへども、われいま極楽世界の阿弥陀仏の所に生ぜんことを楽ふ。やや、願はくは世尊、②われに思惟を教へたまへ（教我思惟＝すなはち方便なり）、③われに正受を教へたまへ（教我正受＝すなはち金剛の真心なり）」と。

その時世尊、すなはち微笑したまふに、五色の光ありて仏の口より出づ。一々の光、頻婆娑羅の頂を照らす。その時大王、幽閉にありといへども心眼障なく、はるかに世尊を見たてまつりて頭面をもつて礼をなし、〔王の心は〕自然に増進して阿那含と成る。

その時世尊、韋提希に告げたまはく、「なんぢいま、知れりやいなや。阿弥陀仏、此を去ること遠からず。なんぢまさに繋念して、④あきらかにかの国の浄業成じたまへるひとを観ずべし（諦観彼国浄業成者＝本願成就の尽十方無礙光如来を観知すべしとなり）。われいまなんぢがために⑤広くもろもろの譬へを説き（広説衆譬＝十三観これなり）、また未来世の一切凡夫の、浄業を修せんと欲はんものをして西方極楽国土に生ずることを得しめん。

かの国に生ぜんと欲はんものは、まさに三福を修すべし。一つには父母に孝養し、師長に奉事し、慈心にして殺さず、十善業を修す。・・・・

（註釈版・九〇ー九二）

如来、いま韋提希および未来世の一切衆生を教へて西方極楽世界を観ぜしむ。仏力をもつてのゆゑに、まさにかの清浄の国土を見ること、明鏡を執りてみづから面像を見るがごとくなるを得べし。かの国土の極妙の楽事を見て、心歓喜するがゆゑに、時に応じてすなはち無生法忍を得ん」と。仏、韋提希に告げたまはく、「⑥なんぢはこれ凡夫なり。心想羸劣にして（汝是凡夫心想羸劣＝すなはちこれ悪人往生の機たることを彰すなり）いまだ天眼を得ざれば、遠く観ることあたはず。⑦諸仏如来に異の方便ましまして（諸仏如来有異方便＝すなはちこれ定散諸善は方便の教たることを顕すなり）、なんぢをして見ることを得しむ」と。時に韋提希、仏にまうしてまうさく、「世尊、わがごときは、⑧いま仏力をもつてのゆゑにかの国土を見る（以仏力故見彼国土＝すなはち他力の意を顕すなり）。⑨もし仏滅後のもろもろの衆生等（若仏滅後諸衆生等＝これ未来の衆生、往生の正機たることを顕すなり）、濁悪不善にして五苦に逼められん。いかんしてか、まさに阿弥陀仏の極楽世界を見たてまつるべき」と。・・・

（註釈版・九二―九三）

「第八像観」の項

一々の樹下にまた三つの蓮華あり。もろもろの蓮華の上におのおの一仏二菩薩の像ましまして、かの国に遍満す。この想成ずる時、行者まさに水流・光明およびもろもろの宝樹・鳧・雁・鴛鴦のみな妙法を説くを聞くべし。出定・入定につねに妙法を聞く。行者の〔入定中に〕聞きしところのもの、出定の時憶持して捨てず、修多羅と合せしめよ。もし合せざるをば、名づけて妄想とす。⑩もし合することあるをば、名づけて粗想（若有合者名為粗想＝これ定観成じがたきことを顕すなり。）に極楽世界を見るとす。これを像想とし、第八の観と名づく。

この観をなすものは、無量億劫の生死の罪を除き、⑪現身のなかにおいて念仏三昧を得ん（於現身中得念仏三昧＝これ定観成就の益は、念仏三昧を獲るをもつて観の益とすることを顕す。すなはち観門をもつて方便の教とせるなり）」と。・・・

（註釈版・一〇一）

「上品上生」の項

仏、阿難および韋提希に告げたまはく、「上品上生といふは、もし衆生ありて、かの国に生ぜんと願ずるものは、⑫三種の心を発して即便往生す（発三種心即便往生）。なんらをか三つとする。一つには至誠心、二つには深心、三つには回向発願心なり。三心を具するものは、かならずかの国に生ず。

⑬また三種の衆生ありて、まさに往生を得べし。（復有三種衆生当得往生＝これらの文によるに、三輩について、三種の三心あり、また二種の往生あり）なんらをか三つとする。一つには慈心にして殺さず、もろもろの戒行を具す。二つには大乗方等経典を読誦す。三つには六念を修行

す。回向発願してかの国に生ぜんと願ず。この功徳を具すること、一日乃至七日してすなはち往生を得。かの国に生ずる時、この人、精進勇猛なるがゆゑに、阿弥陀如来は、観世音・大勢至・無数の化仏・百千の比丘・声聞の大衆・無数の諸天・七宝の宮殿とともに〔現前す〕

（註釈版・一〇八）

以上を整理すれば、

①の経文における「われに教へて清浄業処を観ぜしめたまへ」の「清浄業処」とは「本願成就の報土」をいい、

②の経文の「われに思惟を教へたまへ」とは、これが「すなはち方便なり」という。

③の「われに正受を教へたまへ」とは「すなはち金剛の真心なり」である。

④の「あきらかにかの国の浄業成じたまへるひとを観ずべし」とは「本願成就の尽十方無礙光如来を観知すべしとなり」であって

⑤の「広くもろもろの譬へを説き」という事こそが「十三観これなり」であるという。

⑥の韋提希夫人を指して「なんぢはこれ凡夫なり。心想羸劣にして」とは「すなはちこれ悪人往生の機たることを彰すなり」としている。

⑦の「諸仏如来に異の方便ましましまして」とあるのは「すなはちこれ定散諸善は方便の教たることを

顕すなり」として、ここに「定散諸善」を方便教と見る根拠を示している。
⑧の「いま仏力をもつてのゆゑにかの国土を見る」とは「すなはち他力の意を顕すなり」であって、
⑨における「もし仏滅後のもろもろの衆生等」とは「これ未来の衆生、往生の正機たることを顕すなり」で、
⑩の「もし合することあるをば、名づけて粗想」というのは「これ定観成じがたきことを顕すなり」という。
⑪に「現身のなかにおいて念仏三昧を得ん」とは「これ定観成就の益は、念仏三昧を獲るをもつて観の益とすることを顕す。すなはち観門をもつて方便の教とせるなり」であるとする。
⑫には「三種の心を発して即便往生す」あるいは
⑬の「また三種の衆生ありて、まさに往生を得べし」とは「これらの文によるに、三輩について、三種の三心あり、また二種の往生あり」として後に続けている。
このような意味を考えて『観経』を読めば、親鸞聖人の隠顕の意味が理解できよう。

第五項　韋提成忍段（韋提は法忍を成ず）

【本　文】

定散倶廻入宝国 〔願往生〕
即是如来異方便 〔無量楽〕
韋提即是女人相 〔願往生〕
貪瞋具足凡夫位 〔無量楽〕
厭捨娑婆求仏国 〔願往生〕
即現極楽荘厳界 〔無量楽〕
得見極楽心歓喜 〔願往生〕
更観弥陀成法忍 〔無量楽〕

【訓　読】

定散ともに廻すれば＊宝国に入る 〔願往生〕
すなはちこれ如来の＊異の方便なり 〔無量楽〕
＊韋提はすなはちこれ女人の相 〔願往生〕
＊貪瞋具足の凡夫の位なり 〔無量楽〕
娑婆を＊厭捨して仏国を求むれば 〔願往生〕
すなはち極楽荘厳の界を現ず 〔無量楽〕
極楽を見ることを得て心歓喜し 〔願往生〕
さらに弥陀を観たてまつりて法忍を成ず 〔無量楽〕

【語句説明】

○宝国……極楽浄土を指していう。
○異の方便……とくにすぐれた教化方法。「異」は特異・特殊・特別などの意。すなわち衆生が浄土に往生するために仏が説いた定散二善の方法のこと。前項で見た通り『観経』には「仏、告韋提希、『汝是凡夫。心想羸劣未得天眼、不能遠観。諸仏如来有異方便、令汝得見。』（仏、韋提希に告げたまはく、『なんぢはこれ凡夫なり。心想羸劣にしていまだ天眼を得ざれば、遠く観ることあたはず。諸仏如来に異の方便ましまして、なんぢをして見ることを得しむ』と。」（原典版・一一四、註釈版・九二―九三）とあり、この後に十六観が説示される。

○韋提は……浄影寺慧遠法師等の諸師が韋提希を大菩薩（聖者）と見ていたのに対し、善導大師は実の凡夫と見定められた。

○貪瞋……三毒のうちの貪欲と瞋恚。

○厭捨……厭い捨てること。

【解釈】

定善・散善それぞれ修して、ともに回向したならば、阿弥陀仏の浄土に往生が出来る。［願往生］すなわち、この定散二善は釈迦仏が韋提希夫人のために施されたすぐれた教化の方法であった。［無量楽］

韋提希夫人はまさに女人の姿をしている。［願往生］

貪欲や瞋恚の煩悩にまみれた凡夫である。［無量楽］

韋提希夫人は娑婆を厭うて、阿弥陀仏の浄土を求めたので、［願往生］

釈迦仏は極楽浄土の荘厳の世界を現し出して下さった。［無量楽］

韋提希夫人は極楽浄土を見ることができたので、心に歓喜をおぼえ、［願往生］

さらには阿弥陀仏のお姿を拝見して無生法忍を得たのである。［無量楽］

【参考・問題点】

○「定散ともに廻すれば宝国に入る」

この箇所は親鸞聖人に引用がある。「化巻」三経隠顕に

又云、「定散倶回入宝国。即是如来異方便。韋提即是女人相、貪瞋具足凡夫位。」［已上］（原典版・四九五）

またいはく（般舟讃　七九二）、「定散ともに回して宝国に入れ。すなはちこれ如来の異の方便なり。韋提はすなはちこれ女人の相、貪瞋具足の凡夫の位なり」と。［以上］（註釈版・三九一）

○韋提希夫人は凡夫か菩薩か

善導大師は『観経疏』において

正明夫人是凡非聖。（原典版・七祖篇・四四〇）（まさしく夫人はこれ凡にして聖にあらず。）（註釈版・七祖篇・三九〇）

とし、さらに

但此『観経』、仏、為凡説、不于聖也。（原典版・七祖篇・三五六）ただこの『観経』は、仏、凡のために説きたまへり、聖のためにせず。（註釈版・七祖篇・三一六）

と示すことで、『観経』を凡夫のために説かれた経典とみている。

一方、親鸞聖人は『教行信証』の総序において

然則、浄邦縁熟、調達・闍世興逆害。浄業機彰、釈迦韋提選安養。斯乃権化仁、斉救済苦悩群萌、世雄悲、正欲恵逆謗闡提。（原典版・一六三）

しかればすなはち、浄邦縁熟して、調達（提婆達多）、闍世（阿闍世）をして逆害を興ぜしむ。浄業機彰れて、釈迦、韋提をして安養を選ばしめたまへり。これすなはち権化の仁斉しく苦悩の群萌を救済し、世雄の悲まさしく逆謗闡提を恵まんと欲す。（註釈版　一三一）

とあって、韋提希夫人を「権化の仁」と呼んでおられる。よって韋提希夫人は浄土から来現された「還相の菩薩」とみておられることになる。

○**「極楽を見ることを得て心歓喜し」**

浄土宗西山派の教学では、この『般舟讃』の当該箇所は『観経』における韋提希夫人および未来世一切の衆生の救済の要諦が説かれた場面として理解するので、今しばらく西山派の教義における解釈を見ておきたい。

まず『本讃』の第三十七節・第五項「韋提成忍段」（五二三頁）続く第六項「記証聴願段」（五三二頁）には

極楽を見ることを得て心歓喜し［願往生］
さらに弥陀を観たてまつりて法忍を成ず［無量楽］
五百の女人同じく仏にまうす［願往生］

とあり、韋提希夫人を中心として、『観経』の内容の要点が簡潔に示されている。これらの文はそれぞれ『観経』の以下の文言に対応する。

「極楽を見ることを得て心歓喜し」＝『観経』序分（欣浄縁や定善示観縁）

仏、告阿難及韋提希、「諦聴、諦聴、善思念之。如来、今者為未来世一切衆生、為煩悩賊之所害者、説清浄業。善哉韋提希、快問此事。阿難、汝当受持、広為多衆宣説仏語。如来、今者教韋提希及未来世一切衆生観於西方極楽世界。以仏力故、当得見彼清浄国土、如執明鏡自見面像。見彼国土極妙楽事、心歓喜故、応時即得無生法忍。」仏、告韋提希、「汝是凡夫。心想羸劣未得天眼、不能遠観。諸仏如来有異方便、令汝得見。」　（原典版・一一三―一一四）

仏、阿難および韋提希に告げたまはく、「あきらかに聴け、あきらかに聴け、よくこれを思念せよ。如来、いま未来世の一切衆生の、煩悩の賊のために害せらるるもののために、清浄の業を説かん。善いかな韋提希、快くこの事を問へり。阿難、なんぢまさに受持して、広く多衆のために仏語を宣説すべし。如来、いま韋提希および未来世の一切衆生を教へて西方極楽世界を観ぜしむ。仏力をもつてのゆゑに、まさにかの清浄の国土を見ること、明鏡を執りてみづから面像を見るがごとくなるを得べし。かの国土の極妙の楽事を見て、心歓喜するがゆゑに、時に応じてすなはち無生法忍を得ん」と。仏、韋提希に告げたまはく、「なんぢはこれ凡夫なり。心想羸劣にしていまだ天眼を得ざれば、遠く観ることあたはず。諸仏如来に異の方便ましまして、なんぢをして見ることを得しむ」と。　（註釈版・九二—九三）

『観経』「欣浄縁」において、韋提希夫人は光台の浄土を見ても、いまだそれが釈迦による仏力（異方便）であることに気づいていなかった。しかし、右に引用した「定善示観縁」において、はじめて釈尊は、韋提希夫人が光台の浄土を見たのは「仏力」であることを開示し、続いて「なんぢはこれ凡夫なり。心想羸劣」と述べて、韋提希夫人に凡夫としての自覚を徹底させたのである。西山派では、韋提希夫人は「定善示観縁」において、はじめて他力を領解したと捉え、これを「示観《じかん》領解《りょうげ》」と呼んでいる。したがって、西山派においては「釈尊在世時の韋提希夫人を薄地底下の凡夫（＝未来世一切の衆生）」と理解している。

さて、ここには「時に応じてすなはち無生法忍を得ん」とある。それでは韋提希夫人の得忍はどこで果たされたか。それが以下の箇所と見る。

「さらに弥陀を観たてまつりて法忍を成ず」＝『観経』正宗分（第七華座観）

仏、告阿難及韋提希、「諦聴、諦聴、善思念之。仏、当為汝分別解説除苦悩法。汝等憶持、広為大衆分別解説。」説是語時、無量寿仏、住立空中。観世音・大勢至、是二大士侍立左右。

（原典版・一二〇―一二一）

仏、阿難および韋提希に告げたまはく、「あきらかに聴け、あきらかに聴け、よくこれを思念せよ。仏、まさになんぢがために苦悩を除く法を分別し解説すべし。なんぢら憶持して、広く大衆のために分別し解説すべし」と。この語を説きたまふ時、無量寿仏、空中に住立したまふ。観世音・大勢至、この二大士は左右に侍立したまふ。

（註釈版・九七―九八頁）

ここは、定善十三観の第七華座観において、突如として三尊が空中に現れる場面である。『観経疏玄義分』の「得益門」では、「韋提得忍、出在第七観初。（韋提の得忍は、出でて第七観の初めにあり）」（原典版・七祖篇・三七四、註釈版・七祖篇・三三二）と述べられているので、西山派においては仏在世時の韋提希夫人の得忍をここに認める。したがって、『観経』には経の途中で得益が説かれることになる。

しかし、住立空中の三尊は『観経』においてもう一度説かれる。それが次の第六項「記証聴願段」に説く「五百の女人同じく仏にまうす」場面である。

「五百の女人同じく仏にまうす」＝『観経』正宗分（得益分）

説是語時、韋提希、与五百侍女聞仏所説、応時即見極楽世界広長之相。得見仏身及二菩薩、心生歓喜歎未曾有。廓然大悟得無生忍。五百侍女、発阿耨多羅三藐三菩提心、願生彼国。

（原典版・一四四）

この語を説きたまふ時、韋提希、五百の侍女とともに仏の所説を聞き、時に応じてすなはち極楽世界の広長の相を見たてまつる。仏身および二菩薩を見たてまつることを得て、心に歓喜を生じて未曾有なりと歎ず。廓然として大悟して無生忍を得たり。五百の侍女、阿耨多羅三藐三菩提心を発して、かの国に生ぜんと願ず。

（註釈版・一一六）

ここは定散十六観のすべてが説かれた直後の「得益分」であり、韋提希夫人および五百人の侍女の前に三尊が現れ、無生法忍を得て、五百人の侍女が菩提心を発して往生を願うという場面である。

證空上人は三尊が「第七華座観」と「正宗分の得益分」の二箇所において説かれていることに注目し、『観経』には第七華座観において見仏した韋提希の利益（無生法忍）と仏説を聞信した後の未来世一切衆生の利益（無生法忍）がともに説かれることから、未来世一切衆生（凡夫）もまた韋提希（凡夫）と同様に救済されると理解する（「韋提未来一同」「在世滅後一同」）。

ついでながら、法然門下の證空上人を派祖（高祖は善導大師、宗祖は法然上人）とする浄土宗西山派は、別に「観経宗」とも呼ばれ、主に『観経』および善導大師の『観経疏』を教義の中心に据えている。そこで西山派に関して少し述べておきたい。

證空上人は、師法然房源空聖人（一一三三―一二一二）の『選択本願念仏集』における「偏依善導一師」を承けて、善導大師の五部九巻に対する注釈書を数多く著し、「行門・観門・弘願」などの特殊名目を駆使して独自の浄土教学を形成したことで知られている。證空上人には多くの弟子がいたとされるが、なかでも東山義の観鏡證入師（一一九五―一二四四）、嵯峨義の道観證慧師（一一九五―一二六四）、深草義の円空立信師（一二一三―一二八四）、そして西谷義の法興浄音師（一二〇一―一二七一）といった「西山四流」の義祖と称される人師は殊に有名である。また、浄音の門弟の了音師（？―一二六五―？）は六角義を、三鈷寺（西山往生院）に住した康空示導師（一二八六―一三四六）は本山義を開いたので、十三世紀から十四世紀の半ばにかけて、京都の地にはさきの四流を合わせた「西山六流」と呼ばれる流派が教線を延ばした。

このうち、現在まで法統を守り伝えるのは、浄土宗西山深草派（京極の誓願寺）の「深草義」と、西山浄土宗（粟生の光明寺）・浄土宗西山禅林寺派（東山の禅林寺）の「西谷義」の二流である。

【参考】

・上田良準・大橋俊雄『證空 一遍』（浄土仏教の思想・第十一巻、講談社、一九九二年）
・中西随功 監『證空辞典』（東京堂、二〇一一年）

第六項　記証聴願段（印記・三昧証・臨聴・発願）

【本文】

五百女人同白仏〔願往生〕
誓願同生安楽国〔無量楽〕
爾時世尊皆印記〔願往生〕
同得往生証三昧〔無量楽〕
釈・梵・護世臨空聴〔願往生〕
亦同発願生安楽〔無量楽〕

【訓読】

＊五百の女人同じく仏にまうす〔願往生〕
誓願す同じく安楽国に生ぜむと〔無量楽〕
その時に世尊みな＊印記したまふ〔願往生〕
同じく往生を得て三昧を証せむと〔無量楽〕
＊釈・梵・護世 空に臨みて聴き〔願往生〕
また同じく＊発願して安楽に生ぜむと〔無量楽〕

【語句説明】

○五百の女人……韋提希に仕えていた五百人の侍女たち。なお、これより以下の箇所は、『観経』「正宗分」最後の得益分による。→【参考・問題点】

○印記……あかしを与えること。ここでは往生の保証をすること、必ず成仏するという記別を与えること。
○釈・梵・護世……帝釈・梵天・護世四天王のこと。
○発願……往生浄土を願う心をおこすこと。

【解釈】

そこで、韋提希に仕えていた五百人の侍女たちも、同じように釈迦仏に次のように申し上げた。

[願往生]

「誓って、夫人と同じように安楽国に往生したいと願います」と。[無量楽]

その時、世尊は全員に次のような記別を与えられた。[願往生]

「みんなも同じように往生することが出来て、般舟三昧を証することができるであろう」と。

[無量楽]

帝釈天や梵天、護世四天王など、諸天達もまた虚空の上で釈迦仏のこの教えを聴き、[願往生]

同じく浄土に往生したいとの願を発した。[無量楽]

【参考・問題点】

○「五百の女人」

『観経』の経文

説是語時、韋提希、与五百侍女聞仏所説、応時即見極楽世界広長之相。得見仏身及二菩薩、心生歓喜歎未曾有。廓然大悟得無生忍。五百侍女、発阿耨多羅三藐三菩提心、願生彼国。世尊、悉記、「皆当往生。生彼国已、得諸仏現前三昧」。無量諸天、発無上道心。

（原典版・一四四―一四五）

これを訓読で両者を対配すれば次のようである。

（『今　讃』）

五百の女人同じく仏にまうす〔願往生〕

（『観　経』）

この語を説きたまふ時、韋提希、五百の侍女とともに仏の所説を聞き、時に応じてすなはち極楽世界の広長の相を見たてまつる。仏身および二菩薩を見たてまつることを得て、心に歓喜を生じて未曾有なりと歎ず。廓然として大悟して無生忍を得たり。五百の侍女、阿耨多羅三藐三菩提心を発して、

「誓願す。同じく安楽国に生ぜむ」と［無量楽］
その時に世尊みな印記したまふ［願往生］
「同じく往生を得て、三昧を証せむ」と［無量楽］
釈・梵・護世、空に臨みて聴き［願往生］
また同じく発願して安楽に生ぜむと［無量楽］

かの国に生ぜんと願ず。
世尊、ことごとく、「みなまさに往生すべし。
かの国に生じをはりて、諸仏現前三昧を得ん」
と記したまへり。
無量の諸天、無上道心を発せり。」
（註釈版・一一六）

第七項　有縁証果段（有縁に念仏を勧む、証果ありと）

【本文】

普勧有縁常念仏［願往生］
観音・大勢為同学［無量楽］
若能念仏人中上［願往生］
願得同生諸仏家［無量楽］

【訓読】

あまねく有縁に勧む　つねに念仏すべし［願往生］
観音・大勢　同学となる［無量楽］
もしよく念仏するものは人中の上なり［願往生］
願はくは同じく＊諸仏の家に生ずることを得て［無量楽］

長劫長時仏辺証［願往生］　＊長劫長時に仏辺にして証す［願往生］
道場妙果豈為賒［無量楽］　＊道場の妙果あにはるかなりとなさんや［無量楽］

【語句説明】

○諸仏の家……一般には諸仏の悟りの世界をいう。ただ『観経』「流通分」には「若念仏者、当知、此人是人中分陀利華。観世音菩薩・大勢至菩薩、為其勝友。当坐道場、生諸仏家。」（もし念仏するものは、まさに知るべし、この人はこれ人中の分陀利華なり。観世音菩薩・大勢至菩薩、その勝友《しょうう》となる。まさに道場に坐し、諸仏の家に生ずべし。）」（原典版・一四五、註釈版・一一七）とあることから、ここでは阿弥陀仏の浄土に限定して使用している。

○長劫長時……限りなく長い時間。

○道場の妙果……阿弥陀仏の悟の境地を道場といい、そこで得る往生人の仏果をさす。

【解釈】

全ての有縁の者たちに「つねに念仏すべきである」と勧めたい。［願往生］

そうすれば、観音菩薩や大勢至菩薩は、あなた方とともに同朋となって下さる。［無量楽］

もし、心から念仏できる者は、人間の中でも最も優れた人間といえよう。［願往生］

願うならば同朋とともに、阿弥陀仏の浄土に生まれ得て、［無量楽］

永劫に阿弥陀仏のおそばで、悟りを証したい。［願往生］

浄土で得る往生人の仏果は、遙か先の事ではない。［無量楽］

第三章　挙証勤報分（証拠を挙げて報を勤む）

第一節　明厭欣益（娑婆を厭い、浄土を欣う利益を明かす）

【本文】

白諸行者、凡夫生死不可貪而不厭。弥陀浄土不可軽而不忻。厭則娑婆永隔、忻則浄土常居。隔則六道因亡、淪廻之果自滅。因果既亡、則形名頓絶也。

【訓　読】

もろもろの行者にまうさく、＊凡夫の生死は貪るべからざれども厭《いと》はず、弥陀の浄土は軽んずべからざれども忻《ねが》はず。厭へばすなはち娑婆永く隔たり、忻へばすなはち浄土つねに居す。隔たればすなはち六道の因亡じ、淪廻の果おのづから滅す。因果すでに亡じぬれば、すなはち形と名とたちまちに絶ゆ。

【語句説明】

○凡夫の生死は貪るべからざれども厭はず、弥陀の浄土は軽んずべからざれども忻はず……親鸞聖人は信文類にて凡夫生死不可貪而不厭。弥陀浄土不可軽而不忻。（原典版・三二一）（凡夫の生死貪じて厭はざるべからず。弥陀の浄土軽めて忻はざるべからず。）（註釈版・二五六）と読まれた。證空上人も同様の読みをしている。↓【参考・問題点】

【解釈】

すべての浄土往生の行者たちに言いたい。凡夫は生死輪廻の世界を貪ってはならないことは分かっているものの、凡夫はその迷いの世界を厭おうとはしない。また阿弥陀仏の浄土を軽んじてはならないことが分かっているものの、凡夫は浄土への往生を願おうとはしない。厭うたならば娑婆を永く隔てることができるし、願ったならば、浄土に常に住することができる。娑婆から隔たってしまえば、六道に趣く業因が無くなり、迷いの世を輪廻する果報も自《おの》ずから滅してしまう。このように因果が絶え果ててしまえば、迷いの形も名すらも当然ながら無くなってしまう。

【参考・問題点】

○「もろもろの行者にまうさく、凡夫の生死は貪るべからざれども厭はず」

『本典』信巻「断四流釈」には、以下のように説かれている。

光明寺和尚云「白諸行者、凡夫生死不可貪而不厭。弥陀浄土不可軽而不忻。厭則娑婆永隔、忻則浄土常居。隔則六道因亡、淪廻之果自滅。因果既亡則形名頓絶也。」（原典版・三二一）

光明寺の和尚（善導）のいはく「もろもろの行者にまうさく、凡夫の生死貪じて厭はざるべからず。弥陀の浄土軽《かる》めて欣はざるべからず。厭へばすなはち娑婆永く隔つ、欣へばすなはち浄土につねに居せり。隔つればすなはち六道の因亡じ、輪廻の果おのづから滅す。因果すでに亡じてすなはち形と名と頓に絶えぬるをや」と。（註釈版・二五六）

○「浄土につねに居す」

聖人の『御消息』には、以下のように説かれている。

光明寺の和尚の　般舟讃には　信心のひとは　その心　すでに　つねに　浄土に居すと　釈したまへり　居すといふは　浄土に信心のひとのこゝろ　つねに　ゐたりと　いふこゝろなり　これは　弥勒と　おなしと　いふことを　まふすなり　これは　等正覚を　弥勒と　おなしと　申によりて　信心のひとは　如来と　ひとしと　まふすこころなり

（原典版・八四五―八四六）

第二節　示迷悟元（迷悟の根元を示す）

【本　文】

仰惟同生知識等、善自思量。却推受生之無際、与空性同時。同時而有心識。若不与空界同時有者、一切衆生即是無因而始出也。心識若無本因有者、即事同木石。若同木石者、則無六道之因業也。因業若無者、凡聖苦楽因果誰覚、誰知也。以斯道理推勘者、一切衆生定有心識也。若有心識、即与空際同時有有。若与空際同時有者、即唯仏与仏得知本元也。

【訓　読】

＊仰ぎておもんみれば＊同生の知識等、よくみづから＊思量せよ。却《しりぞ》きて＊受生の無際なることを推《すい》するに、＊空性と同時なり。同時にして＊心識あり。もし＊空界と同時ならずしてありといはば、一切の衆生すなはちこれ因なくしてはじめて出でむ。心識もし本因なくしてありといはば、すなはち事《じ》木石に同じからむ。もし木石に同じといはば、すなはち六道の因業なからむ。因業もしなしといはば、＊凡聖の苦楽因果たれか覚し、たれか知らむ。この道理をもつて

＊推勘すれば、一切の衆生さだめて心識あり。もし心識あらば、すなはち＊空際と同時にありてあらむ。もし空際と同時にありといはば、すなはち、ただ仏と仏とのみ本元を知ることを得たまはむ。

【語句説明】

○仰ぎておもんみれば……『講話』は、謙敬して行者を呼び起こすの意味とする。（下・一一一）謙敬とはわが身をへりくだり、法を尊敬すること。

○同生の知識等……同じく往生を願う者。

○思量……よく考えること。思考すること。

○受生の無際なること……「受生」は無明、われわれが生命を受けたのは、その始めも知り得ない遠い過去であるということ。その過去以来、無明と共にあることをいう。證空上人は「受生は無明なり。空性は法性なり。云く、無明に依りて業を造りて生を受くる故に、受生は即ち無明なり。空は諸法の性なれば、法性即ち空性なり。無明は法性に依り、法性は無明に依る故に、法性の理と等しくして衆生ありと定むる言なり」（西叢四・一三一・下）という。

○空性……「空性」は法性。真如法性と同義とみる説、虚空（空間領域）とみる説などがある。今は「法性」と解した。

○心識……こころの主体。思慮し分別を行う心。↓【参考・問題点】
○空界……空性に同じ。
○凡聖……凡夫と聖者。
○推勘……推考すること。
○空際……空性に同じ。真如のこと。

【解釈】

つらつら思うに、法友たちよ、よく自らを思量しなさい。我々が受生した遙か過去を思えば、それは無明と共に輪廻転生して来た。その無明は法性の対であるので、法性と同時に無明が成立したと言うことになる。また受生すると同時に心識（こころ）があった。もし我々の無明の心が法性と同時でないというならば、一切衆生は原因なくして受生したことになる。もし無明の心が因なくして存在したというならば、木や石と同じようなものとなろう。もしその無明の心が木や石と同じであるならば、六道を輪廻する悪業の因などは存在しないことになる。もし因としての悪業がないならば、凡夫や聖者を分かつ苦楽の因果などもない。

この道理をもってするならば、一切の衆生には必ず無明の心がある。もし無明の心があるならば、それは法性があって初めて無明となるので、法性と同時に存在したことになる。もし法性と同時に無明の心が存在したというならば、法性を極め尽くす事の出来る仏と仏とのみが、よく無明の根元を知ることが出来る。

【参考・問題点】

○心識……

なお、柴田泰山師は「善導『般舟讃』所説の「心識」について」（『仏教論叢』四三号　平成一一年九月四日　発行　浄土宗教学院）（七九～八〇頁）において、ここを次のように現代語訳している。（一部分次節を含む）

「受生の無際」について推察するならば、それは「空性」と同時である。（「空性」と）同時であり、しかもそれは「心識」を有している。もしも（「受生の無際」が）「空界」と同時ではなくして存在するというならば、一切衆生はその因が存在せずに、初めてこの世界に出生したことになる。「心識」についても、もしも、本来の因が欠如した状況において存在するというならば、その現象は木や石と何ら異なることは無い。もしも、一切衆生が木や石と同じであるというならば、一切衆生において六道に輪廻する因業が無いということになる。一切衆生において因業が存在しないというならば、凡夫と聖人との苦楽の因果を誰が覚し、誰が知り得るというのか。以上の道理より推論するならば、一切衆生には必ず「心識」が存在している。もしも、「心識」が有るというならば、一切衆生は「空際」と同時に存在している。一切衆生が「空際」と同時に存在しているということは、ただ仏と仏とのみが、その「本元」を知り得ることができる。

行者等よ。自らの身心について見てみると、「空際」と同時に有りながらも、尚、今身今日に至るまで、悪を断ち、貪を除くということは不可能であり、一切煩悩がただ増大することを覚知するのみである。」

そして「心識」を様々に考究し、本来の意味である「思慮し分別することを行う心」と規定した上で

善導が『般舟讃』の正式な題名において「明般舟三昧行道」と述べているように、或いは「般舟三昧」の説示において「諸仏仏立現前三昧」を明かしているように、この『般舟讃』は衆生が実際に実践行を行じる為に撰述された典籍が（で？）ある。ここから『般舟讃』末尾において「心識」を【「現実の自己」と「往生の主体としての自己」を認識する心】として説示したと考えると、この一文は、自己を含めた行者に往生浄土の為の主体的な実践行とその際の内面のありようについて論じている文章と思われる。　注‥（で？）は筆者加筆

○如来蔵……善導大師の如来蔵に関する論文を参考されたい

①『印度学仏教学研究』第四十四巻第一号　平成七年十二月
河智義邦「善導浄土教の人間観にみる大乗仏教的原理」
②『印度学仏教学研究』第五十三巻第二号　平成十七年三月
陳　敏　齢「善導の弥陀論―如来蔵思想の問題をめぐって―」

第三節　結勧慚謝（結して慚愧と報謝を勧める）

【本　文】

行者等知、自身心与空際同時有乃至今身今日、不能断悪除貪。一切煩悩唯覚増多。又使釈迦・諸仏同勧、専念弥陀想観極楽、尽此一身命断即生安楽国也。豈非長時大益。行者等努力努力勤而行之。常懐慚愧、仰謝仏恩、応知。

【訓　読】

行者等知れ、自の身心空際と同時にありてすなはち今身今日に至るまで、悪を断じ貪を除くことあたはず。一切の煩悩ただ増多なることを覚《し》るべし。また釈迦・諸仏同じく勧めて、もっぱら弥陀を念ぜしめ極楽を想観せしめて、この一身を尽して命断えてすなはち安楽国に生ぜしめたまふ。あに長時の大益にあらずや。行者等努力《ゆめ》努力《ゆめ》勤めてこれを行ずべし。つねに＊慚愧を懐き、仰ぎて仏恩を謝せよ、知るべし。

【語句説明】

○慚愧……「ざんき」と読む。慙愧とも書くことがある。自分の犯した行為や罪をかえりみて恥じること。

【解釈】

行者たちよ、よく知るべきである。自らの身と心が法性と同時に成立しておりながら、我が身は今日に至るまで、悪を断じ、貪りを除くことが出来ないでいることを。よって、自身には無明より生じるあらゆる煩悩が大変多いことを自覚しなければならない。また釈迦や諸仏は同じように行者に浄土往生を勧め、ただ阿弥陀仏を念じさせて下さり、極楽を想観させて下さり、今生の命終える時には、安楽浄土へと往生させて下さり、無明を滅して下さる。これこそが、永い間求めてきた大きな利益と言えないだろうか。行者らはよくよくつとめて念仏を行じなさい。いつも自分に対しては罪を恥じる思いを持って、そして仏に対してはその恩に感謝しなければならないことを。分かりましたか。

付録

柔遠師の『般舟讃甄解《けんげ》』の科段分けによる

『般舟讃』の現代語訳

科段目次

『般舟讃』の現代語訳

『観無量寿経』などに依って、般舟三昧を明らかにし、仏道を行ずる往生の讃文　一巻

比丘僧善導の撰述

第一章　序王

第一節　綱要

第一項　弘願の深法

敬虔な思いでもって、全ての往生を願う人達に申し上げたい。皆は深く慙愧せられたい。釈迦如来は我ら凡夫に対して、慈悲をそそぐ父母である。よって色々な巧みな方法を設けて、我らに無上の信心を発させて下さるのである。

第二項　兼ねて要門を示す

また、このように巧みな方法による教えが一つでない事は、我らのような誤った見解をもつ凡夫一人一人のためになされる教えだからである。もし、よくその如来の教えにしたがって修行しさえすれば、如来がお説きになるその道その道ごとに、仏を見ることが出来て、浄土に生ずることができるであろう。

第三項　通じて随喜を示す

第一　法に約す

1　まさしく明かす

もしある人が、善をなす行者を見聞したならば、その人も善でもって助けようと思うであろう。もしある人が、教えにしたがって修行する行者を見聞したならば、その行者を讃歎したいと思うであろう。もしある人が、修行を説く行者の話を聞いたならば、修行によって仏道に随う思いを懐くであろう。もし人が、悟りの内容を説く行者の話を聞いたならば、その人も悟りによって喜ぼうと思うであろう。

2　理由を示す

(1)　勧戒を散説する

どうしてかといえば、仏道を歩む者全てが、諸仏を師とし、真理の法を母として育てられ、養われるからであり、互いに心から親しみが溢れ、決して疎遠にはならないからである。だから他の教えや修行を、軽んじたり、罵ったりしてはいけない。また自らに縁のある教えのみを讃歎するようでもいけない。もし仏道の一部を否定しようものなら、自ら、諸仏に具わる法の眼を破壊することになってしまう。万が一にも、その法眼を亡くしたならば、悟りに至る正しい道を歩むことが出来なくなってしまう。そうなったならば、浄土への法門に入ることなど出来ない。

(2)　偈を説いて傷歎す

このように、傷み歎いて次のように申しあげたい。
衆生は盲目のような存在であり、自ら煩悩のままに人生を歩んでいる。
そのように悪業のままに行動したならば、必ずや地獄に堕ちるであろう。

貪欲や瞋恚の火を自分の思いのままに燃やし続けたならば、自らを傷つけるだけでなく、他人をも傷つけてしまう。そしていずれは、長く無明の海に沈んで、再び浮かび上がることなど出来ない。大海に住む盲目の亀が、百年に一度、海上に頭を出したとしても、大海に浮かぶ木に出遇う事など無いように、仏法に出遇うことは決してない。

第二　人に約す

1　まさしく明かす

修行者たちよ、総ての凡夫や聖者たちの身の上において、つねに讃歎や信順の心を発しなさい。そして是非を論じたり、怨みを生じるようなことがあってはならない。

2　理由を示す

(1)　上を成ず

なぜかといえば、自らの身・口・意の三業によって造られる悪業を防がねばならないからである。もし悪業を起こしたならば、迷いの世界にもう一度帰って来て、生死流転する結果を招き、今日まで変わることがないからである。

(2)　下を起こす

自分や他人の身の上に身・口・意三業を正しく護り、清浄にするという善業を修したならば、仏国に生じる正因となるからである。

第四項　重ねて要門を明かす

第一　問い

問う。身・口・意の三業が清浄であること、これが浄土に生じる正因であるならば、どのような行業を清浄と名づけることが出来るのであろうか。

第二　答え

答う。一切の悪法、すなわち自分自身の悪業や、他人に悪業を起こさせる自らの行為、これら全てを断ち切る事を清浄と名づけるのである。

また、自らの善業や、他人の身・口・意の三業に相応する素晴らしい善事を慶ぶ心を起す事である。それは諸々の仏や菩薩たちが為される随喜のように、自分もまた同じように喜ぶのである。この善根功徳を往生の因としてふりむけ、浄土に生じるのである。このことから、清浄な三業の作業を正因と名づけるのである。

第五項　結　真実を勧める

また、浄土に往生したいと願うのであれば、必ず自分にも勧め、他人をも勧めて、広く浄土の国土や衆生という依正二報の荘厳を讃嘆しなければならない。

また、浄土に往生する因縁や、迷いの世界の娑婆を離れる始終をも知るべきであろう。

多くの行者たちよ、分かりましたか。

第二節　修行の細目

第一項　問い

また問う。「般舟三昧楽」にはどのような意味があるのか。

第二項　答え

第一　分離して釈す

答う。梵語（サンスクリット）を音写して「般舟」と呼んでいる。中国では、これを「常行道」と意訳している。あるいは七日や九十日の間、絶え間なく歩み続ける行道をいうが、総体的には「三業無間」の意味である。これは身・口・意の三業が絶え間ないとの意であって、ここを「般舟」と名づけている。

また、「三昧」というのは、同じく梵語（サンスクリット）の音写で、中国では「定」と意訳している。前に述べた三業無間によって、ついに三昧境に達すれば、仏の境界が現前することを感得できる。まさしくその境界が現われる時、行者の身も心も悦びに満たされるので、これを「楽」と名づけている。

第二　異名

また、この「般舟三昧」は、定に入って諸仏を見ることより「立定見諸仏」（定にとどまって諸仏を見る）とも呼ばれる。心得ておきなさい。

第二章　正しく讃ずる

第一節　法の要を顕示する分

第一項　正しく教の区別を明かす

第一　能説の人

般舟三昧楽［願往生］

三界・六道の迷いの世界は苦であり、たえず生死輪廻を繰り返し、一箇所に留まることはない。

［無量楽］

我々は、はかり知れないほどの昔から、この三界・六道に沈みに沈んでいる。［願往生］
我々が至る先々で、ただ生死輪廻の苦しみの声のみを聞いて来た。［無量楽］
釈迦如来の浄土は、［願往生］
清浄に荘厳された無勝の国土である。［無量楽］
釈迦如来は娑婆世界で苦しむ衆生を救うために教化の身を現わし、［願往生］
人間の姿をした八相を現わして、衆生を済度して下さった。［無量楽］

第二　所説の法

1　漸教

ある時は、人乗・天乗、あるいは声聞乗・縁覚乗などの法を説き、［願往生］
また、ある時は菩薩乗による涅槃の因を説き、［無量楽］
また、ある時は、漸次と頓速、空や有の二種の教えを明らかにして、［願往生］
凡夫が持っている人障と法障との両障害を除くように仕向けて下さった。［無量楽］
これによって利根の者はすべて利益を得て悟ったのである。［願往生］

ところが、鈍根無智の者は悟ることが出来なかった。［無量楽］

『菩薩瓔珞本業経』には「漸教」が説かれており、［願往生］

長い時間をかけた修行で得た功徳によってのみ、不退転位に至る者がいるとする。［無量楽］

2　頓教

一方、『観無量寿経』や『阿弥陀経』等の説くところは、［願往生］

直ちに悟る事の出来る「頓教の教え」であり、まさに「菩提の蔵」である。［無量楽］

一日あるいは七日間、もっぱら阿弥陀仏の名を称えれば、［願往生］

命が終わったその瞬間に、安楽国に生じる事が出来る。［無量楽］

ひとたび阿弥陀仏の涅槃の国土に入ることができれば、［願往生］

不退転の境地を得て、無生法忍を証得することできる。［無量楽］

長い時間をかけた修行は、実に継続することが難しく、［願往生］

煩悩が瞬時において百度や千度も雑わってしまう。［無量楽］

もし、この娑婆世界にて無生法忍を証得することを待つのであれば、［願往生］

数え切れないほどの間、六道に輪廻したとしても、その目的を達することは出来ない。［無量楽］
貪欲と瞋恚の根本煩悩こそが、生死輪廻の業因である。［願往生］
その煩悩は、涅槃を得る因となることはない。［無量楽］
このような貪欲と瞋恚による火に焼かれる苦しみを見極めたならば、［願往生］
急いで阿弥陀仏の国土に往生する以外に方法はない。［無量楽］
かつて阿弥陀仏が因位にて、発心されたその時に、［願往生］
すみやかに王位を捨てて、悟りを求め、［無量楽］
世自在王仏のみもとで剃髪し、［願往生］
出家して修行なされたその姿を、法蔵菩薩とお呼びする。［無量楽］
四十八の誓願はここにおいて発された。［願往生］
一つ一つの誓願は衆生のために発起されたもので、［無量楽］
その願成就の極楽は、あらゆる宝で荘厳され、［願往生］
その荘厳浄土の世界は広大で限りなく、［無量楽］
「われ悟り得たらば、浄土の中央に坐し、［願往生］
末の世までを尽くして、衆生を救おう」と。［無量楽］

身より放つ光明は、遍く世界を照らし、〔願往生〕
光のおよぶ隅々まで、みな利益を蒙る。〔無量楽〕
一つ一つの光明は絶え間なく照らし続け、〔願往生〕
念仏の往生人を探し求める。〔無量楽〕
十方諸仏の国と比べても、〔願往生〕
極楽こそは、その身を安らかにする勝れた御国であるといえよう。〔無量楽〕

第二項　重ねてその理由を明かす

第一　滅を断ずるに約す

1　教主の恩を標す

般舟三昧楽〔願往生〕
釈迦如来は慈悲深きお方であられる。〔無量楽〕
この世の根本の師である釈尊は、あらゆる修行をなされて、〔願往生〕
限りなく永い間、衆生を救って下さっている。〔無量楽〕

一切の如来が方便を設けられる事は、〔願往生〕
我らが釈尊も同様である。〔無量楽〕

2　断滅の異なりを明かす

機根に随って説法されるからこそ、総ての人は利益を蒙ることが出来る。〔願往生〕
よって人々は真実の教えを領解して、真実の法門に入ることができる。〔無量楽〕
このように入り口は様々に異なり、八万四千もの法門があるのは、〔願往生〕
それぞれの無明と苦果との業因を断ちきるためである。〔無量楽〕
その煩悩を断ち切る利剣こそが、南無阿弥陀仏の名号である。〔願往生〕
一声称えれば、皆罪が除かれるから。〔無量楽〕

3　仏の因果を讃歎する

釈迦如来が因位の時、〔願往生〕

すぐさま身命と財産を捨てて、仏法を求め、［無量楽］
小劫・大劫・長時劫という、とてつもなく長い時間に、［願往生］
諸仏の言葉にしたがって誓願を立てて修行に励まれた。［無量楽］
その様は、ひと思いひと思いの中に、六波羅蜜を修し、［願往生］
慈・悲・喜・捨の広大な心を起こして、衆生を教化された。［無量楽］
釈迦菩薩は自らの身・口・意の三業において、絶え間なく善業を修し、［願往生］
ついに誓願を成就して、この上も無い最高の悟りを得られ尊者となられた。［無量楽］
無上菩提の仏果を得た釈迦如来は、［願往生］
その身を百億に分けて、あらゆる衆生を済度されている。［無量楽］
如来は総ての衆生に対して同時に説法されるが、衆生はそれぞれの素質に応じてそれを聞き分け、
［願往生］
それぞれの悟りに応じて、ついには真如に到達する。［無量楽］

第二　時劫に約す

1　随他意を標す

般舟三昧楽〔願往生〕
釈迦如来の教えに従いなさい。〔無量楽〕
仏の教えには多くの法門があり、八万四千にも及ぶのは、〔願往生〕
まさに衆生の素質能力が多岐に渉るからである。〔無量楽〕
自らの身を落ち着かせる常住の世界を求めようと願うなら、〔願往生〕
まず肝要な行業を求めて真実の法門に入らねばならない。〔無量楽〕

2　修行の時別

「漸教」は、一つの教え一つの教えごとに、別々の法門を説いている。〔願往生〕
その教えでは、一万劫もの長時にわたって苦行を行い、涅槃を得ると説く。〔無量楽〕
一方、命おわる時を限りとして専心に念仏すれば、〔願往生〕
命絶える時、たちまちに仏が来迎して下さる。〔無量楽〕
一度の食事をする僅かの間にも煩悩がまじわることがある。〔願往生〕
ましてや一万劫もの長時間にわたって、貪欲や瞋恚などの煩悩を起こさないはずがない〔無量楽〕

貪欲や瞋恚は人界や天界に生じる路《みち》を障礙して、［願往生］
地獄・餓鬼・畜生・修羅の世界に、その身を置く要因となる。［無量楽］

3　欣求浄土

我々が阿弥陀仏の安養浄土に到ることを願うならば、［願往生］
念仏と戒行でもって、必ず回向しなければならない。［無量楽］
持戒し修行して一心に精進したならば、諸仏が讃歎してくださり、［願往生］
命の終わる時に蓮華の台座が自ずから来迎する。［無量楽］
そして、一念の間に阿弥陀仏が説法する会座に入る事が出来て、［願往生］
三界・六道という迷いの世界に二度と沈むことはない。［無量楽］
浄土に生まれれば神通力を自在に操ることが出来る。［願往生］
命が終われば再び退くことがなく、生滅変化を超えた常住の境地を証得できる。［無量楽］
行・住・坐・臥、いつでも仏を見させて頂き、［願往生］
自らの手に香と華をもって、常に仏に供養させて頂く事ができる。［無量楽］

一念あるいは一時に、自然に浄土の水鳥樹林が妙法を説いているのを聴き、［願往生］
百や千もの数多くの三昧の法門が、自ずから成就できる。［無量楽］
よって、いかなる時でも常に禅定に入ることが出来る。［願往生］
その禅定の中において教えを聞けば、すべて皆悟りを得るのである。［無量楽］
百の宝の荘厳が自らの念によって現われ、［願往生］
極めて長い時間、供養して慈悲のご恩に報謝できる。［無量楽］
無始以来の多くの悪業は仏智によって滅せられ、［願往生］
無明を転じて真如の門に入ったならば、［無量楽］
大劫・小劫あるいは僧祇恒河沙劫という、とてつもなく長い時間ですら、［願往生］
指をはじくほどの短い時間のように感じられる。［無量楽］
このような安穏で快楽の世界を心のままに楽しむことができる。［願往生］
更に何を貪り求めて、浄土に生じようとしないのか。［無量楽］

4　厭離穢土

たとえ千年もの間、五欲を満足するような享楽を受けたとしても、［願往生］
地獄で受ける苦の原因を増大させるに過ぎない。［無量楽］
そこからは貪欲や瞋恚、そして十悪などが次から次へと起こってくる。［願往生］
これらが解脱や涅槃の原因となることなどは決してない。［無量楽］
地獄・餓鬼・畜生の三悪道を恐れずに多くの悪業を作し、［願往生］
仏・法・僧の三宝を破滅して、永く生死流転の世界に沈む。［無量楽］
父や母に孝養を尽す事なく、親族を罵しったならば、［願往生］
地獄にその身を置くこととなって、抜け出る機会などはやって来ない。［無量楽］
このように凡夫は、量りしれない程の昔から苦海に沈み、［願往生］
西方浄土に往生する肝心の教えなど、今までにも聞いたことがない。［無量楽］
人間の身に生まれたものの、煩悩など多くの障害があって、［願往生］
仏の教化を受けることなく、却って仏法に疑いすら抱いて来た。［無量楽］
そのような衆生を視そなわし、六方浄土にましますす如来達は慈悲極まり、いたたまれず、［願往生］
心を同じくして、衆生を西方に往生させようと図らって下さる。［無量楽］

5　難化の機を誡める

悟りの障げとなる、長年に亘る病いや遠出したことなど気にも留めない人、［願往生］
また、念仏が悟りに至る方法ではないという人、［無量楽］
このような人は、如来も教化することが難しい。［願往生］
凡夫は常に無明煩悩に繫がれていて、惰眠を貪っている。［無量楽］

第二節　荘厳を讃歎する分

第一項　略して讃歎する

第一　経典に依る

衆生は早くそれに気づいて、ただ『阿弥陀経』・『観無量寿経』の教えに学ばねばならない。［願往生］
これらの経典の一言一句に西方浄土往生の様相が説かれているからである。［無量楽］

第二　徳を報ずる

1　極楽の地下

(1)　所依の荘厳

極楽の地下には、宝の柱が無数億も建っている。［願往生］
しかも、その柱は八角柱の形をしていて、総て光輝いている。［無量楽］
柱を荘厳する万億個の宝と珠は、互いに互いを映し合い、［願往生］
その各々は類い希なさまを現わしている。［無量楽］
地下の宝柱の輝きは、地上にある衆宝で荘厳された大地を照らし、［願往生］
その妙色は、百千の大陽の光よりも優れている。［無量楽］

(2)　能依の受楽

また、往生人自らの身体からは紫金色の光明が発せられ、［願往生］
足は宝地を踏んでゆったりと進む。［無量楽］

この無生常住の宝国の地に往生することを得るは、〔願往生〕
これみな阿弥陀仏の願力の恩徳によるものである。〔無量楽〕
ここでは、何時いかなる時でも妙法を聴くことができ、〔願往生〕
お陰で、煩悩や罪障等などは起こることさえ無い。〔無量楽〕
浄土では菩薩は善知識であると共に、往生人と同学であって、〔願往生〕
往生人の手を携えて、率いて七宝の講堂へと招き入れて下さる。〔無量楽〕
一念一念の中に仏法の楽しみを受け、〔願往生〕
たちどころに百千の法門を悟得する。〔無量楽〕

(3)　殷勤に浄土に帰依するを勧める

大衆たちよ。心を同じくして、この娑婆世界を厭いなさい。〔願往生〕
仏の願力に乗せて頂いたならば、阿弥陀仏を拝見させて頂くことが出来る。〔無量楽〕
すぐさま、これまでの迷界を思い量ったならば、心の底から痛ましいと感じるであろう。〔願往生〕
量りしれないほどの長い時間を、いたずらに過ごしてきたことに、むなしさと疲労を感ずる。

〔無量楽〕

だからこそ、いま自身が浄土の教えを聞かせて頂く事を喜びたい。〔願往生〕

身命を惜まず、西方浄土に往生しよう。〔無量楽〕

西方浄土は快楽常住の涅槃処である。〔願往生〕

到底、天界や人界とは比較できるものではない。〔無量楽〕

第六天が人界より億万倍勝れていようとも、〔願往生〕

西方浄土の人の一相にも及ばない。〔無量楽〕

浄土に往生する人には三十二相が具わり、神通力も自在に操る。〔願往生〕

その往生人の身から放たれる光明は遍く十方世界を照らし出す。〔無量楽〕

2　宝樹荘厳

(1)　用うるところ希奇なり

人界の帝王が享受する音楽から、第六天に至るまでに味わう音楽すら、〔願往生〕

西方浄土のそれと比べれば、浄土の音楽の勝れていること億万倍である。〔無量楽〕

浄土の宝林の枝が互いに触れて奏でる音楽も、［願往生］
第六天のそれと比べれば、第六天の音楽は、その一にも及ばない。［無量楽］
一日六回、時に従って供養の香風が起こり、［願往生］
その香風が樹に触れた時、華が飛んで宝池に落ちる。［無量楽］
宝樹より散ったその華は、浄土の宝池の八功徳水の上に浮かぶ。［願往生］

(2)　能く用うるもの自在なり

その華を、往生人の童子はつかみとって船とする。［無量楽］
往生人はその船に乗って、直ちに蓮華の会座に入る。［願往生］
化仏や菩薩はその往生人に衣を用意して着させる。［無量楽］
往生人は、それぞれの香華を執って阿弥陀仏の御前に立ち、［願往生］
身を正して粛々と、遙に香華を散らせたならば、その香華は雲に変わる。［無量楽］
その宝の雲は、天蓋となって浄土を荘厳する。［願往生］
また、浄土では宝樹にみのる宝の果実を食べさせてくれる。［無量楽］

昔、往生浄土を勧める善知識に遇って、［願往生］
西方浄土の阿弥陀仏のみ名を聞くことが出来た。［無量楽］
今、その阿弥陀仏の誓願の力によって浄土に来させて頂き、阿弥陀仏や同縁の者達ともお遇いさせて頂く事が出来た。［願往生］
だから、常にこの浄土にとどまって、再び穢土に還ることをしない。［無量楽］

(3)　能く用いるもの平等なり

同じく浄土に生まれた仲間とともに、樹林に入って辺りをみわたせば、［願往生］
自らの足下から輝く光は、太陽や月の光など及ぶものではない。［無量楽］
浄土では、菩薩たちの集う法会は尽きることがない。［願往生］
それぞれの身体から放たれる光は互いに互いを照らし合っている。［無量楽］
また新たに往生した者も紫金色の輝きを放っている。［願往生］
その輝きは、多くの旧住の大衆たちと異なってはいない。［無量楽］

3　宝楼の荘厳

または、宝の楼閣に入っては、聖衆たちと一緒に座る。［願往生］
そこに集う大衆たちは、往生人を見て全員、歓びに溢れる。［無量楽］
浄土を飾っている様々な荘厳は、人知を超えて不可思議であり、［願往生］
宝楼の内外の様相を、何の障害もなく見ることができる。［無量楽］
足を休めるたび、一足一足に、たちまち法楽を受ける。［願往生］
三昧に入って、無生法忍を自然に悟ることができる。［無量楽］

4　地上の荘厳

浄土の大地の上は多くの宝によって荘厳され、［願往生］
百千万ものさまざまな色が互いに混じり合い、［無量楽］
あらゆる所は聖衆たちが座る宝座や華台によって埋め尽くされている。［願往生］
心のままに自らが座る華座を受け入れれば、光がやって来て自らを照らし出してくれる。［無量楽］

5　宝池の荘厳

百千の童子や菩薩衆が、［願往生］
それぞれ香華を捧げて池に向かって眺めれば、［無量楽］
坐っている者、立っている者、あるいは浄土の池や溝の岸辺にいる者、［願往生］
階段を下って宝池に入る者たちがいる。［無量楽］
また、砂の上に立っている者や膝まで池につかっている者、［願往生］
腰や頭を沈めている者、あるいは水を注ぎかけている者もいる。［無量楽］
金の華や百宝の葉を手にとって、［願往生］
岸の上で池を観ている人に与える者など様々で、［無量楽］
その受けとる香華は千万の種類にものぼる。［願往生］
しかも、その香華を阿弥陀仏が説法しておられる大法会の上に向かって散華すると、［無量楽］

6　空裏の荘厳

その華は変化して、仏の頭上を覆う蓋《かさ》となって荘厳する。［願往生］
自然に生じた音楽が千重にも大会をめぐり、［無量楽］
宝鳥が声を連ねて天の音楽を奏でる。［願往生］
このような浄土の瑞相を見る者すべてが、衆生救済の慈悲心を起こす。［無量楽］
私が今この浄土に来ることが出来たのは、阿弥陀仏の誓願の力によるものである。［願往生］
昔、同じ縁に遇った友、同じ道を行じた友たちよ。早く浄土にやってきなさい。［無量楽］
普く願うところは、閻浮提の人たちよ、［願往生］
同じ道を歩む者たち同士、互いに励まし合って、決して挫折してはいけない。［無量楽］

7　勧を結ぶ

専ら『阿弥陀経』・『観無量寿経』などを読誦し、［願往生］
阿弥陀仏を礼拝し、お相《すがた》を観察して、その功徳を必ず回向すべきである。［無量楽］
あらゆる時においてこの行を続け、［願往生］
死に至るまでを一つの期限として、ただ、ひたすらに勤める。［無量楽］

一旦、阿弥陀仏の安養国に到ることができたならば、〔願往生〕
ついには何の執著もなくなり、そのままで涅槃を得ることができる。〔無量楽〕
浄土では涅槃のすばらしい荘厳が辺り一面に満ちており、〔願往生〕
その妙境の荘厳を見たり、浄土の香りをかぐ事が出来れば、罪障はすべて除かれる。〔無量楽〕
神通力にて空中を飛び周る不思議を現し、〔願往生〕
人知の及ばない浄土のすばらしい様相を褒め讃える。〔無量楽〕
また、華や香りを散らして阿弥陀仏を供養し、〔願往生〕
釈迦・弥陀二尊の慈恩に対して、報謝する心は尽きることがない。〔無量楽〕
もし釈迦如来の力によらなければ、〔願往生〕
どうして阿弥陀仏の浄土の教えを聴くことができただろうか。〔無量楽〕
衆生の障りが尽きたならば、それを聞いた者は、皆、歓喜の心を生じる。〔願往生〕
だから、すみやかに諸悪を断って、往生を願い求めなさい。〔無量楽〕

第二項　広く讃歎する

第一　依報

1　通依

(1)　方処

ア　正しく西方を讃す

(ア)　因に約して方を指す

般舟三昧楽〔願往生〕

今生に、仏の教えに随がうという誓願を起こして、〔無量楽〕

行・住・坐・臥、いつでもひたすら念仏し、〔願往生〕

一切の善業を以て、総て往生に回向すべきである。〔無量楽〕

ひと思いひと思いの中において、常に懺悔したならば、〔願往生〕

命終わる時に、観音菩薩が持つ金剛の台《うてな》に乗せて頂き、往生させて頂ける。〔無量楽〕

いつでも西の方を望んでは礼拝し、〔願往生〕

凡夫の心と、阿弥陀仏の心とが相い向かうことを知らしめなさい。〔無量楽〕

釈尊は、衆生の心が乱れる事を知っておられるので、〔願往生〕

ひとえに他のことを考えず、心を西方一つに留めよ、と教えて下さる。〔無量楽〕

衆生には阿弥陀仏の浄土の遠い近いが分からないので、［願往生］
釈尊は「阿弥陀仏の浄土は西方十万億土を過ぎたところにある」と説いて下さる。［無量楽］
西方浄土への道程が遙かであっても、歩いて到るのではなく、［願往生］
金剛の台に乗せて頂くからこそ、指をはじくほどの短い時間で、浄土の宝池に入る事が出来る。
［無量楽］
浄土往生を疑ってはならないのに、これを疑う衆生のいる事が嘆かわしい。［願往生］
娑婆で、浄土の阿弥陀仏と向かい合い、凡夫の心と如来の心とが離れていないことを知りなさい。
［無量楽］
阿弥陀仏が救いとって下さるか否かを論じてはいけない。［願往生］
心を専らにして、善根を浄土に回向するか否かにかかっている。［無量楽］
ただ回心して、心を定めて浄土に向かうならば、［願往生］
臨終において、華で飾られた台《うてな》が自ずから来迎下さる。［無量楽］

(イ)　果に約して利益を述べる

A　自土を愛楽す

阿弥陀仏に従って、華台に載せて頂いて極楽浄土に入ったならば、［願往生］
浄土の多くの大衆にまみえる事が出来、しかも悟りを得る事が出来る。［無量楽］
浄土の一つ一つの宝楼の荘厳が心のままに入ってくる。［願往生］
その内外のすばらしさは人知を遙かに超えている。［無量楽］
鳥がさえずれば、菩薩が舞う。［願往生］
浄土に居す童子も歓喜して、不思議な力を駆使する。［無量楽］
この娑婆世界から浄土に生まれる者のために、［願往生］
様々に供養して歓ばせて下さる。［無量楽］
仏は浄土に生まれた人を率いて、これらの様相を観せて下さるに、［願往生］
至る所、ただ不思議なことばかりである。［無量楽］
地上や虚空には聖者たちが満ち溢れ、［願往生］
珠の網や宝の網の飾りものが、自ずと浄土を覆っている。［無量楽］
微風が吹いて木々を動かし、妙なる響きを奏でている。［願往生］
その音声は、みな悟りの法を説いている。［無量楽］
樹木を見、あるいは波の音を聞いて、悟りに入る。［願往生］

既往の童子は、華を持って如来の周りを巡って讃歎する。［無量楽］
そして、阿弥陀仏のそばに立っては、説法を聴き、［願往生］
その教えに浸って法を慶び、長い時間が過ぎていく。［無量楽］

B　他方を快遊す

極楽浄土の諸菩薩につきしたがって他の浄土を経巡れば、［願往生］
すべてが皆、悟りの涅槃の世界である。［無量楽］
一つの仏国土で、皆が法を聴く。［願往生］
他方の仏国土をめぐり訪れては、皆が供養する。［無量楽］
その仏国土に留まろうと願えば、千劫もの無限の時間が過ぎたとしても、わずか一度の食事をする程の時間にしか感じない。［願往生］
その時、娑婆世界の念仏行者のことを想う。［無量楽］
大地を微塵に砕けば数限りなく飛び散るが、それでもなおその数には限りがある。［願往生］
しかし、十方の仏国土は、その数をきわめ尽すことができないほどに多い。［無量楽］

しかも、一つ一つの仏国土の荘厳はみな厳かに飾られている。［願往生］
極楽と同様であって、特に違ったところはない。［無量楽］
一切の如来はその荘厳をご覧になって歓喜される。［願往生］
このように菩薩や聖者達が、他方の仏国土へ案内下さって、遊歴し、それらの荘厳を見せて下さる。［無量楽］
あらゆる荘厳は極楽と同様である。［願往生］
変化したり神通力を駆使するのも、一切さまたげがなく極楽と同じである。［無量楽］
浄土の地上や虚空に、如来の声が満ち渡っている。［願往生］
その響きを聴き、その音《こえ》を聞いて、みな悟りを得る。［無量楽］

イ　兼ねて能入の因を明かす

㈠　権実の二つの因

般舟三昧楽［願往生］
念仏を相続して釈尊の師恩に報いなさい。［無量楽］

財を喜捨して布施の功徳を造るのも良いが、［願往生］
戒律を守って三毒の根本煩悩を断じ尽くすには及ばない。［無量楽］
全ての衆生を敬って、常に念仏して、［願往生］
自分や他人の功徳を合わせて、浄土へとふり向けなさい。［無量楽］
三心を具して三昧に住し、安楽世界に生まれたならば、［願往生］
その人こそ、三界を超越《ちょうおつ》して迷いの世界を抜け出たといえよう。［無量楽］

(イ) その勝果を明かす

命の終わる時に、阿弥陀仏の蓮華の台座が来るのを見て、［願往生］
わずかの間に極楽国の宝池の会座に入ることができる。［無量楽］
すると、その会座にいる多くの人々はみな共に喜こんで下さる。［願往生］
そして、新たに往生した者に、既に往生した人々から天衣が与えられ、思いのままに着せて頂ける。［無量楽］
その上で、菩薩と声聞たちが、新たに往生した者を、阿弥陀仏の御許に連れて行って下さり、仏

に遇わせて頂ける。［願往生］
阿弥陀仏にわずか一度礼拝させて頂くだけで、悟りを得る事が出来る。［無量楽］
その時、阿弥陀仏は多くの弟子たちに、次のように問いかけられる。［願往生］
「この極楽世界は今までいた三界の世と較べてどうであるか」と。［無量楽］
新たに浄土に生まれた者たちは、皆その問いに応えようとするものの、［願往生］
手を合わせながら泣き濡れて、言葉にはならない。［無量楽］
娑婆世界で受けた長い生死輪廻の苦しみを、やっと免れることが出来、［願往生］
今日、阿弥陀仏にまみえる事が出来たのは、誠に釈迦如来のご恩によるものである。［無量楽］

ウ　浄穢の対明

㋐　浄土を欣い、穢土を厭離す

般舟三昧楽［願往生］
釈迦如来のお言葉に素直に従ったならば、この目で阿弥陀仏を拝む事が出来る。［無量楽］
よって、総ての往生を願う者たちに勧めたい。［願往生］

往生の志を持つ同行の者達は、互いに親しみ合い、互いに離れないようにしなくてはならない。［無量楽］

たとえ父母や妻子が百千万人いたとしても、［願往生］

それは悟りに至る増上縁にはならない。［無量楽］

それどころか、父母や妻子は、絶えず心に纏わり付いて、三悪道に堕ちる縁となる。［願往生］

悪業の果報によって六道を経巡り、様々な身となりながら、たとえ過去に縁のあった人と出遇ったところで、お互い知ることは無い。［無量楽］

私たちは、猪や羊などの畜生の世界に共にいたかもしれない。［願往生］

畜生界などに生じる輪廻転生は、いつ終わるのであろうか。［無量楽］

慶ばしいことに、我々は受けがたい人身を受け、遇いがたい仏法の教えに出遇えば、［願往生］

たちまちに、六道輪廻の世界を捨てて、極楽世界に帰入することが出来るのである。［無量楽］

㈠　浄土を欣う理由を明かす

阿弥陀仏の父と往生人の子とが、互いに見《まみ》えるという喜びは、単に尋常の喜びではない。［願往生］

菩薩や声聞たちと見《まみ》えるのも、また同じである。［無量楽］
菩薩達は、往生人を連れて、ともに極楽を歩きまわり、樹林に入って浄土の様子を見せ、［願往生］
あるいは蓮華の台座に坐らせて下さったり、あるいは高殿に登らせて下さる。［無量楽］
そこから、阿弥陀仏の七宝で出来た極楽の世界を見渡せば、［願往生］
地上や空中には、それぞれから出される輝く光でもって、互いに照らし合っているのがわかる。
［無量楽］
往生人は神通力を使って、他方の仏の世界を遍歴し、［願往生］
それぞれに設けられた数限りない説法の会座を聴聞し供養する。［無量楽］
往生人の機根に従って、その一つ一つの大会に入れて頂いても、［願往生］
どの会座も、それぞれ同じ一味の法を聞かせて頂くばかりである。［無量楽］
そこでは行・住・坐・臥、いかなる姿をしていようとも、いつも澄み切った境地にいることが出来る。［願往生］
そのような精神統一の境地のままに、神通力を自在に使い、［無量楽］
それぞれの神通力によって、様々な仏の説法の会座を経巡り、［願往生］
各々の会座において、仏法を聴聞し悟りを得る事が出来る。［無量楽］

(2) 宝楼

ア 正しく宝楼を明かす

般舟三昧楽［願往生］
極楽は往生人の身を安らかにさせるに、実にすぐれている。［無量楽］
浄土の地上を荘厳する金色の楼閣や、宝玉で彩られた柱、それに瑠璃で出来た大堂、［願往生］
真珠の宝閣は百千にも列なっている。［無量楽］
いくえにも重なる飾り網、それに付いている宝玉の光が互いを照らし合い、映し合っている。
［願往生］
宝の縄が交わって、すずと飾り玉を垂らしている。［無量楽］
昼夜に香風が起こり、その時々に羅網と触れれば、［願往生］
その鳴り響く音声は、すべて仏・法・僧の三宝の名を称《とな》えている。［無量楽］
極楽の衆生は、内心を照らす働きがするどく、［願往生］
一つの法門を聞けば、百千の法門を一度に悟ることが出来る。［無量楽］

イ　兼ねて能居を示す

㈠　安身自在

般舟三昧楽［願往生］

どのような処にいても、身を落ち着かせることの出来るのは、極楽が最高である。［無量楽］

たくさんの童子とともに空中に遊んで戯れる事も出来る。［願往生］

手では香華を散じて、心では阿弥陀仏を供養する。［無量楽］

往生人の身相の光と、身を飾る瓔珞とが互いに照らし合う。［願往生］

一切の極楽の荘厳から放たれる光も、また互いに照らし合っている。［無量楽］

あるいは、往生人が楽器を奏でて仏を供養する。［願往生］

そこで化仏は慈悲をもって、はるかに記別を授けられる。［無量楽］

同じく浄土に往生した者は百千万人もいる。［願往生］

その者たちは蓮華に乗って直ちに空中の説法の会座に入る。［無量楽］

それぞれの会座は別々で、無億数もある。［願往生］

あちらこちらの会座を聴き回り、一つ一つ過ぎ去ったとしても、同味の法を説いているので障り

となることはない。[無量楽]
極楽の会座では、いついかなる時でも教法が説かれている。[願往生]
その教えを見聞して歓喜すれば、罪はすべて除かれる。[無量楽]

(イ) 身心に楽を受ける

阿弥陀仏と聖衆の身は金色に輝いている。[願往生]
そして仏と聖衆達の光と光とが互いに照らし合えば、互いの心がわかる。[無量楽]
阿弥陀仏の相好と浄土の荘厳とも異なるところがない。[願往生]
みなそれは阿弥陀仏の本願力によって成就された荘厳によるからである。[無量楽]
浄土では、地上にも虚空にも往生人が満ち溢れている。[願往生]
しかも神通は自由自在に変現することを、往生人には自ずと分かる。[無量楽]
それは、華でかざられた楼閣の上に、宝のような雲が空を覆ったり、[願往生]
阿弥陀仏によって化現された鳥が、声を連ねて法音を奏でたり、[無量楽]
法音が巡り巡って、雲のように合わさったりする。[願往生]

この法音を聞いて、かの国の人や天たちは悟りに入る事が出来る。［無量楽］
往生人は、永い永い間をかけて、［願往生］
仏法の楽しみのみを受け、人知では計り知れない不思議さを味わう。［無量楽］

(3)　宝池

ア　能く受用するを明かす

般舟三昧楽［願往生］
このような荘厳が施された極楽への入り口は、全て開放されている。［無量楽］
広く願うならば、有縁の念仏者たちよ、［願往生］
心を専らにして、ただちに浄土に入ることを、疑ってはいけない。［無量楽］
ひとたび、阿弥陀仏の極楽に到ったならば、［願往生］
もともと浄土は、我が父阿弥陀仏の家であったと知り得よう。［無量楽］
この世での兄弟の因縁が、浄土では共に羅漢の友となり、［願往生］
菩薩の仲間たちは、浄土へ導く善知識となる。［無量楽］

歩いていても、座わっていても、みな仏法を聴き、［願往生］
向こうへ行こうが、こちらに来ようが、一切障碍が無い。［無量楽］

イ　正しく徳水を嘆ず

あるいは宝池に入って頭の頂から水を注ごうとも、［願往生］
あるいは池のほとりの乾いた宝石の砂地の中にいて身を乾かしていようとも、仏法を聴くことが出来る。［無量楽］
水を打てば、さざ波が起こって妙なる音が出る。［願往生］
その音の中から、もっぱら慈悲の御法が説かれている。［無量楽］
浄土の宝池の八功徳水は清明澄潔で、はるか千万里までも続いている。［願往生］
宝の砂は透き通って、深い底まで照らし出す。［無量楽］

ウ　兼ねて荘厳を明かす

宝池の四方の岸辺の荘厳は、七宝から出来ている。［願往生］
宝池の底に敷かれた黄金の砂には百千の色がある。［無量楽］
その色その色は様々で、光を放ち、輝き照らしている。［願往生］
宝樹から飛んできた華が、水中に落ちて浮かんでいる。［無量楽］
宝樹の木々の枝は垂れて、あたかも宝石のとばりのようである。［願往生］
池の周囲は三十万由旬もある。［無量楽］
また宝樹の木々の根や茎、あるいは枝や葉も七宝から出来ており、［願往生］
その一々の宝から、無数の光が放たれている。［無量楽］
かすかに風が吹いた時、その宝が互いに触れあって奏でられる音楽。［願往生］
それは、第六欲天の音楽ですら、比べる事ができないほどの妙音で、［無量楽］
化仏や菩薩や無量の大衆たちは、［願往生］
それぞれの樹の下で、阿弥陀仏の真実の声なるその妙音を聴いている。［無量楽］

(4)　宝地

ア　先に地徳を明かす

(ア)　正しく土徳を讃ず

般舟三昧楽［願往生］
ひとたび浄土に往生すれば、退くことなく悟りに至る。［無量楽］
大地はどこまでも平らかで、多くの宝で出来ている。［願往生］
その一々の宝からは、百千の光が出されており、［無量楽］
その一々の光が、七宝の台座となり、［願往生］
それが変化して百千億の楼閣となる。［無量楽］

(イ)　能依に寄せて明かす

無数の、仮に姿を現した天の童子達、［願往生］
彼らは総て念仏往生の人達である。［無量楽］
また、往生人は宝座に登って楼閣の中で楽しみ戯れ、［願往生］
法楽によって飢えや渇きを感じることなく、常に心安らかに落ち着いている。［無量楽］

また、光明に輝く百宝で飾られた宮殿に入り、〔願往生〕
大いなる説法の会座に出遇って、阿弥陀仏を讃嘆させて頂く。〔無量楽〕
あるいは、次のようにいうであろう。「今から仏果を得るまでの〔願往生〕
きわめて永い期間、仏を讃嘆して、慈悲のご恩に報いたい」と。〔無量楽〕
阿弥陀仏の広大な誓願の力を蒙ることがなければ、〔願往生〕
いったい何時、何劫を経れば、娑婆世界を脱することができたであろうや。〔無量楽〕
阿弥陀仏の浄土に到った時より今日まで、常に法を楽しんでいる。〔願往生〕
しかも、ここではついに十悪の名すら、聞いたことがない。〔無量楽〕
眼では如来の姿を見、耳ではその教えを聴き、〔願往生〕
そして、身体は常に仏に随っている。これらを喜べば喜ぶほど、娑婆での自分の姿が悲しまれる。
〔無量楽〕
どうして今日、極楽浄土に到ることを目指せたのか。〔願往生〕
それはまさに、娑婆世界の本師、釈迦如来の力以外、何ものでも無い。〔無量楽〕
もし、善知識である本師の勧めが無かったならば、〔願往生〕
阿弥陀仏の浄土にどうして往生することができたであろうや。〔無量楽〕

イ　総じて正業を明かす

(ア)　初めに如実行を勧める

般舟三昧楽〔願往生〕

極楽浄土に生じたならば、本師釈迦如来のご恩に報謝しなさい。〔無量楽〕

それは、この教えをひろく有縁の在家・出家たちに勧めることである。〔願往生〕

必ず、阿弥陀仏の教えを専心に実践しなさい、と。〔無量楽〕

専心に念仏し、専心に経典を読誦し、浄土の姿を観察し、〔願往生〕

浄土の荘厳を礼拝し、讃嘆して、心を乱してはいけない。〔無量楽〕

行住坐臥いかなる時も、その心を持《たも》ち続けたならば、〔願往生〕

極楽浄土の荘厳が自然《じねん》に目の前に現われるであろう。〔無量楽〕

あるいは浄土の荘厳を想い、あるいは浄土を観察すれば、罪障を取り除くことができる。〔願往生〕

これらのはたらきは、すべて阿弥陀仏の本願力によるものである。〔無量楽〕

如来の力によって三昧を成就することができ、〔願往生〕

三昧の成就によって心眼が開かれる。〔無量楽〕

心眼が開けば、そこはすでに諸仏の悟りの境界であり、その境地は凡夫を遙かに超えている。［願往生］

その境地に至ったならば、釈迦の恩を喜び、自らの罪障を慚愧すべきである。［無量楽］

このことを、十方の如来が語って証明して下さり、［願往生］

九品の機類すべて、浄土に往くことができると判じておられる。［無量楽］

㈠　受行の益を述べる

阿弥陀仏の父は、往生人の子を迎えて説法の会座に入らせて下さる。［願往生］

そこで、仏は子に対して六道の苦しみについて問いかけられる。［無量楽］

すると往生人は、「過去世の業に依って得た人・天の果報でありましたが、［願往生］

飢餓に苦しめられたり、身体に瘡などを生じる苦しみを味わってきました」と申しあげる。［無量楽］

すると、阿弥陀仏と浄土の大衆たちは、［願往生］

往生人のそのような苦しみを聞いて、みな痛ましく嘆かれる。［無量楽］

その時、阿弥陀仏は、総ての大衆たちに告げられる。［願往生］
「これらは、自らがなした因によって、自らが受けた結果である、決して他人を怨んではならない」と。［無量楽］

ウ　略して涅槃の地体を嘆ず

般舟三昧楽［願往生］
涅槃常住の浄土には、心を悩ませるものは永遠《とわ》に存在しない。［無量楽］
この涅槃の快楽を受ける無為の世界には、［願往生］
貪・瞋の煩悩によって燃えさかる家など、いまだ聞いたことがない。［無量楽］
往生人は、百の宝で出来た華台に思いのままに坐り、［願往生］
その法座には、きわめて多くの聖衆達が集まる。［無量楽］
童子たちが如来を供養し、声聞たちは如来を讃歎する。［願往生］
鳥が空を百千回も飛び回って楽《がく》を奏でる。［無量楽］
坐ったり、立ったりするその一瞬一瞬に、［願往生］

過去に行った露塵《つゆちり》ほどの無数の悪業も、全て消え去る。［無量楽］
また、天衣を投げかけて宝池の上に覆いかぶせ、［願往生］
その衣の上にさらに宝華や宝香を撒《ま》く。［無量楽］
そこを聖衆が歩いたならば、足が天衣の上を踏む。［願往生］
その時、衣と華が体に触れるだけで、第三禅天のような楽しみが得られる。［無量楽］
往生人の内と外とは透き通り、まるで清らかな鏡のようである。［願往生］
外の透き通りとは、煩悩は消え去り、ついに起こることがない事で、［無量楽］
内の透き通りとは、ひと思いひと思いごとに、三昧の境地が深まって、益々清らかな心境が得られることである。［願往生］
このように漏尽通で得られる無漏の智慧こそ、真実の中でも最も真実なものである。［無量楽］

エ　広く荘厳を讃ず

般舟三昧楽［願往生］
煩悩が永く絶え果てて、再び起こることはない。［無量楽］

また、宝地は瑠璃がちりばめてあったり、〔願往生〕
また、宝地は紫磨金で出来ていたり、〔無量楽〕
また、宝地は黄金で出来ていたり、〔願往生〕
また、宝地には水晶が映えていたり、〔無量楽〕
また、千もの宝で荘厳してある大地があったり、〔願往生〕
また、多くの数の宝で出来ていたりする。〔無量楽〕
しかも、それぞれの光が互いを照らし合っており、〔願往生〕
十方から来る者は、皆その宝の上を行き交う。〔無量楽〕

(5) 宝樹荘厳

浄土に来た人は、進むも止《と》まるも留《とど》まるも、心のままに逍遙を楽しむ。〔願往生〕
浄土では、公私にわたって、一切の愁いはない。〔無量楽〕
あるいは百度、あるいは千度も姿を変える神通をなして、〔願往生〕
総ての説法の会座を供養して聴聞する。〔無量楽〕

香雲が、千もの宝で出来た蓋《かさ》となり、［願往生］
その雲から、香と華の雨が降り注ぐ。［無量楽］
様々な荘厳が、思いのままに現れて、［願往生］
至る所それぞれで、不可思議を現わしている。［無量楽］
般舟三昧楽［願往生］
この世の命が終われば、ただちに極楽の悟りの会座に入りなさい。［無量楽］
そこには宝で出来た樹や林が、並んで見事に満ち渡っており、［願往生］
一つ一つの林や樹は、ことごとく荘厳されている。［無量楽］
根と根、茎と茎とがあい対し、［願往生］
枝と枝、小枝と小枝とがあい依り、［無量楽］
節と節とが曲がり合い、葉と葉があいならび、［願往生］
華と華とがあい向き合い、果実と果実が当たり合っている。［無量楽］
光、光って自他の国々を照らし出す。［願往生］
その照らす処は透きとおり、物の色に随って、［無量楽］
光は不可思議な物を変現する。［願往生］

これは悉く、阿弥陀如来の願力のみにてなせる技である。［無量楽］
樹々の間には宝の階段があって、［願往生］
一つ一つの階段上には楼閣が建ち並んでいる。［無量楽］
いくえにも重なる網の飾りからは、妙なる音楽が奏でられ、［願往生］
楼閣内の無量の人々を供養する。［無量楽］

2　別依

(1)　華座

ア　先に所依を明かす

般舟三昧楽［願往生］
身体がくちはてて命おわる時には、阿弥陀如来の御前に往生させて頂くことを目的とするが良い。
［無量楽］
たちまちに浄土での楽しみを思えば、［願往生］
往生人はすべて平等に、浄土で楽しみを受けることを疑ってはいけない。［無量楽］

浄土は煩悩の汚れの無い金剛によって荘厳された地で、［願往生］
それぞれから放たれた光明が互いを照らし、あたかも千の大陽が輝やくよりも勝れた明るさである。［無量楽］
この浄土は阿弥陀仏の願力によって作られ、荘厳された地である。［願往生］

イ　正に華座を讃ず

(ア)　本仏

A　座するところは蓮華

一つの蓮華は、諸仏の王である阿弥陀如来が坐られる台座を形作っている。［無量楽］
その蓮華台には八万四千ものはなびらが重なり合い、［願往生］
一枚のはなびらには百千億もの摩尼珠の玉が付いており、［無量楽］
一々の珠玉からは千もの色が輝き出されている。［願往生］
その光が上の虚空を照らしたならば、阿弥陀仏の蓋《かさ》に変現し、［無量楽］
華座台には八万もの金剛が布《し》かれて、［願往生］

真珠をつらねた網飾りが、その華台を覆い飾っている。［無量楽］
華台をささえる四柱の宝幢にかけられている垂れ幕が、交わり、たなびいている。［願往生］

B　能座するは仏身

その中に阿弥陀仏が独り真金の輝きを発し、その功徳の広大さを身をもって顕しておられる。［無量楽］
ひとたび蓮華台に坐された上には微動だにされない。［願往生］
未来永劫を尽くしても、衆生を救済される姿である。［無量楽］
仏は総ての衆生に次のように勧められる。［願往生］
行・住・坐・臥、どのような姿勢をしていても、常に思い続けて心で私を見つめなさい。［無量楽］
阿弥陀仏の身は完全円満であり、どこから眺めても常に正面を向いておられる。［願往生］
よって、十方より来る人はすべて、阿弥陀仏の正面と対峙することになる。［無量楽］
往生人は、共に浄土往生を願って、心を傾けて念じ続けなさい。［願往生］
そうすれば、有縁の者の心の前に現れられるであろう。［無量楽］

今生において、浄土の不思議な荘厳相を見ることができるのは、［願往生］すべて阿弥陀如来の力をいただくからに他ならない。［無量楽］

㈹　脇士の華座

浄土では、観音菩薩や勢至菩薩が阿弥陀仏と蓮華台をならべて座っておられる。［願往生］一々の荘厳は阿弥陀仏が座しておられる華座の荘厳に似ている。［無量楽］また、蓮台の四方にある宝の柱や宝の幔幕は阿弥陀仏のそれと似ている。［願往生］さらに、宝珠を連ねた飾り網も、阿弥陀仏のそれと異なりがない。［無量楽］

ウ　前を結び、後を生ず

阿弥陀仏・観音菩薩・勢至菩薩の三尊が座る蓮華台は他の聖衆たちの華座と比べて、はるかに素晴らしい。［願往生］

阿弥陀仏・観音菩薩・勢至菩薩の三尊の御身は大衆に向かい合って坐しておられて最も尊い姿で

ある。［無量楽］

極楽世界や他の世界の菩薩衆は、［願往生］

いつでも阿弥陀三尊をとりかこんで讃歎する。［無量楽］

その会座は、まるで大海のように広く、そこに集まる大衆は塵沙のように多い。［願往生］

西方浄土に往生した者は、この大会に入ることが出来る。［無量楽］

それは、口先だけの巧弁でもって往生するのではない。［願往生］

必ず、心を専一にして身を惜しまずに、修行してこその浄土往生である。［無量楽］

(2) 宝池

ア 池岸の荘厳

浄土のいくえにも重なる宝の楼閣は、人間の造り出せるものではない。［願往生］

浄土の大地を支える宝でできた柱や樹林なども、全てそうである。［無量楽］

これらは池の周りの岸辺に満ちており、［願往生］

そよ風がわずかに触れる妙音は、さながら天の音楽が奏でられるようである。［無量楽］

その妙音は阿弥陀仏の教えとして響き、心に染みこんで往生人の毛穴より入る。［願往生］
そうすれば、数え切れない程の多くの三昧の法門が悟れる。［無量楽］

イ　能座の聖衆

(ア)　蓮華に座するに自在

宝池より流れ出るすべての支流は、蓮華で満ち溢れている。［願往生］
それは、開いているものもあれば、閉じているものもある。しかし、その蓮華上には、無数の往生人がいる。［無量楽］
その往生人達は、坐ったり、立ったりして、互いをまねき呼び合って、［願往生］
競って香華を取っては、互いを供養している。［無量楽］
さらに語り合ったり、笑い合ったりして、身心ともに楽しんでいる。［願往生］
そこで彼らは娑婆世界の念仏の同行者たちを憶《おも》う。［無量楽］
それぞれ誓願を発して、娑婆にいる遙か彼方の念仏行者に力を加え、［願往生］
「専一に心を西方浄土に留めて、退転してはいけない。全ての同行者が必ずここに来るように」

と念ずる。［無量楽］
ひとたび阿弥陀仏の浄土に到ることができたならば、煩悩の汚れを離れた静かな楽しみを受ける事が出来る。［願往生］
その楽しみこそが涅槃の因である。［無量楽］
先に往生している人々は、このような願いを表に現して、互いに娑婆の行者を憶って、［願往生］
自分たちが座っている台座の半分を空けて、後から来る往生人に分け与えようと待っている。［無量楽］

(イ)　他方に遊ぶに無碍

往生人たちは、互いに随いながら法界を楽しむ。［願往生］
法界とは如来たちの浄土である。［無量楽］
一つ一つの仏の国には数え切れない程の会座がある。［願往生］
往生人たちは自ら分身となって、様々な法会にて聴聞し、それぞれ供養を行う。［無量楽］
そして、諸仏達が慈悲の光を照らし出すのを、自らの身に受けることが出来る。［願往生］

さらに、仏より頭の頂を摩《な》でられ、授記されて悟りに入る。［無量楽］
彼らは、意《こころ》の中で「他方の浄土へ往きたい」と願えばすぐに往く事が出来、［願往生］
「極楽に帰りたい」と願えばすぐさま帰る事が出来る。［無量楽］
他方浄土に留まるも、極楽に帰るも、共に利益《りやく》は得られる。［願往生］
それは極楽と他方の浄土は無二であり、［無量楽］
すべて涅槃平等の一如の世界だからである。［願往生］
諸仏の智慧もまたしかりである。［無量楽］

第二　正報

1　本仏

(1)　第八仏身

ア　結前生後

般舟三昧楽［願往生］
往生人が到る所は、すべて如来のおられる世界である。［無量楽］

そのような十方諸仏の御許を次々とめぐって供養し終わって、記別を授けられ、西方安楽国に帰
れば、［願往生］
無量の悟りの目を得る事が出来る。［無量楽］
往生人は、虚空にゆきわたっている数限りない菩薩たちと共に、［願往生］
帰り来ては阿弥陀仏を供養する。［無量楽］
あるいは衣と華を散りばめると、それが天蓋に変化し、［願往生］
あるいは音楽を奏でれば、それが雲へと変現する。［無量楽］
このように変現した幢幡の数は無億数である。［願往生］
一度の食事をする僅かな時間でもって安楽国に到る事が出来る。［無量楽］
極楽の聖者たちは遙か彼方より姿を見て、［願往生］
この人が他国から来る同行人であるとわかれば、［無量楽］
それぞれ立ち上がって、華を持って迎え、供養し、［願往生］
彼らを誘引して、直ちに阿弥陀仏の説法の会座へと引き入れる。［無量楽］
他方仏土から来た菩薩達も、本国の菩薩と同じように阿弥陀仏を礼拝して、［願往生］
華を持って百重千重と取り囲み、仏を繞って讃嘆する。［無量楽］

あるいは、香華を散らしては、妙なる音楽を奏で、［願往生］
また、神通を駆使しては姿を虚空に満たし、［無量楽］
光と光とが互いに照らし合って仏を供養する。［願往生］
そして、異口同音に極楽を褒め讃える。［無量楽］

イ　正しく明かす

阿弥陀仏が時に応じてお姿を動かされると、［願往生］
その身から放たれる光明は、遍く十方の国土を照らし出して、［無量楽］
放つ威神の光明の色は尽きることが無い。［願往生］
また、その光は廻り巡って、阿弥陀仏に還って来てはその会座を照らす。［無量楽］
会座を照らし終われば、またその光がそれぞれの大衆の頂上より入る。［願往生］
そうすれば、大衆はみな同じように、これが授記の光であることが分かる。［無量楽］
光が収まらない間に、阿弥陀仏は微笑まれ、［願往生］
総ての大衆に、専心に聴かせられるようにお告げになる。［無量楽］

「私は今あなた達に、未来において菩提を得るであろうとの授記を授けた。［願往生］
余り時を経ることなく、全員が成仏するであろう」と。［無量楽］
もともと極楽に住していた者や、他方世界から極楽に来た者達は、［願往生］
この遇うことの難しい希有の法を得て驚喜する。［無量楽］
生死輪廻の永い苦しみを味わう娑婆世界から解脱出来るのは、［願往生］
俗世間の善知識である釈尊の恩に依るのである。［無量楽］
釈尊は様々に思いはかり、巧みに方便して、［願往生］
多くの法門の中から、阿弥陀仏の教えを得させて下さったのである。［無量楽］
念仏以外のあらゆる善業は、それを回向して浄土に往生するという利益が得られるものの、［願往生］
もっぱら阿弥陀仏の名号を念じるには及ばない。［無量楽］
一念一念の称名によって常に懺悔して、［願往生］
衆生がよく阿弥陀仏を念ずれば、仏もまた衆生を憶念して下さる。［無量楽］
念仏の衆生と阿弥陀仏とが互いに相い知れば、その境界をも互いに照らし合う事が出来る。［願往生］

つまりこれこそ、衆生を救う阿弥陀如来の大願業力に依るものである。［無量楽］

ウ　便に乗じて垂誡す

(ア)　略して僻解を斥く

A　依報正報、倶に非なり

異学・異解の諸師の言葉を信じて受けとってはいけない。［願往生］

それは「ただ人の心を清浄にしたならば、この娑婆世界をはじめ総ての国土が清浄になる」という説である。［無量楽］

もし、この娑婆世界が諸仏の世界と同じく清浄であるというならば、［願往生］

どうして、六道の世界だけが生死を繰り返さねばならないのであろうか。［無量楽］

この迷いの三界には、棘《いばら》・刺《とげ》・叢《くさむら》・林《はやし》などが満ち溢れ、［願往生］

山河や大地にも高・低や起・伏がある。［無量楽］

水の中や陸の上、大空にいる生きとし生けるものの本性は、［願往生］

無明などの煩悩が等しく具わっていて、貪欲と瞋恚にまみれている。［無量楽］

これら衆生は絶えず、財産や女色を貪り求めて苦しんでいる。［願往生］

B　上を成じて、下を起こす

愛欲と愚痴による悪業の縄でもって人を縛り、地獄へと送る。［無量楽］
閻魔大王は使いを遣わして、煩悩にまみれた衆生を地獄へと連れ去ってゆく。［願往生］
牛の頭をした地獄の鬼は、煩悩に覆われた衆生に催促し続ける。［無量楽］
燃え盛る火炎が四方から同時に起こり、［願往生］
悪業の猛風が吹けば、その火は煽られ、地獄の苦しみの中へと落ちていく。［無量楽］
地獄の火が激しく燃え盛る四門の外の、［願往生］
それぞれの門ごとに、八万四千の隔りがある。［無量楽］
一つ一つの隔りのなかに悪業を行った亡者たちが堕ちる。［願往生］
ガンジス河の砂の数ほどの責め道具がその中にあって、［無量楽］
それにて罪人の身は、煙や炎が立ちあがる程に苦しめられ、［願往生］
飛輪や刀剣が縦横に飛び交って罪人の体に突き当たる。［無量楽］

どのような地獄であっても、これと同じような苦しみを受けねばならない。［願往生］
いったい、何時、どれほどの劫を経れば、休む事が出来るかわからない。［無量楽］

(イ)　広く所由を述べる

A　悪報

(A)　鉄城の苦相

般舟三昧楽［願往生］
三悪道が永遠に絶え果て、その名前すら残らない世であることを願う。［無量楽］
地獄は七重の鉄の城郭に囲まれ、七重の網によって覆われている。［願往生］
いくえにも重なった地獄の城内には鉄の林がある。［無量楽］
鉄の樹々には八万四千もの枝葉がしげっている。［願往生］
一枚一枚の葉や華や果実は、まるで刀の輪のようである。［無量楽］
風で飛んだ刀輪は空中で踊り上がり、戻っては下に落ちて来る。［願往生］
その刀輪が罪人の頭に突き刺さり、足まで切り裂いて出てくる。その痛みを耐えることなど出来

ない。［無量楽］

地獄を取り囲む重々の門の上には、八万もの釜がある。［願往生］

その釜のなかには、銅や鉄の溶けた液汁が泉のように涌き出している。［無量楽］

その汁は煮えたぎり、八万由旬の高さにまで波立ち吹き上げる。［願往生］

沸騰した汁は矢で射るかのように流れ出て、瞬時に門の外、一千由旬にまで到達する。［無量楽］

罪人は地獄の四つの門に通じる道より入ってくる。［願往生］

門が開かれ、自ら行った悪業が火となってその人を迎える。［無量楽］

火炎の鉄汁は激しく燃え盛り、流れ出して罪人の膝まで浸かる。［願往生］

その鉄汁が罪人に触れたならば、煙と炎が同時に起こり立つ。［無量楽］

牛の頭をした地獄の鬼たちが道の辺で叫んだならば、［願往生］

まるで天の雷鳴が轟いたかのように大地が震動する。［無量楽］

罪人がその音を聞いたならば、自らの胸と腹が八裂きにされる。［願往生］

そこへ、争うように鉄虫や鉄鳥がやってきて、その臓物を食べる。［無量楽］

鉄丸や刀剣が空から落ちて来る。［願往生］

はたまた、溶けた銅や鉄汁が頭の上から浴びせられる。［無量楽］

地獄の鉄城の門に到るに、まだ四万里もある。［願往生］
罪人はこれらの中を歩かされ、逃げ道すらない。［無量楽］
そこを行くのは風よりも早く、まるで矢を射るかのようである。［願往生］
罪人たちは一瞬のうちに、地獄の七重の門に入る。［無量楽］

(B)　門内の苦相

般舟三昧楽［願往生］
一心に念仏して、貪欲と瞋恚などの根本煩悩を断じねばならない。［無量楽］
もし、この七重の鉄門の中に入ったならば、［願往生］
いったい、いずれの時、いずれの劫にかここを出る事ができるであろうか。［無量楽］
一旦、罪人が門内に入ったならば、これらの門はすべて閉ざされる。［願往生］
地獄は罪人一人一人の身体で満ち溢れているが、受ける責苦は互いに妨げられることはない。［無量楽］
この地獄に一旦堕ちたならば、八万劫もの永い時間を過ごさねばならない。［願往生］

この地獄に堕ちるのは、すべて仏法を破壊した罪がその原因となる。［無量楽］
三宝をそしったり、人道を歩む善行をなさなかったならば、［願往生］
また阿鼻地獄の中に堕ちるであろう。［無量楽］
笑い戯れながら犯した罪によっても、永い間の苦しみを受けねばならない。［願往生］
仏の御心を尊重せずして、人間の迷いの心に流されてはいけない。［無量楽］
心を慎んで、軽率な心でもって身・口・意の三業を満足させてはいけない。［願往生］
悪因悪果の道理は明瞭である。これを欺いてはならない。［無量楽］

(C) 門外の苦相

般舟三昧楽［願往生］
横ざまに悪業を断ち切って、西方浄土の道に入りなさい。［無量楽］
地獄の七重の鉄城のそれぞれの門の外には、［願往生］
巨大な鉄の蛇が頭をもたげ、城の上から睨んでいる。［無量楽］
その蛇の口からは、火炎や刀輪が吐き出され、［願往生］

全ての罪人の上に浴びせられる。［無量楽］
地獄の四つの角には鉄狗がおり、その毛孔からは、［願往生］
煙と火が出ており、罪人の上に降り注がれる。［無量楽］
獄卒の羅刹は、罪人を突き刺す叉《ひし》を持って、罪人の心臓を刺す。［願往生］
煩悩は心によって造り出され、それにて地獄に堕ちるからである。［無量楽］
地獄の熱鉄の大地の上では、無限の苦しみを味わわされる。［願往生］
罪人はそこに横にならされたり、走り回されて苦を受ける。［無量楽］
地獄で苦しめられ、一つの長大な劫が終わろうとする時、罪人は次の様相を目の当たりにする。［願往生］
地獄の東門の城外に、清らかな林の泉がある、と。［無量楽］
罪人はすぐさま、その泉を目指して、東の方へ一目散に走る。［願往生］
急いで門に近づき、到達しようとした時、逆にその門は閉じられる。［無量楽］
このように地獄の四門をさまよう事、はるかに半劫もの時が流れる。［願往生］
地獄では、鉄の網が亡者の身を引っかけて釣り上げる。それは、あたかも棘《いばら》の林の中にいるようなものである。［無量楽］

上空には鷹が飛んでいて、罪人の肉を啄《つい》ばもうとする。
地上には巨大な銅《あかがね》の狗《いぬ》がいて、人肉を競い合って喰らおうとする。［無量楽］
地獄では、地上でも虚空でも、その苦しみから逃れる場などはどこにもない。
少しでも動いたならば、たちまちに多くの地獄の責め具が襲ってくる。［無量楽］

B　悪業

(A)　総じて衆悪を明かす

般舟三昧楽［願往生］
このような地獄の苦しみを聞いたならば、心は粉砕されるであろう。［無量楽］
父母に孝行せず、また三宝を罵るなどすれば、［願往生］
命終わる時に、地獄の火が自《おのずか》ら迎えにやってくる。［無量楽］
親族を謗《そし》ったり、はずかしめたり、あるいは清浄な戒を破ったりした者も、［願往生］
同じく、このような地獄の中に堕ちていく。［無量楽］
命あるものを殺したり、他の肉を食べた者も、［願往生］

ただちに地獄の炎の中に入るであろう。〔無量楽〕
他の人が殺生するのを見たり聞いたり、あるいは殺害の方法を考えたり、殺害を命じたりしたならば、〔願往生〕
今まで説いて来た苦しみの、二倍もの苦を味わわねばならないだろう。〔無量楽〕
三宝物や他人の持ち物を盗んで、〔願往生〕
ひとたび地獄に堕ちたならば、そこから出る機会などは二度とやって来ない。〔無量楽〕
父母や親族の物を盗んだとしても、〔願往生〕
また、同じような地獄に堕ちることになる。〔無量楽〕

(B)　別して邪婬を述べる

般舟三昧楽〔願往生〕
身命と財産を惜しまずに、常に恵み施すようにつとめなさい。〔無量楽〕
師となる僧侶を犯したり、自らの不婬戒を破したりすると、〔願往生〕
久しく地獄に沈んで、そこから出る機会などはやって来ない。〔無量楽〕

もし衆生や親戚のものを犯したならば、［願往生］
必ず極めて長い間、地獄で苦しみを受けることになる。［無量楽］
たとえ男性に生まれたとしても、男根を具していない者となるであろう。［願往生］
たとえ親族が同居したとしても、怨み合う家族になるであろう。［無量楽］

㈦　欣浄を勧めるを結ぶ

般舟三昧楽［願往生］
願うならば邪心を断って清浄な行を修めなさい。［無量楽］
三宝や衆生などを騙し欺くと、［願往生］
命終わる時、地獄に堕ちて、そこから出離する機会は無くなる。［無量楽］
悪口・二枚舌・貪り・いかり・うぬぼれ心をもっていると、［願往生］
八万もの地獄の世界を総て巡らねばならなくなる。［無量楽］
また、他人の落ち度や三宝の悪口を語ったならば、［願往生］
死んでから後、地獄で舌を抜かれる事になる。［無量楽］

よって、総ての衆生に次のことを勧めたい。正しく身・口・意の三業を護って、［願往生］
行・住・坐・臥いつでも阿弥陀仏を念じ、［無量楽］
いつも地獄を忘れないで、［願往生］
往生を願う強いこころざしを発しなさい。［無量楽］
誓って、地獄・餓鬼・畜生などに堕ちる悪業を、作ってはならない。［願往生］
また人・天に生まれる果報も願ってはならない。［無量楽］
永い地獄の苦を思って、［願往生］
たちまちにこれを捨てて、ひとときも浄土の楽しみを忘れてはならない。［無量楽］
安楽仏国は悟りの世界である。［願往生］
つまるところ、我身を安ずるに、最もすぐれた所である。［無量楽］

(2)　第九真身

ア　先に国徳を讃ず

般舟三昧楽［願往生］

ただ仏の教えのこの道のみが、清浄で静寂な世界である。［無量楽］
浄土の荘厳は尽きることがない。［願往生］
十方から浄土に生まれる者達にも窮まりがない。［無量楽］
かといって、千劫・万劫・恒沙劫という永い間においてすら、［願往生］
浄土へ往く一切の人が、互いに妨げ合うこともない。［無量楽］
十方の衆生も、未だかつて減ったこともなく、［願往生］
また阿弥陀仏国の衆生も増えたことがない。［無量楽］

イ　正しく仏身を嘆ず

阿弥陀仏の願力は、その慈悲心に随って広大であるので、［願往生］
浄土には、四種の荘厳が、すべてにゆきわたっている。［無量楽］）
三明や六神通などの超能力も常に自在であって、［願往生］
普く衆生の心想のなかに入ってくる。［無量楽］
阿弥陀仏の身にそなわった相好も、観相によって、衆生の心想の中に起こり、［願往生］

行者の念に随って真金色の仏が現れる。［無量楽］
真金色とは阿弥陀如来の金色相のことである。［願往生］
阿弥陀仏の頭頂から放たれる円形の光明のなかには、百万億那由他恒河沙の化仏がおられ、その化仏が念仏行者の前に現れる。［無量楽］
阿弥陀仏には八万四千もの相好がある、そのそれぞれの相には、また八万四千の随形好があって、その随形好ごとに八万四千の光明がある。［願往生］
その一々の光明が十方世界を照らし出す。［無量楽］
この光明は、念仏以外を修する行者を照らし出さない。［願往生］
ただ、念仏往生人のみを探し求めて照らし出す。［無量楽］

ウ　見仏の因果

どのような善行を修しても、その功徳を往生の因にふりむける事が可能であるが、［願往生］
念仏の一行こそが最も尊い。［無量楽］
念仏以外の善根を回向して極楽に生ずるのは、おそらく力は弱いであろう。［願往生］

一日ないし七日の間の念仏に勝《まさ》るものはない。［無量楽］
念仏者の命が終わろうとする時、阿弥陀仏や二十五菩薩などの聖衆達が現れて、［願往生］
往生人は観音菩薩の持つ蓮華の台座に坐らせてもらって、浄土へと向かわせて頂く。［無量楽］
すでに極楽に住んでいる悟りを得た人々は、［願往生］
はるか遠くから、浄土に生ずる往生者の姿を見て、歓びに溢れる。［無量楽］
浄土に着いて、観音菩薩の相好を見れば、阿弥陀仏のお姿と何ら異なるところがない。［願往生］
衆生の苦しみを救う慈悲の力が最も強いお方が観音菩薩であるからだろう。［無量楽］

2　脇士

(1)　観音

ア　総じて大悲を讃ず

(ア)　縁に随って機に赴く

般舟三昧楽［願往生］
観音菩薩は、釈迦仏の教え通りに、衆生をして阿弥陀仏を念じさせる。［無量楽］

衆生の苦を救うに際して、観音菩薩のおられる西方浄土と娑婆世界とでは、はるかに隔たっているが、［願往生］
衆生が急に念じたとしても、観音菩薩はその時に応じて、すぐさま来て下さる。［無量楽］
あるいは声聞や菩薩のすがたとなって、［願往生］
縁に随って、菩薩が願い見て、衆生を済度して下さる。［無量楽］
「悲の心」でもって衆生の苦しみを抜き、三界を超えさせて下さり、［願往生］
「慈の心」でもって衆生に楽を与え、涅槃に入らせようとして下さる。［無量楽］
絶えず衆生と共にあって、それぞれに応じて済度の為にその身を変えて下さる。［願往生］
よって、六道のいずれにも生じ、末法の時代も、鈍根の機類も、全てを済度して下さる。［無量楽］
観音菩薩を礼拝し、称念して、その身を観察《かんざつ》すれば、行者の罪や障りは除かれる。［願往生］
まさにこれは観音菩薩の発願による慈悲の極みである。［無量楽］
観音菩薩はあらゆる時において、衆生界に姿を現して下さり、［願往生］
六道を摂め取って、観音菩薩の光の中に現じて下さる。［無量楽］
衆生の苦しむ姿を眼で見て、耳で聞いて、それを心に収めて下さる。［願往生］
衆生の救いを求める声を尋ねては、一瞬の間に苦を救って下さる。［無量楽］

(イ) 身を挙げる妙用

観音菩薩の頭の冠には、千里もある高さの阿弥陀如来の立化仏がおられる。[願往生]
それは阿弥陀仏の慈恩を報ずるために、頂戴された立化仏である。[無量楽]
眉間の白毫には七宝の色があって、[願往生]
それぞれの色からは、八万四千の光が出ている。[無量楽]
一々の光には無量無数百千の化仏がおられ、また一々の化仏にも無数の化菩薩がおられる。[願往生]
観音菩薩の神通力は極楽世界に満ち溢れており、[無量楽]
その御身からは紫磨金色の光明が放たれている。[願往生]
御身の内と外とが透き通り、あたかも曇りのない鏡のようである。[無量楽]
あらゆる光明は、菩薩を飾る瓔珞のようであり、[願往生]
その瓔珞は全身にまとわりついて、しかも鈴と飾り玉が垂れている。[無量楽]
また、両手は繊細円満で、五百億の雑蓮華の色をしておられる。[願往生]
絶えずこの手でもって、衆生を引接して下さる。[無量楽]

足を挙げれば千輻輪相が大地に印《しる》され、宝地となり、［願往生］
足を下ろせば金色の摩尼の蓮華が世界に満ちる。［無量楽］

㈦　行座ともに利益を施す

本国の極楽浄土であれ、他方浄土であれ、観音菩薩が歩いたり座ったりする場所において、［願往生］
この菩薩に触れた者は無生法忍の悟りを得る。［無量楽］
初地以前とか、初地以上という悟りへの階位などは、元来ない。［願往生］
ただ利根や鈍根という素質の違いによって、悟りの浅い深いかの違いに過ぎない。［無量楽］
ひと思いひと思いの中において、つねに悟りを得る事が出来るのが観音の摂化である。［願往生］
いまだ何の修行の功徳も無いまま、自然に証悟を得させて頂ける。［無量楽］

イ　結して報恩を勧める

般舟三昧楽［願往生］
往生を願う者は、命が終わるまで誓って心を退かせてはいけない。［無量楽］
往生出来れば、阿弥陀仏の極楽世界を心のままに楽しむ事が出来るからである。［願往生］
他に何を貪ったとしても、往生を求めないようなことがあろうか。［無量楽］
観音菩薩は衆生の苦しみを救う為に、その身を様々に変現して、皆を平等に化導して下さる。
［願往生］
衆生を教化しては、阿弥陀仏の極楽世界へと送って下さる。［無量楽］
このように衆生たちは、ことごとく観音菩薩の大悲力を賜わっているのである。［願往生］
だから、身を砕いたとしても、慚愧し、報謝して、菩薩の慈悲の恵みに報いなければならない。
［無量楽］

(2)　勢至

ア　総じて身相を讃ず

般舟三昧楽［願往生］

観音菩薩は衆生を導いて、阿弥陀仏にお遇いさせて下さる。［無量楽］
一方、勢至菩薩の威光も広大である。［願往生］
そのお身体の相好は観音菩薩とそっくりである。［無量楽］
勢至菩薩のお身体から放たれる光明もすべての世界にゆきわたる。［願往生］
その光明に照らされる処は、みな同じく紫磨金に輝く。［無量楽］
菩薩と縁のある衆生はその光に照らし出され、［願往生］
智慧を増長して極楽世界に往生する事が出来る。［無量楽］
勢至菩薩は頭に華の冠を戴いておられ、身には瓔珞を垂らしておられる。［願往生］
額の上にある宝瓶からも光が放たれており、たぐいなく優れた姿を見せて下さっている。［無量楽］

イ　別して行座を嘆ず

一度《ひとたび》、勢至菩薩が歩まれれば、すべての世界が振動し、［願往生］
その揺れ動くところには、蓮の華が自然に生じる。［無量楽］
その蓮華の荘厳は、まるで極楽世界のようである。［願往生］

その他の仏国土も全て同じようである。［無量楽］
また勢至菩薩が坐られる時には、最初に阿弥陀仏の極楽世界を揺れ動かされ、［願往生］
次いで上方の国土から、下方の国土まで、無数の仏国土を震わせる。［無量楽］
そして、一つ一つ分身たちが浄土に集まってくる。［願往生］
これらはみな阿弥陀仏・観音菩薩・勢至菩薩の化身達である。［無量楽］
すべての世界の一仏・二菩薩たちの化身が極楽に集まって、［願往生］
極楽世界の上空は溢れかえり、塞がってしまう。［無量楽］
それらの化身たちは、それぞれ百宝で飾られた蓮の華の台座に坐って、［願往生］
異口同音に妙なる教えを説く。［無量楽］

ウ　利益を結示す

極楽世界の衆生は、浄土の荘厳や妙法を見聞きするだけで利益を得る。［願往生］
これらの衆生は、通常の十地位の菩薩の階位を超えるほどの証果である。［無量楽］
このような大なる利益を集める、数限りない衆生達は、［願往生］

妙法を聴聞し、諸仏を供養して、永い年月を送る。[無量楽]
だから、その国を極楽と名づけるのである。[願往生]
総ての往生願生者に「常に浄土を思い続けよ」と勧めたい。[無量楽]

第三項　讃を結ぶ

第一　普く観ず

あらゆる場面において顔を西方に向けよ。[願往生]
そして、心にかの阿弥陀仏のお姿を見ることを想え。[無量楽]
極楽世界の地上の荘厳は数え切れないほど多くあって、[願往生]
宝楼や林樹には、宝玉をつらねた紐が垂れている。[無量楽]
そこで、自分が蓮華の中で結跏趺坐して、極楽世界に往生する想いをなせ。[願往生]
ただちに蓮華の宝池にある大法会の中にとどまって、[無量楽]
まず、自身がその蓮華の中に入《い》ると想え。次に蓮華が閉じていると想え。[願往生]
続いて、蓮の華が開き、阿弥陀仏のお姿を拝見するのを想え。[無量楽]

阿弥陀仏を見たてまつれば、そのお光には様々な色があって、［願往生］
五百種の光と光が届いて、自身を照らし出すと想え。［無量楽］
また如来や菩薩達の慈悲の光が自身を照らすとの想いを懐け。［願往生］
おぼろげながらに、心の眼が開く想いをなせ。［無量楽］
また、空中には、一面に化仏たちがおいでになる様子を想え。［願往生］
樹々のざわめきが、すぐれた音楽を奏で、［無量楽］
水の流れ、鳥のさえずり、風のざわめきなど全てが、妙なるみ教えを説いているのを聴くと想え。
［願往生］
本当に心を専一にすれば、これらの想いを成し遂げることが可能である。［無量楽］
心に専注でき、三昧に入れば、阿弥陀仏の浄土が現れ、［願往生］
化仏がおいでになり、不思議な力を与えて下さる。［無量楽］
観音菩薩と勢至菩薩の化身は数え切れないほど多くおられて、［願往生］
常にこの往生を願う行人のもとに来て下さる。［無量楽］

第二　雑観

般舟三昧楽［願往生］
一心に仏を観想すれば、仏のお姿を拝見することに疑いはない。［無量楽］
衆生は、長いあいだ迷いの生死輪廻の世界をさまよい、［願往生］
無明の障り重く、開悟しがたいことを、仏は知っておられる。［無量楽］
そこで仏は、広大な御身のすみずみまで観想することが衆生には困難であることを懸念せられ、［願往生］
便なるため、小身の丈六仏を池の中に化現された。［無量楽］
一つの蓮華には百宝の葉があって、［願往生］
丈六の化仏がその蓮華の台座に坐っておられることを想え、と教示下さる。［無量楽］
仏身に大小の差があったとしても、いずれも衆生の障りをよく取り除かれる。［願往生］
当然ながら、観音菩薩と勢至菩薩のお姿は、どちらも同じように等しく。［無量楽］
行者は行・住・坐・臥、いつも仏を観想することに、勤め励んだならば、［願往生］
命が終わったその瞬間に、無為涅槃の「自然《じねん》」に帰る事が出来る。［無量楽］
「自然」とはまさに阿弥陀仏の浄土である。［願往生］
その浄土こそ究極的な常住安楽の世界であり、そこから退転する事などはない。［無量楽］

たとえ娑婆世界で百年が尽きたとしても、まるで一日のようにはかなく過ぎ去っていくものである。［願往生］

一日は一瞬にすぎない。よって娑婆界は願うべき世界ではない。［無量楽］

第三節　普く万機を摂する分

第一項　上輩

第一　上品上生

1　修学勇猛

上品上生の凡夫たちは、［願往生］

持戒や念仏、誦経をひたすらに行い、［無量楽］

いかなる時もつねに心をはげまして勤めたならば、［願往生］

臨終にあたって聖衆たちが自ら来迎下さる。［無量楽］

2　果報思い難し

観音菩薩は華台をささげ持って行者の前に到り、〔願往生〕
大勢至菩薩は直ちに行者の手をとって金色の蓮台に上らせて下さる。〔無量楽〕
数え切れないほどの化仏や菩薩衆たちが、〔願往生〕
行者の頭をなでて褒め称え、阿弥陀仏に随ってこの世を去って極楽へ往く。〔無量楽〕
またたく間に阿弥陀仏の極楽浄土に到って、〔願往生〕
もろもろの菩薩達の色相具足する真実の姿を見る。〔無量楽〕
極楽浄土の七宝で出来た光明の林は、みな法を説き、〔願往生〕
往生人はその法を聴いて無生法忍を悟る。〔無量楽〕
直ちに他方国土の仏のもとを次々とめぐって供養し、〔願往生〕
一念のうちに極楽浄土に帰ってきて無量の悟りを得る。〔無量楽〕

第二　上品中生

1　修行回向

上品中生の凡夫たちは、〔願往生〕

大乗経典を読誦し、念仏を修し、ひたすらに持戒し、［無量楽］
一日ないし七日の間、ともに回向したならば、［願往生］

2 勝益は漸々に深い

臨終にあたって、聖衆達が来て姿を現して下さる。［無量楽］
観音菩薩は華台をささげ、大勢至菩薩と共に行者の前にお立ちになる。［願往生］
行者が紫金色の蓮華台に登れば、［無量楽］
阿弥陀仏は千の化仏と共に行者を褒め称えて下さる。［願往生］
そして、阿弥陀仏に従って、一瞬の間に極楽浄土の七宝の池に入る。［無量楽］
一晩のうちに障碍が無くなり、その往生人を包む蓮華が開く。［願往生］
往生人が阿弥陀仏の姿を見て、すぐに紫金色の蓮台からおりようとすれば、［無量楽］
その足が地に着かないうちに、蓮華が往生人の足を承けてくれる。［願往生］
阿弥陀仏が金色の光明を放てば、その光が往生人に届いて身体を照らしてくれる。［無量楽］
往生人はただちに阿弥陀仏のみ前に進んで、［願往生］

阿弥陀仏を讃嘆すること七日にして、無生忍の悟りを得る。〔無量楽〕
同時に、往生人は他方浄土の諸仏のもとを一瞬の間に経巡って供養し、〔願往生〕
百千種類もの三昧の法門を証得する。〔無量楽〕
わずかの間に三阿僧祇劫を経て、〔願往生〕
法門に通達する歓喜地（初地）の位に入る。〔無量楽〕

3　重ねて勧戒を示す

般舟三昧楽〔願往生〕
戒をたもち、善をおこなって怠りなまけることがないようにしなさい。〔無量楽〕
怠りなまければ、輪廻を繰り返す業を造ることになる。〔願往生〕
そうすれば、誰が、そのような人を阿弥陀仏の浄土に往かせることができるであろうか。〔無量楽〕
熱い湯や火が身体を焼いたならば、急いで自らそれを払いのけるであろう。〔願往生〕
他人が自分の苦悩を推し量って、それを除いてくれるのを待つようではいけない。〔無量楽〕

貪欲や瞋恚に満ちた世界は、燃えさかる家のようで、互いに焼き払われる苦しみを生んでいる。［願往生］
しかし凡夫は、障りが重くて、心が頑なであるので、その苦痛に気づかない。［無量楽］
やっと、その苦痛に目覚める事が出来たならば、愚痴の行いを断ち切り、［願往生］
自らの罪や過ちを悔い恥じて、安楽国に生まれようと思う。［無量楽］
安楽国は、最勝の堅固な国である。［願往生］
その国には永久に、凡夫や六道の実態もないし、名すらも存在しない。［無量楽］

第三　上品下生

1　正しく明かす

般舟三昧楽［願往生］
極楽は静寂で、実に優れた世界である。［無量楽］
上品下生の凡夫たちは、［願往生］
深く仏法の因果を信じ、大乗を誹謗する心を生じないものの、［無量楽］

身・口・意、三業の行いには、おごり高ぶる心を持つ者が多い。［願往生］
しかし、この上ない悟りを求める心を発起している者達であるので、［無量楽］
その功徳を回向して、一念一念に安楽国に生まれようとしたならば、［願往生］
臨終時に、金色の蓮台が行者のもとに到るのを見る事が出来る。［無量楽］
共に来至した五百の化仏や観音菩薩などが、［願往生］
すぐさま手をとって蓮台の中に入らせて下さる。［無量楽］
合した蓮華に乗じて、一念のうちに極楽の宝池の中に到る。［願往生］
一日一夜が経てば、宝の蓮華が花開く。［無量楽］
ところが、華が開いたとしても、僅かな障りが残っているので、阿弥陀仏を明瞭に拝することが叶わない。［願往生］
二十一日が過ぎた時、はじめてその障りがなくなり、はっきりと仏を見たてまつる。［無量楽］
そうすれば、耳に色々な教えが聴こえてきて、心に悟りを得ることが出来る。［願往生］
次いで、十方諸仏のもとを次々と経巡って授記を頂き、［無量楽］
十劫の間も気付かず、またたく間に過ぎ、［願往生］
進んで百法明門に通達して、歓喜地（初地）の位に至る。［無量楽］

2　勧誡

般舟三昧楽［願往生］

命が終わってから後の極楽往生を目指すに、何ら疑問を起こしてはならない。［無量楽］

もし行者が釈迦如来の真の弟子であるならば、［願往生］

誓って仏語のままに実践して、安楽国に往生しなさい。［無量楽］

目的を定めずに、仏語以外の言葉を信じてはならない。［願往生］

縁によって病を治す方法が様々にあるように、仏教の教えにも様々な道があるので、自らの機根にあった方法に依りなさい。［無量楽］

たちまちに災いに遭って急に死に臨んだ時、［願往生］

たとえ出家者や在家者が多く集まっても、その人を救うことができないように、他人にはどうする事も出来ない。［無量楽］

また、口先で一切のものには実体がないとの教理を説いたとしても、自分に納得できなければ、怨だけを残す事になる。そのように教理だけでも救われない。［願往生］

理論の上での是非や正邪などを論ずるのでは、我見が山のように聳えてしまう。［無量楽］

このような理論のみを主張する人に近づいてはならない。［願往生］
近づけば計り知れないほどの永い苦悩の中を輪廻することになるであろう。［無量楽］
耳をそばだて、心を傾けて、たえず仏法を訪ね求めなさい。［願往生］
今身に念仏の道を修め、悟りを得なさい。［無量楽］
もしこの念仏の法の、すぐれた利益を聞いたならば、［願往生］
自分の身命を顧みずに、往生を得る道を求めなさい。［無量楽］
もし専らに念仏道を行じて、命を惜しまなかったならば、［願往生］
命が終わって、すぐに安楽国に往生出来るであろう。［無量楽］

第二項　中輩

第一　中品上生

般舟三昧楽［願往生］
念仏は悟りへの入り口である。［無量楽］
中品上生の凡夫などは、［願往生］

専ら声聞・縁覚の行を修める。［無量楽］
戒律・禅定・慈悲などの修行を、果敢に勤め、［願往生］
その善根を一心に回向して、安楽国に生まれたいと願ったならば、［無量楽］
命終わる時に、化仏や声聞たちがやって来て、［願往生］
七宝の蓮台が行者の前に現れて下さる。［無量楽］
阿弥陀仏は光明を放って頭の頂を照らして下さる。［願往生］
自身を見れば、すでに蓮台に座っている。［無量楽］
頭をたれて阿弥陀仏を礼拝する時は娑婆世界にいるが、［願往生］
頭を挙げ終われば、既に極楽世界に入っている。［無量楽］
極楽に到れば蓮華が開き、阿弥陀仏を見させて頂く。［願往生］
四諦の教えを聞いて、真如を証得することが出来る。［無量楽］

第二　中品中生

般舟三昧楽［願往生］

実にこれは阿弥陀仏の願力のお陰である。［無量楽］
中品中生の凡夫たちは、［願往生］
一日一夜、八戒斎をたもてば、［無量楽］
この持戒の功徳による善根力を往生に回向して、［願往生］
ただちに阿弥陀仏の安養国に到る事が出来る。［無量楽］
命の終わる時に化仏や善知識が現れ、［願往生］
七宝の蓮華を手に持って行者の前に来て下さる。［無量楽］
行者は七宝の蓮華台を見て、心がおどりあがる喜びを感じる。［願往生］
たちまち蓮華の台座に上り、仏とともに娑婆世界を去って浄土へと赴く。［無量楽］
一念の間に阿弥陀仏の宝国に入って、［願往生］
ただちに八功徳水の池のなかに到る。［無量楽］
池の中には蓮華が無億数もある。［願往生］
それらのすべての蓮華は、十方世界から極楽へ往生した人々の蓮台となっている。［無量楽］
浄土で、七日七夜が経過すると、蓮の花が開く。［願往生］
蓮華が開けば、阿弥陀仏を拝見させて頂く事が出来、しかも須陀恒果が得られる。［無量楽］

第三　中品下生

般舟三昧楽［願往生］
誠実に修行して、他人を欺いてはならない。［無量楽］
中品下生の凡夫たちは、［願往生］
父母に対しては孝養を尽くし、他人に対しては世間の道徳を実践する。［無量楽］
命の終わる時に、善知識が説く、［願往生］
「極楽世界の素晴らしい状況や、阿弥陀仏の誓願」に出遇えて、［無量楽］
それを聞かせて頂けば、合掌し、心を回らせて浄土に向かう。［願往生］
その念に乗じ、極楽世界の宝池のなかに到る。［無量楽］
蓮華の花が閉じたままの百宝の蓮台に座って、［願往生］
四十九日が経過すれば、その宝の華が開く。［無量楽］
蓮華が開けば、阿弥陀仏や無数の聖者たちを見させて戴き、［願往生］
一小劫が過ぎた後に、無生法忍を証得する。［無量楽］

第四　重ねて伏難を会通する

ここでいう「無生」とは阿羅漢のことである。［願往生］
極楽世界の阿羅漢は、小乗の心をひるがえして、大乗に向かう衆生で、［無量楽］
ひとたび大乗の心を発したならば、後には小乗の心は無くなり、［願往生］
菩提に到達するまで退転することがない。［無量楽］
このことから天親菩薩は『浄土論』を撰して、［願往生］
「二乗の心が生じる種は、永遠に生えてこない」と述べて下さっている。［無量楽］
だから言いたい。「大乗善根の浄土の世界では、［願往生］
小乗という不快なそしりの過を永く断ち切る」と。［無量楽］
阿弥陀仏は、大乗の凡夫も、小乗の凡夫も共に平等に摂取して、［願往生］
地獄・餓鬼・畜生などの六道輪廻の苦しみから解放させる。［無量楽］
だから、阿弥陀仏の浄土に住することを願うべきである。［願往生］
菩提を悟った者も、まだ悟らない者も、ともに心穏やかに過ごすことが出来るのが浄土である。
［無量楽］

第三項　下輩

第一　下品上生

1　軽罪は困苦す

般舟三昧楽［願往生］
ただちに生死の世界を解脱し、娑婆世界から出離せよ。［無量楽］
下品上生の凡夫たちは、［願往生］
ことごとく十悪を作すのみで、善行を作していない。［無量楽］
無明を増長するのみで心が満足し、［願往生］
他の人が多くの善行をなすのを見て、非難し謗る。［無量楽］
このような愚かな者が、悟るのは難しい理由は、［願往生］
実に、悪に導く者との強い縁があるからである。［無量楽］
愚人達は、ただ目の前の酒や肉を貪り食らうことを知っているものの、［願往生］
これらがすべて、地獄に堕ちる行為であることが分かっていない。［無量楽］
一旦、地獄に堕ちて永い間、苦しみを受けたとき、［願往生］

はじめて人界の中で、出遇った善知識のことを想い起こすのである。［無量楽］
重病にて罪人の命が終わろうとする時、［願往生］
意識が混濁して、心が顚倒し、千々に乱れる。［無量楽］
そのような中、自らの目の前に地獄の様相が明瞭に現れる。その時、［願往生］
苦しみのあまり、白い汗が流れ出て、手は空を握る。［無量楽］

2　善知識に遇って往生す

この切迫した苦しみを、誰がよく救えるであろうか。［願往生］
このような悪人を救う事が出来るのは、善知識はじめ阿弥陀如来のご恩徳以外には無い。［無量楽］
善知識は手に香炉を持って、その悪人を教えて懺悔させ、［願往生］
教えて合掌し、阿弥陀仏を念じさせる。［無量楽］
一声の南無阿弥陀仏の称名は、多くの苦を除き、［願往生］
五百万劫もの永い間、生死流転する罪を消し去ってくれる。［無量楽］
化身の仏と菩薩は、南無阿弥陀仏の声を尋ねて、往生人のもとに到り、［願往生］

「あなたは仏名を称えたことで多くの罪がなくなった。だから私は華台を持ってあなたを迎えに来た」と告げて下さる。［無量楽］

行者は化仏の光明がその部屋に満ちるのを見て喜ぶ。［願往生］

命が終われば、七宝の蓮台の上に座わり、［無量楽］

化仏に従ってたちまちに極楽浄土へと往く。［願往生］

浄土に着けば、直ちに宝の池の中に入り、［無量楽］

四十九日が経過して蓮の華が開けば、阿弥陀仏を拝見させて頂くことができる。［願往生］

観音菩薩と勢至菩薩は慈悲の光を放って往生人を照らして下さる。［無量楽］

往生人の眼は晴れたように明るく、心から納得し、［願往生］

合掌して、はじめてこの上ない悟りを求める心を起こすのである。［無量楽］

第二　下品中生

1　次に罪、迷没す

般舟三昧楽［願往生］

地獄・餓鬼・畜生に代表される六道を免れることができるのは、善知識の恩による。［無量楽］
もし善知識が、阿弥陀仏のみ名を称えるように教えて下さらなければ、［願往生］
どのようにして阿弥陀仏の国に入ることができようか。［無量楽］
下品中生の凡夫たちは、［願往生］
戒律を持《たも》たず、僧侶の物を盗んだりして、衆くの罪を造り、［無量楽］
その上、自己の利益のために説法しても、一切慚愧しない僧たちなど、［願往生］
要するに、戒律を破したり、大乗仏教の基本である因果の道理を否定したりして、師匠の教えに
従わないもの達である。［無量楽］
このような愚かな人が死に臨む日には、［願往生］
まるで錐で刺されているかのように身体の節々が激しく痛む。［無量楽］
そして地獄の猛火がその人の前に押し迫ってくる。［願往生］

2　聞名にて往生す

まさにその時にあたって、善知識が、［無量楽］

大いなる慈悲を起こして、教えて念仏を勧めて下さるのに出遇ったならば、［願往生］
その猛火は涼しい風に変わる。［無量楽］
しかも、天からはひらひらと風に乗って華が散ってくる。［願往生］
その華には、化仏や菩薩がおいでになって、その人を華の上へと乗せて下さる。［無量楽］
行者は天から降ってくる華の上に座って、［願往生］
化仏に従って瞬く間に極楽浄土の宝池に入る。［無量楽］
この人は罪障が重いので、蓮の華が開くのに六劫もの永い時間がかかる。［願往生］
やっと華が開いたならば、初めてこの上ない悟りを求める心を起こすのである。［無量楽］

第三　下品下生

1　重罪は地獄に堕つ

般舟三昧楽［願往生］
たとえ身を砕いたとしても自身を慚愧して、往生の教えを説いて下さった釈尊のご恩に報謝すべきである。［無量楽］

下品下生の凡夫たちは、［願往生］
最も重大な十悪や五逆の罪を造った者達である。［無量楽］
このような愚かな者は、多くの罪を造るので、［願往生］
計り知れない程の時間をかけて、多くの地獄を経巡ったとしても、尽きる事がない。［無量楽］

2　念仏にて往生す

この者が命を終えようとする時、善知識が、［願往生］
「たちまちに安穏になる妙法」を説くのに出遇ったならば、次のようになるであろう。［無量楽］
臨終の時に、刀が身体の節々を分断するかのような痛みに襲われる。その時、この世に未練を残して痛みを耐え忍ぶあまり、［願往生］
善知識が、阿弥陀仏を念じさせようと教えても、念じることができない。［無量楽］
そこで善知識は、次のように語りかける。「ただ合掌して、［願往生］
正念に、ただ無量寿仏のみ名を称えなさい」と。［無量楽］
そして、声をつづけて「南無阿弥陀仏」と十回、称えたならば、［願往生］

その一声一声ごとに、五逆の罪が消し去られていく。［無量楽］
大乗を誹った者と一闡提と、十悪を犯した者であっても、［願往生］
心を回《めぐ》らせて念仏すれば、その罪はすべて除かれる。［無量楽］
臨終者が、これらの迷いから身心ともに目覚めたならば、［願往生］
目の前に金色の蓮台が現れる。［無量楽］
その金色の蓮台からは、光明が放たれて、下品下生の行者を照らし出す。［願往生］
行者は身心ともに歓喜して、蓮華の台座に上る。［無量楽］
蓮華台に乗じて一念の間に阿弥陀仏の国に到り、［願往生］
直ちに、阿弥陀仏の大いなる説法の会座の前にある蓮華の池に入る。［無量楽］
残っている罪や過ちはまだ尽きていないので、往生人は閉じた蓮華の中に包まれたままである。
［願往生］
十二劫もの永い時間を経た後に、はじめて蓮華が開く。［無量楽］
閉じた華の中に坐っている間中であっても、わずかな苦しみすら無い。［願往生］
その状態は色界の第三禅天で得られる快楽をはるかに超えている。［無量楽］

3　蓮華が開く利益を得る

般舟三昧楽［願往生］
地獄に堕ちるのを免れて、浄土の金色の蓮台に坐りなさい。［無量楽］
金色の蓮華のなかに包まれて百千劫もの長い時間を経たとしても、［願往生］
地獄のわずかな期間にも及ばない。［無量楽］
観音菩薩や勢至菩薩は往生人を慈悲の光明で照らし出して下さり、［願往生］
少しずつ「諸法実相の教え」や、「滅罪の教え」を説いて下さる。［無量楽］
行者は、このたぐいまれな教えを聴くことができて、［願往生］
真理を明らかに見る智慧のまなこがはっきりと開く。［無量楽］
智慧のまなこが開いたとき、阿弥陀仏の会座を見て、［願往生］
たちまちに無上の菩提心を発す。［無量楽］

第四　重ねて勝益を嘆ず

往生人が坐ったり、立ったり、歩いたりして、浄土の状況を観察すると、〔願往生〕
いたるところから、ただ説法の声だけが聴こえてくる。〔無量楽〕
その声が、身や心、毛孔にまで染み渡り、体全体で悟りを開くのである。〔願往生〕
浄土は、菩薩や聖衆たちで満ち溢れている。〔無量楽〕
往生人は自ら神通力を働かせて、阿弥陀仏の法会の座に入る。〔願往生〕
そもそも浄土に往生できたその基をじっくり考えれば、それは娑婆世界における釈迦仏のご恩によるものである。〔無量楽〕
もし釈迦仏が行者を勧めて、念仏させて頂くことが出来なければ、〔願往生〕
阿弥陀仏の浄土を、何によって見ることができたであろうか。〔無量楽〕
心のなかで香や華を念じて釈迦仏に全てを供養し、〔願往生〕
かぎりなく長い時間をかけて釈迦仏の慈悲の御恩に報いなければならない。〔無量楽〕
十方の迷いの生死世界に住む衆生に広く勧めたい。〔願往生〕
みな同じ心でもって悪業を断ち切り、全員が浄土にやって来なさい。〔無量楽〕
一旦この涅槃常住の浄土に往生したならば、〔願往生〕
未来永劫、どのような憂いも無くなる。〔無量楽〕

一念一念ごとにつねに悟りをひらき、［願往生］
十地において修める行と願は自ずから成就出来る。［無量楽］
十地の中、一地ごとに修する慈悲の利他行には、たくみな方便が必要になる。［願往生］
それを阿弥陀仏を師として修したならば、決して誤りがない。［無量楽］

第四節　上を承けて結讃文を結ぶ分

第一項　正宗分の巧説を結び、嘆ず

禅定心を用いて修する観想の「定善」には、『観無量寿経』に「十三観」がある。［願往生］
その一つ一つに阿弥陀仏のお姿など浄土の荘厳の様相が詳しく説かれている。［無量楽］
いついかなる時にも、常にこの浄土の荘厳を観察するようにしなさい。［願往生］
常に心に念じていたならば、心の眼によって浄土の荘厳をおぼろげに見る事ができる。［無量楽］
禅定心を用いずに修する観想の「散善」は「九品」として、『観無量寿経』のなかに讃嘆されている。［願往生］
そこに説かれる一つ一つの行を回向したならば、みな往生することが出来る。［無量楽］

この定善の一門は、韋提希夫人が釈尊にお願いして説いて戴いたものであり、［願往生］
散善の一行は、釈尊が自らお説きになったものである。［無量楽］
定善・散善それぞれ修して、ともに回向したならば、阿弥陀仏の浄土に往生出来る。［願往生］
すなわち、この定散二善は釈迦仏が韋提希夫人のために施された優れた教化の方法であった。
［無量楽］

第二項　得益の不思議を嘆ずる

韋提希夫人はまさに女人である。［願往生］
貪欲や瞋恚の煩悩にまみれた凡夫に過ぎない。［無量楽］
韋提希夫人は娑婆を厭うて、阿弥陀仏の浄土を求めたので、［願往生］
釈迦仏は極楽浄土の荘厳の世界を現し出して下さった。［無量楽］
韋提希夫人は極楽浄土を見ることができたので、心に歓喜をおぼえ、［願往生］
さらには阿弥陀仏のお姿を拝見して無生法忍を得たのである。［無量楽］
そこで、韋提希夫人に仕えていた五百人の侍女たちも、同じように釈迦仏に次のように申し上げ

た。［願往生］
「誓って、夫人と同じように安楽国に往生したいと願います」と。［無量楽］
その時、世尊は全員に次のような記別を与えられた。［願往生］
「皆も同じように往生することが出来て、般舟三昧を証することができるであろう」と。［無量楽］
帝釈天や梵天、護世四天王など、諸天達もまた虚空の上で釈迦仏のこの教えを聴き、［願往生］
同じく浄土に往生したいとの願を発した。［無量楽］

第三項　唯、念仏を付するを嘆ずる

全ての有縁の者たちに「つねに念仏すべきである」と勧めたい。［願往生］
そうすれば、観音菩薩や大勢至菩薩は、あなた方とともに同学となって下さる。［無量楽］
もし、心から念仏できる者は、人間の中でも最も優れた人間といえよう。［願往生］
願うならば、同朋とともに、阿弥陀仏の浄土に生まれ得て、［無量楽］
永劫に阿弥陀仏のおそばで、悟りを証したい、と。［願往生］
浄土で得る事の出来る仏果は、遙か先の事ではない。［無量楽］

第三章　勧を結ぶ

第一節　頓教の勝益

すべての浄土往生の行者たちにいいたい。凡夫は生死輪廻の世界を貪ってはならないことは分かっているものの、凡夫はその迷いの世界を厭おうとはしない。また阿弥陀仏の浄土を軽んじてはならないことが分かっているものの、凡夫は浄土への往生を願おうとはしない。厭うたならば娑婆を永く隔てることができるし、願ったならば、浄土に常に住することができる。娑婆から隔たってしまえば、六道に趣く業因が無くなり、迷いの世を輪廻する果報も自《おの》ずから滅してしまう。このように因果が絶え果ててしまえば、迷いの形も名すらも当然ながら無くなってしまう。

第二節　生死に際限なし

つらつら思うに、法友たちよ、よく自らを思量しなさい。我々が受生した遙か過去を思えば、それは無明と共に輪廻転生して来た。その無明は法性の対であるので、法性と同時に無明が成立したということになる。また受生すると同時に心識（こころ）があった。もし我々の無明の心が法性と同時でないというならば、一切衆生は原因なくして受生したことになる。もし無明の心が因なくして存在したというならば、木や石と同じようなものとなろう。もしその無明の心が木や石と同じであるならば、六道を輪廻する悪業の因などは存在しないことになる。もし因としての悪業がないならば、凡夫や聖者を分かつ苦楽の因果などもない。この道理をもって考えるならば、一切の衆生には必ず無明の心がある。もし無明の心があるならば、それは法性があって初めて無明となるので、法性と同時に存在したことになる。もし法性と同時に無明の心が存在したというならば、法性を極め尽くす事の出来る仏と仏とのみが、よく無明の根元を知ることが出来る。

行者たちよ、よく知るべきである。自らの身と心が法性と同時に成立しておりながら、我が身は今日に至るまで、悪を断じ、貪りを除くことが出来ないでいることを。よって、自身には無明より生じるあらゆる煩悩が大変に多いことを自覚しなければならない。

第三節　仏恩は窮まり無し

また釈迦や諸仏は同じように行者に浄土往生を勧め、ただ阿弥陀仏を念じさせて下さり、極楽を想観させて下さり、今生の命終える時には、安楽浄土へと往生させて下さり、無明を滅して下さる。

これこそが、永い間求めてきた大きな利益といえないだろうか。行者らはよくよくつとめて念仏を行じなさい。いつも自分に対しては罪を恥じる思いを持って、そして仏に対してはその恩に感謝しなければならないことを。分かっただろうか。

あとがき

　今年度の安居本講をもって、たぶん安居に関する全ての仕事を終了するとの思いから、今日までの私と安居との係わりを記して「あとがき」に代えたいと思う。

　私が最初に安居と関わったのは昭和四十八年（一九七三）のことであった。まだ大学院の博士課程に在学していた二十七歳の時、天台学の恩師佐藤哲英和上が安居の本講で『往生要集』を講じられた。大衆として正式な資格も無いまま、その講義を拝聴したくて聴講手続きをとろうとした矢先、和上から連絡を頂いた。「送り迎えをたのむ」とのことであった。和上は元来病弱なお方であったので「期間中もしもの事があっては大変だと思い、第二日赤病院に短期入院し、その病室から毎日、本館講堂に通って本講師の任を果たしたい」とのことであった。その送迎を仰せつかったのである。事実、佐藤和上は開繙式で「講義中に倒れて往生させて戴ければこれに勝る名誉はない」と、御門主に向かって倒れる仕草までされて話されたのを聞き、「安居を勤めるのは命がけ」という印象を懐いた。なお、その折りに懸席されていた大衆の一人に大分県の田中さんがおられたが、その方が昨年の安居の席上「私は佐藤哲英和上のご講義を聴かせて戴きました。しかもそれ以来、ずっと安居に出席しております」と聞かされた。四十五年程の、連続懸席ということになる。これにも感激したことである。

続いて私が安居に関わったのは昭和五十六年（一九八一）と五十七年（一九八二）で、この二年間は安居の事務を担当する「主事」を勤めた。その頃はまだパソコンが無かった時代で、毎日その日の記録を作成してはガリ版印刷屋へ原稿を持参して『安居講業記』を作成したのがなつかしく思い出される。あるいはその頃、私はカメラに凝っていて安居の記録写真も作った。その時の写真が今なお参考資料として使用されていると聞いて驚いたものである。時の綜理は九十歳に近い大江淳誠和上であった。

その後、しばらく私は龍大の専任職に就いたので安居から遠ざかったが、司教を拝命した翌年の平成十一年（一九九九）、余乗の副講者を仰せつかった。この年、初めて講席に登らせて戴いて『末法灯明記』を講じた。これは感激であった。宗乗の副講者は内藤知康和上であった。続いて平成十五年（二〇〇三）、第二回目の副講を命じられた。この時『天台四教儀』を講じた。綜理は北畠典生和上であった。二度目の安居には少し心の余裕も出来て、楽しく二週間が過ごせた。

平成十七年（二〇〇五）四月、御門主より勧学を拝命した。勧学を戴いた以上、いずれは本講のご下命があるかも知れないとの思いから、『往生要集』を講義すべく準備を進めた。そうする中、平成二十年（二〇〇八）に本講師に命じられた。龍大図書館秘蔵の『建長版往生要集』の掲載許可を頂いたりした準備のかいあって、写真入りの講本を作成し、六五〇頁を超える書に仕上がった。それは良かったが、お陰で定価が一万円を超えてしまった。今回も同様かも知れないが大衆の皆さんには大変経済的負担をかけて申し訳なく感じている。

私はこの年の本講師をもって安居とは無縁になると思っていたが、図らずも平成二十六（二〇一四）・二十七（二〇一五）の両年、今度は安居綜理を拝命した。特に初年度の平成二十六年には全安居期間中、前門様のご聴講を仰いだ。丁度その年の六月に門主を譲られた時期であったので、時間的余裕が出来られたのであろう。以前から安居を全期間通じて聞きたいと漏らされてはいたが、まさか本当にお越し戴けるとは思っていなかった。しかも私がその時の綜理になるとは想像もしなかった。毎朝、午前七時十二分に本館講堂前に到着され本講師と副講者二名の講義を聴かれて十一時にはお帰りになった。私はそのお出迎えとお送りをさせて戴く栄誉に浴した。たぶん近年にない出来事で、大衆と共に前門様と席を並べさせて戴いたことを今もって誇りに感じている。

このように考えれば、私は安居に関しては、聴講から、主事・副講者・本講師・綜理と総ての役職を経験させて戴いたことになる。龍谷大学三百八十年の歴史の大半は安居であると聞くが、その伝統ある安居にかくも参加させて戴く事が出来たのをありがたく思う。

そして今年である。これも思いがけなく二度目の安居本講師を拝命した。まさかであった。今日までも本講師を二度勤めた勧学和上は数少ない。その中の一人に加えて戴けただけでも有り難い。しかも綜理の後の本講師である。私の知る限りではこのような例を聞いたことが無い。そのエピソードを一つ紹介しておこう。それは本館講堂の二階バルコニーに一年間掲げられる看板のことである。この看板には次年度の安居本講の講題が揮毫されているのは衆知の事であるが、これを揮毫するのが綜理の役目である。私は自分の講題をこれに揮毫した事になる。

そのようなハプニング（？）は別として、私にとっての大きな問題はテキストの作成であった。前回の『往生要集』と違って準備期間が無い。あわてて講本作成に取りかかったものの一年余りの期間しかない。かなり急仕立てで本書を作成せざるを得なかった。

特にこの三ヶ月間余りはこれに没頭した。朝から晩までパソコンとにらめっこであった。しかしその間にも授業はあるし講演もある。極めつけは九州への出講であった。五日間の日程であるので、車に資料を山のように積んでフェリーで往復し、船の中やホテルで時間の許す限りこれに取り組んだ。しかし一人ではどうにもならない。多くの人たちの助力を得てどうにか完成した。ここに協力戴いた方々の名前を記して謝辞に代えさせていただきたい。龍谷大学教授の道元徹心氏・同専任講師の野呂靖氏・同非常勤講師の村上明也氏・同じく小野嶋祥雄氏・同じく吉田慈順氏、そしてこまめに資料の収集をしてくれた大学院博士課程の高田悠氏。あるいはパソコンにて原稿を整理してくれた修士課程の西山良慶君や徳力義隆君たちもいる。このような方々が自分の研究を差し置いて協力してくれたお陰だとありがたく感じている。

最後に高田短期大学長の栗原広海師には大変ご配慮を戴いたことを記しておきたい。それは高田本山所蔵の親鸞聖人手沢本と伝わる『般舟讃』の閲覧ならびに写真掲載を依頼した時のことである。残念ながら目下修理中で願いはかなわなかったが、他に撮影された転載許可を取るべくご教示を戴いた。そしてそれを本書に載せるかどうか出版直前まで迷ったが、転載元の写真が鮮明でなく、加えて親鸞聖人の引用とその読み方が異なる為、これを断念せざるを得なかった。ここを借りて深くお詫び申し上げたい。

また、龍谷大学図書館にも配慮を戴いた。行照師の『般舟讃聴記』は、図書館の貴重書である。それをデーターベースにてパソコン上から閲覧出来る手配をとって下さった。あるいは、浄土真宗本願寺派総合研究所にもお世話になった。多くの資料の閲覧を許して戴いたり、ネットにおける註釈版や原典版などの検索、特に脚注類などは大変参考になり、大いにこれを使用させて戴いた。いずれも厚く感謝申し上げたい。

平成二十八年五月九日

因念寺光明窟にて

浅田恵真

（俗名　正博）

著者紹介

淺田恵真（あさだ　えしん）俗名、正博（まさひろ）

生年月日：昭和20年10月25日。大阪府出生。

経　歴：龍谷大学大学院博士課程仏教学専攻満期退学の後、叡山学院講師・龍谷大学講師・助教授・教授。京都橘大学講師・京都精華大学講師・大倉精神文化研究所研究員・相愛大学講師・龍谷大学短期大学部長・宗教部長・仏教文化研究所長を歴任。平成二十六年三月末にて龍谷大学文学部教授を定年退職。

現在　龍谷大学名誉教授・龍谷大学世界仏教センター研究フェロー・前本願寺派安居綜理・本願寺派宗学院講師・中央仏教学院講師・行信教校講師・本願寺派勧学寮員・博士（文学）・大阪教区天野南組因念寺住職。

編著書：『往生要集講述』（永田文昌堂）『末法灯明記講読』（永田文昌堂）・『天台四教儀講述』（安居講本）・『戒律を知るための小辞典』（淺田正博編　永田文昌堂）・『仏教から見た修験の世界』（国書刊行会）『宿縁を慶ぶ』（百華苑）・『他力への道』（百華苑）・『生かされる命を見つめて』（永田文昌堂）・『私の歩んだ仏の道』（本願寺出版部）・『生かされて生きる』（探求社）ほか

『般舟三昧行道往生讃』講読

平成二十八（二〇一六）年七月五日　印刷

平成二十八（二〇一六）年七月十七日　発行

著　者　淺　田　恵　真

発行者　永　田　　悟

印刷所　㈱図書印刷　同　朋　舎

製本所　㈱吉　田　三　誠　堂

発行所　永　田　文　昌　堂

600-8342　京都市下京区花屋町通西洞院西入

電　話（075）三七一－六六五一番

FAX（075）三五一－九〇三一番

ISBN978-4-8162-2151-4 C3015

索　　引

さ

し

す

せ

ひ

ふ

へ

ほ

ま

み

む

も

ゆ

よ

ら

り